论当代大学生勇德及培育

ON THE MORAL COURAGE AND ITS
CULTIVATION OF CONTEMPORARY
COLLEGE STUDENTS

李保玉 · 著

图书在版编目（CIP）数据

论当代大学生勇德及培育 / 李保玉著. — 北京：文化艺术出版社, 2023.9
ISBN 978-7-5039-7456-4

Ⅰ.①论… Ⅱ.①李… Ⅲ.①大学生—品德教育—教育研究 Ⅳ.①G641.6

中国国家版本馆CIP数据核字（2023）第124906号

论当代大学生勇德及培育

著　　者	李保玉
责任编辑	刘利健
责任校对	董　斌
书籍设计	姚雪媛
出版发行	文化藝術出版社
地　　址	北京市东城区东四八条52号（100700）
网　　址	www.caaph.com
电子邮箱	s@caaph.com
电　　话	（010）84057666（总编室）　84057667（办公室） 　　　　　84057696—84057699（发行部）
传　　真	（010）84057660（总编室）　84057670（办公室） 　　　　　84057690（发行部）
经　　销	新华书店
印　　刷	国英印务有限公司
版　　次	2023年9月第1版
印　　次	2023年9月第1次印刷
开　　本	710毫米×1000毫米　1/16
印　　张	23.25
字　　数	360千字
书　　号	ISBN 978-7-5039-7456-4
定　　价	88.00元

版权所有，侵权必究。如有印装错误，随时调换。

本书受云南省高校科技创新团队

"云南省高校教育治理的理论与实践"

（2019GXTD04）

曲靖师范学院 2022 年校级创新团队

"曲靖师范学院马克思主义中国化理论研究创新团队"

资助出版

前　言

　　纵观中西，自古以来，勇德作为一种向善与为善的勇敢品质，始终因其德性内涵而备受推崇，在中国被列入"三达德"，在西方被列入"四主德"。然而，现如今，人们往往对勇德持有误解、抱有成见，习惯性地将它泛化为勇抑或简化为勇敢，看作破坏、暴力、流血的特有符号，因而不视其为"主德"来推崇，甚至视为"下德"而远离，从而导致了诸如言行不一、知行分离等深层次的道德问题。大学生作为青年群体的生力军，其勇德状况直接关系着民族性格的养成。在新的时代背景下，面对长期的和平富足环境、舒适安逸生活和多元社会思潮所引致的大学生的血性气节不足、雌化现象流行，吃苦耐劳精神渐失、责任担当意识式微等新问题、新矛盾，如何充分继承中华传统勇德思想的合理内核，广泛吸纳新的时代元素，塑造新的勇德形态，培育大学生良好的勇德品质，无疑是摆在高校思想政治教育面前的时代课题。本研究立足思想政治教育学的学科论域，遵循理论研究与现实研究相统一、历史经验与逻辑推理相结合的研究思路，采用文献研究法、跨学科分析法、调查研究法等研究方法，为当代大学生勇德培育提供一种系统化的解题思路。归纳起来，本书包括五大部分，其基本内容与主要结论如下：

　　第一章，阐释勇德培育的理论内涵与思想资源。通过追溯与归纳中西传统文化中的勇德思想、马克思主义伦理思想以及中国共产党的革命道德经验，系统阐释了勇德的概念、内涵、特征与生成机理，进而架构起勇德培育的内在理据。主要结论：勇德是人类为了善的目的而呈现的不惧且积极的实践精神和道德行为，其本源为人的不惧且积极的生命力量。在构词方式上，"勇德"是由"勇"和"德"两个词素并列合成。作为一个合义词，勇德是一个独立的词汇并拥有特定的内涵。它是德对勇的规限与勇向德的升华，是介于德与勇的公共空间，其构成包括目的、不惧与行动三大要素，其内涵由内向外分为人的本质力量、不惧精神与积极行为三个层次。在本质上，勇德是一种特殊的社会意识形态。作为一种社会意识，勇德是"生成的"而非"预成的"。基于生成论视域，个体勇德品质的生成不仅与个体密切相关，更与个体所处的历史背景与时代环境紧密相连，是个体生成与历史生成的统一。从个体生成看，勇德品质是主观的个体内在心理结构与客观的外界社会环境相互耦合的结果，在内部需要经过入耳、入心、入脑、入神与入境五个环节，在外部离不开个体的勇德需要、社会的勇德认同与国家的勇德确认三大方面。从历史生成看，个体的勇德品质遵循着自上而下、由外而内的塑造逻辑。它随着社会历史条件及人们存在方式的改变而不断发展与完善，并在不同的历史时空境遇中，具有不同的时代内涵，表现出不同的形态特征。

第二章，把握勇德塑造的历史逻辑及当代再塑。回顾中国传统勇德思想的历史变迁，找出勇德塑造的历史脉络和逻辑主线，结合当代社会的背景特征，为勇德注入新的时代元素，给出勇德重塑的理论框架与核心观点。主要结论：中华民族为应对人类社会先后面临的生存危机、生活危机和生命危机三大存在危机，分别塑造了血气之勇、义理之勇和存在之勇三种勇德形态；在当代境遇下，人类社会同时面临着具有新的时代特点的生存、生活与生命的三重危机，急需一种融合血气之勇、义理之勇和存在之勇的新型勇德形态，即共在之勇；其要义是以合为勇，即以合作共赢、合和共生等共在特质为勇，要求人们以把握人类共同命运为己任，克制私欲、规限私利，勇于共在，着力解决人类社会面临的共同问题。

第三章，观照大学生勇德品质的内在规定与当代诉求。从理论上探讨大学生勇德品质的理想样态，从现实中观照大学生勇德品质的时代诉求，在应然与实然的对照中，明晰大学生勇德品质的内在偏差。主要结论：大学生的勇德品质主要表现为他们对真、善、美这一人类永恒目标锲而不舍、持之以恒的向往与追求，满足着批判性、合宜性和超越性三大内在规定性；面对新的时代境遇，大学生的勇德品质既要继承与坚守我国传统知识分子"为天地立心、为生民立命、为往圣继绝学、为万世开天平"的政治理想和道德人格，还要根据时代要求与现实需要，不断发展与彰显个体生命的无畏精神和积极特质，表现为进取、克难、自制、担当与共享等共在品质。

第四章，透析当代大学生勇德品质的现实缺憾及具体成因。采用问卷调查与深度访谈两种方法，调研大学生与旁观者两大群体，在两者的对照检验中了解大学生勇德品质的实际状况；基于人性的视角，从正向与反向、积极与消极两大方面，分析大学生勇德品质的现实缺憾；从个人、学校、家庭、社会四大层面探寻大学生勇德缺憾的根源，找出困扰其勇德品质的症结所在。主要结论：当代大学生的勇德品质并非一个简单的高低、线性的多少或机械的有无的问题，而是一个复杂的、非线性的、综合的人性问题。他们既有积极进取、自立自强、严以律己、责任担当与互利共享的一面，也有消极颓丧、懒惰依赖、恣情纵欲、推诿卸责与自私自利的一面，并时常在两者之间左右摇摆、犹豫不定。究其原因，当代大学生的勇德缺憾是个人的怯懦和惰性因子、学校教育模式的"温柔陷阱"、家庭教养方式的"亲情绑架"与多元社会思潮的全面解构等多方因素共同作用的结果。

第五章，探讨当代大学生勇德培育的基本思路与实践路向。在系统探讨勇德培育的主体、环节、内容和方法的基础上，从个人、学校、家庭、社会四大层面指出大学生勇德培育的实践路向。主要结论：大学生勇德培育要遵循多元主体共同发力、多个环节相互协调、多方内容相互支撑、多种方法共同作用的基本思路。从主体上看，要构建一个由内向外包括个人修为、学校教育、家庭教养与社会培育四个圈层的生态系统；从环节上看，要从增强勇德认知、加深勇德情感、磨炼勇德意志、坚定勇德信念、促进勇德行为五个方面着手；从内容上看，要从生存能力的提升、生活价值的彰显、生命意义的追求三个层面展开；从方法上看，要灵活选用自我教育法、理论灌输法、实践锻炼法和榜样示范法等多种方法。

总之，勇德作为一项重要德目，是一种推动道德认知转化为道德行为的实践力量。作为一种实践力量,勇德不仅要在实践中生成,还要在实践中发展与完善。当代大学生勇德培育要扎根于个人、学校、家庭、社会这个复杂系统中的学习与生活实践里,并在实践中进行全方位、多层次锻造。

目 录

引 论 / 001

第一章 勇德及培育的理论分析与思想资源 / 041
第一节 勇德及培育的理论探源 / 043
第二节 个体勇德品质的生成机理 / 076
第三节 勇德及培育的思想资源 / 094

第二章 勇德塑造的历史逻辑及当代再塑 / 121
第一节 血气之勇：先秦儒家之前的勇力观念 / 124
第二节 义理之勇：先秦儒家之后的勇德塑造 / 131
第三节 存在之勇：勇德思想的近现代重塑 / 141
第四节 共在之勇：勇德思想的当代再塑 / 148

第三章 大学生勇德品质的内在规定与当代诉求 / 157
第一节 大学生勇德品质的内在规定 / 160
第二节 大学生勇德品质的历史使命 / 175
第三节 大学生勇德品质的当代诉求 / 188

第四章　当代大学生勇德品质的现实缺憾及成因分析 / 203

第一节　当代大学生勇德品质的现状调查 / 205

第二节　当代大学生勇德品质的现实缺憾 / 233

第三节　当代大学生勇德缺憾的成因分析 / 252

第五章　当代大学生勇德培育的基本思路与实践路向 / 269

第一节　当代大学生勇德培育的基本思路 / 271

第二节　当代大学生勇德培育的实践路向 / 300

结　语 / 328

附录 1　关于大学生勇德状况的调查问卷 / 336

附录 2　大学生勇德品质的自我评估访谈提纲 / 339

附录 3　大学生勇德形象的他者观察访谈提纲
　　　　（适用于大学教师、社会大众与用人单位）/ 340

附录 4　大学生勇德状况访谈对象一览表 / 341

参考文献 / 343

引 论

  《周易》有云:"天地之大德曰生""君子以成德为行"。德是天地本体中的始源性存在,"成德"是君子的第一要务。德育是教育的灵魂与核心,是教育的精华之处与魅力所在。作为"成人"的事业,教育的重心在于德育,而在历史上的很多时期,教育直接等同于德育。党的十九大更是将德育上升为国家的战略部署,通过"落实立德树人根本任务",为未来人才确立了培养方向。大学教育亦莫能外,德育是大学教育的应有之义和根本任务,在大学教育中举足轻重、不可替代,已不证自明。道德教育是个伟大的历史性课题,不仅属于我们这个时代,也同样属于以往时代。回顾历史,道德教育从未像今天这样广受关注、备受青睐。现时代,国家德育政策较为完善,学校德育体系较为完备,研究者的德育成果不可不谓之繁荣,教师的德育热情不可不谓之高涨,学生的德育态度不可不谓之端正,社会中的德育争论不可不谓之热闹。然而,事与愿违,"多一支蜡烛"的大学德育并未"多一分光",德育痼疾依然如故,德育实践与德育实效之间的"二律背反"越发明显。大学德育之声从未沉寂过,但也从未让我们真正满意过。德育改革多措并举,德育工程声势浩大,德育项目应有尽有……我们越扩展、接近德育的实践外延,就越缩小、背离德育的人学内涵,与德育本质渐行渐远,大学德育深陷尴尬困境。与之相应,大学生的身份认同趋向薄弱、社会公众形象不尽如人意。全球化浪潮的席卷及伴随而来的科学主义、工具主义和物质主义的泛滥,使得部分大学生在"多姿多彩"的活法中步入各式各样的衰象:灵气耗损、傲气难存、侠气渐隐进而元气不足,风骨气节日渐陨落。大学生的学人身份更多表现为一种姿态象征和表演符号,"能指"犹存,而"所指"不在,逐渐沦为马尔库塞笔下"单向度的人"。这或许为个别现象，不能代表大学生群体，也难以反映大学生全貌，但唯物辩证法告诉我们，个别和一般相联而在，一般存在于个别之中，个别在一定条件下亦可转化为一般。同样，大学生的个别现象不仅部分地展露了大学生的一般面貌，而且在影响、腐蚀、渗透着大学生群体。对此，我们还须深思，今天的大学德育怎么了？大学生怎么了？大学德育的出路何在？借用经济学家吴敬琏的话，中国大学德育再度面临着"向何处去"的问题。本书试图以勇德作为观照德育的切入口，希望能够为当下大学德育的时代困局提供破解之道。

一、研究缘起

（一）大学生的精神困境与勇德培育的缺位

现代社会在启蒙理性的主导下，以科学技术与经济发展为双翼，创造出极大的物质财富，但在走向繁荣发展的同时，也面临着个人主义、工具主义、相对主义等时代难题，潜藏着个人至上、历史虚无、道德滑坡等现实隐忧。与之相应，伴随着现代性的自我扩张，现代人以其天生的优越性，同化了一切异质性的不可通约的他者，建构了基于自我中心、立足价值祛魅的理智世界，把"世界抹平了"[①]的同时，亦时刻体验着精神迷茫的困扰，呈现出物质富有和精神贫乏的双重面相。一方面，人们享受着丰富物质所带来的生活便利和效用满足，沉醉在符号消费、滚滚红尘的嘈杂声中，迷恋于升职加薪、名车豪房的成功梦里，被社会的物欲大潮裹挟前行，兴高采烈且亢奋无比地成为时代的狂欢者；另一方面，人们又被禁锢在程序化、碎片化、类像化的社会之中，深陷于机械式生存、原子式存在、符号式体验的泥潭之内，倍感孤独寂寞、失落无奈

[①] 美国学者托马斯·弗里德曼于2005年提出了"世界是平的"命题，认为"新一波的全球化，正在抹平一切疆界，世界变平了，从小缩成了微小"。在信息化和全球化的深入推进下，信息和思想传递的速度越来越快，人们彼此之间的距离越来越近，世界逐渐趋同，本土文化走向"革命"，一切落后的、传统的事物最终要被先进的、现代的事物取代。这一趋势犹如海啸不可逆转，在潮流面前，个人是渺小的，若不迎头而上、立于浪尖，必将被夷为平地，为时代所弃。参见［美］托马斯·弗里德曼《世界是平的——21世纪简史（3.0版）》，何帆等译，湖南科学技术出版社2008年版，第7页。

与空虚绝望，沦为了"垮掉的一代"。乔治·曼德尔在批判美国现代社会时描述，"整个国家的人民都以各自的方式暂时失去了知觉：在教堂里，在电影院里，在电视机前，在酒吧间里，在书本里……整个世界都在努力寻找它的麻醉剂……瘾君子的哲学家、娼妓和诗人、艺术家和窃贼、情人们、梦想家们、玩忽职守者……不管他们是一步一步祈祷地爬上摇摇欲坠的塔顶，向某个天堂的幻影前进，还是一点一滴地，从一场无聊的电影到一针海洛因，赢得任何一条可能的逃避途径——全世界都陷进了圈套"①。对于西方人的这场精神危机，尼采早在一百多年前就作出了预言："我相信将有一次极大的危机，将有一个人类进行最深刻的自我沉思的瞬间。"② 在他看来，现代人已经染上了现代性疾病，犹如一阵温热暖人的"西罗科热风"③，使人昏昏欲睡、萎靡不振、意志消沉，在懒惰和怯懦中消解着伟大与崇高，不断走向衰落与平庸。尽管乔治·曼德尔之言略显夸张，尼采的精神危机论说也不甚客观，充满了悲观主义色彩，但是他们所描述的现代人的世俗化、平庸化、纵欲化、自利化等精神境况显然具有一定的合理性。的确，现代人在迈进繁荣与昌盛的现代生活的同时，亦步入了粗糙与拙劣的时代陷阱。生活在现代社会，我们衣食无忧、住行无虑，体验着前所未有的舒适与安逸，但难以感到美好与幸福。我们收获颇丰，但亦失去甚多，更是包括一些个体生命中非常关键的内容。"有人把这表述为生命的英雄维度的失落。人们不再有更高的目标感，不再感到有某种值得以死相趋的东西。"④ 对于多数现代人而言，血气式微、激情难再、英雄冷落、抱负渐失已成为生活常态，他们或许勤劳奋进、精明能干，然则常常趋于动物式的索取

---

① 刘象愚等主编：《从现代主义到后现代主义》，高等教育出版社2002年版，第16页。
② [德] 尼采：《权力意志——1885—1889年遗稿》（下卷），孙周兴译，商务印书馆2007年版，第732页。
③ "西罗科风"为地中海上空的一种令人不适的热风，源自希腊语"σιρόκος"（sirokos），又译作"西洛可风"。它是从非洲撒哈拉地区往北吹向南欧的一股热风，在地中海上空裹带部分水汽后形成了一种湿热气候，容易使人染病，症状为乏力、无神、嗜睡等。尼采借用"西罗科热风"批判现代人患上了虚无主义的疾病，他们玩世不恭、敷衍一切，啥都懒得想，啥都懒得做，甚至连何谓好坏都懒得判断。尼采认为，现代人这种"无所谓"的人生态度并非真正的宽容和价值平等，实则为对生命内在价值的自我否定。参见 [德] 尼采《反基督》，陈君华译，河北教育出版社2003年版，第66页。
④ [加] 查尔斯·泰勒：《现代性之隐忧》，程炼译，中央编译出版社2001年版，第4页。

和自利化的满足。与此相反，现代社会的萎靡压抑与渺小粗鄙偶尔又会迸发出少数人对血性勇武、赴死卫道等精神品质的过度推崇。他们极力强调权力意志、自我创造与强力决断，使自我优越感发挥到极致，以遏制人性衰退，恢复人性活力。事实上，这种在沉默中的"爆发"，实则为另一种形式的"死亡"，对自我强力意志的极度青睐必将走向狂暴、血腥与残酷。军国主义、纳粹主义、极权主义等所培养的鄙视和平、崇尚战争与推行霸权的暴徒及其所带来的毁灭性灾难，便是最好的证明。这是西方人精神危机另一面的表现及后果，同样是对血气精神的误读。

西方人的精神危机是在传统社会向近代社会过渡中滋生的，并于现代社会的转型发展中而逐渐成为整个现代人的时代病症。伴随着全球化浪潮的席卷和多元社会思潮的侵袭，西方人的精神问题对我国处于现代化进程中的现代人产生了不容忽视的影响。大学生作为现代社会的一面镜子，现代人的时代病症在大学生身上同样得到了一定程度的反映。部分大学生日益显现出理想信念迷失、道德情感冷漠、价值取向虚无、心理问题丛生等精神问题。在理想信念方面，受虚无主义思潮影响，部分大学生的信仰呈现出虚无化、多元化、功利化等倾向，认为一切信仰都是无法实现的、虚无的，强调"信仰只有'获利'，只有'有所得'，才值得去信仰"[①]。在道德情感方面，"大学生道德情感水平偏低，甚至达不到青少年道德情感的平均状况，尤其在正直感、公益感、奉献感方面更是欠佳，总体而言，大学生道德情感亟待提高"[②]。在价值观方面，受纵欲主义和消费主义的影响，部分大学生表现出强烈的物欲化倾向，在现实生活中具体表现为重金钱、讲实惠、攀比心理、炫耀型消费、超前消费等。在身心健康方面，多数大学生均不同程度地存在着焦虑心理、闭锁心理、抑郁心理等问题。根据中国青年政治学院青年发展研究院的研究结果可知，就心理状况而言，目前大学生主要的心理问题是"精神萎靡不振"，更有 10% 的受访者认

---

① 李杰：《大学生的精神困境与理想人格的确立》，《湖北社会科学》2008 年第 12 期。
② 卢家楣等：《当代大学生道德情感现状调查研究》，《教育研究》2016 年第 12 期。

为，大学生存在"自杀倾向"[①]。总之，当代大学生深陷诸多精神困境之中，这是一种时代病，是现代社会发展中多种因素共同作用的结果。

追根溯源，现代人的时代病症及大学生的精神困境源自人类固有的生存困境，它是人类的生存困境在现代社会的时代表现。进一步分析，人类的生存困境在文化哲学层面上则取决于以下两大方面的原因。一是人的现实属性和可能属性之间的内部矛盾。与其他动物不同，人不仅生活在现实世界之中，还生活在可能世界之中，因而具有现实性与可能性双重属性。现实世界赋予人自然生命或物理生命，可能世界则赋予人意义生命或价值生命。人立足并适应于现实世界，同时也在按照可能世界的理想图景改造并超越着现实世界。现实的保守性与可能的超越性之间存在着与生俱来的内在矛盾。人"生存着"就暗含着"冲突着""斗争着"。现实生活中，人既要生成自我，又要超越自我，一直身处矛盾与悖谬之内，这构成了人之生存的根本困境。二是人的自然存在和文化存在之间的内在张力。人不仅是自然存在物，还是文化存在物。文化与人密切相关，是人类的重要生存方式，为人类生活"立法"。正是人的文化属性，才使得人从自然中分离出来，确立了属人的评判标准，作出了"应该是什么""不应该是什么"的价值判断，并以强制的方式规范着人的本能冲动。也正是由于产生了"应然"和"实然"之分，人们才有了"是与非""对与错""善与恶""美与丑"等文化焦虑和价值迷茫，从而引致了人类最大的生存困境。据上可知，人类的生存困境是人类固有的、内在的、必然的生命矛盾，是人类的真实存在状态与现实生存处境。它是由人的有限性、自由性等固有特性决定的，随着人的生存体验、生存感受和生存状态的改变而改变，具有时代性和阶段性等基本特征。它在人类的不同时代，具有不同的表现形式，在人生的不同阶段，亦有不同的呈现内容。一种生存困境的解决，必然伴随着另一种生存困境的开始。人们正是通过对生存困境的持续解决，才实现了人类自身的不断发展和人类社会的源远流长。显然，人类的生存困境是积极的、正面的，是推动人类社会持续发展的不竭动力。然而，人类的精神问题则是消极的、负

---

① 参见卢德平《当代大学生公众形象调查报告》，《中国青年政治学院学报》2006年第1期。

面的，是阻碍人类社会进一步发展的重要因素。深入辩驳，生存困境是必然的，而精神问题则是偶然的。换言之，生存困境既可能引致精神问题，制约人的精神发展，也可能规避精神问题，促进人的精神成长。其中之关键在于，人们能否正确认知并积极应对人类的生存困境，即是否具有直面困境、理性应对、敢于担当、开拓进取的决心和勇气，这是一种勇德精神。勇德是人之为人的内在的精神要求及外显的行为表现，其内涵丰富且含混。笼统地讲，它是德性之勇，既包含内在的血气精神，也符合外在的道德规范。从血气方面看，它是人性之基，灵魂之元，表现为精力充沛、满腔热忱、积极向上、猎奇冒险等精神特质，囊括了骄傲、自负、野心、虚荣、愤然、嫉妒等原初性情。血气既是创造力的源泉，也是破坏力的帮凶，须要德性加以引领和塑造。从德性方面看，勇德又蕴含着对正义的渴望和对理性的回归。相比身体欲望对生活舒适安逸的无限向往和原始激情对肉体兴奋快爽的极力追逐，勇德更看重价值、意义、羞耻、成功、荣耀与尊严等自我实现及精神满足。勇德是高尚正义、无私无畏、甘于奉献、乐于助人等美德的精神动力，能够"维护我们在人世间的地位和尊严，使我们追求崇高的和受人尊敬的东西"[①]。

大学生的精神困境表现为大学生的精神失范、异化状态，从根本上看，它与大学生对人类困境的理解偏差和消极应对密不可分，与勇德培育的缺失和勇德精神的萎靡紧密相连。甚至能够认为，大学生的精神困境实则为勇德困境。当前，大学德育对勇德的态度及处理方式主要表现在两大方面。从外部来看，勇德的合理性备受质疑。长期以来，人们往往对勇德持有误解、抱有成见，将勇德泛化为勇，看作破坏、暴力、流血的特有符号，因而它不被作为社会主德而推崇，甚至被视为"下德"而远离。事实上，勇德作为德性之勇，在其经过道德化重构之后，不仅不会对社会秩序产生破坏，而且还会对个人道德发展、社会风气改善和国家福祉增进发挥积极的作用。从内部来看，勇德的高贵性逐渐式微。尽管大学德育在思想理论上仍将勇敢视为美德，大加褒扬，但在具体实践中却大多将其视为下德。在生命至上、实用至上思想的指引下，大学德育

---

① ［英］亚当·斯密：《道德情操论》，蒋自强等译，商务印书馆1997年版，第353页。

空前关注人身安全，高度重视生存技能，英雄主义被保命哲学取代，德性修养被求生本领遮蔽，从而培养出大量热衷粗鄙生活、追逐欲望满足、精神平庸且心灵贫乏的职业人。他们或许勤奋精明、刻苦努力，但这仅仅是出于对自身利益的索取与对自我欲望的满足，与正义无关，与高尚无涉。勇德的高贵性式微，庸俗性凸显，人性的崇高与伟大也随之渐失。总之，大学生的精神困境与勇德培育的困境是同构的。大学德育要想真正成为德育本身，就要精准把握大学生精神困境的根源，正确理解勇德这一重要的精神力量和道德行为，重新认识勇德对于大学生乃至整个人类社会的价值和意义。

（二）勇德精神是中华民族精神的关键构成

中华民族是一个历史悠久、勤劳勇敢、富于创造的伟大民族。在人类发展的历史长河中，中华民族自强不息、奋发蹈厉、开拓进取、历经磨难创造了灿烂辉煌、多姿多彩的中华文明。绵延不绝、亘古长青的中华文明蕴藏着中华民族最真切的精神追求，饱含着坚韧不拔、百折不挠的满腔热血，孕育出伟大的中华民族精神。中华民族精神是凝聚中华民族共存意识的灵魂支撑，维系中华民族团结奋斗的精神纽带，推动中华民族创新发展的动力之源，实现中华民族伟大复兴的坚固基石。作为一种社会意识形态，中华民族精神并非一成不变的，中华民族在持续发展，中华民族精神也在与时俱进。在封建社会，以儒家文化为依托，中国人民形成了"崇智慧、讲仁爱、尚勇敢、重奋进、守和合、求大同"等民族精神。近代以来，中华民族在不断探索救亡图存、富民强国之路上，逐渐形成了"崇尚科学、向往民主、追求真理、英勇无畏、勇于探索、敢于牺牲、不屈不挠、奋勇抗争"等爱国精神。中国共产党历来重视中华民族精神的提炼、塑造与升华。毛泽东提出了"革命精神"的概念，指出"人是要有一点精神的，无产阶级的革命精神就是由这里头出来的"[①]。邓小平同志强调了社会主义精神文明建设的重要性，认为精神文明也应包括"共产主义的思想、理想、信念、道德、纪律，革命的立场和原则……搞社会主义

---

① 中共中央文献研究室编：《毛泽东文集》（第七卷），人民出版社1999年版，第162页。

建设……要在党中央的正确领导下,大大发扬这些精神"[1]。江泽民同志在党的十六大报告中将中华民族精神的内涵界定为:"在五千多年的发展中,中华民族形成了以爱国主义为核心的团结统一、爱好和平、勤劳勇敢、自强不息的伟大民族精神。"[2]胡锦涛同志在党的十七大报告中围绕建设社会主义核心价值体系,提出"用以爱国主义为核心的民族精神和以改革创新为核心的时代精神鼓舞斗志"[3],习近平总书记在第十二届全国人民代表大会第一次会议中将其归纳为"中国精神"。在第十三届全国人民代表大会第一次会议上,习近平总书记从实现中华民族伟大复兴中国梦的战略高度,进一步凝练了中华民族精神,指出"中国人民在长期奋斗中培育、继承、发展起来的伟大民族精神,为中国发展和人类文明进步提供了强大精神动力"[4]。这是中国共产党站在中国特色社会主义进入新时代的历史节点上对中华民族精神的发展完善与最新注解。

尽管在不同的历史条件和时代背景下,中华民族精神具有不同的表现形态,但仔细分析,不难发现,在持续发展、不断完善的中华民族精神中,植根于中华民族深处的最深沉的爱国情怀一直存在,支撑爱国主义的诸如英勇无畏、不屈不挠、追求卓越、自强不息、改革创新、团结奋斗的勇德精神亦贯穿始终。勇德精神是中华民族的文化精髓,是中华民族精神的关键所在。一方面,勇德精神为中华民族精神的塑造、发展与完善提供了力量之源和坚实保障;另一方面,中华民族精神的践行、落实与转化也离不开勇德精神。自古以来,勇德都是中华民族最为重要的传统美德,它既是华夏先祖从蛮荒时代步入文明社会、形成一切传统美德的精神力量,也是中华民族从新时代迈向未来世界、实现伟大复兴的坚固支撑。在中华文明五千多年的历史进程中,勇德一直作为一项道德性的精神品质,推动着个人成长、社会发展、民族繁荣与国家进步。从个人层面看,拥有了勇德,个人才能克服自身局限,实现自我提升;从

---

[1] 邓小平:《邓小平文选》(第二卷),人民出版社1994年版,第367—368页。
[2] 江泽民:《江泽民文选》(第三卷),人民出版社2006年版,第559页。
[3] 胡锦涛:《胡锦涛文选》(第二卷),人民出版社2016年版,第639页。
[4] 习近平:《习近平在第十三届全国人民代表大会第一次会议上的讲话》,《人民日报》2018年3月21日。

社会层面看，拥有了勇德，社会才能守护公平正义，维持良好秩序，实现和谐发展；从民族层面看，拥有了勇德，民族才能持续繁荣昌盛，始终屹立于世界民族之林；从国家层面看，拥有了勇德，国家才能不断发展壮大，走向富强安定。新时代，大力弘扬勇德精神，充分发掘其德性品质和思想精髓，对于传承优秀传统文化，树立良好道德风尚，进行新时期伟大斗争，践行社会主义核心价值观，构建人类命运共同体，实现中华民族伟大复兴等，均具有深远的历史价值与极大的现实意义。

中国人民的勇德精神始终扎根于中华民族的社会生活与生产实践之中，成长于华夏文明的历史长河之内，具有历史性、阶级性和时代性，随着人们存在方式的改变而改变，并在不同的时代背景下体现出不同的德性内涵。回溯历史，我国勇德思想因时而异，贯穿知行，从先秦儒家之前的以力为勇、崇尚血气的勇力诉求，历经先秦儒家的勇德塑造，注入道义内涵，由自然德性上升为道义德性，后至宋明理学家的勇德再塑，增加气理品质，强调自修克己，具备了天理德性，内涵不断丰富。近现代以后，受西方自由主义和存在主义哲学理念影响，追求人性解放、所倡导的天赋人权与民主自由渐入人心，现代公民观念日趋形成，主体意识不断觉醒，相应地，勇德也被赋予了人本内涵，获得了人格德性。时至今日，我国正处于中华民族伟大复兴的关键节点，面对长期和平环境与富足生活所引致的国民血性不足、雌化现象流行、吃苦耐劳精神渐失、责任担当意识式微、道德情感冷漠、贪腐状况严重、自杀现象频现等新问题、新矛盾，如何充分继承我国传统文化的合理内核，广泛吸纳新的时代元素，再塑传统勇德思想，无疑是摆在人们面前的时代考题，这是历史之思，亦是时代新问。作为国家事业建设的栋梁之材和社会未来发展的生力军，新时代大学生的精神信仰、精神状态、精神品质与精神能力如何，是否符合勇德精神的现实要求，直接关系到大学生在社会主义现代化建设和实现中华民族伟大复兴中国梦的奋斗实践中的使命担当及作用发挥。

（三）勇德培育是思想政治教育的重要内容

人类社会是一部在勇德主导下的积极探索、勇于奋斗、不断创新的历史。现代社会的发展进步与繁荣稳定离不开勇德精神的内在支撑和勇德品质的外在彰显。当下，现代人身上表现出来的精神困境以及大学生身上难以抑制的时代病症，迫切需要思想政治教育给予相应的理论回应与实践应答。思想政治教育的理论自觉，源自对人类现实生存困境的反省深思，基于对社会"时代之问"的正视回答。思想政治教育的实践价值，贵在立足自身学科范式、概念框架、逻辑体系及时再现现实社会问题，从而对人类生存境况进行批判性检视、规范性矫正、应然性教育及合理性引导。在思想政治教育学科中，引入"勇德"概念，凸显"勇德"地位，规范"勇德"内涵，将其作为一个重要的思想政治教育命题，与诸如哲学、心理学、宗教学、社会学、伦理学、教育学等其他学科中的"勇"展开论争，无疑必要且迫切。长期以来，"勇"受到了众多学科的青睐，有关"勇"的词语，诸如"勇敢""勇气""勇毅""勇武""勇力""义勇""神勇""血勇""技勇"等，可谓勇于创造、应有尽有；有关"勇"的研究，也堪称勇往直前、繁荣一片。这是学术繁荣的象征，也往往是学术失范的开始。尴尬之一则是，我们创造的有关"勇"的理论如奋斗论、励志说、成功学等越来越复杂、越来越花哨，而我们对"勇"的科学认识却越来越肤浅、越来越泛化。"勇"趋于流俗之见，且正在产生着一些负面影响。这既包括受市场利益驱动遵循资本逻辑而鼓吹成功、激发斗志的心灵毒鸡汤，还囊括在"勇做自我、坚守本真"理念的润泽下而崇尚虚无、追求享乐的"佛系丧文化"，甚至也不乏被极端思想洗脑充当"炮灰"。为此，思想政治教育应汇纳众学科之长，聚焦德性内涵，基于勇德视域，对"勇"作出真知灼见的回答。在当前高校思想政治教育工作中，全面系统地研究勇德，既能够根据当代社会发展的实际状况，揭示勇德的内在矛盾，关注勇德的时代价值，以弥补当代思想政治教育研究的理论短板与实践缺陷，提高思想政治教育的实效性，也可以有力推动勇德理论的科学化、时代化、现实化与具象化，为那些处于孤独无助、荒诞虚无、失落迷茫等精神危机中的大学生提供一条借由超越的通达之途。

高校思想政治教育将勇德培育纳为自身重要内容，这是由思想政治教育的具体内涵与本原目的决定的。从思想政治教育的具体内涵来看，"思想政治教育是指社会或社会群体用一定的思想观念、政治观点、道德规范，对其成员施加有目的、有计划、有组织的影响，使他们形成符合一定社会、一定阶级所需要的思想品德的社会实践活动"[①]。由此可知，思想教育、政治教育和道德教育构成了思想政治教育的三大内容。勇德是中华民族的传统美德之一，在中华传统文化中一直作为一项重要德目而传颂至今。早在先秦儒家时期，勇德就被赋予了崇高地位，与智慧、仁义一同称之为"三达德"。习近平总书记在 2016 年全国高校思想政治工作会议上，直接提出将"立德树人"作为高校思想政治工作的中心环节，强调教育应引导学生正确认识时代责任与历史使命，树立远大抱负和崇高理想，不断提高自我道德修养。勇德归属道德范畴，勇德培育自然就纳入了道德教育的领域，进而也就成为思想政治教育的重要内容。从思想政治教育的本原目的来看，作为人的一项有目的、有意识、有计划、有组织的精神生产活动，思想政治教育是以人为中心、不断满足人类发展需要并实现更好生存的社会实践活动，其本原目的是"促进人在社会中的生存和发展，概言地说就是要提高人们认识世界与改造世界的能力，在改造客观世界的同时改造主观世界"[②]。这一本原目的的实现，显然离不开勇德培育的开展及勇德能力的提高。我国思想政治教育是以共产主义为最终目标的教育活动，这就决定了我国思想政治教育的根本目的在于促进人的自由全面发展，为实现共产主义而奋斗，而这一根本目的的实现同样需要勇德培育贯穿始终。

严峻的国际局势和复杂的国内环境迫切需要将勇德培育作为思想政治教育的重要内容。从国际局势来看，尽管和平与发展成为当今世界的主流趋势不可逆转，但它同时也在不断地经受着冲击与挫折，局部战争频频发生，地

---

① 陈万柏、张耀灿主编：《思想政治教育学原理》，华中师范大学出版社 2009 年版，第 4 页。
② 陈万柏、张耀灿主编：《思想政治教育学原理》，华中师范大学出版社 2009 年版，第 63 页。

区冲突此起彼伏，新型问题复杂多样。一方面，霸权主义和强权政治的威胁仍在持续，地区摩擦争端频发。另一方面，不稳定与不确定因素依然存在。生态恶化、环境污染、自然灾害、世界疾病、毒品走私、跨国犯罪、恐怖袭击等人类社会面临的共同威胁逐渐加剧。资源纠纷和贸易摩擦时有发生，能源紧缺问题和世界贫困问题更加突出，等等。从国内环境来看，维护中华民族的团结统一与和谐稳定是当务之急。然而，长期的和平环境和舒适安乐的生活使得部分国民逐渐失去了忧患意识，斗志消磨、志气耗损、血性不足，甚至还出现了一些歪曲历史、丑化英雄的现象，这是极其危险的。对此，思想政治教育应给予高度重视，及时矫正，正确引导，发出警醒之言及应有之声。习近平总书记在党的十九大报告中指出，坚持走强国强军之路，要"培养有灵魂、有本事、有血性、有品德的新时代革命军人"[①]，这是对革命军人的命令，同时也是对全国各族人民的要求。2018年5月2日，习近平总书记在北京大学师生座谈会上进一步提出，"做人要有气节、要有人格……广大青年要培养奋斗精神，做到理想坚定，信念执着，不怕困难，勇于开拓，顽强拼搏，永不气馁"[②]。"有血性、有品德""有气节、有人格"是勇德精神的主要内容，也是高校思想政治教育的应有之义。因此，关注大学生的勇德状况，培育其勇德精神，践行其勇德品质，自然就成为高校思想政治教育研究的重要视域，同时也直接关系着大学生思想政治教育工作的良性发展。无论是作为一项内容抑或一种手段，勇德培育理应贯穿高校思想政治教育的始终。

总之，本书之所以把大学生勇德培育选作研究主题，不仅源自大学生的精神境况以及大学德育的时代困境，还在于勇德培育和中华民族精神培育、思想政治教育之间的密切关联，这构成了大学生勇德培育研究的现实动因与学理依据。当代大学生道德感下降，究其原因，这不是因为大学生的道德认知不够，

[①] 习近平：《决胜全面建成小康社会 夺取新时代中国特色社会主义伟大胜利》，《人民日报》2017年10月28日。
[②] 习近平：《在北京大学师生座谈会上的讲话》，《人民日报》2018年5月3日。

也不是源于他们的道德情感不深,很大程度上在于其"道德勇气"①(勇德的重要内容)不足。

二、研究意义

马克思曾指出,"每个时代总有属于它自己的问题,准确地把握并解决这些问题,就会把理念、思想,把人类社会大大地向前推进一步"②。而这里所讲的问题,"就是公开的、无畏的,左右一切个人的时代声音。问题就是时代的口号,是它表现自己精神状态的最实际的呼声"③。新时期的大学生道德教育,同样存在属于自己的问题,只有勇于承认并正视这些问题,进而准确地把握并解决这些问题,才能将大学生道德教育推向前进。

(一)理论意义

首先,有助于深化道德认知,充实、完善大学生道德教育的理论体系。道德是人类社会的永恒主题,对于人类自身魅力无限,是人之为人的根本所在。然而,究竟什么是道德?古往今来,难有定论!道德争论从未停止,道德内涵仍在丰富。我国传统文化所列德目繁多,包括仁、义、礼、知(智)、信、忠、孝、廉、耻、勇、正、直、和、爱、诚等,其中"仁、知、勇"被先秦儒家视为最重要的德目,谓之"三达德"。相比其他德目在学术界的备受追捧,勇德研究却少人问津。尽管勇德一直以来都被作为一项重要的传统美德而广为传颂,但勇德研究的现代贫乏也是一个不容争辩的事实。现有研究大都趋于流俗

---

① 所谓"道德勇气",是指"不顾危险捍卫道德的选择与行动","是勇敢的一种特殊类型"(参见高德胜《"道德的勇敢"与道德勇气——兼论道德勇气的培育》,《教育研究与实验》2020年第1期)。本书在此基础上,将"道德勇气"作为勇德的关键构成与必备要素,纳入勇德内涵,认为道德勇气是一种不惧的道德品性,即为了道义所表现出的不惧的精神气质,是坚守与践行道德的勇气。在狭义层面上,道德勇气约等于勇德;但在广义层面上,勇德不仅是一种不惧的道德品质,还是一种积极的人格特质(详见后文)。
② 袁贵仁主编:《马克思主义哲学原理》,北京出版社1999年版,第248页。
③ [德]马克思、恩格斯:《马克思恩格斯全集》(第四十卷),中共中央马克思恩格斯列宁斯大林著作编译局译,人民出版社1982年版,第289—290页。

之见，将勇德泛化于勇，又将勇贬黜为附属之物，仅充当其他德目的定语，诸如勇于尽忠、勇于知耻、勇于奋斗等，进而阐释一些人所共知的道理，给出一些无源之论证，得出一些无根之结论。基于此，本书在批判继承已有成果的基础上，对中西方道德理论及勇德思想进行了仔细耙梳，将勇德培育列为道德教育的重要内容，系统构建了大学生勇德培育的理论框架，从而充实、完善了大学生道德教育的理论体系。

其次，有助于回归人本内涵，批判、创新高校思想政治教育的应用理论。思想政治教育作为人类的精神生产活动，其本质是"精神成人"的教育实践活动，其最终目的是培育具有先进的思想观念、优良的道德品质、崇高的政治信仰等全面发展的人。人既是思想政治教育的出发点，也是思想政治教育的归宿处，现实生活中人的问题构成了思想政治教育最重要、最本质的问题。从根本上看，思想政治教育源自人类对现实生存困境的回应，成就于人类自身对其生存处境与生命意义的领悟，而非圣贤的推及、神灵的开发抑或是其他外在于人的天外来物。长期以来，高校思想政治教育的教学实践在一定程度上偏离了人本内涵，忽视了学生的实际需求，形成了以理想化、知识化、教条化、机械化、泛政治化为特征的教育模式，从而导致了思想政治教育外在化、泛在化、低效化等不尽如人意的教育效果。这种"以'灌输'为主要手段，以工具性的目的为唯一目的，以培养无个性的'服从型'人为主要特征的传统思想政治教育"[1]，显然无法适应现代思想政治教育"以人为本"的时代转向。现代思想政治教育人本内涵的回归，就是要从灌输宏大知识转向关注现实生活中的人，关心人的精神世界及精神困惑。勇德精神的提出为大学生提供了价值规范和精神指引，勇德培育的推行为思想政治教育的目标完善和路径走向提供了新的视野。

最后，有助于坚铸中国精神，继承、发扬中华民族优秀传统文化。自古以来，勇德就是华夏文明的传统美德，是中华民族优秀传统文化的重要组成，是中华民族精神的内在体现。上至先秦儒家时期，"勇德"概念就已初具雏形，

---

[1] 万光侠等：《思想政治教育的人学基础》，人民出版社2006年版，第160页。

作为一种道义之勇而存在，历经数千年的洗礼、流变及沉淀，逐渐凝固成中华民族的优良品格。勇德是中华民族延绵不断、源远流长、永葆生机的重要原因，也是新时代实现中华民族伟大复兴中国梦的动力源泉。无论是作为一种形式和手段抑或是作为一项内容和原则，勇德精神都在爱国主义民族精神的坚守、改革创新时代精神的铸就以及中华民族优秀传统文化的传承中发挥着重要作用。勇德具有阶级性和时代性，在不同时代根据不同阶级的要求而具有不同的内容表现。新时代，如何立足全人类的根本利益，根据时代要求和现实需要，在批判继承中国传统勇德思想的基础上，吸纳新的时代元素，重塑勇德，使其发扬光大，无疑是当代大学生的历史责任和时代使命。因此，开展大学生勇德培育研究，无论是对中国精神的坚铸，还是对中华民族根基的把握以及中华民族优秀传统文化的传承，或是对当代中国特色社会主义道德建设及大学生道德品质的提升均具有重要的理论意义。

（二）实践价值

首先，有利于破解大学道德教育的现实困境。大学德育的最大困局是备受重视的德育实践与不尽如人意的德育实效之间的背反现象越发明显。破解大学德育的时代困境，解决大学德育的主要矛盾，关键在于培育大学生的勇德精神，提升大学生的道德勇气。道德是由道德认知、道德情感、道德意志、道德信念和道德行为五大要素构成的有机系统。五大要素相互联系、内在统一。任何孤立、隔离道德要素之举，都是对道德结构的破坏。任何道德要素的不适，都是诱发道德问题的动因。因此，大学德育的有效开展离不开道德认知教育、道德情感教育、道德意志教育、道德信念教育和道德行为教育之间的耦合联动。作为大学德育工作者，只有对道德各要素均给予足够的重视，同时协调好各要素教育之间的关系，才能提高道德教育的实效。勇德从狭义上看属于道德意志的范畴，从广义上看却又是连接道德认知、道德情感、道德意志、道德信念和道德行为五大要素的主线。勇德本身是一种道德意志力与道德执行力，是道德要素耦合联动、知行合一的内在动力。开展大学生勇德培育，培育其勇德精神，对破解大学德育的现实困境，提升大学生道德素养，具有重要的实践价值。

其次，有利于增强高校思想政治教育的引领力。大学时期是大学生世界观、人生观与价值观不断完善、逐渐定型的关键阶段，亦是大学生提升人生境界、塑造理想人格与构建精神秩序的最佳时期。随着改革开放的纵深推进和市场经济的繁荣发展，人们的生活水平不断提高，人们的思想观念持续更新。在和平环境和富足生活中成长起来的大学生，普遍呈现出勇德淡化的问题。一方面，他们在一定程度上存在着畏惧艰难、害怕吃苦、不愿担当且心理承受能力脆弱、社会责任意识不强、融入社会困难等问题；另一方面，他们又不同程度地呈现出爱慕虚荣、媚权拜金、攀比炫富且时而盲勇穷欲、血性暴力、自虐自杀等现象。对此，社会各界都在反思，争相出谋划策，可谓尽心尽力。与之相应，标榜气节、激发斗志的励志书籍名目繁多、铺天盖地，鼓吹成功、宣扬奋斗的影视节目更是层出不穷、应有尽有。然而，热衷于励志书、沉浸在励志剧中的大学生并没有因此而得到更多的"励志"，当其丰满的理想与残酷的现实遭遇后，反而怀疑人生、丧失斗志，归于"佛系"。这些肤浅泛滥、流俗之见的勇德理论，不仅与当代大学生勇德培育的现实需求不符，更与实现"中国梦"伟大目标的国家需要相去甚远。新的时代催生出新的实践，而新的实践则又呼唤着新的理论。为此，从思想政治教育的视角，追溯中西方勇德思想，创新与发展勇德理论，关注当代大学生的勇德需求，构建大学生勇德培育的框架结构，对于厘清勇德品质的真正内涵，终止勇德研究的理论乱象，增强高校思想政治教育的引领力具有重要的现实意义。

最后，有利于拓宽大学生全面发展的有效途径。发展才是硬道理，这是对社会而言的，但最终还是对个人而言的。社会发展最终要通过个人发展来实现，更要依托个人发展来体现，个人发展是社会发展的基本前提和逻辑起点。实现人的全面发展是教育的终极目的，也是社会主义的本质特征。培养德智体美劳全面发展的社会主义的建设者和接班人，为大学生全面发展提供了行动指南和努力方向。从内容上来看，大学生的全面发展包括德智体美劳五大方面，以"德"为首，统摄其他。作为道德的重要组成部分，勇德在丰富、扩展着大学生道德内涵的同时，也在促进并实现着大学生的全面发展。从性质上来看，大学生的全面发展既包括外在的身体发展，也包括内在的精神发展。然而，长期以来，在传统教育模式的指引下，勇德培育被体育训练替代，道德提升被知识增长遮蔽，精神追求被物质享受消解，社会价值被自我中心淡化，大学生强壮健硕、忍耐抗劳的体魄在衰弱，血气方刚、正义凛然的精神在式微，这迫切需要勇德培育提供精神滋养。从主体上来看，大学生的全面发展是一种以大学生为主体的从自在到自为再到自觉的过程，而这一过程的实现离不开勇德精神的支撑与保障。总之，勇德培育不仅是大学生全面发展的重要途径，还是大学生全面发展的其他途径得以有效发挥的重要动力。

三、研究综述

勇德作为一种古老的美德，始终因其德性内涵而备受推崇。无论是国内还是国外、古代还是现代，人们均赋予勇德以崇高地位，都很重视勇德培养。在我国，早在先秦儒家时期，勇就与知、仁并存，成为"三达德"之一。"勇"字在《论语》中出现16次，《孟子》中出现15次，《荀子》中出现31次，而且均立足于不同语境对"勇"进行了精深的阐述。中国共产党历来都高度重视勇德精神，"勇"字在党的十七大报告中出现7次，在党的十八大报告中出现8次，在党的十九大报告中更是出现高达18次。在西方，上至古希腊时期，勇德就与智慧、节制、正义一同列为"四主德"。《荷马史诗》就表达了对英雄及其勇气精神的崇敬，通过一种艺术创作手法，描绘出一幅波澜壮阔的英雄诗。苏格拉底、柏拉图与亚里士多德更是深入阐释了勇德的德性内涵。近年来，在国外学术界，勇德仍然受到了较高的重视，相关研究越来越多，较有代表性的著作有蒂利希的《存在的勇气》、沃顿的《勇气——一个哲学考察》、莫瑞的《勇气的剖析》、米勒的《勇气之谜》、拉什沃思的《道德之勇》、肯恩·威尔伯的《超越死亡：恩宠与勇气》、罗洛·梅的《创造的勇气》、田口佳史的《示弱的勇气》等，大多是从哲学视角对勇德进行了深入探讨。

相比西方而言，我国学术界有关勇德的专门研究较为有限，且呈现出明显的三大特点：一是大多是对我国传统勇德思想的研究，主要集中在先秦儒家勇德思想方面；二是大都趋于流俗之见，如奋斗论、励志说、成功学等，既无普适的理论价值，又无现实的实践意义，实则为花拳绣腿式的心灵毒鸡汤；三是大都将勇德和勇、勇敢、勇气、勇毅、义勇、武德等混为一谈，勇德内涵越发模糊。笔者于2018年开始通过校图书馆、省图书馆、超星数字图书馆、方正电子图书、书生之家电子图书、超星"独秀知识库"、中国知网、维普数据库、万方数据库对勇德的相关中文文献进行了主题、关键词、篇名的交叉检索。因能力所限和目力所及，截至2021年2月，笔者发现较有代表性的专门著作仅有梁启超的《中国之武士道》和王联斌的《中华武德通史》。相关期刊文献较多，归纳起来，专门的学术文献约有859篇，其中具体到"勇德"的文献仅有47篇（见表1）。为了研究方便，笔者对国内外相关研究进行了归类分析，并以此为基础，主要从学科维度、内容维度和比较维度三大方面进行文献回顾。

表1 勇德相关文献数量统计（从1979年到2021年2月）

关键词	勇	勇敢	勇气	勇毅	义勇	武德	勇德
篇数	92	142	97	11	17	453	47

（一）勇德研究的学科维度

关于"勇"的研究涉及哲学、伦理学、教育学、心理学、社会学、军事学、宗教神学等众多学科。尽管各学科的研究都体现了一定的学科边界，有关勇的概念界定均有所差异，在勇气、勇敢、武德和勇德等词语使用上亦各有侧重，但其研究内容却时有交叉、偶有重叠，尤其对于"勇"的德性内涵方面均有涉及，这极大地拓宽了勇德研究的视角，丰富了勇德研究的内容。

1. 哲学中的勇气探讨

哲学中有关"勇"的论述主要侧重在勇气方面。在我国，孟子首次将

"勇"与"气"相接，阐释了"勇气"思想。后人注疏曰："推黝之勇，生于必胜，设有不胜，则气屈矣。施舍之勇，生于不惧，则虽不胜，其气亦不屈，故较黝为得其要。"①孟子认为，相比北宫黝的莽撞求胜之勇，孟施舍的谦谨养气之勇，更接近勇的要义。可见，在孟子看来，"勇"与"气"相关，它源自个体生于不惧的浩然正气是一种内在的精神气质。正如冯友兰所言：孟子所言之"气"在性质上等同于军队的士气或武士的勇气。②进一步分析，孟子将"勇"纳入"气"的范畴实则意味着他所推崇的"勇气"并非仅仅停留在道德层面，其作为道德性的存在，具有道德属性，还包括生命维度；作为生命性的实在，具备本体属性，从而突破了孔子对"勇"的伦理界定，用"塞于天地之间"的"浩然之气"凸显"勇"的生命意蕴，从而将其上升为本体论命题。王阳明在此基础上，将"气"与"理"、"理"与"心"连接起来，认为真正的勇者不仅要无私无畏、浩然正气，还要修身养性、克己节欲。如"夫君子之学，求以变化其气质焉尔。气质之难变者，以客气之为患，而不能以屈下于人……苟惟理是从，而不难于屈下，则客气消而天理行。非天下之大勇，不足以与于此！"③显然，孟子与王阳明通过道德上的形而上学将"勇"移变为独立不依的"气"，并借助天道与人道合一、道法与伦理互通的儒家哲学模式把"气"和"仁""义"相融，具化为"性"与"心"。如此，"勇"则逐渐消解在性、心等哲学视域里，其自身的独立性亦不断丧失，因而"勇"在后来的中国哲学史中不被后人广泛注意甚至令其陌生，也就不难理解了。

在国外，早在"古希腊三哲"时期，"勇"就分别被赋予了"理智""善知"和"中道"的哲学内涵。如在苏格拉底那里，勇气被理解为建基于理性之上、受智识引导的关于害怕什么、不怕什么的指令。④柏拉图又进一步指出，勇气是有关善和恶、安全之物与危险之物的知识。⑤近代以后，相关哲学研究

---

① （清）焦循撰，沈文倬点校：《孟子正义》（上），中华书局1987年版，第194页。
② 参见冯友兰《中国哲学简史》，涂又光译，北京大学出版社1985年版，第95页。
③ （明）王守仁撰，吴光等编校：《王阳明全集》，上海古籍出版社1992年版，第249页。
④ 参见［古希腊］柏拉图《理想国》，郭斌和、张竹明译，商务印书馆1986年版，第150—151页。
⑤ 参见［古希腊］亚里士多德《尼各马可伦理学》，廖申白译注，商务印书馆2003年版，第79页。

越来越丰富。蒂利希从存在哲学的视角对勇气展开了分析，试图解决现代人的异化这一重大人类问题。他指出，"勇气是一种伦理现实，但它却植根于人类生存的整个疆域内，并在存在本身的结构中有着最终的根据。为了从伦理学角度理解勇气，必须对之作本体论的思考"[1]。沃顿聚焦于"何谓勇气"这一最为根本性的命题，对勇气的哲学内涵进行了深入阐释。[2] 莫瑞基于军事学视野，通过具体分析战士的勇敢行为，对勇气的内涵与作用进行了深入剖判。[3] 米勒则从哲学、教育学、心理学等多个视角出发，全面剖析了勇气的多重内涵与多元价值。[4] 田口佳史以中国道家学说为理论依据，阐释了"以柔克刚"的勇气本质，提出真正的勇者"总是'用心体验生活中的每一刻'""懂得'丢掉妨碍心灵自由的包袱'""拥有'以柔克刚的弹性思维'""熟知'与欲望和谐共处的方法'""谨记'强者，不以示弱为耻'的道理"[5]等观点。

2. 伦理学中的勇德阐释

伦理学作为哲学的一个分支，属于道德哲学，其对于"勇"的论述相对其他哲学流派更为具体，大多直接定位在"勇德"方面，具体探讨勇气的德性内涵。在我国，孔子最早提出了"勇"的道德内涵，用道德规范与伦理要求对"勇"加以塑造和限定，使其作为道德之勇而成为一项重要德目。在孔子看来，"勇"只有去除私利与鲁莽，才能契合道德成为德目，才能作为"成人"的必备品质和君子的理想人格。当代国内学者有关勇德的研究主要聚焦于孔子及其嫡传弟子对"勇"的探讨与论述上，具体包括勇德的内容、作用、弊端与勇德在传统思想中的地位及对现代社会的意义等方面。如丁雪枫指出，"勇德在孔子的伦理思想中，占有重要地位，并对传统伦理思想特别对兵家的军事伦理思想有重要影响"[6]。萧仕平认为，孔子所言之勇是有条件限制的，即"勇"只

---

[1] [美] P. 蒂利希：《存在的勇气》，成穷、王作虹译，贵州人民出版社 2009 年版，第 1 页。
[2] Dennis W. Courage: *A Philosophical Investigation*, Berkeley: University of California Press, 1986, p.2.
[3] Moran B., *The Anatomy of Courage*, New York: Avery Publishing Press, 1987, p.1.
[4] Miller W., *The Mystery of Courage*, Boston: Harvard University Press, 2002, p.5.
[5] [日] 田口佳史：《示弱的勇气》，卓惠娟译，辽宁人民出版社 2018 年版，第 1、17、61、88、185 页。
[6] 丁雪枫：《孔子勇德思想评介》，《军事历史研究》1999 年第 4 期。

有置于"仁""义"之下,才能生发出顽强不屈、理智有度的意志品质,才能和"德"相联系,从中性的心理品质上升为道德范畴,进而由形式之德质变为内容之德。①黄建跃认为,在孔子那里,"勇"具有"积极"和"消极"之别,一方面"积极之勇"是君子人格的重要保证,故不可缺少;另一方面"消极之勇"因少有"仁""义"等其他德目的节制与规导,是生"乱"之根,故不足崇尚。②陈立胜则从"子路之勇"着笔,深入探讨了孟子和荀子对勇者人格的塑造,详细阐释了"大丈夫""士君子"所具有的"大勇""上勇"等德性,明晰了"勇"和"仁""礼""义"等德目的内在关联,为我们全面地描绘了儒家勇德思想的历史谱系。③

在国外,对于"勇"的伦理内涵的探讨可以追溯至亚里士多德,他在《尼各马可伦理学》中认为,勇德主要是一种理性判断,是恐惧与信心方面的适度,是鲁莽与怯懦的中道,是灵魂的一种品质和道德德性④。以此为基础,当代国外研究者大多是基于美德伦理学的视角对勇德进行深入研究。乔治·凯特布提出,勇只有内合道德并按照道德要求执行,才能真正称得上美德,为世人称颂,而那些不顾道德目的,通过强力产生恶的影响的勇,应当给予强烈指责。⑤佩·鲍恩进一步指出,在美德伦理上,很难判定"勇"道德与否,勇者既可能发生道德行为,也可能发生非道德行为,只有那种源自道德责任并超越个体自我利益、价值的勇,才是道德之勇。⑥菲利普·艾凡赫在系统研究了我国孟子的勇德思想之后提出,孟子论勇有"大勇"和"小勇"之分,前者较为关注于公共"善",大都本着良知与正义的原则行事,而后者则更为倾向于自

---

① 参见萧仕平《勇:从形式之德到内容之德——孔子论"勇"及其现代启示》,《道德与文明》2009年第6期。
② 参见黄建跃《"好勇过义"试释——兼论〈论语〉中的"勇"及其限度》,《孔子研究》2011年第5期。
③ 参见陈立胜《〈论语〉中的勇:历史建构与现代启示》,《中山大学学报(社会科学版)》2008年第4期。
④ 参见[古希腊]亚里士多德《尼各马可伦理学》,廖申白译注,商务印书馆2003年版,第77—80页。
⑤ George Kateb, "Courage as a Virtue", *Social Research*, Vol.1, 2004.
⑥ Per Bauhn, *The Value of Courage*, Lisa Lund: Nordic Academic Press, 2003, pp.61—90.

身的"荣耀",大多基于自身立场、出于自利的原因而谋事。真正的勇者是大勇之人,他们具有"浩然之气",知道何谓善,能够以自身的道德力量和精神意志应对恐惧,并逐步内化为良好习惯和道德担当。[1]总之,在国外伦理学界看来,勇在道德上是中立的,既可从善,亦可为恶,它只有遵从道德律令并付诸善行,才能真正成为一种美德。

3. 教育学中的武德论述

教育学中有关"勇"的研究主要集中在体育学科中,大多侧重在"武德"方面。在我国,武德不仅是中华传统文化的重要组成部分,还是现代武术研究的热点问题。依据其研究对象来看,早期的武德思想所涉对象较窄,主要定位在将士或军人身上,特指有关战争道德、军事道德的精神意志,后来才逐渐泛化为普通民众的武术德行。依据其研究内容来看,相关研究主要聚焦在武德内涵、武德精神、当代价值及武德教育等方面。王联斌对武德的概念内涵进行了明确界定,提出"所谓武德,就是从武、用武、尚武之德性,包括政治观念、道德观念、价值观念和行为品质等"[2]。郑旭旭对武术精神及当代价值进行了详细阐述,指出武术精神的显著特点是担当精神与武勇气质,当代中国的持续发展与和平崛起离不开国民居安思危、和平共处的武术精神。[3]而冉学东则基于武德教育的角度认为,武术文化是我国优秀传统文化的重要组成部分,大学承担着文化传承的责任与使命,理应积极弘扬与教育传承中华武术文化,持续开展武术教育,不断促进我国武术发展,而这不仅需要精湛的武术教学,更离不开良好的武德教育。[4]

国外学者在普通的教育研究与教学实践中很少直接使用"武德"一词,他们更多强调的是冒险精神。与"武德"较为相关的研究主要出现在军事教育中,如古罗马军事家韦格蒂乌斯曾指出,优秀的将领注重招募和训练新兵,使

---

[1] Philip-Ivanhoe,"Meng-Conception of Courage",*A Journal of Philosophy*,Vol.2,2006.
[2] 王联斌:《传统武德文化与当代革命军人核心价值观培育》,《解放军日报》2009年2月10日。
[3] 参见郑旭旭、周永盛《武术精神的当代价值》,《中华武术(研究)》2015年第Z1期。
[4] 参见冉学东《传统文化视野下高校武德教育的传承与推广》,《中华武术(研究)》2011年第1期。

其具备大无畏的英雄气概。同样，时至今日，有关"武德"的用语在外国军队中也较为少见，他们最常用的表述大都为"军人道德""军人精神"或"武士道精神"等。仔细分析不难发现，有关"武德"的提法，国外学者和中国学者仅仅是表述不同，事实上国外的"军人道德""军人精神"和我国的"武德"在本质上并无差异。现实中，国外学者和国外军方也都极为重视对军人武德的研究与提炼。卡尔·克劳塞维茨在深入研究战争中军人道德的基础上指出，一名合格的军人应该具备军人精神，这要求他们能够在军事作战中深入体悟战争本质，通过刻苦的军事训练不断磨炼自我意志，激发精神斗志，进而将其转化为自身智慧并运用于战争事业中。① 美国军方一直以来都非常重视研究军人武德，培育军人精神。这不仅可以在美国出版的一系列军事伦理著作中得以查阅，如《战争与文明》《军事意识形态》《战争与道德责任》等，也可以在美军的《作战纲要》中得到印证。美军《作战纲要》指出，军队的凝聚力和士气以及军人的勇武精神与顽强意志是军事威力的重要组成部分，也是军队获取胜利的决定因素等。②

4. 心理学中的勇敢研究

有关"勇"的研究同样也受到了心理学的青睐，主要定位在勇敢方面。尤其是近年来在积极心理学运动的大力推动下，西方学者在心理学中率先开辟了"积极人格"这一新的研究领域，并对其中的"勇敢"范畴给予了较多关注。从总体上来看，国外心理学界倾向于将"勇敢"当成一项个体在长期的社会生活中逐渐形成的内在的、稳定的、积极的人格特质，并在很大程度上呈现出内隐性、稳定性与情境性等鲜明特点。归纳起来，这项积极的人格特质主要包括个体的美德、力量与意志品质三大因素。具体而言，它是由个体的创造力、胜任力、自制力、坚韧力、意志力、好奇心、同情心、仁爱心、诚实、守信、猎奇、冒险等诸多因素组成。如彼得森（Peterson）与塞利格曼（Seligman）均把"勇"当作人类的重要美德，内含勇敢、正直、坚持与活力四大性格优

---

① 参见［德］克劳塞维茨《战争论》，王小军译，陕西师范大学出版社2008年版，第136页。
② 参见顾智明、尚伟编《当代外国军事伦理》，解放军出版社2010年版，第55页。

势。①作为积极的人格特质，勇敢能够帮助个体树立生活自信，直面生活中遇到的种种困难、重重挫折，主动担当，从而更好地适应社会、服务社会。除了特质取向，国外还有部分心理学者从行为过程取向对勇敢的概念与内涵进行研究。与特质取向研究不同，坚持行为过程取向的研究者并不直接把勇敢看作一种美德，仅仅将其视为个体克服恐惧的心理品质，注重勇敢的行为表现和动态过程。

相比国外，国内基于心理学的视角对"勇"开展研究的学者及专业团队还不多见，主要以黄希庭、林崇德为代表，其相关研究也仅仅处于起步阶段。西南大学的黄希庭教授与北京师范大学的林崇德教授分别组建了各自的研究团队，在全面学习借鉴西方心理学相关理论的基础上，对个体的积极人格与健全身心进行了系统研究，并结合中华文化传统背景的勇气理论研究，从积极心理学的视角出发，详细分析了中国古籍中的"勇"②，建构了中国人的"勇气量表"③，开展一系列实证研究，取得了一定的研究成果。根据林崇德、黄希庭两位教授的相关研究可知，所谓"勇敢"，是指个体身上所体现的一种良好的意志品质，具体包括临危不惧、意志坚定、胆大敢为、理性谨慎等特质，它能够确保个体在危险面前不顾个人安危、挺身而出、排除万难、克服障碍，从而达成某一目标。④可见，无论是国外心理学界，还是国内心理学界，均将勇敢视为个体优良的心理特质。不同的是，国外对于勇敢特质的研究非常丰富，除了积极心理学派之外，个体心理学派、存在心理学派、新行为主义学派均有所涉及。

此外，勇德研究在社会学、军事学、宗教神学等学科中也均有涉及，因其和哲学、伦理学、教育学和心理学中的研究多有重合，如社会学侧重在勇敢方面、军事学侧重在武德方面、宗教神学侧重于勇气和勇德方面，故不再赘述。

---

① 参见程翠萍、黄希庭《勇气：理论、测量及影响因素》，《心理科学进展》2014年第7期。
② 参见程翠萍、黄希庭《我国古籍中"勇"的心理学探析》，《心理科学》2016年第1期。
③ 参见程翠萍、黄希庭《中国人勇气量表的建构》，《西南大学学报（社会科学版）》2016年第1期。
④ 参见林崇德等主编《心理学大辞典》，上海教育出版社2003年版，第1580—1581页。

（二）勇德研究的内容维度

当前，国内外学者有关勇德内容的研究主要聚焦于内涵、类型、价值、培育等方面。

1. 勇德的内涵探讨

什么是勇德？构成了勇德研究的首要之问。当代国内学界对于勇德内涵的探讨，大多还停留于先秦儒家时期的勇德界定，如"勇者不惧""知耻近乎勇""君子有勇而无义为乱，小人有勇而无义为盗"等。较少有学者能够基于传统勇德思想，根据时代要求，对勇德作以具有创建性的内涵诠释。代表性的观点以林贵长、赵永刚和贾新奇为主。林贵长认为，"'勇'作为德性是一种道德力量，即正视危险、克服困难、摆脱恐惧、抗拒欲望、抵制软弱和忍受痛苦等为善力量。不惧、果断和坚毅是'勇'德的基本内涵，坚忍不拔、勇于生存、敢于担当、见义勇为，知耻改过、去恶迁善，以及独立自主、持节不恐等，则应当成为'勇'在现代社会的主要实践内涵"[1]。赵永刚从人类社会道德心理机制的视角认为，勇德"作为道德意志力表现在一般的道德行为过程中，此时的勇是一种道德动力，是道德心理机制中的一个重要环节，而不只是一种特殊的道德德性"[2]。贾新奇则从社会哲学的视角出发，认为勇德是以其秩序取向的社会哲学为依归的，也只有放到这一社会哲学下，勇德才可以得到较为充分的理解。[3]

当代西方学者对于勇德的概念界定主要有三。其一，传统的亚里士多德学派式定义，以斯卡里[4]和伍达德[5]为代表。他们主要将勇德界定为恐惧和信心的中道抑或懦弱和鲁莽的中庸，并认为真正的勇者能够本着善、正义、高尚等原则，在理智的支配下保持审慎态度，克服恐惧或私利，从事有意义的事

---

[1] 林贵长：《论勇德》，《齐鲁学刊》2007 年第 1 期。
[2] 赵永刚、张亚文：《勇的三重意蕴及其当代价值》，《齐鲁学刊》2017 年第 6 期。
[3] 参见贾新奇《论先秦儒家的勇德重塑及其社会哲学基础》，《当代中国价值观研究》2016 年第 6 期。
[4] Geoffrey Scarre, *On Courage*, New York: Routled press, 2010, pp.75—128.
[5] Cooper R.Woodard, "Hardiness and the Concept of Courage", *Consulting Psychology Journal: Practice and Research*, Vol.3, 2004.

情。其二，哲学本体论上的定义，如蒂利希把勇德诠释为"不顾非存在的威胁而对存在进行自我肯定"①。在蒂利希看来，苏格拉底、柏拉图、亚里士多德等人对"勇气"概念的探索终归是失败的，原因在于他们仅仅从伦理学的范畴解说勇气，而没有上升到本体论层面或存在论层面。事实上，勇气不只是与诸如正义、理智、高尚等其他德目相并列的一种德性，更是一种统涉人全部方面的"存在的力量"，其本质是"存在—本身"。其三，行为心理论上的定义，认为勇德是为了一个值得的结果而做出的一种自愿的行动。如辛西亚·普瑞等人从勇德的生成因素着手，将勇德阐发为一项基于自身愿望的行为，它是一种在威胁情境下为了实现某一道德目标而做出的不顾威胁、忽略恐惧、克服困难等的行为反应。②克雷格·格鲁伯也同样认为，勇德行为的发生离不开"危险的情境"和"积极的结果"这两大关键因素，而所谓"勇德"则是一种基于理性认知的、自发自愿的心理过程，它为了达成某一积极的结果而对自身发出一种挑战性的命令。③

2. 勇德的类型分析

勇德因其丰富的内涵而呈现出不同的表现形式。潘小慧从儒家文献中提炼总结出"勇德"和"勇气"两个范畴，并强调在儒学思想体系中表现出"勇德"为贵、"勇气"次之和"勇力"为轻的三重意涵呈现。④涂可国在重点分析孟子和荀子有关勇德思想的基础上，认为在先秦儒家那里勇德具有明确的等级和类型，具体包括小人之勇与君子之勇、野蛮之勇与义理之勇，大勇与小勇，狗彘之勇、贾盗之勇、小人之勇和士君子之勇等。⑤赵永刚基于"勇"的内涵研究，将"勇"划分为三大层次：一是作为自然德性的勇，它是道德中立的，是个体心理学意义上的性格特质以及行为方式；二是作为道德德性的勇，

---

① ［美］P.蒂利希：《存在的勇气》，成穷、王作虹译，贵州人民出版社 2009 年版，第 20 页。
② Cynthia Pury, "The Construct of Courage: Categorization and Measurement", *Consulting Psychology Journal: Practice and Research*, Vol.2, 2007.
③ Craig Gruber, "The Psychology of Courage: Modern Research on an Ancient Virtue", *Integrative Psychological and Behavioral Science*, Vol.2, 2011.
④ 参见潘小慧《儒家哲学中的"勇德"思想》，《哲学与文化》2007 年第 1 期。
⑤ 参见涂可国《儒家勇论与血性人格》，《理论学刊》2017 年第 4 期。

"勇"只有在注入"知""义"等内涵后,才真正成为一种道德之勇;三是作为人格德性的勇,它是一种道德勇气,它不仅是一种特定的道德德性或德目,而且是人们由之成就各种道德德性,趋向理想人格的道德意志品质。①

当代西方学者对于勇德类型的划分主要是基于恐惧与结果两大要素。肖恩·洛佩兹以此为依据将勇划分为血气之勇、道德之勇与生存之勇三大类型。②同样,辛西亚·普瑞也认为勇应该包括血气之勇和道德之勇。不同的是,他用猎奇或尝新之勇替换了肖恩·洛佩兹的生存之勇,并进一步提出猎奇或尝新之勇在现实生活中才最为多见。③而库珀·伍达德则从影响勇敢类型划分的关键因素——威胁情绪入手,认为人们在身体上、社会上和情感上存在着三大威胁,与之相应,勇敢则可以分为应付身体方面威胁的自然物质勇敢、应付社会方面威胁的社会道德勇敢与应付情感方面威胁的家庭伦理勇敢三种类型。④此外,还有部分西方学者基于勇敢所处的具体情境,如战争行为、医学领域、宗教信仰、商业场所、教育事业等,从道德勇敢、经济勇敢、政治勇敢、文化勇敢、智慧勇敢等不同的视角出发,详细探讨了勇敢的情境类型。

3. 勇德的价值启示

当代国内学者较为热衷于对勇德的价值与意义进行研究。林贵长在对我国传统勇德思想和西方传统勇德思想进行系统梳理、分析的基础上,深入探讨了勇德的内涵、价值以及现代意义,认为继承并发扬勇德精神,无论是对个人素养提升、事业发展,还是对社会风气改善、文明进步,抑或是对全人类的终极关怀、人道精神弘扬等,均具有重要作用⑤。赵永刚在系统分析勇德的自然德性、道德德性和人格德性三层内涵的基础上提出,当今社会勇德在这三大层次上均具有重要的价值和意义:其一,作为自然德性的勇,是个体不可或缺的自

---

① 参见赵永刚、张亚文《勇的三重意蕴及其当代价值》,《齐鲁学刊》2017 年第 6 期。
② S.J. Lopez, "Positive Psychological Assessment: A Handbook of Model sand Measures", *American Psychological Association*, Vol.3, 2003.
③ Cynthia.Pury, "The Construct of Courage: Categorization and Measurement", *Consulting Psychology Journal: Practice and Research*, Vol.2, 2007.
④ Cooper R.Woodard, "Hardiness and the Concept of Courage", *Consulting Psychology Journal: Practice and Research*, Vol.3, 2004.
⑤ 参见林贵长《论勇德》,《齐鲁学刊》2007 年第 1 期。

然禀赋，不仅有利于个体生存发展，还有助于国家兴旺不衰；其二，作为道德德性的勇，是一项重要的精神动力，极大地推动着国家政治的改革与稳定以及社会经济的繁荣与发展；其三，作为人格德性的勇，本质为个体的道德勇气，是一种激发个体道德行为的意志品质，是勇德的最高层次。它不仅仅是一项重要德目（道德的勇敢），更是一项使个人获得其他诸多德目的人格力量。[1] 王成从勇毅的视角，深入论述了勇德对人类社会的重要意义。他认为，在我国传统文化及纲常伦理中，"勇"与"毅"紧密相连，两者合并组成"勇毅"一词，意指勇敢坚毅、信勇刚毅，一般用来表示个体身上所体现的不畏困难、勇往直前、敢于拼搏、克服艰险等刚毅品质。在建设社会主义精神文明的今天，发扬勇毅精神、培育勇毅品质，对于协调人际关系，净化社会风气，推动职业活动发展，均具有重要的现实意义。[2]

当代国外学者对于勇德的价值和意义的研究大都基于美德伦理学的视域。乔治·凯特布通过对勇敢负面影响的研究，从反面彰显了勇德的重要价值。他认为，在人类历史上的大多时候，相比人类的其他特性，勇敢似乎越发易于滋生恶意、助推恶行。而对于战争这一人类最大的恶行，勇敢却又偏偏备受褒扬，显然这是人类无法回避的悖论。为此，勇敢只有上升为勇德，才能成为一项真正的美德。[3] 杰弗里·斯卡里通过进一步研究指出，就其核心内涵而言，勇敢既非男子气概亦非尚武美德，它在很大程度上属于道德范畴，真正的勇敢往往与耐心、谦卑、温和、恭谨等是同盟者，而与暴力、独裁、蛮横、侵略、冷酷、血腥、冒险等是对立者。此外，他还专门提出并分析了勇敢和非道德行为能否兼容的命题，认为总体上看冒险的非道德行为不能归入勇敢的范畴，但若某一冒险行为在当事人所处的具体生活情境中是可以理解并被大家体谅的，尽管这一行为并没有体现很高的道德价值甚至还可能产生一些非道德的后果，

---

[1] 参见赵永刚、张亚文《勇的三重意蕴及其当代价值》，《齐鲁学刊》2017年第6期。
[2] 参见王成《传统勇毅思想与当代道德建设论要》，《山东大学学报（哲学社会科学版）》2001年第1期。
[3] George Kateb, "Courage as a Virtue", *Social Research*, Vol.1, 2004.

则仍然可以称之为勇敢的行为。[①]

4.勇德的培育策略

当代国内学界对于勇德培育的专门研究相对较少,更多的文献大都泛化为勇敢教育研究。在勇德培育方面,较具代表性的成果是张永刚的《勇德培养的三个基本问题》[②],提出每个人所具有的"勇德"在人生的不同阶段体现为不同的层次,包括自然德性层面的勇德、道德德性层面的勇德和人格德性层面的勇德。为此,勇德精神的培养也应该分阶段、分层次进行,做好三个方面的德育工作。第一,在人生的早期阶段,德育活动的重心应放在个体自然德性层面勇德的培养上,着重塑造个体不畏困难、不惧危险、自强不息、奋发有为等优良的意志品质,提升他们未来自我创造美好生活的能力。第二,随着个体年龄的增长与道德理解力的增强,德育活动的重心应逐渐转移到培养个体道德德性层面的勇德上,对他们进行勇德的道德化教育,重在培育、增深其道德规则意识和道德情感体悟。第三,当个体的道德理解力达到较高水平时,德育工作者应注重培养个体人格德性层面的勇德,不断激发个体的道德勇气,锤炼其道德意志,塑造其道德人格。在勇敢教育方面,大多数学者均认为体育是培养学生勇敢品质的重要手段。如《浅谈体育教学中如何对学生进行勇敢品质的培养》(朱湛军、谢晓丽,1997);《体育教学中学生勇敢品质的培养》(杨永英,1999);《体育:"培养人的勇敢"——亚里士多德体育思想解析》(李力研,2003);《论体育课教学中的"立德树人"——兼谈在体育课堂教学中如何培养学生的勇敢精神》(毛振明等,2015)等。较少有学者将勇敢上升为勇德在体育伦理范畴对"勇"进行系统研究。现有文献主要有丁素文、冯蕾等的《论体育运动中的勇德》[③]和《学校体育中勇德培育的思考》[④],从勇德与体育密切关系入手,在系统梳理当前学校体育中勇德培育现状的基础上,提出勇德培育要遵循"避免说教化、形成体系化与讲究科学化"的原则和方法。

---

① Geoffrey Scarre, *On Courage*, New York: Routled Press, 2010, p.75, pp.107—128.
② 参见赵永刚《勇德培养的三个基本问题》,《中国德育》2017年第16期。
③ 参见丁素文等《论体育运动中的勇德》,《北京体育大学学报》2009年第7期。
④ 参见丁素文、冯蕾《学校体育中勇德培育的思考》,《北京体育大学学报》2011年第1期。

在西方，早在柏拉图的《理想国》中，就有了较为完整的勇德培养的论述。柏拉图提出用体育训练身体，用音乐陶冶灵魂。这两种教育究其本质则是勇德培育，因为仅仅依靠体育教育，人会变得野蛮与生硬，而若只是依靠音乐教育，则人又会变得温从和柔弱。野蛮是人的自然禀赋，是人之血气的原初体现，对人而言是必要的，但这一禀赋若不加以约束与规制，就易使人变得血腥与暴力，若能够对其加以正确的规束与教化，就能上升为勇德。温从源自人性的爱智部分，是人类社会化的结果，对人而言是必需的，但若过于放松与安逸，就会造成人的柔顺与软弱，若对其进行良好的训练与引导，则会使人变得持节与守序。所以，野蛮和温从是人之为人的两种必不可少的品质，两者之间应彼此和谐、取其中道，方能铸就完美人格。显然，柏拉图所提倡的融合体育教育与音乐教育的勇敢品质的培育途径在今天也未过时，对现代社会的勇德培育仍有较大的借鉴价值。道格拉斯·沃尔顿对于勇敢品质和实践理性两者关系的系统论述，则从另一个角度为我们提供了开展勇德培育的方法与路径。他认为，个体的勇敢品质和其实践理性密不可分，缺乏实践理性支配的勇敢必将流于莽撞和愚蠢，勇敢行为往往站在愚昧无知的反面，通常与智谋聪慧相连，它一般基于情势分析进行理智判断而后做出适宜行为，并进一步指出，勇敢美德的培育应从开发人的理智入手。①

（三）勇德研究的比较维度

当前，有关勇德的比较研究主要表现在中国和西方的比较方面，比较研究的对象主要集中在孔子、孟子、荀子与柏拉图、亚里士多德之间。

台湾学者潘小慧比较研究了儒家传统文化中的勇德思想和西方哲学中的勇德理论，认为儒家所言之"勇"大致包括"勇力""勇气"与"勇德"三部分，其中"勇德"居于最高层次。在此基础上，她进一步指出儒家传统文化中的勇德内涵大体上等同于西方哲学家柏拉图、亚里士多德、托马斯、麦金泰尔等人

---

① Douglas N. Walton，"The Virtue of Courage"，*The World and I*，Vol.12，1987.

在论述"勇敢"时所提到的"德行一体论"的概念。① 可见，尽管中西方有关"勇"的表述略有不同，但其实质一致，即均承认了"勇"的道德内涵，勇是人类共有的美德。

吕耀怀基于不同的文化视角，对中国勇德思想和西方勇德思想进行了系统的比较研究，认为中西方思想家受文化差异的影响有关"勇"的论述存有异同。共同之处在于，双方均强调"勇"作为人类的重要美德是有条件的，换言之，勇只有满足一定的条件并受其制约，才能成为一项美德。不同之处在于，制约或限制"勇"的条件不同。中国传统文化注重修身养性与内圣外王，倾向于用内在的自身因素来规定和塑造"勇"（如在儒家文化中，除了有胜敌之勇，更有克难之勇和自制之勇），始终强调"勇"和其他德目之间的内在关联，即"勇"要以"知"为基础，以"仁"为指南，遵循"礼""义"之道。而西方思想家则更为青睐于用外在的约定之物如世俗法律、上帝律法或绝对理性等对"勇"进行限制与规约，一方面他们喜好冒险精神和猎奇体验，另一方面他们又强调这种冒险与猎奇必须用于正义事业，符合契约精神，不能违背法律。②

晁乐红从人类早期的文明思想着手，聚焦在人类共有的勇敢美德方面，深入比较分析了我国先秦儒家的道德观念和古希腊亚里士多德的美德思想，展现了中华文明和西方文明的各自特色及未来走向。她认为，中西两大文明对于勇敢美德的看法既有很多相似之处，也体现出很多不同的地方。从表面上看，中西方在勇敢美德的概念内涵、运行机制与发展态势等方面具有很大的不同，中方注重勇敢的政治取向，勇敢应以"仁""义"为动力源；而西方则更为强调勇敢的律法精神，勇敢当以理性为动力源。但从本质上看，中西方均认为勇敢美德的核心要义须符合中庸之道，既非过犹，亦非不及，虽其地位较为重要，但并非居于首要。晁乐红对中西古代勇敢美德的比较分析，为当今学界重思勇

---

① 参见潘小慧《儒家哲学中的"勇德"思想》，《哲学与文化》2007 年第 1 期。
② 参见吕耀怀《"勇"德的中西异同及其扬弃》，《上海师范大学学报（哲学社会科学版）》2010 年第 2 期。

德命题、开展勇德研究提供了重要启发。①

万绪珍则选取我国儒家创始人孔子和古希腊哲学巨匠柏拉图为比较对象，对他们勇论思想的异同进行了探讨。从相同方面看，孔子之"勇"与柏拉图之"勇"至少在三方面是一致的。第一，双方都指出"勇"具有社会性，而教育则是彰显其社会性的重要因素。如柏拉图认为，人类之"勇"起始于人类的原始激情，形成于人类的社会理智，即人类的原始激情只有受制于理智因素，得到合理的控制，才能转化为"勇"，而这又离不开体育教育和音乐教育对人类的教化与影响。孔子也同样非常重视对人们的野蛮品性不断教化，以彰显其德性。第二，双方都认为"勇"具有属人性，是人类固有的素质。在柏拉图看来，兽类之"勇"虽有类人的表现，但因其缺乏理智的引导而不能成为真正的"勇"。孔子也提出，"勇"内在于人，为仁者所独有。第三，双方都提到"不惧"是"勇"的重要特征。如柏拉图有"勇者不怕死亡"之言，孔子亦有"勇者不惧"之言。从不同方面看，双方的不同之处主要有二。其一，柏拉图将"勇"界定为一种"保持"，即对某种"可怕事物"保持信念，显然这是从法律的角度对"勇"做出了规定。而孔子则倾向于把"勇"诠释为德性对欲念的抑制，主张用"礼""义"等其他德目来规制"勇"。其二，柏拉图"勇"的论建基于理智之上，而孔子之"勇"则立足于德目之间，对人的理智缺乏关注。②

谢永鑫从伦理学和存在论的双重视域研究"勇"，在全面考察先秦儒家和古希腊哲学家的勇论思想的基础上，重点分析了孟子的勇德观念，并探讨了其当代价值。他认为，国内外学者对于勇的类型划分有很多种，但从总体上看，他们都承认"勇"有血气之勇和义理之勇之分，前者主要表现为受感性支配的不惧、血性、鲁莽等强烈短暂的情绪状态，而后者则主要表现为受理性指导将不惧和仁义、智慧融为一体的情感状态，双方在一定条件下能够互相转化。血气之勇是中性的，可为善，亦可为恶，作为人类美德的勇只能为义理之勇。而

---

① 参见晁乐红《论作为美德的勇敢——先秦儒家与亚里士多德之比较》，《伦理学研究》2010年第2期。
② 参见万绪珍《论孔子思想中的"勇"》，《学理论》2011年第19期。

孟子对义理之勇有着深刻、完整的论述,他借助"明善、知言、集义、行善"而凝练的"浩然之气"发展了勇气的精神内涵和宇宙意义,从而巧妙地解决了智慧的勇气何以可能的命题。① 这为当今社会的勇德研究提供了重要启发。

总的来看,勇德作为人类共同的美德,必然有着超越地域的共同之处,但又因各国文化的多元化存在,中西方的勇德自然也少不了差异所在。学者们把勇德放入中西方的具体文化情境中进行对比分析,探讨其异同之处,的确是一个值得肯定的研究视角,能够增强我们对不同文化背景与不同地域勇德的认知和理解,从而更加系统、更加深入地把握勇德。但遗憾的是,此类研究并不多见。

(四)研究现状评析

通过回顾分析中国勇德观念和国外勇德思想,不难发现,勇德自古以来就是人类的共有美德,勇德研究无论在理论上还是在实践中均取得了丰硕成果,归纳起来,主要有以下两个方面。

1. 研究的主要贡献

其一,基本明晰了勇德的基本内涵及相关概念。尽管勇德研究遍布于众多国家,涉及众多学科,各家立足自家视域自有各家之言,但有关勇德的基本内涵总体上还是达成了两点共识。一是古今中外的大多数学者均认同把不惧或者无畏视为勇的重要表征,同时认为这只是勇德的必要条件而无法构成其充分条件。简言之,只具有不惧或无畏的勇并不必然成为德性之勇,勇德作为德性之勇除了具有不惧或无畏的品质,还需要有其他因素对它加以引导或规定。在规定因素方面,中西因文化背景差异而有所不同。中国倾向于从其他德目(如知、仁、义、礼等)和勇的关系中阐明勇之为德的必要条件,而西方则侧重从理智或律法的角度注解德性之勇的内在规定。二是大多数中国和西方历史上的思想家都将鲁莽和怯懦作为勇德的两极,同时认为过抑或不及均非勇德,勇德居于两者之间。相比西方学者,我国学者在鲁莽和怯懦的深度分析方面以及两

---

① 参见谢永鑫《中西比较视域中的孟子勇论及其当代价值》,《江汉学术》2013年第3期。

者与勇德之间的相互转化关系上的研究稍显逊色。

其二，充分认识了勇德的多重价值和现实意义。无论是历史上的中西方贤哲，还是今天勇德研究的相关学者，大都看到了德性之勇对于人类社会发展所具有的多重潜在价值及所可能发挥的多种作用。归纳起来，他们重点论述了勇德三大方面的作用：一是勇德能够胜敌。所谓"胜敌"，古时通常特指在战场上不惧牺牲、英勇拼搏、沉着镇定而克敌制胜，今天往往泛指在竞争中不怕困难、顽强不屈、精明强干而取得胜利。勇德内含着"不惧"与"理智"双重内涵，这无论对于古时的战场厮杀，还是对于现时的自由竞争，都是不可或缺的制胜法宝。二是勇德用于克难。所谓"克难"，是指克服人生中各种困难，具体包括成事之难和为学之难两个方面。人生于世，艰难困苦在所难免，唯有具备不畏艰险、迎难而上的勇德品质，才能经受磨难而获取成功。三是勇德可以"自制"。所谓"自制"，即自我约束、自我管理之意。在这方面，我国学者的论述相比西方学者更为丰富、透彻。西方学者大都将"自制"等同于"自律"，认为真正的勇者能够律己、自觉遵守法律。而在我国学者看来，"自制"不仅要做到"自律"，还要能够"自修"，即自我修为，包括克己、修身和自新等，旨在修炼道德勇气，从而实现"内圣外王"之道。

其三，初步解决了勇德研究中的量化不足问题。勇德在本质上是一种社会意识或精神品质，具有阶级性和时代性，在不同的历史条件和时代背景下，具有不同的德性内涵。这就决定了勇德在研究方法上的局限性，即难以开展实证研究。因此，长期以来，勇德研究主要集中在哲学、伦理学、史学、文学等人文学科，研究成果也大都侧重在哲学思辨和史料梳理。在这个科学主导的时代，勇德研究成果的可靠性与精准性不断受到人们的质疑，其理论缺陷越发明显，这成为当下困扰勇德研究的一大难题。随着积极心理学的介入，勇德的本质被诠释为个体的积极人格，而作为一种个体内在稳定的、积极的人格特质，勇德就具有一定程度的稳定性，这就为勇德的实证研究和量化分析提供了理论支撑。近年来，在心理学领域，有关勇德研究的问卷编制、实证测量、数字建模等量化研究成果越来越多，这在一定程度上弥补了勇德纯理论研究中的空洞性缺陷。

2. 研究的主要局限

近年来，尽管国内学者在中国传统勇德思想、中西勇德比较以及勇德内涵、类型、价值和培育等方面取得了一定的研究成果，但仍存有以下不足：

其一，对勇德时代内涵的挖掘有待深入。现有研究主要集中在对传统勇德思想的诠释，而立足时代要求、体现时代内涵的原创性成果较为少见。一方面，有关我国传统勇德思想的回顾大都停留于先秦儒家的孔子、孟子和荀子三位圣人身上，而对其他先贤如老子、庄子、朱熹、王阳明、梁启超、孙中山、罗辀重等的勇德思想则少有涉及；有关国外传统勇德观念的考察主要集中在古希腊时期的苏格拉底、柏拉图与亚里士多德三位先哲身上，而对其他哲人如斯宾诺莎、康德、黑格尔、尼采、蒂利希等的勇德理论则关注甚少。另一方面，有关勇德的比较研究大多倾向在中国和西方的比较上，忽视了古代和现代的比较维度，对于勇德思想的历史变迁和勇德内涵的时代异同的探讨少之又少。勇德作为人类的传统美德，会因社会发展及时代变迁而随之变化吗？若变化，它有哪些改变了呢？若不变，其本质成分又是怎样传承的呢？勇德对于现代社会还有多大价值？等等，这些问题有待我们超越美德伦理学的学科范式，在社会伦理学与道德心理学的研究视域中寻求答案。

其二，对勇德思想体系的梳理较为零散。总体来说，现有研究多呈点状分布，缺乏系统探究，要么回顾孔子勇德思想，要么探讨孟子勇气概念，要么梳理荀子勇德类型，抑或研究西方某一先哲的勇德理论，至多对先秦儒家的勇德思想或古希腊的勇德理论统一加以总结、概括与比较。很少有学者对我国传统勇德思想或西方传统勇德理论的历史脉络和逻辑主线进行全面回顾与系统梳理，并以此为基础，探寻传统勇德思想的时代价值及当代转化。此外，国内学界对勇德的研究较多，而对勇德培育的研究较少。虽然勇德的基本内涵及价值意义已逐渐明晰，但是关于勇德培育的具体内涵还较为模糊，对于其重要性和必要性还缺乏足够的认识，这又必将反过来影响着人们对于勇德概念的深入领悟和精确把握。

其三，对勇德具体类型的研究尚有欠缺。勇德在不同的情境中体现出不同的内涵，勇德也只有被放入具体情境中，植入到具体对象上，才具有现实意义。勇德研究离不开对于具体情境和具体对象的切入和把握。相比西方学者对勇德具体类型的多元化研究，我国学者的关注内容却仅仅聚焦于道德勇气方面，对其他类型勇德的探讨，如医学勇德、仲裁勇德、政治勇德、教育勇德等，还较为欠缺，而这在西方学界却已形成了一个相对完整的体系。事实上，具体到大学生的勇德品质，不仅具有勇德的共性特征，还具有鲜明的个性特征。因此，加强勇德的类型学探讨，关注大学生的勇德培育，理应成为我国学界的努力方向。

其四，对勇德发生机理的探讨不够充分。勇德精神的生成与勇德行为的发生离不开一定的情境条件。当前，西方学界对勇德发生机制的探讨较为成熟，既有心理层面的分析，也有生理层面的阐释，亦有依据构成勇德的基本要素如恐惧、理智、信心和善果等作出的归因。尽管我国也不乏能够基于具体情境对勇德的发生机制进行多方探究的学者，但显然人数较少且论述较浅。国内学者大都参照相似的研究成果，把勇德的发生机制归结为不惧心理和实践理性之间的交互模式，而缺乏从更加全面精致的维度深层探究勇德精神的发生机理。未来，我国学者应注重从勇德发生的生理、心理、构成要素和具体情境等综合因素着手，将勇德研究推向精细化与系统化。

总体观之，当前国内学者对于勇德研究的视角深受国外研究的影响，在学习他们思想的同时却也局限了自身看问题的角度，基本上没有开拓出真正适合本土情境的勇德研究视域。根据马克思主义伦理思想可知，勇德作为一项重要的道德科目，其本质是一种社会意识。因此，勇德不仅是哲学、伦理学和心理学上的研究问题，更是个人思想观念上的意识问题，这就决定了必须从思想政治教育的视角开展研究。此外，现有研究多为就勇德本身而言，大都泛而化之、概而了之，缺乏对不同人群的解读，这就导致了无法有针对性地提出勇德培育的解题策略。基于此，本书从思想政治教育的学科角度，立足大学生这一特殊群体，在系统梳理勇德思想、深入分析勇德理论并全面考察大学生勇德现状的基础上，探讨大学生勇德品质的培育之策，无疑具有一定的理论意义与现实价值。

四、研究设计

（一）研究目标

本书以研究和构建大学生勇德培育的基本理论体系为目标，力图阐明大学生勇德品质生成及培育的内在理路，从而为当下大学生的精神困境和大学德育的时代困局提供一种可能的破解之道。一方面，研究勇德的基本内涵、主要特征与思想资源，揭示勇德品质的生成机理和勇德塑造的历史逻辑。另一方面，探讨大学生勇德品质的内在规定、历史使命和当代诉求，考察当代大学生勇德品质的实际状况与现实缺憾，分析当代大学生勇德缺憾的具体原因，探讨当代大学生勇德培育的基本思路与实践路向。

（二）研究思路

本书通过提出问题、分析问题、解决问题和归纳总结的逻辑进路，重点围绕什么是勇德及大学生勇德、为什么要开展大学生勇德培育、怎样实施大学生勇德培育三大问题，本着理论与实践、历史与现实两大维度，遵循理论研究和现实研究相统一、历史经验和逻辑推理相结合的研究思路，为当代大学生勇德培育提供一种新的解题思路。

首先，提出问题。针对大学德育中存在的德智分离、知行不一、去生活化、去生命化等普遍现象以及大学生映现的功利化、世俗化、平庸化、程式化等精神境况，引出本书的研究主题——大学生勇德及培育。同时，基于前人研究的贡献与不足，阐明本书的基本目标、主要内容、创新之处与价值意义等。

其次，分析问题。一方面，围绕研究论题，立足当代社会的时代境遇和大学德育的微观环境，重点对勇德培育的理论依据、思想资源与实践基础等进行理性审视和系统分析。另一方面，基于中西传统勇德思想，联系时代要求，着重探讨大学生勇德品质的内在规定与时代诉求，对照大学生勇德品质的现实状况，找出问题所在，探寻原因所系，侧重回答"为什么要开展大学生勇德培育"。

再次，解决问题。根据当代大学生勇德品质的现状分析，立足马克思主义伦理思想和人学理论，从多个方面探讨大学生勇德培育的解题思路，同时遵循勇德品质的生成机理，着力从个人、学校、家庭、社会四大层面给出大学生勇德培育的实践路向，重点回答"怎样实施大学生勇德培育"。

最后，归纳总结。基于上述研究，归纳概括本书的主要研究结论以及有待进一步探讨的其他问题，回应开篇的问题缘起，完成研究目标。

（三）研究框架

本书立足思想政治教育学的学科论域，借鉴哲学、伦理学、教育学和心理学等相关理论和知识，以马克思主义伦理思想和人学理论为支撑，以特定的文化传统与社会时代特征为背景，以大学生的现实生活和道德实践为基础，以多元的研究方法为手段，重点围绕以下内容展开系统研究。

其一，勇德及培育的理论论析与思想资源。从概念上对勇与勇德给出界定；从内涵上对勇德与勇德培育作出澄明；从理论上对勇仅属于人类吗？勇是美德吗？勇德可教吗？勇德是预成的还是生成的？等关键问题进行回答；从生成上对勇德品质的构成要素及交互联动等内外机理给予分析；从资源上对马克思主义伦理思想、中国传统文化中的勇德思想、西方文化中的勇德思想和中国共产党的革命道德经验进行追溯。

其二，勇德塑造的历史逻辑及当代再塑。回顾中国传统勇德思想历史变迁，找出勇德塑造的历史脉络和逻辑主线，结合当下社会的时代特征，为勇德注入新的时代元素，给出勇德再塑的理论框架与核心观点。

其三，大学生勇德品质的内在规定与当代诉求。大学生的勇德品质既要体现其他类型勇德的共性特质，满足一切勇德品质的基本要求，又要体现一系列个性特质，遵循大学生特有的内在规定。从理论上探讨大学生勇德品质的理想样态，从现实中观照大学生勇德品质的时代诉求，在应然与实然的对照中，明晰大学生勇德品质的内在偏差。

其四，当代大学生勇德品质的现实缺憾及成因分析。采用问卷调查与深度访谈两种方法，调研大学生与旁观者两大群体，在两者的对照检验中了解大学生勇德品质的实际状况；基于人性的视角，从正向与反向、积极与消极两大方面，分析当代大学生勇德品质的现实缺憾；从个人、学校、家庭、社会四大层面探寻当代大学生勇德缺憾的根源，找出困扰其勇德品质的症结所在。

其五，当代大学生勇德培育的基本思路与实践路向。在系统探讨勇德培育的主体、环节、内容和方法的基础上，从个人、学校、家庭、社会四大层面指出大学生勇德培育的实践路向。

（四）研究重难点及创新之处

1. 研究重点

本书的研究重点在于一方面基于思想政治教育的学科视域对勇德的基本内涵、生成机理与塑造逻辑以及大学生勇德品质的内在规定、历史使命与当代诉求进行理论探究；另一方面基于当代大学生勇德品质的现状、缺憾及成因分析对大学生勇德培育的基本思路与实践路向进行探讨。

2. 研究难点

本书的研究难点在于如何全面系统、客观准确地反映大学生勇德品质的现实状况。具体来看：一是如何把理论探讨与现状研究有效地结合起来，让理论探讨的观点或假设能够通过现状调研来证实或证伪，进而给出合理的解释和建议；二是如何确保本研究成果具有普适性，能够结合大学生的实际情况加以运用及推广。

3. 研究创新

其一，理论视角新颖。长期以来，学者们对道德的研究主要集中在仁、义、礼、智、信、忠、孝、廉、耻等关于"知"的德目上，较少关注勇这一有关"行"的德目。事实上，在诸德目中，勇是连接知与行的桥梁和中介，其他德目的贯彻与执行均离不开勇，勇德研究有助于解决知行分离、言行不一的德育困境。本研究从勇德培育的视角切入，基于思想政治教育的学科论域，界定勇德概念，明晰勇德内涵，实施大学生勇德培育，在一定程度上为思想政治教育及大学德育研究提供了一个新视角。

其二，学术观点创新。一方面，本书立足思想政治教育的学科视域，从概念上将勇德界定为人类为了善的目的而呈现的不惧且积极的实践精神和道德行为；从内涵上将勇德诠释为人的不惧且积极的生命力量，是德对勇的规限与勇向德的升华，是介于德与勇的公共空间。另一方面，本书在对我国传统勇德思想系统梳理的基础上，提出当代勇德形态亟须再塑，应构建一种融合血气之勇、义理之勇和存在之勇的共在之勇，具有一定的创新性。

（五）研究方法

其一，文献研究法。以马克思主义理论为指导，从勇德培育的思想资源上对马克思主义伦理思想、中国共产党的革命道德思想、中国传统文化中的勇德思想和西方文化中的勇德思想进行追溯、归纳与总结。

其二，理论分析法。通过对中西方勇德思想的历史梳理和对比分析，结合马克思主义伦理思想和人学理论的基本要求，把握勇德塑造的历史脉络和逻辑主线，进而为勇德思想的当代再塑造提供理论依据。

其三，跨学科分析法。勇德并非某一个学科独有的研究领域，而是诸多学科均可涉及的研究课题。本研究立足思想政治教育学的学科论域，同时借鉴了哲学、伦理学、教育学和心理学等学科的相关理论和知识。

其四，调查研究法。本书选取8所大学（"双一流"大学3所、省属重点大学2所、一般地方院校3所）、4家用人单位及多位社会群众（见附录4），采用自编调查问卷和自制访谈提纲两种调查工具，按照集体与个别、线下与线上等多种方法开展调查研究。问卷调查覆盖本科生与硕士研究生两大群体，深度访谈涉及大学生本人、大学教师、用人单位负责人和社会大众四大对象，全面考察大学生勇德品质的现实状况。

第一章

勇德及培育的理论分析与思想资源

勇德培育不仅需要深入领会勇德的理论内涵和思想精髓，还需要精确认识勇德的内在规律和生成机理，前者为勇德培育的基本前提，后者为勇德培育的关键所在。事实上，"勇内含德性""德目含有勇"早已在哲学及伦理学界达成共识，已有部分学术论文或研究论著就德性之勇和勇之德目给予了些许阐述，甚至更有少数学者将"勇"和"德"连用，直接概述了勇德的实践内涵和经验形态。然而，这些勇德观点源自何处？勇和德存在何种内在关联？在思想政治教育学科中勇德又具有怎样的理论内涵和学理形态？勇德品质如何生成？勇德培育的思想资源和实践依据何在？等等，诸如此类关键问题的探讨还很模糊、笼统，尚须从理论上进一步追根溯源及辩驳明晰。

第一节　勇德及培育的理论探源

理论作为普遍性的经验总结和系统化的理性认识，对于任一课题研究，均具有重要的指导作用和启发意义。恩格斯指出，"只有清晰的理论分析才能在错综复杂的事实中指明正确的道路"[①]。缺乏理论支撑，课题研究难免避实就虚、浮于表面、流于形式。勇德研究亦莫能外，勇德研究的顺利开展离不开坚实的理论基础及系统的理论分析。因此，追溯勇德渊源，明晰勇德内涵，厘清相关概念，框定研究范围，构成了勇德研究的基本前提和有力保障。

---

① ［德］马克思、恩格斯：《马克思恩格斯全集》（第三十七卷），中共中央马克思恩格斯列宁斯大林著作编译局译，人民出版社1971年版，第283页。

一、勇德的内涵澄明

"对概念的入门性讨论尽管难免会显得抽象,并因而给人以远离现实之感,但却几乎是不能省略的。"[1] 原因在于,"真正的思想和科学的洞见,只有通过概念所做的劳动才能获得"[2]。所以,勇德理论研究的首要任务是界定勇德概念并澄明勇德内涵。

(一)"勇"的词源考证

从词源逻辑上来看,要理解"勇德",就要先了解"勇"。在西方,"勇"的古希腊语为"Οἱ πάναι",柏拉图在《拉凯斯篇》中用作"andreia",《希英词典》将其译作"courage",即精气、胆量或力量。在我国,"勇"的字形最早可追溯至商周时期的钟鼎文"勇",写法大体有二:一是从力甬之形作"勈";二是从戈甬之形作"𢦦"。前者为自力之勇,即勇须以自身的矫健体魄和强壮身形为指征,故古语中"勇士"又有"壮士""力士"之谓。后者为它力之勇,意指借助它物(如石头、利器、弓箭、长矛等)之力,弥补自力不足,从而增强自我之勇。可见,在钟鼎文中,"勇"的初始含义侧重于力大敢为、体强气盛和以武[3](此处特指"武力"或"武功")论勇,体力或身力是勇的内在基础,武力是勇的外在支撑。随后,在篆文中,"勇"字又新增了第三种写法,即从心甬之形作"恿"。《说文解字》注解为:"勇者,气也;气之所至,力亦至焉;心之所至,气乃至焉。故古文勇从心。"[4] 作为从心之气,勇实则上是一种心灵习性或精神力量,即心力,其评价导向也由外部的行为表现延伸至内在的心理品质,它既注重行为方面的彪悍凶猛与尚武善战,更强调心理层面的意志强大与果敢坚毅。综上,从"勇"的字形考证可知,勇的字义为力量或气

---

[1] [德]韦伯:《社会科学方法论》,杨富斌译,华夏出版社1999年版,第34页。
[2] [德]黑格尔:《精神现象学》(上卷),贺麟等译,商务印书馆1962年版,第48页。
[3] 学界对于"武"的概念界定和词性归属莫衷一是,就词性而言,既有褒义用法,如英明神武、文武双全等,又有贬义用法,如武断专行、耀武扬威等。然而,本书认为,单以"武"字而论,其最早被用作中性词,意指武力或武功,后来更多地被用为褒义词,意指武德。
[4] (汉)许慎撰,(清)段玉裁注:《说文解字注》,上海古籍出版社1988年版,第107页。

势，在本源上是一种生命力。作为生命力，勇既为身力，又为心力，身力为形，心力为魂，形魂统一，不惧则生，故先秦儒家有"勇者不惧"之说。

在先秦儒家看来，"不惧"作为勇的内在要求，构成了勇的初始含义。《荀子》载言："孔子观于东流之水，子贡问于孔子曰：'君子之所以见大水必观焉者，是何？'孔子曰：'……若有决行之，其应佚若声响，其赴百仞之谷不惧，似勇'。"① 何谓"不惧"？《考文》中孔安国将其注解为："无畏惧也。"② 可见，勇即"无畏惧"。进一步分析，"无畏惧"指什么？从心理学的视域看，它大体等同于人的精神世界中的某项特定的意志品质，它是一种个体为了实现预期的行动目的而不顾危险与威胁、不怕困难与挫折的顽强坚毅的心理过程。在内容上，它主要包括两大方面：一是对外界事物或现象的不畏惧，如自然灾难、猛兽攻击、战争侵袭、严酷刑罚等；二是对自身所饱受的内在困苦的不畏惧，如疾病缠身、责难非议、丧亲之痛等。总之，单以"勇"字而论，它是一种先天的以力为基础的不惧的自然品质，在总体上是中性的。"勇"并不一定是道德的，一方面它内含着多种成分，既有道德成分，也有非道德成分；另一方面它隐含着多种可能，既可以从善，亦可能为恶。

（二）"德"的要义注解

准确认识"勇德"内涵，除了要了解"勇"的本义，还须把握"德"的要旨。在西方，"德"的古希腊语为"Ἄρα οἱ στρατί"，本义为使一切事物（包括人、动物或其他东西）的功能得以卓越发挥的内在品性，词根"Ἄρα"，意指"程度"，有"最""极""很"的意思，后来作为希腊神话中阿瑞斯③的名字，特指人所具有的"最"的品性，象征着男子气概或勇敢，《希英词典》将其译作"virtue"或"moral"，即德性或美德。西方学者对于德性的研究历时已久，有关德性内涵的阐释也非常丰富。归纳起来，西方德性伦理思想主要具有以

---

① 《荀子·宥坐》。
② 程树德撰，程俊英、蒋见元点校：《论语集释》，中华书局 1990 年版，第 6245 页。
③ 阿瑞斯是希腊神话中的战神，为宙斯与赫拉之子。作为战神，他专门为战争而生，战争越多，其力量越强，因而被视为尚武精神的化身，象征着男子的勇敢、威猛。

下五种理解[①]：一是把德性看作人类所具有的某种优良品质。代表人物以古希腊哲学家为主，他们本着功能性与目的性导向，将德性理解为能够使人过得更好的品质。如德性即勇敢（《荷马史诗》）；德性即和谐（毕达哥拉斯）；德性即知识（苏格拉底）；德性即正义（柏拉图）；德性即中道（亚里士多德）等。二是将德性诠释为某种获得性的善的品性。代表人物有奥古斯丁（七主德说）和麦金太尔（实践德性说）。在他们看来，德性是一种非先天性的存在，是在后天实践中通过接受教育和主动学习而形成的品性。三是将德性理解成合乎人们理智本性的习惯。与日常生活中无意识的、自发的习惯不同，它是一种源自心灵的、有意识的、自觉的品性。代表人物有托马斯·阿奎那和笛卡尔。四是将德性解释为人们的自制能力。它是一种在理性主导下的能够战胜或克制自身原始欲望和情欲冲动的自我强制力。代表人物有斯宾诺莎与康德。五是将德性界定为一种公正的、客观的情感。它是对良心、仁爱、同情、移情等积极的、正向的情感的遵从与维护，其实质是情感的自制与合宜。代表人物有大卫·休谟、亚当·斯密和迈克尔·斯洛特。

与西方将"德"直接等同于"德性"或"美德"不同，我国传统文化把"道"与"德"相分离[②]，对德的解释更为精细、具体。从构词特色上来看，德由彳（双人）、直与心三个部分组成，表意为人与人相处要做到内心端正、行为正直，内含着一定的伦理要求。这是对德的通俗理解，也是现在人们对德的本义的普遍看法。事实上，德的本义更为丰富，其原初意涵经历了"图腾崇拜—上天（帝）崇拜—人王政行—道德观念"[③]的历史演化。据考证，"德"

[①] 参见黎松《德性的"精神"气质》，博士学位论文，东南大学，2017年。
[②] 在我国传统文化中，尽管道和德是一体的，但两者的原意却不同。道的字义是道路，引申为事物存在、发展及变化的原则或规律。德为道之舍（房子），是道的外在表现，是对道的遵循与践行，是得道之物。道是看不见的、无形的，需要通过德来显现，比如道是房子里面的空间（空），而德则是房子的外形（色），人们从外面只能看到房子的形貌，却看不到房子里面的空间，但若进入其中则可实际感受到空间的存在。参见刘翔《中国传统价值观诠释学》，生活·读书·新知上海三联书店1996年版，第240—260页。
[③] 高兆明：《"道德"探幽》，《伦理学研究》2002年第2期。

最早并不具有后来的道德内涵，而是氏族共同体内部所共有的"图腾"①，是一种天生之物，类似于"性"（通"姓"），正所谓"同姓则同德，同德则同类"②。追溯我国古代典籍，"德"的字形最早见于殷商时期的甲骨文"㣟"，从彳从直，释义为"值""遵""循"与"行视"，即遵循帝神或先祖的意旨而行事的意思，与道德并无直接的联系。如徐中舒在《甲骨文字典》中将"㣟"的初义注解为："象目视县，以取直字之形，从彳有行意，故自字形观之，此字当会循行视察之义，可隶定为值。"③及至西周时期的钟鼎文，"德"的字形发生了变化，相比甲骨文，多出一个"心"字，作"惪"，从彳从直从心。郭沫若将其解释为"正见于心，端正心思，在内心确立正直原则"④。显然，周人对于德的理解已从殷商及之前的臆想中的神（灵）转向了现实中的人（心），从而减弱了德的宗教色彩，增强了其理智成分和伦理特征。然而，受宗法制度及分封制度所限，周"德"虽蕴含了些许伦理色彩，但仅为君王所拥有，与普通臣民无关，也不具备普遍的道德约束和一般的社会规范功能，故此有学者将其称之为"制度之德"⑤。自春秋以后，伴随着周王室的没落，君王独占德的特权逐渐被打破，德不断下移，最终变作普通臣民均可获得的一般德行。随后，在以孔子为代表的先秦儒家圣贤的努力下，德更是被注入了仁、义、礼、智、忠、信、勇、耻等诸多内涵，从人王政行转向道德观念，成为人人皆可具备的高尚品格。至此，"德"才真正具有了道德内涵，成为道德之德，即《说文解字》所言："德，升也，从彳悳声，悳，外得于人，内得于己也。"⑥清人段玉裁注解为："外得于人，谓惠泽使人得之也；内得于己，谓身心自得也。"⑦可见，

---

① "图腾"源自北美印第安人的方言Ototeman，本义是"他的亲族"或"他的氏族"，是原始族人奉为祖先的某一神物，也是同一氏族的标记和象征。在原始氏族公社时期，人们只知其母而不知其父，于是把某种自然现象或动植物视为祖先加以信奉、祭祀与崇拜，即为图腾崇拜。参见［苏］海通《图腾崇拜》，何星亮译，广西师范大学出版社2004年版，第35—50页。
② 李玄伯：《中国古代社会新研》，开明书店1948年版，第184页。
③ 转引自杨芳《儒家德性理论研究》，博士学位论文，南京大学，2012年。
④ 转引自高兆明《"道德"探幽》，《伦理学研究》2002年第2期。
⑤ 参见晁福林《先秦时期"德"观念的起源及其发展》，《中国社会科学》2005年第4期。
⑥ （汉）许慎撰，（清）段玉裁注：《说文解字注》，上海古籍出版社1988年版，第501页。
⑦ （汉）许慎撰，（清）段玉裁注：《说文解字注》，上海古籍出版社1988年版，第501页。

"德"通"得",既包括外得,也包括内得,意为使人使己均有所得。外得与内得相依相成、不可分隔。前者要求惠泽他人以使他人有所得,谓之德行;后者指明通过帮助他人而使自己有所得,谓之德性。德是德行与德性的统一。需要指出的是,这里的"得",既非得于神灵和先祖,亦非得于君王和制度,而是得于道,即在遵循与践行道的过程中而心有所得。简言之,德,即为人们(君子)致力于道的所得。正如朱熹所言:"德者,得也,得其道于心而不失之谓也。行之于心而守之不失,则终始惟一,而有日新之功矣。"① 此后,德的内涵基本趋于稳定,后世学人对德的理解大都依循《说文解字》中"德"的释义。

综上可知,德是一个极为复杂、丰富与多变的概念,它在不同区域及不同历史阶段具有不同的内涵。但若通过仔细对比及深入分析则不难发现,古今中外之德亦有基本的共通或共识之处。归纳起来,主要有以下四点:其一,德是属人的,为人类所独有。② 这可以从德的词源上得到佐证:甲骨文中的"德"包含了"彳"的义符,表意为人走路的姿势;拉丁文中的 Virtus(英文 Virtue 的前身),词根为 Vir,意指男子的力量。可见,德与人相关,它是人类的存在方式,也是人之为人的内在规定,更是人区别于兽的关键所在。其二,德是向善的,是人类的高尚品性。尽管从起源上看,德,与道德无敌,与善恶无关,其初义为人、神或物的优良品质,但我国自西周以后、西方自亚里士多德以来,德就持续具有了道德意蕴,作为人的本性或善心而被广泛认同。无论是我国传统文化把德释义为"外得于人"的善行,还是西方学界把德理解为"获得性的善的品质",都将德指向为善。其三,德是内生的,源自人类的精神活动。德并非外在强加之物,而是一种源于主体自觉自愿的意识与行为。它是人类整体精神活动的产物,既包括理性活动,也包括非理性活动如感性、激情、欲望、冲动等。在我国传统文化中,德是人们按照道或善的要求行事而使自己

---

① 《四书章句集注·论语集注》。
② 对于"德为人类所独有"这一观点,西方学界自古希腊三哲之后基本认同,而我国学界则存有争议,仍有少部分学者以《道德经》为论据,把德看作万物的本性,而不仅仅是人的品性。此处基于大多数人的观点而立论。事实上,德或美德的本义泛指一切事物所具有的"最"的内在品性,如最优、最好、最强等,后来完全变成了一个伦理化的概念,特指人的道德品质。

"心有所得",强调的是人借助自身的精神力量来生成自我内在价值并提升自我精神境界,即《说文解字》所谓:"德,升也。"其四,德是能动的,须在实践中生成。从根源上看,中西方文化大都将德视为运动的能力或力量(生命力)。在西方,无论是古希腊文,还是拉丁文、英文,德的词根均具有力或力量的意涵,而力量又往往与行动或实践相关。我国传统文化对于德行的强调,实际上也蕴含着力量之意。作为人的行动力量或生命力,德并非一个先天的、自足的概念,而是在后天实践中逐渐获得的品性,即先"得于人"而后"得于己"。以上四点作为德的要义,构成了德的内核,是把握德之概念的基本规范。鉴于此,本书将德界定为人类本着善的意愿在实践中逐渐生成的良好精神品质。

(三)"勇德"的概念界定

从构词方式上来看,"勇德"一词是由"勇"和"德"两个词素并列合成。作为一个合义词,勇德能否成为一个独立的词汇而拥有特定的内涵,取决于勇与德之间有无关联以及可否关联。有无关联要回答的是两者有无共同内容或交叉之处,可否关联要回答的是两者能否放到同一个论域中进行审视。据上文可知,勇与德之间关联紧密,在内涵上至少存在两大共同之处:一是勇与德的词根或义符中均包含着力量的意思,蕴意为强劲的生命力;二是勇与德在本源上均为由心而生的心灵习性或精神气质,都内含着理性和非理性成分。生命力和精神气质构成了勇与德的共同内容,这意味着勇与德在内涵上具有交叉或重合部分,勇中含有德的意蕴,德中亦具有勇的成分,勇与德之间存在一个难以区分孰谓勇孰谓德的公共空间,即勇德。正是两者之间的这种内在关联使得在同一个论域中探讨勇和德成为可能。苏格拉底从美德伦理学的视域推理、论证勇的概念,得出"德即勇"[①]的结论。孔子从规范伦理学的视域寻求德之目的,认为勇是一项重要德目。蒂利希则从哲学本体论的视域探寻勇的存在论含义,

---

① 柏拉图在《拉凯斯篇》中记录了苏格拉底与两位雅典将军拉凯斯和尼西亚斯关于勇敢的定义的对话,苏格拉底通过反问法,不断寻找两位将军回答的局限性,层层推衍,最后却得出了德的定义,故此德等同于勇。然而,后世学者普遍认为这是一次失败的对话,并未给出"何谓勇敢"的确切回答。

并将其归之于上帝之德等。显然，将勇与德相连以作勇德，使其成为一个独立的概念，具有一定的合理性。事实上，勇德一词的用法不仅在理论上可行，在实践中亦有先行。据现有文献可知，勇与德连用常见于国内文献[①]，用法有二：一作勇德，最为多见；二作"勇"德，较为少见。尽管用法不同，但内涵基本一致。前者倾向于研究整个中国传统文化中的勇德精神，既侧重德，也注重勇，指涉范围较广，散见于伦理学、教育学、政治学、社会学等诸多学科；而后者则强调考证先秦儒家的"勇"德观念，主要聚焦于德方面，且指涉范围较窄，仅在历史学和伦理学中偶现。本书立足思想政治教育学科，基于整个中国传统文化，探讨勇的德性内涵和德的勇之意蕴，不仅强调德，也注重勇，德为属，勇为种，故采用第一种用法，即勇德。

勇德作为一个合义词，具有独立的内涵，而非"勇"的内涵和"德"的内涵的简单合成与机械加总。从形式上来看，勇德一词的域限是由勇和德两个词域共同限定的，它是勇和德两个词域的交叉或重合部分，是介于两者之内的公共空间。（如图1-1所示）在这个公共空间中，勇和德彼此交互、交锋与交融，最终形成了一个紧密相连、内在一致的统一体，即为勇德。从内容上来看，勇德一词既要体现勇的要义，也要蕴含德的实质，它是勇和德两个词义的共通之处，如生命力、精神气质等。在这个共通的领域内，勇和德相互包含、彼此证成，勇具有德的意蕴（如不惧的精神气质），德亦包含勇的成分（如积极的生命特质），德规限与塑造着勇，勇遵循与践行着德。故此，勇德又可称为德勇[②]，其定义可以简化为道德之勇或勇敢道德。显然，这一界定简单、清晰、明了，易于我们迅速、准确地理解勇德概念。然而，无论是道德之勇，还是勇敢道德，都无法明晰勇德的具体内涵，勇德之义仍停留在概念层面，尚须进一步澄明。

[①] 道德之勇或勇敢道德在国外文献中很少用作勇德，大都翻译为勇敢或勇气，尽管译法不同，但内涵一致。因此，下文中出现的国外学者所言的勇敢或勇气均作勇德理解，正文不再赘述。

[②] "勇德"一词，德为属，勇为种，是在德的范畴中探讨勇，研究的是德中勇的成分；而"德勇"一词，勇为属，德为种，是在勇的范畴中探讨德，研究的是勇中德的成分。尽管两者的视野与方向不同，但所要研究的对象与内容是一致的，均为勇与德的公共空间。因此，若不考虑学科归属问题，这两个词是可以通用的。但从学科的角度仔细推敲，勇德的重心在德，归属于道德范畴，倾向于伦理学或政治学中的概念；而德勇的重心在勇，归属于精神或心理范畴，倾向于心理学或哲学中的概念。故本书中选用"勇德"一词。

图 1-1 "勇德"域限图

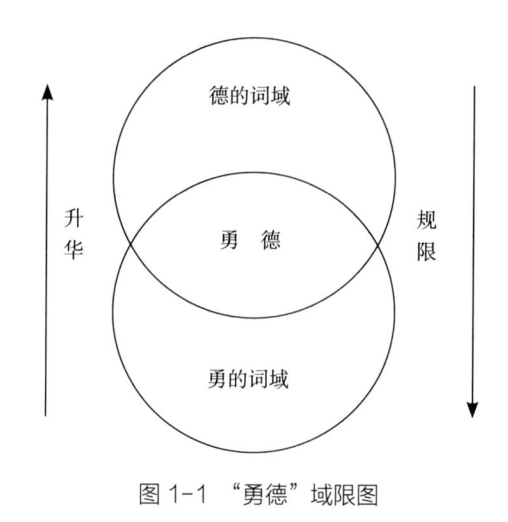

事实上，勇德作为一项古而有之的人类共同的美德，古今中外学者早已赋予了它特定内涵。古代圣贤倾向于用"中庸"或"中道"来界定勇德。以孔子为首的先秦儒家认为，凡事"过而不及""勇而无礼则乱""勇而无义为盗"等，勇须遵循中庸之道并在"礼""义"等其他德目的限定下才能成为美德。亚里士多德同样认为，"勇敢是恐惧与鲁莽的中间性"[①]。包尔生也赞同亚里士多德的观念，认为勇敢是卑下的怯懦和盲目的莽撞两者之间的中道，审慎构成勇敢的重要部分，真正之勇需要理性的合理制约与坚持适度的原则。[②] 当前西方学界对于勇德的内涵界定主要有以下三种：一是哲学本体论上的定义，认为勇德是一种存在的力量，是人的生存本性的自觉显现与生命意义的终极诉求。如蒂利希认为勇气是"不顾非存在的威胁而对存在进行自我肯定"[③]。二是行为心理论上的定义，认为勇德是一种为了达到某种既定的目标和结果而做出的主观自愿的行动。如罗洛·梅认为，勇敢是一种主观意愿，是能够走向自我整合和精神建构的创造性力量。[④] 三是社会伦理学上的定义，认为勇德是一种规定

---

① 苗力田主编：《亚里士多德全集》（第八卷），中国人民大学出版社 1997 年版，第 57 页。
② 参见［德］包尔生《伦理学体系》，何怀宏等译，中国社会科学出版社 1988 年版，第 423 页。
③ ［美］P. 蒂利希：《存在的勇气》，成穷、王作虹译，贵州人民出版社 2009 年版，第 20 页。
④ 参见［美］罗洛·梅《人的自我寻求》，郭本禹、方红译，中国人民大学出版社 2013 年版，第 173 页。

人性的合乎美德的行为表现，要求人们能够遵守社会道德规范，并敢于承担个人的责任与义务。如佩·鲍恩指出："信仰的勇敢与道德的勇敢类似，是一种源自道德责任的勇敢，它超越了主体所追求的个人价值、利益与事业。"[①] 国内学界基本上持有类似看法，直接提出"道德勇气"或"勇德"等概念，普遍认为勇德不仅要注重个体道德品质的修养，还要把整体观念与集体主义精神凸显出来。

思想政治教育学对于勇德的专门论述并不多见，相关研究大多流于对勇敢精神的口号式呼吁和文件式解读，有关勇敢的基本内涵也是在哲学、伦理学和心理学的相关观念中飘忽不定、左右徘徊。因此，从思想政治教育的角度，引入勇德概念，界定勇德内涵，已经成为当前思想政治教育学的紧迫任务。有关概念界定的方法有很多，在社会科学领域中，最常用、最多见的方法首推"属加种差定义法"。它是一种由属和种差共同限定或反映某一概念的实质的方法，又称为"实质定义法"。所谓"属"，是指被定义项所属的范畴或类；所谓"种"，是指归于类下的各个独立单位；种差则为同一个类内一个种不同于另一个种的特有属性。在思想政治教育学科中，勇德属于道德的范畴，而在道德范畴中，勇又为一项重要德目，故勇德的属为德，种为勇，而种差则为勇区别于其他德目的特殊之处。

从属的方面来看，作为中国传统文化中的一项重要德目，马克思主义理论学科下的思想政治教育学中的勇德概念不仅要以马克思主义理论为指导，符合马克思主义理论的学科规范，还须遵循一切伦理规范与道德要求的共有规定。马克思主义伦理学有关道德本质的论述告诉我们，道德在本质上是一种人类所具有的满足伦理规范的社会意识，实践精神是其区别于其他社会意识的根本特征。[②] 所谓"实践精神"，是人们在社会实践中形成的理性精神。它是人的本质力量（生命力量）的显现，并有利于人的自由全面发展及本质力量的充分实

---

① Per Bauhn, *The Value of Courage*, Lisa Lund: Nordic Academic Press, 2003, pp.61—90.
② 参见［德］马克思、恩格斯《马克思恩格斯全集》（第三卷），中共中央马克思恩格斯列宁斯大林著作编译局译，人民出版社1960年版，第130—137页。

现。换言之，只有体现了人的本质力量，并有利于人的本质力量充分实现的社会意识，才是道德。正是在这种意义上，马克思才并非"反道德主义者"，他所反对的是资本主义束缚人性、异化人性的伦理规范，而要建构的是有助于解放人的生命力、促进人自由全面发展的社会主义的道德规范。可见，在马克思主义伦理学看来，道德在根本上要尊重并体现人的本质力量或生命力量。因此，勇德自然也内含着人的生命本质，在根本上体现为一种积极的或正向的生命力量。

从种差的方面来看，作为道德之勇，勇德在众多德目中具有特殊的地位。一方面，勇仅仅是一种出类拔萃、无畏无惧的身心特质，它自身不能独立构成一项德目，必须依附于其他德目。换言之，勇只有与其他德目同时存在，并受它们尤其是仁义和智慧的合理规约与有效引导，才能真正作为一项德目，成为一种"善德"。另一方面，勇德作为一种执行能力，能够有力推动其他德目付诸道德实践。在人类的道德生活中，其他德目往往容易出现知行分离的现象，而勇德则是架于知与行之间的重要桥梁。

有鉴于此，根据属加种差定义法，本书将勇德界定为：人类为了善的目的而呈现的不惧且积极的实践精神和道德行为。在这里，"不惧"是一种理性的精神气质，是人为了道义所表现出来的不怕困难、不惧风险、不吝牺牲的精神品性，如担当、共享等。"积极"是一种人格特质，是人所具有的一种不甘平庸、不甘屈从、不甘得过且过的血性与气节，如进取、克难、自制等。所以，勇德在本源上是人的不惧且积极的生命力量，其本质是一种社会意识形态。它包括不惧的道德品性和积极的人格特质两大方面，前者是勇德的内在要求，后者是勇德的外在表现，两者共同构成了个体的勇德品质。

（四）"勇德"的内涵解析

由上可知，勇德是一个具有独立地位且拥有特定内涵的合义词，是"勇"的内涵与"德"的内涵的有机融合，是德对勇的规限与勇向德的升华，是介于德与勇的公共空间。作为一个合义词，勇德拥有独立的内涵，而非"勇"的内涵和"德"的内涵的简单合成与机械加总。从构成要素上来看，勇德由目的、不惧与行动三大要素共同构成。在这三大要素中，目的是行动的性质规定，即行动只有首先符合善的或正义的目的，才能成为勇德。不惧是行动的内在支撑，即行动只有是在不惧的支撑下做出的，才符合勇德。不惧包括对外部危险的不惧和对自身欲望的不惧两个方面，前者表现在克难及胜敌之中，而后者则表现在自制及胜己之中。行动是对目的的践行，是不惧的外在表现，即善的主观意志与不惧的内在精神只有转化为具体的外部行动，才能上升为勇德。从内涵结构上来看，勇德由内向外依次包含人的本质力量、不惧精神和积极行为三个层次（如图 1-2 所示）。人的本质力量是植根于人性中的积极向上、追求创造、不断超越的生命活力，是人产生不惧精神及做出积极行为的原动力。人的本质力量构成了勇德的内核，是勇德的根源所在，也是勇德区别于勇或勇敢的根本所在。不惧精神源于人的本质力量，是人的本质力量的外在显现。人的本质力量只有外显为不惧精神，才有可能得以充分实现。不惧精神构成了勇德的内在要求和首要标识。积极行为是建立在不惧精神之上的主动作为与自觉担当，构成了勇德的外在表现和实践要求。

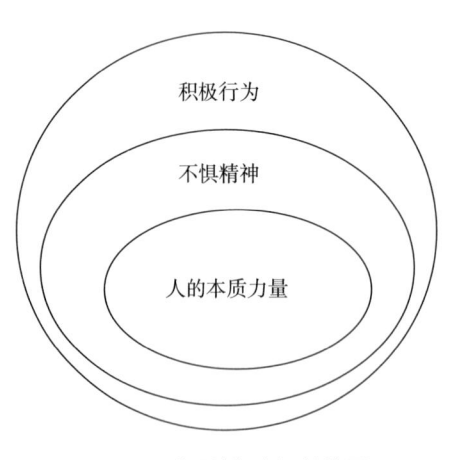

图 1-2 "勇德"内涵结构图

具体而言，勇德至少具有四重内涵。

其一，勇德以不惧为首要标识。孔子曰："勇者不惧。"① 所谓"不惧"，意指不害怕、不恐惧，是一种大无畏的精神和气魄。可见，勇德和恐惧直接相关，是对恐惧本身的否定。如斯宾诺莎提出，"勇敢是一个人被激动而作同辈的人所不敢作的危险之事的欲望。"② 在心理学上，恐惧则是外界的消极刺激物在个体内心所产生的不好的或痛苦的情绪体验。这一消极刺激物可以是所得之物，如承受或面临的危险、牺牲、困难、逆境、压力等；亦可为所失之物，如失去或丢却的生命、岁月、美貌、地位、名誉、金钱等。对于个人而言，消极刺激物均为外界之物抑或是身外之物，既可获得亦可失去，具有极大的未知和不确定成分，恐惧就产生于这种未知的得失之间。事实上，消极刺激物是一种客观性的存在，人类所处的世界始终弥漫着未知。因此，恐惧与人类相生相伴，是人类的本能性情感。在本能的驱使下，大多数人往往因恐惧而逃避，趋利避害、畏死乐生，寻求自我保护。而勇者的高贵之处在于，他能够直面危险、不畏恐惧、不怕痛苦，从而实现对人性本能的否定与超越。可见，在勇德的内涵结构中，存在一个否定性的环节，它是一种对本能恐惧的否定，即不惧。没有这一否定性的环节，就没有不惧，也就不存在勇德。因此，不惧就构成了勇德的必要条件和首要标识。

其二，勇德以理智为内在支撑。尽管不惧构成了勇德的首要标识，但这并不意味着所有不惧或任何不惧均为勇德。换言之，不惧仅是勇德的必要条件，而非充分条件。不惧一切、不畏所有并忍受全部痛苦不仅称不上是勇德，还是一种愚蠢、莽撞与野蛮。如荀子有言："悍戆好斗，似勇而非。"③ 勇德除了需要否定性环节，还须具备一个限定性环节。它是对否定的限定，这意味着不惧并非无所畏惧，而是有限定条件的。在中西方传统文化中，这一限定条件有很多，而最为核心、最为关键的是理智或审慎。如孔子所言："暴虎冯河，死而

---

① 杨伯峻译注：《论语译注》，中华书局1980年版，第155页。
② ［荷兰］斯宾诺莎：《伦理学》，贺麟译，商务印书馆1997年版，第162页。
③ （清）王先谦：《荀子集解》，中华书局1988年版，第515页。

无悔者，吾不与也。必也临事而惧，好谋而成者也。"①在孔子看来，真正的勇须与知（智慧或理智）相连，遇事能够理性冷静、小心谨慎，进而深入洞察、精心谋划，而非不顾风险、不计代价的鲁莽行事。同样，在苏格拉底眼中，"勇敢是美德""美德即知识"，勇敢也与知识或智慧相关。康德指出，"心灵通过思考而镇静地去承担危险就是勇敢。"②包尔生也认为，与动物之勇不同，人的勇敢包含着审慎的内容。③可见，真正的勇敢（勇德）离不开人类自我理性的指引，内含着理智、审慎与智慧，它所表现出来的不惧是一种基于理智判断和审慎思考的不惧，而非莽勇或蛮勇。理智构成了勇德的限定性环节，是勇德的内在支撑。

其三，勇德以仁义为价值取向。否定性环节和限定性环节是构成勇德的重要环节和必要部分，但仅有这些还不足以定性为勇德。理性指导下的或基于理智判断的不惧未必一定是勇德，亦可为预谋、投机或犯罪。理性的不惧只有本着善的目的或肯定好的方面，才能称之为勇德。因此，勇德还包含着肯定性环节。在勇德的内涵结构中，人们既不是因为否定而否定，也不是由于限定而否定，而是为了肯定而否定。换言之，只有那种为了肯定某种美好事物或实现某一道德目的而否定本能、克服恐惧的行为，才是勇德。④正如亚里士多德所言："只有由于美好的选择而经受惊恐的人才是无惧和勇敢的。"⑤面临危险而心生恐惧是人的本能，真正的勇者并非不会恐惧或不能恐惧，而是能够遵循某一善的价值取向而主动克服恐惧。可见，勇德不仅内含着理性判断，还体现着某种价值取向。中国传统文化将这一价值指向为仁义，如孔子认为，"仁者必有勇，勇者不必有仁"⑥"君子有勇而无义为乱，小人有勇而无义为盗"⑦等；而西方则将其指向为正义或善，如包尔生指出，"勇敢则是出于保持基本善的需要

---

① 杨伯峻译注：《论语译注》，中华书局1980年版，第68页。
② ［德］康德：《实用人类学》，邓晓芒译，重庆出版社1987年版，第158页。
③ 参见［德］包尔生《伦理学体系》，何怀宏等译，中国社会科学出版社1988年版，第424页。
④ 参见高德胜《"文明的勇敢"与教育的勇气》，《全球教育展望》2012年第1期。
⑤ 苗力田编：《亚里士多德选集·伦理学卷》，中国人民大学出版社1999年版，第407页。
⑥ 《论语·宪问》。
⑦ 《论语·阳货》。

而抵制对于疼痛和危险的本能恐惧的道德力量"①。尽管表述不同,但内涵基本一致。正是这种仁义或善的价值取向,才使得人能够超越动物本能,否定自身恐惧,激发出一种大无畏的勇德精神。

其四,勇德以坚毅为行为准则。荀子曰:"折而不挠,勇也。"② 对于人类而言,无论是对本能的超越,还是对理智的追寻,抑或是对人性的提升,都离不开人类自身的意志努力。这是一种坚毅品质,是人类为了某一道德目的在自我理性的指引下而持续地忍受痛苦的精神力量,是一种正向且积极的生命力量。只有具备这种力量,勇德中的不惧才能长久,理智才可为继,仁义方能实现,继而道德行为才会持续。坚毅是勇德的行为准则与重要保障。可见,勇德除了否定性环节、限定性环节和肯定性环节之外,还须具有一个保障性环节。在勇德的内涵结构中,保障性环节为其他三个环节提供一种保障性力量,从而使得否定得以更好地否定、限定得以更好地限定以及肯定得以更好地肯定。换言之,人类只有拥有自强不息、奋发向上、不断超越等积极的生命特质,并做到信念坚定、意志顽强、恒定持久,其勇德才能得以更好地持续及凸显。在柏拉图看来,勇敢是对信念的保持,蕴藏着顽强的意志力。③ 亚里士多德也认为,"一个勇敢的人应该坚忍不拔像个人样"④。作为一种顽强不屈的意志力,坚毅表现出持续地克服恐惧并忍受痛苦的能力。恐惧是人的本能,服从于自然界的"生物定律",而克服恐惧是对人之本能的否定,服从于人类社会的"道德定律"。人类之所以能够创造属于自身的"道德定律"以超越本能性的"生物定律",除了具有理智判断和德性诉求之外,还在于人类具有坚毅的意志品质。坚毅构成了勇德结构的保障性环节。

总的来看,勇德既是道德之勇,也是勇敢道德;既是德对勇的限定和塑造,也是勇对德的执行和坚守;既是一种道德意志力,也是一种道德执行力;

---

① [德]包尔生:《伦理学体系》,何怀宏等译,中国社会科学出版社1988年版,第413页。
② (清)王先谦:《荀子集解》,中华书局1988年版,第535页。
③ 参见周辅成编《西方伦理学名著选辑》(上卷),商务印书馆1987年版,第150页。
④ 转引自王群立《国防教育视野下的大学生勇德的培养研究》,硕士学位论文,中南大学,2010年。

既是行为所应遵循的道德规范，也是行为者长期遵循道德规范而形成的稳定的道德品质。

二、勇德的特征辨析

从上述勇德的概念及内涵可知，勇德作为人的一项道德品质，具有一个由否定、限定、肯定与保障四大环节共同组成的特定结构。这一结构内在地规定着勇德是其所是，使其拥有了既区别于动物的自然禀赋又不同于人的其他德目的特有属性。归纳起来，主要有以下方面。

（一）勇德是精神与行为的统一

这是从勇德的内容上来看的。自古以来，道德就是一个极为复杂、含混、丰富的概念。单从内容上看，道德既包括道德思维（精神），也包括道德实践；既包括道德认知，也包括道德行为；既包括德性，也包括德行，等等。勇德作为一项重要德目，归属于道德的范畴，自然也在内容上表现为德性与德行的统一。

作为一种德性，勇德是一种内在于人的、价值向善的、稳定的精神力量。内在性、道德性与稳定性构成了勇德精神的基本特性。首先，勇德精神在本源上是一种内在于人的生命力。与其他动物一样，人类也是生物链中的一环，也遵循着自然界的生存法则，面临着优胜劣汰、自然灾害、生老病死等生存困扰。为了生存下来，为了不被自然淘汰，人类就需要发动全身之力与自然界作斗争。正是在与自然界的斗争过程中，人类的动物本能得以释放，原始血气得以激发，自然德性不断凸显，勇德精神逐渐生成。可见，勇德精神与人相生相伴，是隐藏于人身上的原初力量，也是人类生生不息、持续繁衍的根本动力。其次，勇德精神在本质上是一种价值向善的生命力。相比其他动物，人类的高贵之处在于，他们不会仅仅停留或满足于本能性的生存活动，还会追求能动性的生活和生命活动，他们不仅要与自然界作斗争，还要与人类社会作斗争。在与社会的斗争中,人们看到了自身原始血气的局限性和破坏力,于是对它进行了道德化的规限与塑造,使其具有了道德德性。经过道德化塑造,人们把对原始血气的崇尚转换为对"浩然正气"的追求,把自身本能的生物力上升为人性本质的生命力,从而使得勇德精神得以真正形成。最后,勇德精神在表象上是一种稳定坚毅的意志力。社会所要求的勇德精神最终要具化为个人的勇德精神。对于个人而言,真正的勇者不仅要与自然界和人类社会作斗争,还要与自身作斗争。这要求人们做到自制、克己、修身、养性等,表现出一种顽强不屈的意志力。作为一种意志力,勇德精神虽源于激情却不同于激情。激情是短暂的、多变的,而勇德精神是稳定的、坚毅的。勇德精神是对激情的节制与超越。显然,具体到个人身上,勇德精神被注入了节制内涵,拥有了人格德性,得到了进一步完善。勇德精神是勇德的重要组成部分,构成了勇德的内核,是各种道德行为得以发生的内在动力。

作为一种德行,勇德是一种将精神付诸实践的道德行为。它是道德主体在面临道德困境时出于善的目的而主动践行道德规范的高尚品行,具体表现为"行为发生前的'不惧',行为抉择时的'果断',以及行为过程中的'坚毅'"[1],还有行为发生后的"知耻"。马克思将道德的真谛归结为实践精神,认为道德的精义与价值并非系统的理论和抽象的概念,而是实践与行动。[2] 同理,勇德精神只有进入人的实践领域,转化为个人具体的勇德行为,其价值与意义才能得以真正体现。勇德行为是勇德精神的外在显现,是对勇德精神的遵循与执行。与勇德精神一致,勇德行为也相应地表现出自愿性、高尚性与忍耐性三大基本特性。首先,勇德行为是一种自愿选择的行为。只有那些在自我理性的引导下经深思熟虑(审慎)之后作出的服从内心的自愿行为,才是勇德行为。非自愿行为尽管也能表现出众多与勇德相似的外部特征,但因其出发点源于行为者的外部且有违行为者的内心,所以均非真正的勇德行为。在亚里士

---

[1] 林贵长:《论勇德》,《齐鲁学刊》2007年第1期。
[2] 参见[德]马克思、恩格斯《马克思恩格斯全集》(第四十六卷),中共中央马克思恩格斯列宁斯大林著作编译局译,人民出版社1979年版,第39页。

多德看来，非自愿行为的产生要么因为"强制"，要么因为"无知"。① 强制是不自信的表现，而勇德往往与自信相连，失去自信的行为难以激发出不惧的气势，因而无法做出勇德行为。无知是缺少知识、缺乏智慧的表现，而知识和智慧是构成美德的必要条件，由无知所产生的行为因缺乏理智判断必然是短暂的、不可持续的，显然称不上勇德行为。其次，勇德行为是一种品质高尚的行为。任何行为均是出自一定的目的并由该目的所激发。勇德行为不是出于中性的被大众或利益绑架的从众式的平庸目的，更不是出于恶性的损人利己式的卑劣目的，而是出于善性的无私奉献式的崇高目的，它所追求的是一种品质高尚、无私无欲的纯粹行为。作为一种高尚行为，勇德行为遵循的是心存善意、致于良知的道德逻辑，而非私利驱使、交换买卖的商业逻辑。因此，现实生活中广为传颂的"余勇可贾""重赏之下必有勇夫"的信条并非真正的勇德。勇德不是商品，勇德行为亦非商品买卖。最后，勇德行为是一种忍受痛苦的行为。远离危险、规避恐惧是人的本能，而勇德行为则体现在对这一本能不断否定、不断超越的过程中。这一过程必然伴随着痛苦，因而勇德就是一种忍受痛苦的意志能力，而勇德行为则是一种有苦不惧、有险不畏的坚毅行为。

总之，勇德是德性与德行的契合，是勇德精神与勇德行为的统一。勇德精神与勇德行为共同构成了个人的勇德品质。在勇德品质的结构组成中，勇德精神是内核，推动并支配着勇德行为；勇德行为是外显，践行并塑造着勇德精神。勇德精神是原体，勇德行为是致用，个体勇德品质养成的逻辑是由勇德精神到勇德行为再回到勇德精神，即先"得于人"而后"得于己"，从而实现勇德精神与勇德行为的动态统一。

（二）勇德是作为与不为的统一

这是就勇德的行为上而言的。作为一种行为，勇德是双向的，既包括积极的、肯定性的行为要求，也包括消极的、否定性的行为节制。正如儒家有言：

---

① 参见［古希腊］亚里士多德《尼各马可伦理学》，廖申白译注，商务印书馆2003年版，第41页。

"君子有所为，有所不为。"①勇德作为君子的理想人格，自然也内含着有为与无为的双重要求，既要勇于作为，又要勇于不为。勇于作为是指行为主体对于道德行为所表现出来的一切"勇于敢"的活动。它要求行为者在面临道德困境或遭遇不道德的行为时能够克服恐惧、战胜胆怯、正视困难、积极作为而不顾由此给自身可能带来的伤害或损失。真正的勇者为了某种善的目的要勇于同一切恶行作斗争，敢于反抗一切不公的社会现象，做到临危不惧、敢作敢为与主动担当，表现出一种不顾的精神和敢为的气势。实现社会正义或确保社会道德规范的完整性是勇于作为的内在要求与根本前提。如在孔子看来，勇德行为要满足义的要求，是对义的自觉遵循与主动践行，见义不为谓之"无勇也"②。亚里士多德也认为，"勇敢的人是因一个高尚的目的之故而承受着勇敢所要求承受的那些事物，而做出勇敢所要求做出的那些行动的"③。可见，勇者勇于作为的可贵之处在于他们是为了仁义、公正等善目而不顾个人安危挺身而出，主动担当起有利于大众的事情。离开这一目的和前提，勇于作为不仅不会成为一项令人称赞的高贵品质，甚至还会沦为罪恶的附庸与残暴的帮凶。

勇于不为是指行为主体对于非道德行为所表现出来的一切"勇于不敢"的活动。它要求行为者对自身之勇要有所限制，不蛮勇、不莽勇，做到勇而有畏、勇而不敢。什么都不怕，什么都敢做，什么都去做，并不是真正的勇德。作为道德之勇，勇德是有节制的，怕应该怕的，为应当为的，即对于高尚的、善的事情应无所畏惧、勇于作为，而对于卑劣的、恶的事情应有所惧怕、勇于不为。在柏拉图看来，勇敢就是一种关于何种事物该恐惧与何种事物不该恐惧的知识和信念。④可见，真正的勇德除了要拥有勇于敢的气势，还要内含勇于不敢的精神。正如老子所言："勇于敢则杀，勇于不敢则活。此两者，或利或害。"⑤这里的不敢并非胆小怕事、缺乏底气、唯唯诺诺，而是学会示弱、灵活

---

① 《论语·子路》。
② 参见杨伯峻译注《论语译注》，中华书局1980年版，第22页。
③ ［古希腊］亚里士多德：《尼各马可伦理学》，廖申白译注，商务印书馆2003年版，第80页。
④ 参见周辅成编《西方伦理学名著选辑》（上卷），商务印书馆1987年版，第150页。
⑤ 《道德经·七十三章》。

变通、以退为进，它是一种基于理智判断与和柔慈爱的示弱之勇。如不敢逞强、不敢行恶、不敢为非、不敢自我放纵与自我显露等。相比勇于敢，勇于不敢需要更高的智慧、更大的魄力、更广的心胸和更强的自制力，是一种更高层次、更高境界的勇德形态，对于个人而言更难达成。它不仅要求个人对一切善的事物心存敬畏，还要自律自省、养成旷达的心态与情怀。只有心存敬畏，才能谨慎行事、不敢懈怠，从而做到大勇似怯、行有所止；同时，只有自律自省，才能脱凡入圣、修身成德，从而做到克私向公、匡扶正义，即古人所云的"于私怯，于公勇"。

勇于作为与勇于不为作为勇德行为的正反两面看似矛盾，实则相辅相成、辩证统一。勇于作为并非不察情形、不辨是非、无所畏惧、一味蛮干，而是择善而从、主动担当、积极有为；勇于不为也并非怯懦畏葸、缩手缩脚、患得患失、不思进取，而是审慎行事、节制有度、行止于恶。勇于作为离不开胆识与气魄，勇于不为同样也需要智慧与魄力。面对某一道德困境，做不到勇于作为，也就无法真正实现勇于不为；而做不到勇于不为，也是怯懦的流露，同样也无法实现勇于作为。正如孟子曰："人有不为也，而后可以有为。"[①] 总之，勇于作为与勇于不为唯有内在地联结在一起才是完整的、和谐的，才能避免失之偏颇，符合中庸之道，从而成为德性之勇。

（三）勇德是继承与发展的统一

这是按勇德的养成上来说的。作为一项德目，勇德在本质上是一种社会意识。根据马克思主义唯物史观可知，社会意识是社会存在的反映，社会存在决定社会意识。因此，在不同的时代背景与社会情境下，勇德必然具有不同的内容表现和行为要求。而良好的勇德内容及积极的勇德行为，不仅要契合自身内心的道德律令，还要合乎一定社会的伦理规范，不仅要继承长期道德实践所形成的较为稳定的优良品质，还要按照时代要求及社会需要不断给予塑造与发展。勇德是继承与发展的统一，继承性与发展性构成了勇德品质的基本特性。

[①] 《孟子·离娄章句下》。

所谓"继承性",是指类与类之间所具有的内在一致、前后延续的关系。人类命运的共同性及其共同利益的一致性,社会历史发展的延续性,勇德自身逻辑发展的承续性,势必铸就勇德生成的继承性。进一步具体分析,勇德的继承性是由其自身的固有特质所决定的。一方面,从根本上来看,勇德作为一种社会意识形态,受社会存在延续性的影响,必然与前一时期的社会意识形态有关联,其生成与发展也要建立在前一意识形态之上,并对它们进行批判性继承,批判其消极的、落后的因素,继承其积极的、合理的成分。另一方面,从形态上来看,勇德作为一种人类共有的美德,自身必然蕴含着深邃稳定的哲理内涵与超越时空界限的公共品质,它们是起码的、最简单最基本的"公共生活规则"①,如担当、克难、坚毅等,具有极大的稳定性和恒久性,且能够在极大程度上满足人类的普遍需求与一般需要,自然会受到人类的普遍青睐而给予全面继承。正是这种全人类性与普遍性,才使得勇德自身内含着一定的社会联系性和历史继承性。

所谓"发展性",是指类自身所具有的运动、变化的属性。② 发展性是相对于继承性而言的概念,继承性呈现了事物的稳定性,而发展性则呈现了事物的易变性。唯物辩证法认为,一切事物均是运动发展的,而事物的运动发展又都是变与不变的统一,两者相互包含、相互依赖,并在一定条件下相互转化。勇德不仅具有继承性,同时还内含着发展性。其发展性在一定的历史条件与时代背景下具体表现为阶级性和时代性。从阶级性来看,在阶级社会中,勇德是

---

① "公共生活规则"是列宁在《国家与革命》一书中探讨"共产主义社会应该遵守什么样的道德?"这一论题时所提出的概念。在列宁看来,在共产主义社会中,随着奴役制、剥削制、民主制以及国家的消亡,人们就会自动地遵守千百年来人所共知的"一切处世格言上反复谈到的、起码的公共生活规则",而无须外力强制或违心服从。([苏]列宁:《国家与革命》,中共中央马克思恩格斯列宁斯大林著作编译局译,人民出版社 1960 年版,第 78—79 页。)以此为基础,笔者进一步认为,这种"公共生活规则"作为无阶级的道德,是人类共同利益的反映,是人类共同承认的道德,因而可以称之为"人类公德"。
② "发展性"是一个中性的概念,既指涉向前推进的过程,也暗含衰退消亡的变化。同样,勇德的发展性也是中性的,意指勇德是可变的、可塑的,不仅包括正向的变化,还包括负向的变化,如封建社会早期先秦儒家借助知、仁、义、礼等德目规限前道德社会的血气之勇,使其成为道德之勇,这是积极的、正面的变化。而封建社会后期理学对宗法伦理的过度推崇及对勇的无限束缚,又使得勇自身原初的、内在的血气和生命力不断削弱,这是消极的、负面的变化。

阶级的勇德，主流的勇德形态是由统治阶级所倡导的并主要用来服务于统治阶级的，它随着统治阶级的改变而变化。根据马克思主义政治经济学理论可知，作为一项德目，勇德属于上层建筑的范畴，而作为上层建筑，勇德则由经济基础所决定，其发生与发展总会自觉或不自觉地从他们所从事的生产活动中吸收营养，最终成为当时社会经济状况的产物。正如恩格斯所言："道德始终是阶级的道德。"[①]各个阶级因社会地位不同，所从事的经济生产活动也不同，所以形成了不同的勇德观念，这些勇德观念代表着不同的阶级利益，具有很大的差异，甚至完全对立。当然，不同的阶级之间还存在着共同利益，对这些共同利益的反映就形成了共同的勇德观念，即各个阶级都认可的勇德，因此不同阶级的勇德还存有相互依存的一面。为了调和各阶级之间的利益冲突及勇德矛盾，统治阶级则以国家的形式塑造并规制了能够服务于阶级统治且兼顾其他阶级利益的勇德形态。它作为整个社会主流的勇德观念，在一定时期内被全体社会成员遵循与践行，直至新的统治阶级的到来。从时代性来看，勇德作为一定历史时期人们社会实践活动的产物，总是具有和这一时期社会实践活动相符的意义。在道德科目中，勇德属于执行道德行为、解决道德困境的德目类型。解决一定历史时期社会生活中的道德困境，既是勇德产生的根本原因，也是勇德判定的根本标准。人们在不同的历史时期总是面临着不同的道德困境，作为解决这一困境的优良品质，勇德自然具有不同的历史形态和时代诉求。[②]可见，勇德并非固定不变，而是不断发展的。勇德的时代性与其发展性紧密相连，其实质为勇德发展性在不同时代的表现，内含着明显的阶段性特征。勇德在"道德

[①] [德]马克思、恩格斯:《马克思恩格斯选集》(第三卷)，中共中央马克思恩格斯列宁斯大林著作编译局译，人民出版社1995年版，第132—134页。
[②] 本书把勇德产生的根本动因与勇德研究的逻辑起点归结于道德困境，认为勇德是一种旨在解决道德困境的精神品质。人们在不同的历史时期面临着不同的道德困境，从根本上来看主要经历了生存困境、生活困境和生命困境，与之相应分别形成了血气之勇、义理之勇和存在之勇三种勇德形态。详细论述见本书第二章。

社会"①正式形成以来，在保持总体框架基本不变的同时，亦被注入了不同的时代元素与时代内涵，新增了满足时代诉求、反映时代特征的形式与内容，从而留下了时代的烙印。

总之，勇德作为德性之勇，既有一定的恒久性与稳定性，也有明显的阶级性与时代性，是继承与发展的统一。人类之所以能够战胜其他生物，成为自然界的主人和动物界的王者，是因为他们在继承属于全人类的、普遍的勇德品质的同时，还始终坚持与时俱进，根据社会变化和时代要求，不断赋予勇德新的内涵，逐渐发展新的勇德形态，从而使得自身的勇德品质在这种继承与发展、坚守与超越的矛盾运动中持续升华。

三、勇德培育的应有之义

勇德培育是道德教育的重要命题，也是思想政治教育的重要使命。作为人类的一项重要美德，勇德不是道德品质的直接衍生物，不会自然显现，而要在道德实践中生成，具有自身内在的发展逻辑和运行机理，它是"人们参加社会道德生活和接受道德教育的结果，一旦形成，就会驱使自己选择正确的道德行为，成为道德品质的有机构成部分"②。因此，勇德是可教的，勇德培育也是可行的。何谓"勇德培育"？从字面上来看，就是勇德的培养与教育；具体分析，则是教育者基于人的身心发展规律及勇德发生机理，按照既定的社会伦理要求与基本道德规范，借助多种途径并采用多种方法，有意识、有目的、有组织、有计划、有选择地对受教育者的勇德精神和勇德行为进行培养教育，使其生成与特定社会要求相符的勇德品质的道德实践活动。进一步分析，勇德培育的要

---

① "道德社会"是与"前道德社会"或"自然社会"相对而言的概念，当前学界对其尚无统一的界定，通常散见于部分学者的论著中，泛指道德化的社会，即道德产生并获得社会普遍认可之后的社会。关于道德何时产生，较为认可的观点是道德作为一种相对独立的社会意识形式起源于原始社会末期，显然道德社会应该是原始社会末期之后的社会。然而道德化是一个过程，不可能一蹴而就，故道德社会具体何时形成也难以考证，我国学者们一般认为西周时期进入了道德社会。
② 朱贻庭主编：《伦理学小辞典》，上海辞书出版社2004年版，第88页。

义至少包括五点。

其一，从培育本质上来看，勇德培育内在于道德教育，既是道德教育的重要部分与关键环节，亦为增强道德教育实际效果的切入点与突破口。同道德教育一样，勇德培育并不是一定要"另起炉灶"，增加新的教育科目而单独教化，而是移植在每一个教育科目之中，浸润于每一个教育环节之内。具体到大学生的勇德培育，不仅要强调思想政治教育课和公共体育课的教育效果，还要注重每门基础专业课和通识选修课的培养功效，亦要发挥社会与家庭的教化作用。然而，值得注意的是，勇德培育与传统的"美德袋"式的道德教育不同，就其本质而言，它是一种开放式、参与式、体验式的道德教育，注重的是人的主体性的发掘及能动性的发挥，寻求的是生命的本真回归与人性的全面发展。

其二，从培育规律上来看，勇德培育既要遵循人的身心发展规律，又要服从勇德本身的生成机理。勇德培育的对象是人，勇德不仅与人的身体相关，还与人的心理相关，勇德培育的直接作用是影响人的身心发展，培育的功效和价值最终也要通过人的身心变化来体现。而人的身心发展是有一定规律的，教育者在勇德培育过程中只有先明晰勇德培育与个体身心发展之间的关系，并按照这种关系所固有的内在规定与发展规律实施培育活动，才能将美好的培育设想变成现实。勇德培育的目标是使人生成勇德品质。可见，勇德除了与人相关，还与自身相关，即与勇德品质的生成相关。而勇德品质的生成与发展也具有一定的规律。勇德品质的生成与发展不仅要遵循一切道德类型所共有的本质规律，还要服从自身所特有的内在机理，如既要磨炼身心意志，也要提高道德能力。

其三，从培育原则上来看，勇德培育一般要依托于既定的社会伦理要求和基本道德规范。一方面，作为一种道德意志力与道德执行力，勇德是对社会伦理与道德规范的坚守与执行，勇德培育自然要以既定的或现有的社会伦理与道德规范为依托，按照其基本要求与相关规定开展培育活动。另一方面，作为一种社会意识形态，勇德具有时代性，它是建基于一定时代的勇德。既定的社会伦理与基本的道德规范一般是人们在长期的生活生产活动中形成的并经过实践检验过的被广泛认可的行为准则，在一定程度上代表着社会主流的道德观念并满足着基本的时代需求。勇德培育者只有按照既定的社会伦理与道德规范开展培育活动，才能满足社会主流的道德需要，契合时代诉求，营造良好的培育环境，进而达成培育目标。因此，就一般而言，勇德培育要遵守既定的伦理要求与道德规范。值得注意的是，此处的"一般"暗含了一个前提，即既定的道德规范符合时代要求且能够代表主流的道德观念并为社会普遍认可。离开这个前提，勇德培育就会走向反面，其目标就会调整为批判现有的伦理道德，并改进或重建新的伦理道德。

其四，从培育内容上来看，勇德培育既要铸就勇德精神，也要锻造勇德行为。勇德是精神与行为的统一，个体的勇德品质也是由勇德精神与勇德行为共同构成的。勇德精神与勇德行为是相伴相生、互相促进的，勇德精神支撑并催动着勇德行为，勇德行为丰富并塑造着勇德精神。缺乏勇德精神，勇德行为就不会发生；没有勇德行为，勇德精神也难以形成。勇德培育的直接目标是培养真勇或大勇之人。而真正的勇者不仅拥有不惧、果断、坚毅、知耻等精神品性，还拥有将这些精神付诸道德实践的行为能力。在勇德培育过程中，教育者只有将勇德精神与勇德行为内在地统一起来，既注重书本知识及榜样示范的精神熏陶，也注重生产劳动及实践活动的行为锻造，才能真正实现培养真勇或大勇的目标。

其五，从培育方法上来看，勇德培育有法但无定法。作为一种道德教育活动，勇德培育同其他德育活动一样有法可循，且也只有遵循一定的方法，才能取得更好的培育效果。然而，勇德培育并无固定的方法，它应立足于具体的道德情境，根据培育对象、培育内容、培育途径等的不同而灵活选用不同的培育方法。首先，勇德培育的对象（人）是极其复杂的，不同的人差异悬殊，同一个人在不同的年龄阶段、不同的道德情境也有不同的道德表现，这就决定了勇德培育的方法要因人而异、因境而变。其次，勇德培育的内容并非单一的，既有精神方面的要求，亦有行为方面的诉求，不同的培育内容所需要的培育方法有所不同、各有侧重，如精神培育侧重于情感体验法，而行为培育则侧重于实践锻炼法。只有为不同的培育内容选用相应的培育方法，才更有针对性，才更容易出成效。此外，勇德培育的途径是多元的，不仅包括学校教育，还包括家庭教养和社会培育，培育途径的多元化必然要求培育方法的灵活化。

四、勇德培育尚须明确的几个关键问题

（一）勇是动物界的普遍习性还是人类社会的特有品性？

人类生活的世界孕育了诸多不同性质的现象和活动，包括无生命的、有生命的、社会的，等等。勇是一种有生命世界的现象，这是毫无争议的。然而，勇是动物和人所共有的普遍习性还是人类社会所特有的行为品性？对此尚缺乏明晰的认识。开展勇德培育，首先须明确这一问题，不同的回答将赋予"勇"不同的内涵与外延，继而使勇德培育遵循着不同的价值取向。通常而言，人们在日常生活中习惯性地将勇笼统地看成为人类社会的特有品性，认为勇是人类的美德。但作为一项学术研究，我们不能仅依据这种日常观念就草率地得出"勇仅属于人类"的简单结论，毕竟日常观念有时自相矛盾，比如我们在文学作品中还能经常看到，人们极力歌颂某种动物如海燕、老鹰等所具有的勇敢习性，不断鼓励人们向它们学习。可见，对于上述问题的正确回答，还须从学理层面进一步考证。

在学理上探讨勇，离不开勇的词源学考察。正如前文所述，勇的词源在西方可以追溯到古希腊文"Οἱ πάναι"，意为精气或力量；在我国可追溯至商周时期的钟鼎文"勇"，第一种或最早的变体写法为"勭"，从力从甬。从古希腊文"勇"的原初意涵来看，精气或力量泛指一切有生命物的内在现象，不仅指涉人，还涉及其他动物，甚至一切生物。现代生物学将精气解释为生物体脑组织所散发出来的暗能量。而脑组织则属于众多动物的生理结构，不为人类所独有。显然，在古希腊"勇"的原义仅仅为一种自然精气或生命力量，并非人类所独有的社会品质。从商周钟鼎文"勭"来看，勭从力从甬，力的本义是指生命力，甬的本义说法不一。一说甬古同"桶"，古代的一种量器名称，即斛，

如《玉篇·丂部》："甬，斛也。"① 二说甬为生命的形态特征，如《说文解字》曰"甬，草木华甬甬然也"②，即草木之花含苞待放的形态。可见，在我国古代勇的原义同样为自然界的生命力，表现为一种旺盛的生命力。因此，无论在西方还是在我国，勇在词源上均是指整个生物界（动物界③）的生命力，实质为一种生命现象或自然现象，而非人类社会所独有的社会现象。换言之，不仅人类有勇，动物也有勇，勇是动物界的普遍习性。在日常生活中，人们习惯性地将人类所具有的旺盛的生命力及其不惧的气势称之为"勇"，而将动物所具有的相关习性称之为"蛮""莽""凶""野"等。显然，这是人们以人为中心站在人类自身视域作出的属人化的表述，虽肯定了人的价值地位，但在一定程度上忽视了自然的价值意义。当然，承认动物有勇，并不意味着动物的勇就等同于人的勇，与人的勇具有相同的价值与意义。人的勇与动物的勇有着怎样的内在关联和本质不同？这是由上述问题引出的尚须进一步回答的另一个关键问题。

正确认识人的勇与动物的勇之间的异同，需要从人类的起源上论起。众所周知，人类起源于动物界，是由简单的、低级的动物逐渐进化而成的复杂的、高级的动物。作为一种高级动物，人类遗传了动物界的自然属性，也同样继承了动物身上所潜藏的诸多自然习性，包括勇。作为一种自然习性，一方面，动物的勇是天生的，早在出生之时就已注定，遗传因素及其成熟机制对其起着决定性影响；另一方面，动物的勇是潜在的，是否表现出来以及表现多少取决于它所面临的具体的外界环境。虽然人的勇是由动物的勇演化而来的，与动物的勇具有很多相似之处，但两者却有本质的不同，这是由人的本性决定的。根据马克思主义人性理论可知，除了自然属性，人还具有社会属性（包括精神属性），社会属性才是其本质属性。如马克思所言："人的本质不是单个人所固有

---

① 《玉篇·丂部》。
② （汉）许慎撰：《说文解字》（附检字），中华书局1963年版，第142页。
③ 尽管从词源上推理得出，勇的本义为一切生物所涌现出来的旺盛不屈的生命力，但本书结合我国古文中有关勇的第二种和第三种写法（戭和恿），进一步得出勇还应与使用工具和应心而生相关，从而认为勇仅是动物的习性。事实上，其他生物（如植物）所呈现出来的所谓的"勇"只是一种与自身融为一体的生命力，其实质为自身的生命，它只能获得而不能失去，或者说失去勇就等于失去生命。这种看法实际上是将勇泛化为了生命，并没有真正剥离出勇所具有的特殊成分，因而还须进一步推证。

的抽象物，在其现实性上，它是一切社会关系的总和。"①这告诉我们，人的本质并非与生俱来的，而是在后天的社会实践中形成的。在社会实践中，人与人之间逐渐形成了道德关系，这使人与动物得以根本区别，人的本质得以最终确立。社会实践及其道德关系在成就人的本质、使人成为人的同时，也使人的勇具有了可塑性和道德性，从而与动物的勇区别开来。可见，人的勇不仅具有一切动物之勇的共有属性，还具有属于人类的特有属性，即能够按照道德要求塑造自身以成为道德之勇（勇德）。综上可知，勇是动物界的普遍习性，勇德才是人类社会的特有品性。与动物之勇不同，人类之勇还内含着勇德成分。勇德是人类之勇的本质特征，也是人类之勇与动物之勇得以区别的根本所在。

（二）勇是美德吗？

勇是一个与生命相生相伴的古老概念，有关勇的思想无论在中国还是在西方均有着悠久的历史，自古以来勇（勇敢、勇气）就被人们习惯性地视为一种美德。这种基于常识判断的习惯性表达有着怎样的历史关联和前提条件？勇真是一种美德吗？抑或勇的全部都能构成美德吗？这一学理上的问题直接关系到一个较为关键的现实问题：勇能否作为现代社会公民的道德品质而给予大力培育？因此，我们还需本着理性的态度对"勇是美德吗"这一古老问题作出科学判断。要回答这一问题，除了要在上文回答勇是什么，还要在此进一步明确美德是什么。"美德"一词是个舶来品，它源于古希腊语"Ἄρα οἱ στρατι"，又译作"德性"。在古希腊文中，美德的原义既可指涉人，也可指涉物，包括有生命物与无生命物，泛指使一切事物的功能得以卓越发挥的内在品性。后至古希腊三哲时期②，美德的原义发生了改变，完全被塑造为一个伦理化的概念，特指人的道德品质。如亚里士多德将美德界定为，"美德就是既使得一个人好又使得他出色地完成他的活动的品质"，"美德是一种选择的品质，存在于相对于

---

① ［德］马克思、恩格斯：《马克思恩格斯选集》（第一卷），中共中央马克思恩格斯列宁斯大林著作编译局译，人民出版社1995年版，第56页。
② 有学者认为，美德的原义早在赫西俄德时期就发生了部分改变，逐渐呈现出伦理道德的属性和特征。参见马永翔《美德的伦理化及其后果》，《道德与文明》2020年第2期。

我们的适度之中"。①可见，亚氏对美德进行了实践化塑造，使其由万物的内在品性转变为人的道德品质。而作为道德品质，美德不仅是一种德性，还是一种德行，两者只有在实践中才能实现有机统一。这成为当今西方学界对于美德定义的主流的、普遍的看法。我国传统文化中很少用美德一词，大都用德替换美德，或者说我国传统文化中的德在内涵上约等于美德。②根据亚氏定义并结合前文所述，美德（德）具有属人性、向善性、内生性和能动性四大属性。显然，勇只有满足了这四大属性，才有可能成为美德。

属人性、向善性、内生性和能动性是勇成为美德的必要条件与判定标准。从属人性来看，美德是人类特有的道德品质，是人之为人的内在规定，也是人得以人道地存在与活动的生存方式。它产生于人类化与人道化的交叉点上，不仅要满足人类化的生理需要，还要满足人道化的文化需要。而勇则是所有动物共同拥有的普遍习性，它是一种源于自然的本能化的生存方式，仅在一定程度上体现为自然德性，并不具有道德内涵。从向善性来看，美德遵从人的本性，是人在后天获得的行善的品质，甚至可以进一步认为，美德就是善本身。而勇则是一种先天的自然品性，在道德中是中立的，既可能从善以作善德，亦可能为恶而成恶习。从内生性来看，美德是个体的内在品质，而非外在的强加之物，它是个体自觉自愿的意识与行为，其生成更多地依赖于个体的自我完善。对于个人而言，美德既可以获得，也可以失去，这取决于个体的自律精神和超越能力。作为一种内在的精气或旺盛的生命力，勇虽然也源自生物体内部，却是一种先天固有的、潜在的自然品性，其激发的大小或多少取决于外界的刺激环境和自身的成熟机制。从能动性来看，美德不是机械的、被动的、无奈的，而是积极的、主动的、有机的，具有鲜明的主体性和自主性。美德不仅仅是感情支配的产物，更是理智规限的结果，它是理智或智慧对感情或情绪的驯化、规限和选择。苏格拉底将美德划分为"真正的美德"和"虚假的美德"两个等

---

① 转引自马万东《何谓美德？——从苏格拉底到亚里士多德的思维图式》，《哲学动态》2018年第5期。
② 笼统而言，我国传统文化中的德即为西方的美德，但仔细辨析，德与美德稍有不同。美德具有"最"性，如德是人向善的表现，而美德是人向善的最好表现。

级,并认为两者得以区别的关键在于是否具有"理智"[1]。勇是一种受激情、欲望支配的本能冲动,而非基于理智判断的自觉行为。因此,就此层面上,勇充其量不过是一种虚假的美德。综上,作为动物界的普遍习性,勇并不具备美德的四大属性,因而不能简单地将其视为美德。

事实上,人们日常所言的"勇是美德"是有一定的前提条件和历史关联的。从前提条件来看,一方面,"勇是美德"中的"勇"指的是人的勇而非动物的勇;另一方面,人的勇中的部分构成了美德而非全部。换言之,只有符合道德要求并具有道德内涵的勇(即勇德)才是美德。从历史关联来看,"勇是美德"这一古老命题缘于先秦儒家的"三达德"和古希腊时期的"四主德"。所谓"三达德",是指君子需要具备的三大品行,即《中庸》所言的"知、仁、勇三者,天下之达德也"[2]。所谓"四主德",是指古希腊哲学家经常探讨的四种主要道德,即智慧、公正、勇敢和节制。仔细考证不难发现,无论是在先秦儒家那里,还是在古希腊哲学家那里,作为德的勇,均非一种独立的存在,而是要与知、仁或者智慧、公正、节制相连并受其规限与塑造。可见,"三达德"和"四主德"中的"勇"或"勇敢"实际上是一种勇德。总之,勇并非人类的美德,勇德才是一种真正的美德。

(三)勇德可教吗?

作为人类真正的美德,勇德可教吗?这是关系勇德培育的实效性与合法性的前提性命题。要想回答这一问题,不仅要在德育上思考勇德培育何以可能的问题,还要在智育上解答勇德知识能否传授的问题。在德育上,勇德若不可教,勇德培育就无法取得实效。勇德培育的实效性与其可能性密切相关,可能性的论证自然就构成了探讨勇德培育实效性问题的基本前提和逻辑起点。作为美德,勇德是对德或善的内化、坚守与执行,是一种行善的道德品质。因而,勇德培育的可能性取决于人的向善性,毕竟人只有向善,才可能行善。同样,

---

[1] 参见盛传捷《柏拉图论美德》,《伦理学研究》2020 年第 2 期。
[2] 《礼记·中庸·二十章》。

勇德是否可教就取决于人性是否向善。有关人性善恶的探讨自古有之，相比"人性本善说"的激烈争论，"人性向善说"则取得了人们的普遍认同，即无论人性本善抑或本恶，总有向善的一面。仔细辨析，向善和本善是两个不同的概念，前者探讨的是属性问题，后者探讨的是本性问题。属性是事物所具有的性质，既可先天获得，也可后天获得；而本性则是事物本有的、与生俱来的根本性质，是先天获得的。中西方文化对于"人性向善"的论述历时已久，较具代表性的人物当数孔子和柏拉图。孔子的人性思想主要体现在他本人及其弟子的相关言论中，如"性相近，习相远也"[①] "仁者，人也"[②] "为仁由己，而由人乎哉"[③] "夫子之文章，可得而闻也。夫子之言性与天道，不可得而闻也"[④] 等。根据上述言论，再结合孔子的仁学思想可知，孔子对于人性的看法虽然不是完全的"人性本善"，却体现了鲜明的"人性向善"。徐复观认为，孔子所言的人性与天命相通，而天命是一种超经验的道德人格，所以孔子的人性论是向善的。[⑤] 相比孔子，柏拉图的人性理论更为丰富，对"人性向善"的论述也更为明显、直接。在柏拉图看来，人分为求善之人与求恶之人两类，求善之人是向善的，而求恶之人要么出于无知"以恶为善而求恶"，要么出于私利"以利为善而求恶"，两者虽行为皆为求恶，但内心却是向善的，而纯粹"因恶为恶"之人是不存在的，因此"人皆向善"。[⑥] 事实上，对于人性的真正把握，还须回到人本身上，从人实际生活的世界中寻找答案。从生活世界来看，人不仅生活在现实世界，具有现实性，还生活在可能世界（意义世界），具有可能性或超越性。在可能世界中，人所追求的是生活的价值、意义及可能性，是一种更高层次的精神需要。人类之所以与动物相区别，就在于人类对可能世界的不断探寻，这是一种不断否定自我、超越自我的向善属性，即马克思所言的"人也

---

① 《论语·阳货》。
② 《礼记·中庸》。
③ 《论语·颜渊》。
④ 《论语·公冶长》。
⑤ 参见徐复观《中国人性论史 先秦篇》，上海三联书店2001年版，第86—87页。
⑥ 参见谢文郁《善的问题：柏拉图和孟子》，《哲学研究》2012年第11期。

按照美的规律来建造"①。正是人的向善性，才使得勇德培育成为可能，勇德培育实效得到保障。

自古以来，美德就与知识紧密相关，甚至"美德即知识"。因此，"勇德可教吗"不仅是个德育问题，还是个智育问题。德育所要回答的是可能性问题，而智育所要回答的是现实性问题。在现实性上，"勇德可教吗"所要解决的就是"勇德知识可以传授吗"这一具体问题。从内部构成来看，勇德既包括源于动物的表现为激情、欲望与冲动的原始性情（兽性），也包括属于人类的表现为理智、沉静与审慎的实践智慧（德性），它是理性对感性的节制与德性对兽性的规限。正是人类所具有的这种理智或智慧，才使得勇德知识得以存在。显然，勇德知识就是对勇德本身价值性的认识与规范性的把握。与其他知识一样，勇德知识具有一般性，它来源于外部世界或感官经验，是对社会道德生活的反应与总结。与其他知识不同，勇德知识还具有特殊性，它来源于内部世界或理性省思，是对自我生命精神和灵魂意志的内在反省。作为一般性的知识，勇德知识当然可教，只要方法得当，就能取得实效。而作为特殊性的知识，勇德知识不可教，只能在实践中通过不断内省、领悟来获得。可见，勇德知识能够传授，但并非都能传授。此外，值得注意的是，勇德是（有）知识，但并不只是知识，其构成是多方面的，是知、情、意、行等诸多环节的统一体。因此，勇德可教，但其作用是有限的，勇德培育需要智育，但不能简单地用智育的方式做德育，更不能直接等同于智育。

（四）勇德是预成的还是生成的？

勇德培育的智育方式为什么作用有限？要回答这一问题须首先思考其背后所隐藏的更为根本的问题：勇德是预成的还是生成的？这是一个具有元性质的道德哲学问题，对其不同的理解直接关系着勇德培育原则与方法的确定和选择。在道德哲学中，道德预成论与道德生成论之争长期不休，争论的焦点主要

---

① ［德］马克思、恩格斯：《马克思恩格斯全集》（第四十二卷），中共中央马克思恩格斯列宁斯大林著作编译局译，人民出版社 1979 年版，第 97 页。

围绕着道德的元问题展开：道德从哪里来以及具有怎样的本质？道德预成论认为，一切事物都有一个先天存在的、恒定不变的本质，本质先于现象，现象只是本质的内在展开与短暂显现。同样，道德现象背后也存在一个先成的、抽象的、固定的本质，它决定着道德现象的发生与发展，各类道德现象均是道德本质的外在显现与简单放大，一切个体道德均应无条件地遵从道德本质。本着这种思维范式，道德预成论者在人们现存的生活世界之上又预设了一个先存的道德本原世界，试图透过经验的道德现象探求先验的、永恒的道德本质，并借助道德本质的共性规定来应对和解释道德发展过程中的复杂性与差异性，从而实现了这一理论的自洽与完整。与本质先成的道德预成论不同，道德生成论主张本质渐成甚至本质不存在。道德生成论认为，人与自身现存的生活世界是统一，那种外在于人的、预先存在的且能够生成道德本质的本原世界是虚无的、不存在的，人所拥有的世界及其产物（如道德）是内在于己的、逐渐生成的，因此离开人及其生活的世界去追求先存的道德本质是没有意义的。这一思维范式从人们实际存在的客观世界着手，聚焦在人类生活本身，肯定了道德的变化属性与发展特征，强调人的个性化与差异化，注重发挥个体的积极性与能动性。就此而言，道德生成论顺应了当代哲学的发展趋势，符合了当代道德哲学有关道德本质的主流认识，对现代德育更有指导意义。

事实上，事物具有无生命物与有生命物之分，并非所有的事物均有一个先天不变的本质，只有无生命物的本质才是预先确定与恒久不变的，有生命物是一种未完成、未确定的生物，其本质自然也是未完成、未确定的，需要在后天环境中逐渐生成。勇德作为一种人类独有的生命现象，与人性密不可分，人性是勇德的根源所在，也是勇德得以存在与是其所是的内在支撑。勇德和人的本质密切相关，甚至可以说，人的本质在一定程度上决定着勇德的本质。有关人的本质，马克思作过专门论述，认为人的本质虽发源于自然属性，但取决于社会属性，"在现实性上，它是一切社会关系的总和"[1]。在马克思看来，社会关

---

[1] ［德］马克思、恩格斯：《马克思恩格斯选集》（第一卷），中共中央马克思恩格斯列宁斯大林著作编译局译，人民出版社1995年版，第56页。

系是实践的、历史的,因而人的本质并非抽象的、先成的,而是具体的、鲜活的,即他所说的人作为"被思考和被感知的社会的自为的主体存在"[①]。可见,人的存在方式是向历史、向未来开放的,人的本质是未完成的,是在社会实践中逐渐生成的。这就决定了,作为人类道德品质的勇德也是未完成的,也须在社会实践中不断生成。勇德不仅要在实践中生成,而且其本质就是一种实践精神,是人类所具有的不断超越、不断更新、不断创造的精神。对于勇德而言,正是具备了生成的能力,才会有自身原初性情的不断涌现和勇德知识的持续产生,从而逐渐形成了坚定的道德意志力和果断的道德执行力。需要说明的是,勇德是生成的,但并不意味着勇德中完全没有预成的成分,如勇德难免要内含着源自动物遗传的自然习性(兽性)。实际上,预成与生成并非一个完全对立的范畴,双方在其各自的解释范围内均具有一定的合理性。因此,勇德培育应在遵从个体身心发展规律的基础上,并在个体自然禀赋允许的范围内,充分发挥道德实践的决定性作用。

第二节　个体勇德品质的生成机理

个体勇德品质的生成是一个有序、开放的动态循环过程,而非无序、封闭的静态描述结果,遵循着一定的发展规律及运行机理。所谓"机理",本是生物学或化学中的专业术语,后被广泛引入社会科学领域,意指一定系统结构中各要素及其相互关联、相互作用的机制和原理。从系统论与发生学的视域上解读,勇德品质的生成机理展现了一个从无到有、从内到外、从低级到高级、从单一到多元的发生轨迹与递进过程,并从结构的视角描述了勇德品质的各要素

[①] [德]马克思:《1844年经济学哲学手稿》,中共中央马克思恩格斯列宁斯大林著作编译局译,人民出版社2000年版,第84页。

及其交互关系。勇德品质的生成是诸多方面、诸多要素综合作用的结果。它不仅与个体的主观心理方面相关,还与社会的客观环境方面相关,不仅受到源于个体自身遗传素质、生理体格、成熟机制等内部因素的影响,还受到来自学校、家庭、社会等外部因素的影响。内在生成机理与外在生成机理统一于勇德品质的生成逻辑,是个体勇德品质得以生成的一般规则与基本原理。

一、勇德品质的内在生成机理

勇德作为德性之勇,具有属人性,是人类特有的不断否定、不断超越的实践精神与道德行为。作为属人的道德活动,勇德品质的生成自然是一个多层次、多维度的动态发展过程,并在个体心理层面表现出特有的变化机理。从根本上看,勇德品质的生成是个体理性认知与自觉行为交互作用的结果。勇德正是在两者的交互过程中实现了由情感到意志再到信念的渐次提升。所以,在个体心理维度上,个体的勇德品质包括勇德认知、勇德情感、勇德意志、勇德信念、勇德行为五大内在环节。从个体勇德认知的获取,到勇德情感的达成、勇德意志的形成与勇德信念的树立,再到勇德行为的具体呈现,五大环节首尾相连、相互作用、循环交替,形成了一个高度统一的心理结构及内在机理,共同促进着个体勇德品质的生成。道德心理学认为,人们的道德行为依赖于自身内部的心理结构,在本质上是一种由若干个前后相连的心理环节相互作用的心理活动:道德现象由个体感官系统传导成道德事件,再经由个体原有经验与人格结构的塑造加工,发展为个体的道德认知,个体基于道德认知评介与预判来自感官系统与经验知觉的各种道德事件,不断激发自身的情感与意志系统,进而产生与道德认知一致的道德行为。[①] 基于此,本书根据道德心理学中的感觉与知觉、思维与想象、情绪与情感、意志与信念、行为与能力等概念,把个体勇德品质的内在生成机制概括为入耳、入心、入脑、入神与入境五个环节循序渐进的动态循环过程。入耳是指获得经验知识与理性认知;入心是基于理性认知

---

① 参见程正方等编著《心理学》(第4版),北京师范大学出版社2009年版,第340—352页。

而达成的情感共鸣；入脑是把理性认知与情感共鸣转化为坚定的道德意志；入神是在理性认知、情感共鸣与道德意志基础上进一步树立并形成理想信念；入境则是基于理想信念在现实道德情境中具体实施道德行为。在个体勇德品质的生发过程中，这五个环节内在统一、有机相连、相互渗透，共同构成了个体勇德品质的内在生成机理。如图1-3所示。

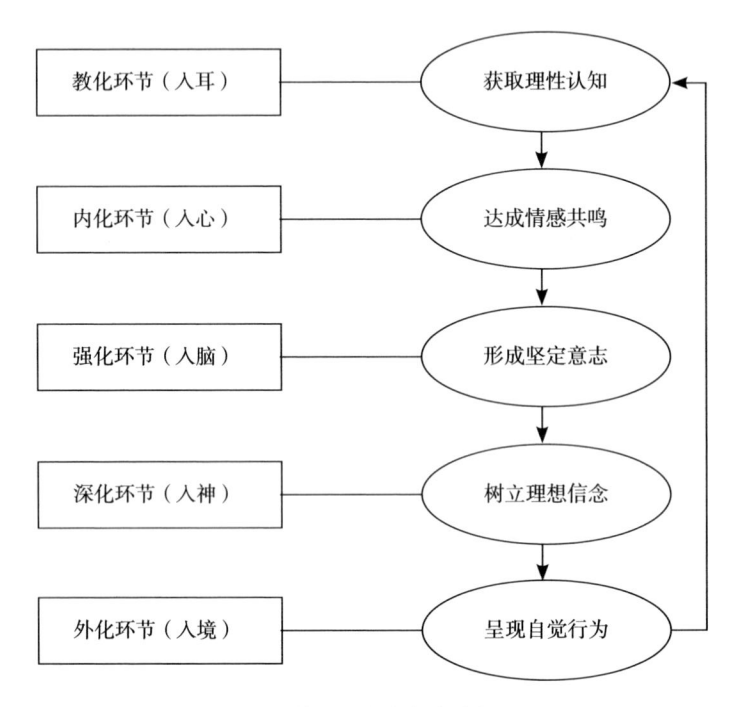

图1-3　勇德品质的内在生成机理图示

（一）"入耳"获取理性认知：勇德品质生成的"原动力"

从勇德情景的出现到勇德精神的孕育再到勇德行为的发生，认知活动无不融入其中。"认知作为人的最基本的心理活动，是人脑对客观对象的属性及其规律的反映。"[①] 它是一种人们通过认识客观事物与把握客观规律而获取、运用

---

① 程正方等编著：《心理学》（第4版），北京师范大学出版社2009年版，第3页。

知识的心理活动过程。从内容上看，认知包括评价过往事物、解释当前事物与预测未来事物三个方面；从性质上看，认知可以分为感性认知和理性认知两大类型。任何类型的德目，均以一定的道德认知为基础，与个体的道德认知水平和道德认知能力密切相关，是道德主体对道德对象的基本确证。个体的道德认知并非源于头脑内部固有的、与生俱来的先验知识，而是在后天环境中逐渐生成的经验智慧。在个体与环境的交互作用中，个体的道德认知功能不断完善，道德认知能力不断提升。作为一项重要的道德认知，勇德认知是指勇德主体面对道德困境时，基于外界客观环境和自身实际情况，对其自身所应承担的道德责任和道德义务做出的正确感知、理解与评判的能力。它既包含着对正确的勇德知识的领会，也包含着对良好的勇德经验的把握，是个体勇德品质得以生成的基本前提和首要因素。勇德认知在性质上是一种建立在思维与想象之上的复杂的理性认知活动，而非停留于感觉与知觉映射的简单的感性认知活动。作为一种理性活动，勇德情景转为勇德认知并非一蹴而就，而是经过了一个传导过程：先是，勇德情景经由人的听觉、视觉、触觉等感官系统将勇德刺激转变成勇德冲动；再是，勇德冲动经由神经系统传导至大脑皮层，经过大脑内部的复杂活动而产生感觉、知觉、思维、想象等意识现象；最后，人们通过自身的意识活动对勇德现象、勇德刺激、勇德冲动与勇德行为之间的联系进行主动建构，再利用思维推导与理性判断逐步掌握勇德现象的本质与规律，从而形成勇德认知。显然，在整个传导过程中，入耳是获取勇德认知的首要环节，外界情景与感官经验只有首先通过人的耳、眼等物质器官进入大脑，才能经由人的思维活动转化成理性知识，为勇德生成提供认知基础。

入耳不是对勇德现象的机械映射，而是一种能动反映，在本质上构成了勇德品质生成的教化环节。入耳的结果或教化的目的是获得勇德知识、形成勇德经验，将勇德的感性认知上升为理性认知。对个人而言，只有通过知识与经验的教化，才能真正实现德对勇的规限与理性对感性的节制，从而生成勇德品质。从勇德品质的内部构成来看，"我们自身中存在着非理性的行为动机，它们同我们的知识相冲突，并且阻碍着把知识付诸实现。我们的实践判断与我们的意志之间的联系的不完善性本身,也迫使我们寻找关于那种联系的本质的更精确的知识"①。因此,个体的勇德品质是个体在勇德知识与勇德经验的基础上形成的实践智慧与行为精神,个体对勇德现象之自我生命价值的理性认知不仅是形成自身勇德品质的逻辑起点,也是其勇德品质得以生成的内在原始动力。

(二)"入心"达成情感共鸣:勇德品质生成的"催化剂"

勇德认知往往与勇德情感紧密相连,勇德认知是勇德情感产生的基础,勇德情感是勇德认知深化的前提。勇德情感伴随着勇德认知而出现,是人们在获得勇德认知后,运用一定的勇德知识(标准)对自己或他人的勇德行为进行评价和预判时所产生的一种内心体验。就个人而言,勇德情感来源于勇德认知,并随着个体心智结构的逐渐完善与自身认知能力的逐步提高而愈发充沛、不断丰富。个体勇德品质的生成虽然依托于一定的勇德知识,但知识既不能等同于素质,也不能等价于智慧,唯有勇德主体本着热烈的情感使其内化于己、外显于行,才能逐渐上升为智慧,不断融入自我道德追求与道德理想之中,真正成为自身的一部分。情感贯穿于勇德品质生成的全部过程,体现在共鸣或认同活动的所有方面。情感共鸣促成勇德认同,勇德认同促进勇德生成,情感共鸣及勇德认同是个体勇德品质生成的重要环节。从性质上看,情感有积极与消极、正面与负面之分。积极的正面的、肯定性的情感更容易促使勇德主体对自身所面临的勇德现象达成共鸣,从而增强勇德认同的积极性与主动性,更好地做出勇德行为。相反,当勇德主体处于消极的、负面的、否定的情感状态时,他们对勇德现象往往持冷漠、反感、应付的态度,勇德认同难以达成,勇德行为也难以发生。正如恩格斯所言:"激情、热情是人强烈追求自己的对象的本质力量。"②作为一种追求力量,激情与热情是积极的、肯定的情感因子,它根植于

---

① [英]亨利·西季威克:《伦理学方法》,廖申白译,中国社会科学出版社1993年版,第29页。
② [德]马克思、恩格斯:《马克思恩格斯全集》(第四十二卷),中共中央马克思恩格斯列宁斯大林著作编译局译,人民出版社1982年版,第169页。

人的情感需要，生发于彼此之间的情感共鸣，激发着人们不断超越自我与实现自我。因此，情感共鸣在本质上是一种催化力量，对个体勇德品质的生成起着重要的催化作用。

勇德情感是勇德认知跨向勇德意志的催化力量，是勇德品质生成的基本心理因素。恩格斯指出："在社会历史领域内进行活动的，是具有意识的、经过思考或凭借激情行动的、追求某种目的的人。"[①] 在勇德品质的生成活动中，人们正是依仗着对勇德人格的敬畏、向往、推崇、迷恋等情感，不断强化勇德意志，树立勇德信念，做出勇德行为，力图实现自我与勇德人格的内在统一。若行为结果合乎人意，勇德的情感共鸣就会达成，从而激发、催化出更为充沛的实践激情，做出更为坚定的勇德行为。作为一种内心体验，个体的勇德情感根源于自身内在的勇德需要，这是一种"直下心源、直契本心"的道德情感。因此，这一环节在本质上是一种内化环节，即个体勇德品质生成的入心环节。它是个体对自身勇德认知进行评判、筛选与重构后，在内心深处实现了共鸣或认同，从而自觉承担勇德责任与履行勇德义务的环节。需要说明的是，入心的目的是达成理智指引下的情感共鸣，而非仅仅获得直觉的情绪反应。情感与情绪不同：其一，情感是人类特有的受理智引导与社会规制的内心体验，而情绪是一切动物共有的与生理需求相连的感受性反应；其二，情感是人们在社会实践中通过与环境不断交互而逐渐形成的能够复现的一种相对稳定的情绪形式，而情绪则是一个短暂的、易失的、情境性的心理阶段；其三，就个人而言，情绪靠前，情感靠后，情感是情绪的高级阶段与复杂形式；其四，从现象学来看，情绪较为外显，而情感通常内隐，情绪是基于感官直觉的感情流露，具有差异化和多样化，无法达成共鸣，而情感是基于感情内化的内心体验，可以实现共鸣；等等。相比短暂多变的动物式的情绪反应，内化稳定的人类化的情感共鸣对勇德品质的生成催生出更大的心灵力量。尼采有言："爱、恨、褒、贬乃是一切理想的前提，要么，肯定的情感即第一推动力；要么，否定的情感，两

---

① ［德］马克思、恩格斯：《马克思恩格斯选集》（第四卷），中共中央马克思恩格斯列宁斯大林著作编译局译，人民出版社1995年版，第247页。

者必居其一。"[1] 勇德情感作为一种肯定的情感，不仅是勇德主体积极的心理体验，还是其追求理想人格并形成勇德品质的心灵助力。

（三）"入脑"形成坚定意志：勇德品质生成的"调节器"

勇德认知与勇德情感统一于勇德意志。勇德认知与勇德情感只有转化成勇德意志，才能为勇德信念的树立与勇德行为的呈现确立明确的目标并注入持久的动力。勇德意志是指勇德主体在承担勇德责任、履行勇德义务过程中自觉能动地排除干扰、作出抉择、克服困难的顽强力量与坚韧能力。勇德行为的发生离不开勇德主体的意志努力，它是一种心系德性、向往勇敢的坚定意志倾向，而非单纯的理性认知与情感体验。在勇德意志的支配下，个体勇德品质的生成就表现为自身自觉意志的凝结。换言之，只有个体具备了意志自觉性，其勇德信念才能得以形成，才能积极主动地做出勇德行为，从而真正生成勇德品质。当然，勇德意志并非独自地影响着勇德行为，它是建立在勇德认知和勇德情感之上并将其转换成勇德意愿、上升为勇德信念之后而诉诸勇德实践的意识活动。需要指出的是，勇德意志在个体勇德心理结构中具有特殊地位，并对其勇德品质的生成发挥着关键作用。其特殊性在于，勇德意志是勇德认知、勇德情感与勇德信念、勇德行为之间的桥梁或中介，构成了勇德意识的强化环节，它虽以勇德认知与勇德情感为基础和前提，但也反过来强化着勇德认知与勇德情感，并促使其逐渐上升为勇德信念。其关键性在于，勇德意志是勇德活动的"调节器"：一方面，勇德意志作为个体的主观能动性在勇德方面的表现，对个体的勇德活动起着自觉的调节与支配作用；另一方面，这种调配作用同时表现为发动与制止两个方面。发动即鼓励人们作出符合预定目标的行动，制止即劝阻人们停止不符合预定目标的行动。正是这两方面的调配作用，才使得勇德活动满足勇于作为和勇于不为的统一。此外，勇德意志还能够调节勇德主体的心理状态。当勇德主体身处危急险境时，只有通过自身意志的调节作用，才能够保持镇静、克服恐惧，做到临危不乱、正确抉择、有序行事，从而达成目标。

---

[1] ［德］尼采：《权力意志》（下卷），孙周兴译，商务印书馆2007年版，第742页。

这一环节是勇德主体在获取理性知识、达成情感共鸣的基础上，变被动接受为主动摄入，在头脑内部进一步强化原有的认知与情感，抑或积极能动地建构新的认知结构与情感心理的环节，是个体勇德品质生成的入脑环节。显然，勇德意志所体现的积极性和自主性对于个体自律精神的培养及其勇德品质的生成是至关重要的、不可或缺的。但同时还应知道，作为入脑而成的勇德意志，其形成过程也是极为复杂的。认知心理学认为，意志的形成建基于随意运动之上，"它是大脑皮层整合活动的结果，是由感受器、传入神经、大脑皮层感觉中枢、运动中枢、效应动作及运动感觉中枢组成的循环交替的复杂机能系统"①。可见，勇德意志的实现并非一蹴而就的，而是有着一个复杂的阶段过程，是大脑神经系统对固有的认知与情感不断调节、不断反馈与不断修正，从而建构出一个新的自我高度认同的知情结构的心理过程。勇德意志也正是在这个复杂的阶段过程中不断强化、不断升华，最终上升为勇德信念。

（四）"入神"树立理想信念：勇德品质生成的"总开关"

勇德品质是勇德精神与勇德行为的有机统一。勇德精神通常表现为勇德意识②，作为勇德品质的内核，它由勇德认知、勇德情感、勇德意志与勇德信念四大环节构成。其中，勇德信念是勇德认知、勇德情感与勇德意志的高度统一，是勇德精神的最终体现和最高层次。所谓"勇德信念"，是指勇德主体对自己的勇德理念发自内心地确信以及对勇德行为坚定不移地执行。勇德信念是构成勇德品质的重要要素，一旦形成，就表现出较强的稳定性、综合性与持久性，并在勇德主体的实践活动中发挥着整合作用和内控作用。从整合作用看，勇德信念是"理""情""意"的合金，是人们在对某种勇德理想、道德规范与社会准则深入认识的基础上，受自身热烈的勇德情感与坚定的勇德意志驱动，

---

① 程正方等编著：《心理学》（第 4 版），北京师范大学出版社 2009 年版，第 193 页。
② 当前学界对于精神和意识之间关系的研究主要形成了两种观点：一是精神即意识，精神与意识是对同一个概念的两种不同表述，精神侧重在内容方面，意识侧重在形式方面；二是精神的概念范围大于意识，精神不仅包括意识，还包括潜意识和其他思维现象，意识仅仅是为了说明精神而铺设出来的概念，意识是精神的表现形式。但无论哪一种观点都承认，精神主要通过意识来表现抑或意识是精神的主要表现形式。

而形成的主动担当勇德行为的强烈责任感及由此凝结的稳定观念形式。勇德信念和勇德精神结构中的其他要素之间存在着相互证成的逻辑关系：离开其他要素，勇德信念便难以形成；缺少勇德信念，其他要素就无法诉诸道德实践，从而真正实现各自的道德价值。正是勇德信念具有这种对其他要素的整合功能，才使得勇德精神得以凝聚，勇德行为得以实现，进而勇德品质得以生成。从内控作用看，勇德信念表现为勇德自身所具有的自律精神，是人们进行勇德评判的内在标准与实施勇德行为的价值诉求，一旦确立，就会成为控制与支配人们勇德活动的内在尺度。在本质上，勇德信念是一种勇德需要，是人们坚守道德与执行道德的内在需要。需要是行为的必要条件，行为源于需要。勇德信念通过控制勇德需要进而控制勇德行为，即"依据评价标准对自身的需要和动机进行审视，对符合标准的进行强化激发，对违背标准的进行抑制"[1]。这种内控功能，使勇德信念表现为一种自我监督、自我反省、自我激励的心理特征，从而使勇德行为从"他律"走向"自律"。总之，勇德信念是勇德行为的内在推动力，是个体勇德品质生成的"总开关"。

在本质上，勇德信念是人们坚信不疑地、始终不渝地遵循被自身内化了的勇德精神实施勇德行为的内在需要，是人们内心真正认同并自愿接受的道德信念，因此这一环节构成了个体勇德品质生成的内化环节。勇德信念不是对勇德现象的简单认识，也不是对勇德情感的肤浅体认，亦非对勇德意志的一般表现，而是深刻的理性认识、炽热的情感体认与顽强的意志能力的有机统一与深度融合。勇德信念在勇德精神结构要素中处于最高层次，是个体勇德品质全面发展与完善的重要标志，是人们坚定不移地开展勇德活动的强大动力与精神支柱。作为个体，将社会勇德要求内化成自身勇德品质的结晶，勇德信念的树立不仅需要外界的勇德教育，更离不开自身的勇德修炼。勇德修炼是一个自由、自觉与自悟的过程，也是一种不断完善自我与不断超越自我的过程，还是一个境界追求与精神养成的过程，即入神的过程。

---

[1] 刘兴华：《大学生核心价值观生成机理与培育机制探究》，《思想政治教育研究》2016年第6期。

（五）"入境"呈现自觉行为：勇德品质生成的"指示灯"

勇德精神一旦走出精神的羁圈，就会进入勇德行为的领域。勇德行为是指勇德主体在一定的勇德精神的调节与支配下为积极主动地承担勇德责任与义务所做出的各项行动。作为社会意识范畴的勇德品质，只有在自身社会生产实践及生活经验中以实际行为及具体行动的方式，才能得以体现与彰显。个体勇德品质的生成除了与认知、情感、意志和信念密切相关，还与勇德践行紧密相连，即勇德主体在知、情、意、信的调配下，在实践活动中做出满足勇德意识的行为抉择，把其满足内心律令的勇德精神转化为符合外在要求的具体行动，实现知与行的有机融合。勇德行为是以理性认知为基础、情感共鸣为驱动、坚定意志为指令、理想信念为据守的思维方式及行为习惯。它是一种主观见之于客观、精神付诸实践的活动方式与行为过程。一方面，这一过程是非常复杂的。在面对某一道德困境或勇德现象时，个体首先基于自身现有的经验与知识作出理性判断，并在现象的感官刺激与情境的自我植入中形成通情感应和意志要求，然后经由内心复杂的动机冲突而逐渐上升为理想信念，最后根据这一信念作出相应的行为选择及具体的行动计划。另一方面，这一过程是自觉自主的。个体的勇德行为不仅是一种基于道德生活的社会惯习，更是一种出于自由意志和内在自愿的行为习惯。它并非人们生而有之的动作习性，而是在具体的社会实践中根据一定的理性分析与道德判断所作出的坚毅无畏的行为活动。勇德认知的明确程度、勇德情感的强烈程度、勇德意志的坚毅程度以及勇德信念的内化程度直接关系着勇德行为的果敢程度与自觉程度，进而决定着勇德品质的纯粹程度。反过来，勇德行为也在发展着勇德认知、丰富着勇德情感、促进着勇德意志与巩固着勇德信念，最终塑造着勇德品质。勇德行为是勇德品质的外在显现与外部保障，个体的勇德品质不仅要借助行为举止来表现，还要通过实际行动来发展，缺乏一定的勇德行为积累，勇德品质就难以真正形成。勇德行为在个体的勇德品质结构中具有极为重要的地位，是勇德品质生成的"指示灯"，对个体勇德品质的生成起着重要的指示作用。

勇德行为是个体在自身的社会实践和具体的生活情境中通过不断模仿和长

期练习而逐渐形成的，经历了一个由无意识模仿—有意识练习—习惯养成—行为显现的复杂活动过程，构成了勇德品质生成的外化环节。作为一项外在的、具体的行为活动，勇德行为是勇德主体对自身所面临的现实的道德困境作出的积极能动的反应，其形成与发展离不开一定的社会生活情境，只有进入具体的生活情境即入境，勇德行为才能够得以理解，其意义与价值才能够得到体现。入境既是对勇德行为的实践要求，也是对其进行价值评判的现实依据。一方面，勇德主体应对道德生活及现实情境作出回应并积极承担道德责任、主动履行道德义务，其勇德品质也须在实践境遇与现实情境中通过具体的勇德行为给予体现；另一方面，人们对于个体勇德行为的好坏、强弱、得失的评价和判断也均应依据现实情境及其具体事件来展开。总之，内隐的、抽象的勇德精神只有转化为外显的、具体的勇德行为，才能发挥出应有的功能价值与实践意义。同样，个体的勇德品质也只有在实践中体现出客观的、现实的、可察的道德行为，其生成状况及实际功效才能得到确认与凸显。

二、勇德品质的外在生成机理

勇德品质作为人类特有的道德品质，探讨其生成过程自然需要对个体勇德的心理结构及其运行机制进行洞察剖析。从个体心理层面上看，勇德品质的生成是知、情、意、信、行等多种心理因素相互依存及交互作用的结果，它不仅要内化于心，还要外化于行，是一种从知到行再到知的线性交替的动态循环过程。然而，个体勇德品质的生成不仅表现为人的心理维度的发展变化过程，还涉及了以人为基点的更加广泛的场域，如人类社会；不仅与个体相关，还与个体所处的外在环境相关，如社会环境、文化环境、政治环境等。作为社会的存在物，人以"类"的形式并借助实践的方式而存在，个人的生存与发展显然离不开自身所在的社会实践环境的辅助与规约。进入阶级社会以后，随着国家的出现，人类的生存环境在社会层面上又注入了国家政治的因子，国家政治环境就成为与人类密切相关又一重要的环境类型。所以，从社会环境层面上看，个体勇德品质的生成则是个体、社会和国家三方之间交互融合的实践互动过程。在此过程中，个体、社会和国家相互依存、彼此规束、三位一体，共同构成了个体勇德品质的外在生成机理。如图1-4所示。个体需要是基本前提，社会认同是根本动力，国家确认是关键支撑。个体勇德品质的外在生成源于个体对勇德的内在需要，它既是生成起点，也是品质归宿，为个体勇德品质的生成提供了源源不断的内生力量。然而，这种内在需要能否转化为外在行为，在根本上取决于社会实践需要及社会群体的价值认同。个体的勇德需要来源于个体的勇德实践，实现于社会的勇德认同，社会勇德实践中的价值认同活动为个体勇德品质的生成注入了根本动力。最后，个体合理性的勇德需要与社会合群性的勇德认同只有经过国家的勇德确认，才具有合法性，才能上升为国家意志，真正成为个体稳定的勇德品质。

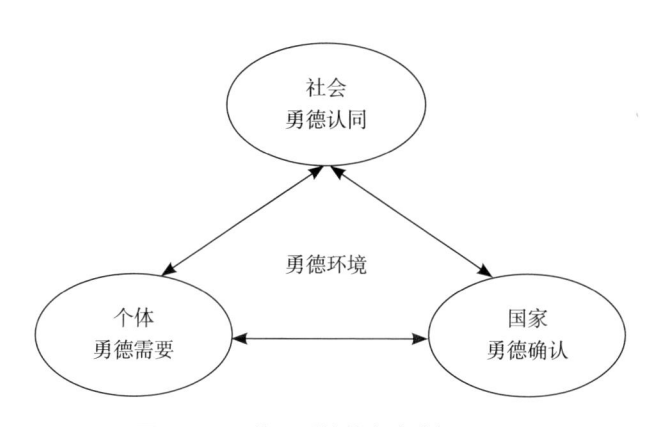

图 1-4　勇德品质的外在生成机理图示

（一）勇德需要：个体对勇德的内在需要

作为一项重要的道德品质，个体的勇德品质直接发源于个体对道德（包含勇德）的内在需要。与其他动物不同，人是一种社会化或道德化的存在，道德是人的根本存在方式，是人之为人的内在规定及安身立命的根基所在。马克思主义关于人的本质理论告诉我们，社会属性是人的本质属性，德性或向善性是人的本质的集中体现。这意味着，道德需要根植于人本身，是一种与人相生相伴的、内嵌于人的根本需要，而非一种可有可无的、外在于人的附属需要。人正是在向善的追求中，不断满足、发展着自身的道德需要，才使自身从动物中脱离出来，成就自我德性本质，从而是其所是。作为道德需要的重要组成部分，勇德需要是一种坚守与执行道德的需要，是人们在社会生产实践中自觉坚守与积极履行一定的道德规范与道德原则的强烈意愿和内在要求；同道德需要一致，勇德需要是一种源于人自身的内在需要，是人之为人的根本需要，在"成人"与"做人"的过程中发挥着积极的推动作用。勇德需要是勇德活动形成与发展的逻辑起点与原初动力，是勇德主体不断否定自我、完善自我、超越自我的高层次的精神需要。从性质上来看，勇德需要是社会性需要，与自然性需要相对，是人持续追求自我本质、不断实现内在提升的需要。勇德需要在哲学上表现为"成己"的需要，即蒂利希所言的人所特有的"不顾一切非存在的威胁而努力对自我存在进行肯定"的需要。从层次上来看，勇德需要是发展性需要，与匮乏性需要或基础性需要相对，是人们在基本的社会需要（如生理需要、安全需要等）得到满足之后而形成的更高级别、更高境界的内在追求。与需求得到满足后不再追求更多满足的匮乏性需要不同，勇德需要是现有需要得到满足后还欲得到更多更大的满足的需要类型，因而成为人们不断发展、不断进步、不断提升的动力源泉。

总体而言，勇德需要是一种内化了的道德价值和升华了的道德关系，是勇德主体对自身勇德状况或他人勇德现象的自觉体认与理性省思，是有认知、情感、意志、信念与行为等勇德心理要素融入其中的内在指向。勇德需要与勇德品质密切相关、相互促进，勇德需要对于勇德品质的生成至关重要，勇德品质对于勇德需要的满足不可或缺。一方面，勇德需要是推动、引导个体勇德品质生成的内在力量，只有在勇德需要的刺激与召唤下，个体的勇德精神才能得以凝聚，勇德行为才能得以发生，进而勇德品质才能得以生成。另一方面，个体勇德品质的生成又反过来满足并强化着自身的勇德需要，进一步推动着勇德活动的形成与发展。在行为心理学上，需要是指处于某种情境刺激下的个体所意识到的心理欠缺。据此，勇德需要可以理解为勇德主体在外界情境刺激下感到欲求未满而力求获得满足的一种积极的心理状态。外界的情境刺激（如道德困境、勇德现象等）是产生勇德需要的基础与前提。作为一种积极的心理状态，勇德需要并非主体先天固有的本能性需要，而是其在后天的社会实践中基于对道德情境刺激的积极能动的反映而产生的社会性需要。可见，个体的勇德需要不仅与内在的勇德心理结构要素相连，还与外在的社会实践环境相关，究其根本，它是对社会实践需要所做出的积极能动的反映。勇德需要是连接个体勇德心理要素与社会环境的中介与桥梁。正是这一特殊地位，才使得勇德需要成为勇德品质外在生成机理的首要环节。

（二）社会认同：社会对勇德的普遍认同

勇德并非专属于个人的私人领域，而是面向大众的公共空间。评判某一行为是否符合勇德，不是依据这一行为是否满足了个人自身的需要，而是在于它是否满足了社会大众的需要。符合大众利益、满足大众需要并为大众所认同是勇德评判的根本标准。同样，个体内在的勇德需要能否转化为外显的勇德行为，进而形成勇德品质，在根本上取决于这一需要是否满足了社会的实践需要并为社会群体所认同。一方面，个体的勇德需要根源于社会的实践需要，是个体对社会实践需要作出的积极能动的反映。作为一种社会意识形态，勇德在本质上是一种实践精神，勇德需要自然本源于实践需要，但个体的勇德需要并非对社会实践需要的机械映射，而是一种能动反映，即按照个体自身的尺度对社会实践需要进行积极主动的建构和改造。另一方面，个体的勇德需要只有获得社会群体的一致认可，上升为社会的勇德需要，才能生发出真正意义上的勇德品质。个体勇德品质的生成离不开社会对个体勇德形态的普遍认同，勇德社会认同是个体勇德品质生成的根本动力。所谓"社会认同"，是指"社会成员共同拥有的信仰、价值和行动取向的集中体现，本质上是一种集体观念"[1]。相应地，勇德社会认同则为社会成员对勇德的支持与共享。支持体现了社会成员

---

[1] H. Tajfel, J. C. Turner, *The Social Identity Theory of Inter-group Behaviour*, Chicago: Nelson Hall Press, 1986, p.7.

对勇德的赞同与推进，共享体现了社会成员对勇德的接受与内化。由此可以将勇德社会认同区分为合理性认同与道义性认同两大方面。[①]前者是社会成员因认识到了勇德自身的存在根由而认同它，遵循的是基于理性分析的"对"的逻辑；后者是社会成员因感受到了勇德品质的存在价值而认同它，遵循的是基于体验感悟的"好"的逻辑。因此，个体的勇德需要及其表现形态要想真正获得社会认同并生成勇德品质，不仅要在理论上正确合理，还要在现实中切实可行。

社会对勇德的认同主要体现在两大方面：一是社会对符合要求的勇德行为作出积极回应。马克思指出："道德的基础是人类精神的自律。"[②]勇德作为一种美德是以勇德主体的自觉遵守与主动践行为前提的，勇德主体对于"为"或"不为"、"敢"或"不敢"具有绝对的自由与选择的权利。亚里士多德有言："伦理德性是一种选择性的品质，而选择是一种经过考虑的欲望。"[③]与务必遵守的法律义务不同，勇德义务是一项可供人们自由抉择的义务。因此，当人们为了社会公共利益而不顾自我利益并自觉自愿地作出某一勇德行为时，社会就应当对他们及其行为给予正面的、积极的回应如鼓励、赞誉、肯定、支持等。这种回应有助于勇德主体深入认知和深刻体会勇德行为所内含的社会意义与人生价值，从而促使他们继续保持勇德品质，进一步发扬勇德风尚。反之，若社会对此没有回应抑或做出了负面的、消极的回应如嘲笑、讽刺、惩罚等，那么勇德主体就会因缺少社会反馈信息或承受负面信息而无法体认行为本身所带来的效用体验与价值意义，其勇德行为就会不断弱化，勇德品质也将难以为继。二是社会对不符合要求的勇德行为进行规限引导。

人是一种有限的、理性与感性交织存在的动物，这使得人的勇德行为有时会有意无意地偏离社会发展需要，违背道德实践要求。一方面，勇德主体因受自身理性的有限性及其对客观道德世界反映的不确切性所限，难免存在着自身

---

① 参见江畅《核心价值观的合理性与道义性社会认同》，《中国社会科学》2018年第4期。
② [德]马克思、恩格斯：《马克思恩格斯选集》（第一卷），中共中央马克思恩格斯列宁斯大林著作编译局译，人民出版社1995年版，第15页。
③ 转引自邹顺康《论道德行为的社会支持》，《西南师范大学学报（人文社会科学版）》2004年第3期。

勇德行为与原有勇德需要相偏离的可能性；另一方面，勇德主体在将自身的勇德需要转化为勇德行为的过程中，受自身感性因素的影响，又常常存在着某种与自我理性及意志精神相抵触的不合理的情绪反应和欲望冲动，从而制约着勇德行为的积极发挥。对于这些不符合社会需要的勇德行为，就要求社会应对个体的勇德品质进行不断规制、不断塑造与理性引导，从而实现个体勇德品质的不断完善和持续升华。总之，个体勇德品质的生成并非个体凭借自我理性而不断修炼的圣果，而是个体与社会交互作用的产物。

（三）国家确认：基于三向融合的优化整合

个体勇德品质的生成环节在社会导向维度上首先表现为个体自身对勇德的内在需要，然后经由个体所在区域社会的普遍认同而呈现出具体的勇德行为，然而这并不必然意味着个体的勇德需要及其勇德行为就能上升为全社会共同认可的勇德人格，成为引领全社会成员的勇德品质。从人类社会的历史演变来看，作为"类"的存在，人经历了从个人到族群到社群再到国家的发展过程。在人类社会早期，人们以族群或社群的形式存在，每一个族群或社群都有自己独特的图腾崇拜或道德符号，都有自己所认可的英雄及所认同的勇德标准，并按照这一标准处理着人与人、人与族群以及族群与族群之间的矛盾冲突。进入阶级社会以后，随着阶级矛盾的加剧，各个阶级及其社群在各自勇德要求的涌动下，开始通过战争手段来解决彼此之间的矛盾冲突。面对频繁战争所带来的深重灾难和残酷现实，人们越来越意识到，战争并非解决或缓和矛盾冲突的唯一手段或有效途径，甚至还在一定程度上起着加剧作用。于是，他们逐渐对自身的战争行为及其背后隐藏的勇德动机进行反思，尝试寻求各种新的解决矛盾的方式或手段。及至国家出现，为了进一步调和各阶级之间的矛盾冲突，规避战争行为，人们开始接受以国家的形式制定统一的为各群体共同遵循的道德规范，并对其中的勇德要求进行再塑造和再认同，使其从某一群体的勇德要求上升为全体社会成员普遍认同的勇德规定，这是一种国家对勇德的确认行为。勇德国家确认是国家对社会勇德的再塑造与再认同，是国家作出的求取各群体勇德的最大公约数的行为，是一种剔除各群体勇德中不合理成分并保留其合理成分的优化整合过程。个人及群体的勇德品质只有经过国家确认，才具有合法性，才能获得全体社会成员的广泛认可与普遍认同，从而发挥出最大功效。

事实上，在现代社会，对个体勇德品质的生成而言，个体需要、社会认同与国家确认是三个不同的路向，也是一个互依共存、不可分离的有机整体，共同构成了个体勇德品质生成的外部环境。个体内在需要为其注入了合理性，社会群体认同让它具有了合群性，国家整体确认使其获得了合法性。合理、合群与合法不仅是现代社会个体勇德品质的内在规定，还是其不断生成、不断发展的外在机理。然而，在现实生活中，个体需要与群体需要、国家需要常有冲突，个体自我意志和社会群体意志、国家整体意志也时有不合，这就不仅要求个体基于自我理智对群体与国家的道德规范及勇德要求作出整体认知与基本遵循，还要求其凭借自我意志对自身的懒惰逃避、欲望冲动等非理性因素进行自我规约与合理引导。个体只有在自我理智与自我意志的指引下，用自身的勇德需要来体认社会和国家的勇德需要，经否定之否定之后将其内化为同自我需要相一致的真正属于自身的内在需要，才能实现个体、社会与国家的三向融合，最终生成为全体社会成员普遍认同的勇德品质。

三、勇德品质的内外耦合机理

综上可知，个体勇德品质的生成是一个由多元主客体交互作用的内化于心外化于行的非线性复杂系统的生发过程，是主观的个体内在心理结构与客观的外界社会环境共同耦合的结果。其中，勇德主体的勇德行为是联结主观内在心理和客观外界环境的重要桥梁，这为探寻个体勇德品质生成的内外耦合机理提供了研究通道。如图1-5所示。从主观的内在心理结构来看，个体的勇德品质包括勇德认知、勇德情感、勇德意志、勇德信念和勇德行为五个成分，其生成是勇德主体自觉自为的结果，须经历由认知的撷取、情感的投入到意志的抉择、信念的坚守再到行为的考验首尾相连、循环交替的五大环节。从客观的外界社会环境来看，个体的勇德品质生源于个体对勇德的内在需要，植根于社会对勇德的普遍认同，成长于国家对勇德的合法确认，其生成受外界社会因素的制约，是个体与社会交互作用的产物。需要说明的是，个体勇德品质的内在生成机理与外在生成机理并不总是一致、自动衔接，两者之间存在一定的内在张力和矛盾冲突，而勇德行为则是缓解内在张力的中介点与缓和矛盾的缓冲器。勇德行为不仅是个体勇德品质内在生成机理与外在生成机理有效衔接、相互转化的重要媒介，还是内外在生成机理有机融合、动态运转的基础动力。在内在生成机理方面，内部的勇德心理通过主体的勇德行为从外界环境中汲取新信息，从而重构勇德认知、重育勇德情感、重立勇德意志和重树勇德信念，这对于勇德内在机理的新一轮运转具有重要意义。在外在生成机理方面，外界的勇德环境对主体的勇德行为起着规制与约束作用的同时，主体也借助勇德行为塑造与建构着勇德环境，从而成为勇德心理的新起点。因此，个体勇德品质的生成不仅要为勇德内在机理的系统运转提供更新基地，而且要为勇德外在机理的优化整合提供完善渠道，更要为勇德内外机理的耦合联动提供交互平台。唯有内在生成机理与外在生成机理实现了耦合互动与循环递进，个体的勇德品质才能得以真正生成。

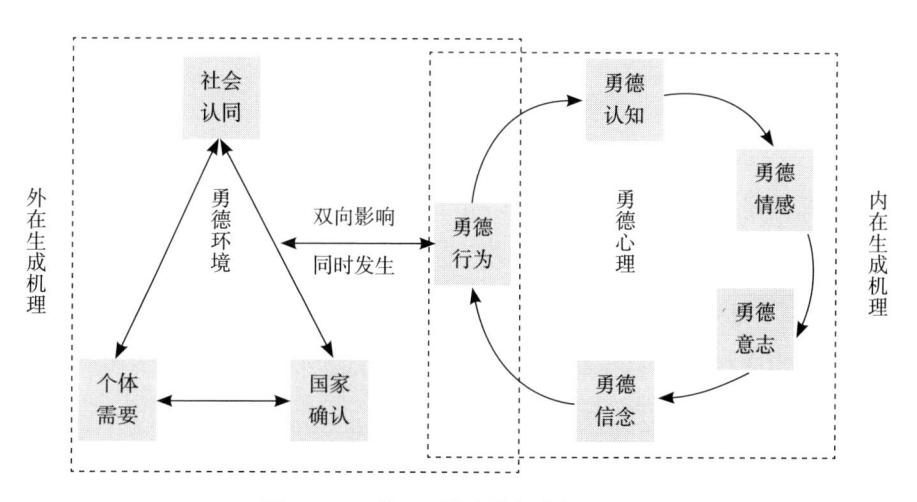

图 1-5　勇德品质的内外耦合机理图示

第三节　勇德及培育的思想资源

唯物史观认为，现实与历史紧密相连、一脉相承，历史是现实的根源，现实是历史的延续。习近平总书记强调："历史、现实、未来是相通的。历史是过去的现实，现实是未来的历史。"① 法国社会学家涂尔干说："现在无非是过去的进一步推演，一旦与过去割裂开，就将丧失大部分的意义。"② 可见，历史经验与传统观念对于当下的勇德研究极为重要，当代大学生勇德培育还须从中外传统伦理观念及勇德思想中吸取经验与教训。事实上，无论勇德，还是勇德培育，都始终存在于一定的文化谱系及思想渊源之中，勇德及其培育只有具备历史思想及文化传统上的合理性，才能真正取得实效。以马克思主义伦理思想为指导，系统回顾中西方传统伦理观念及勇德思想，深入挖掘勇德培育的理论渊源，能够为当代大学生勇德培育提供思想资源及经验借鉴，从而为勇德及其培育找到新的逻辑起点。

一、马克思主义伦理思想

马克思主义理论作为一种科学的理论体系，是中国共产党立党立国的根本指导思想，也是全国各族人民团结奋斗、不断创造的理论基础，在我国意识形态领域具有绝对的指导地位。马克思主义伦理思想是马克思主义理论的重要内容，对我国社会思想道德建设及公民道德品质培育提出了要求并指明了方向。

---

① 习近平：《以更大的政治勇气和智慧深化改革 朝着十八大指引的改革开放方向前进》，《人民日报》2013 年 1 月 2 日。
② ［法］爱弥尔·涂尔干：《教育思想的演进》，李康译，上海人民出版社 2003 年版，第 18 页。

当代大学生勇德培育要以马克思主义伦理思想为指导。虽然马克思主义伦理思想中没有关于勇德培育的专门探讨与直接论述，但马克思主义道德观、马克思主义关于"人的本质力量"的论述以及中国共产党的革命道德实践仍然给予我们极大启示。

（一）马克思主义道德观的启示

马克思主义道德观是马克思主义理论的重要组成部分，它是一种源自马克思主义经典作家的道德论述并由后续马克思主义学者完善与发展起来的带有明显的历史唯物主义特征的科学道德观。马克思主义道德观认为，道德并非人的自然本性固有的"善良意志"，而是人的社会本质的自然呈现，其本质是一种建立在一定社会经济基础之上的社会意识形态，属于上层建筑的范畴。如马克思指出："个人怎样表现自己的生命，他们自己就是怎样。因此，他们是什么样的，这同他们的生产是一致的——既和他们生产什么一致，又和他们怎样生产一致。"[①] 作为上层建筑，道德在根本上是由经济基础决定的，是一定时期社会经济关系的反映。社会经济基础的性质决定着社会道德体系的性质，社会经济关系的改变牵动着社会道德观念的改变。作为社会意识形态，道德具有自身的特殊性，它是一种凭借传统习俗、社会舆论、价值信念等观念或意识来把握现实世界的"实践精神"或"实践理性"，具有阶级性、时代性、社会性等特点。实践理性是道德区别于其他社会意识形态的关键特征。马克思主义道德观为我们认识当下纵横交错、纷然杂陈的道德现象提供了基本的理论遵循与方法指导，并为当代大学生勇德培育提供了如下启示。

其一，勇德培育旨在维护最广大人民群众的根本利益。勇德作为一项重要的道德品质，在本质上也是一种特殊的社会意识形态，同样属于上层建筑的范畴，具有鲜明的阶级性。在阶级社会，勇德是阶级统治的工具，是统治阶级的伦理观念及思想意识的集中反映，始终为统治阶级服务，满足着统治阶级的利

---

① ［德］马克思、恩格斯：《马克思恩格斯文集》(第一卷)，中共中央马克思恩格斯列宁斯大林著作编译局编译，人民出版社 2009 年版，第 520 页。

益需求。历史上的剥削阶级也强调勇德培育，但他们所提倡的是为剥削阶级而战、镇压被剥削阶级反抗的勇德品质，其目的在于维护剥削阶级的利益剥削和政治统治。无产阶级继承与发扬了历代劳动人民所具有的反剥削、反压迫以及征服自然、实现自我的勇德品质，开始了追求公平正义、实现人民解放的伟大革命征程。因此，无产阶级的勇德是为无产阶级及广大人民群众服务的，其初心或目的在于维护最广大人民群众的根本利益。我国当代大学生的勇德培育应以无产阶级勇德观为指导，坚守初心，不忘使命，时刻把最广大人民群众的根本利益放在首位。

其二，勇德培育贵在与时俱进与开拓创新。根据唯物史观可知，勇德同其他道德科目一样，是一个具体的历史范畴，不仅具有阶级性，还具有时代性。勇德并非永恒不变，不同的阶级、不同的时代往往具有不同的勇德认识与勇德需求，因而形成了不同的勇德观念。勇德培育只有根据时代变化而不断注入新的时代元素，与时俱进、开拓创新，才能永葆生机活力，永立时代潮头，从而真正满足时代需要，切实维护最广大人民群众的根本利益。在革命战争年代，勇德培育就是要培育具有崇高理想与道德信仰且能够为人类的进步事业不懈奋斗、冲锋陷阵、流血牺牲而在所不惜、万死不辞的革命勇士。到了改革开放与社会主义建设时期，勇德培育重在培育积极上进、自强不息，不怕困难、不惧艰苦，敢于同坏人坏事作坚决的斗争，永攀科学文化高峰的社会主义事业的建设者和接班人。进入新时代，中国面临着新的国内矛盾与国际问题，这势必要求我们重新塑造新的勇德形态。新时代的勇德培育要求我们培育能够担当民族复兴大任且具有人类格局与国际视野的时代新人。当代大学生勇德培育只有坚持与时俱进、开拓创新，才能适应新的生产力发展水平和新的生成关系，满足新时代的勇德需要，从而为建设社会主义现代化强国与实现中华民族伟大复兴服务。

其三，勇德培育重在发挥社会环境的育人作用。根据马克思主义道德起源论可知，勇德是人类特有的社会现象，它并非从来就有的，而是在长期的社会劳动实践中受后天的宣传教育以及舆论习俗的全面影响逐渐形成与发展起来的。作为一种社会意识形态，勇德由社会存在或社会物质基础所决定，它根植于社会生产关系中，是人们进行物质生产与劳动实践所结成的经济关系的产物。正如恩格斯指出："人们自觉地或不自觉地，归根到底总是从他们阶级地位所依据的实际关系中——从他们进行生成和交换的经济关系中，获得自己的伦理观念。"[①] 可见，勇德培育与社会环境密不可分，由社会物质基础及各种生产关系所构成的社会环境对勇德培育起着决定作用，它不仅决定了勇德培育的基本规律，还规定着勇德培育的性质、目标、内容与方式等，因此勇德培育要随着社会环境的变化而不断调整。当然，人在环境面前并非被动的、无能的，人的可贵之处在于他们可以能动地改造环境与利用环境。所以，在当代大学生勇德品质的形成过程中，我们不能被动地任其自然发展，而应充分发挥主观能动性，有效利用一切社会条件，全面动员一切社会力量，从多个层面进行勇德培育。

（二）马克思主义关于"人的本质力量"的论述

马克思主义伦理思想遵循着从人的本质出发，追求人的本质力量的充分实现的理论进路。人的本质及人的本质力量构成了马克思主义伦理思想的核心概念，是理解马克思主义道德观的关键所在。正如有学者认为，马克思的伦理思想是一种完善论思想，这种思想集中体现在人的本质力量的充分实现及每个人的全面而自由的发展之中。[②] 所谓"人的本质力量"，笼统地讲就是人全面占有自己本质的力量，具体来看是指由人的本质所决定的人的素质和能力，它是一种人所特有的不断完善自我、超越自我、创造自我的素质和能力。可见，人的本质力量与人的本质紧密相连，从逻辑顺序上看，要想理解人的本质力量就要首先澄明何谓人的本质。马克思关于人的本质的话语逻辑主要融入对"人的本质在哪里""人的本质是什么""人的本质取决于什么"这三大问题的思考与

[①] ［德］马克思、恩格斯：《马克思恩格斯文集》（第九卷），中共中央马克思恩格斯列宁斯大林著作编译局编译，人民出版社2009年版，第99页。
[②] 参见兰久富、周竹莉《马克思的完善论思想》，《北京师范大学学报（社会科学版）》2020年第2期。

回答之中。

对于第一个问题：人的本质在哪里？或到哪里去寻找人的本质？马克思批判了人的本质外在化的传统规定，确立了人的本质内在化的科学范式，实现了从客体规定主体到主体自我规定的话语转向。在他看来，人的本质既不在上帝那里，也不在自然界中，更不在神秘的绝对精神中，而是在人自身上。人只有从自身主体中寻求本质规定，才能发现自我本质。正如他在《黑格尔法哲学批判》中所言："人的根本就是人本身……人是人的最高本质。"①

对于第二个问题：人的本质是什么？或什么是人的本质？马克思首先肯定和继承了费尔巴哈的人的"类本质"观，认为人的本质在于他与动物得以根本区别的"类"特性。何谓"类"特性？费尔巴哈认为，"对这个问题的最简单、最一般、最通俗的回答是：意识。……理性、爱、意志力，这就是完善性，这就是最高的力，这就是作为人的人底绝对本质。"②这种基于非功利主义目的论的理论进路，把人的本质预设为一种抽象的、普遍的自然存在，被青年时期的马克思吸收。他在《1844年经济学哲学手稿》中对于人的本质的论述带有明显的人本主义色彩与目的论痕迹，其异化劳动理论也显然包含着一个抽象的"人的本质"预设。然而，这种观点没有持续太久，并在《关于费尔巴哈的提纲》中得以彻底清算，马克思逐渐抛弃了《1844年经济学哲学手稿》中人的抽象本质，转向了对现实的、历史的人的关注，最终把人的本质确立为"一切社会关系的总和"。在他看来，人的本质并非源于自然本性中固定的、普遍的"最高的善"，而是存在于人的一切社会关系之中，确证人的本质不能诉诸于人的自然世界，而应在现实社会中确认其"类"的存在。正如马克思所说："自然界的人的本质只有对社会的人来说才是存在的。……只有在社会中，人的自然的存在对他来说才是人的合乎人性的存在，并且自然界对他来说才成为人。"③

---

① ［德］马克思、恩格斯：《马克思恩格斯文集》（第一卷），中共中央马克思恩格斯列宁斯大林著作编译局编译，人民出版社2009年版，第11页。
② ［德］路德维希·费尔巴哈：《费尔巴哈哲学著作选集·下卷》，宋震华等译，商务印书馆1984年版，第26—28页。
③ ［德］马克思、恩格斯：《马克思恩格斯文集》（第一卷），中共中央马克思恩格斯列宁斯大林著作编译局编译，人民出版社2009年版，第187页。

对于第三个问题：人的本质取决于什么？或什么决定人的本质？马克思从现实社会视角批判了费尔巴哈的抽象的人的本质观，表达了对象性实践存在物的人的本质思想。在他看来，"'有生命的个人的存在'开启生产生活资料的实践活动，人也就历史地、具体地、现实地获得社会生存的质的规定性"[1]。然而，人类的任何生产都是建立在一定的社会共同体之上，共同体的生产方式历史地制约并规定着现实的个人。人的本质的具体内涵也因此被延伸为"一定生产方式规定的特定共同体社会关系总和"[2]。可见，人的本质取决于人在共同体社会关系中的劳动实践及生产活动。人类正是在社会共同体中，通过具体的劳动实践，才得以不断占有自己的本质。

由上可知，马克思主义人论思想通过层层推演，得出如下结论：道德与人的本质密切相关，是人的本质力量的显现；人的本质在于人自身，是由人自己创造的；人的本质是"类本质"，但它并非一种抽象的、理想的、普遍的类特性，而是一种具体的、历史的、现实的类存在，"在其现实性上，是一切社会关系的总和"；人的社会关系在本质上是一种共同体社会关系，它取决于人的生产劳动和社会实践，人只有在社会共同体中通过劳动实践，才能全面占有自己的本质，劳动实践决定人的本质，人是对象性的实践存在物。马克思主义人论思想内含丰富、深厚的勇德意蕴，对当代大学生勇德培育具有重要启示。

其一，勇德培育离不开劳动实践。前已述及，勇德作为一项重要的道德品质，在内涵结构上由人的本质力量、不惧精神与积极行为三部分组成。其中，人的本质力量构成了勇德的内核，勇德既是对人的本质力量的全面占有，也是人的本质力量的充分实现。作为人的本质力量的显现，勇德产生于劳动实践，而勇德培育正是为了满足劳动实践的需要，它是人们在劳动实践过程中社会生产需要和人的发展需要的辩证统一。劳动实践决定着个体勇德品质的形成与发展，是个体勇德培育的重要方式。当代大学生勇德培育离不开劳动实践，劳动

---

[1] 黄婷：《再思马克思人的本质思想：逻辑维度、实践意涵、新时代价值》，《贵州社会科学》2019年第2期。
[2] 黄婷：《再思马克思人的本质思想：逻辑维度、实践意涵、新时代价值》，《贵州社会科学》2019年第2期。

实践有助于深化勇德认知，陶冶勇德情感，磨炼勇德意志，坚定勇德信念，强化勇德行为，从而全面锻造及提升大学生的勇德品质。当代大学生只有在现实的社会生活与具体的劳动实践中，才能将抽象的、普遍的勇德知识同现实生活、现实世界相结合，并在现实经验中体会勇德情感，领略勇德价值，感悟勇德真谛，从而夯实勇德根基，筑牢勇德品质。

其二，勇德培育须在社会共同体中进行。马克思主义人论思想告诉我们，现实中的人以共同体的形式结成社会关系，并在社会关系中形成了自我本质，人总是属于社会共同体关系中的人，社会共同体是人的本质得以存在、发展与全面占有的基本前提和现实基础。在马克思看来，人的生命特性及本质力量集中体现于他们在社会共同体中的实践活动，人的"活动和享受，无论就其内容或就其存在方式来说，都是社会的活动和社会的享受"[1]。勇德作为一种不断否定、不断超越、不断实现的生命力量，只有依存于特定的共同体社会关系才能得以形成，相应地，勇德培育也只有在一定的社会共同体中才能得以有效进行。个体勇德品质的高低取决于他们占有多少自我本质以及实现多大生命力量，而这又直接取决于他们长期生活的社会共同体的性质状态。资产阶级所构建的共同体束缚、压制、异化着人性，不利于人的本质力量的充分发挥，因而是"虚假的共同体"，它只能催生出冒险精神和投机行为而无法形成真正的勇德品质。在当代社会，人们要想全面占有自己的本质，实现"自由的、有意识的活动"及全面发展，就需要彻底摆脱资产阶级共同体的"虚假性"，创建一个体现真正"共同"关系的有利于全人类解放的真正的"共同体"。为此，习近平总书记于2017年在联合国日内瓦会议上，正式提出了"构建人类命运共同体，实现共赢共享"的全球治理主张。构建人类命运共同体，离不开人类共同存在的勇德品质，同时，这种勇德品质也只有在人类命运共同体中才能真正形成。当代大学生勇德培育要满足人类命运共同体的治理要求，并在人类命运共同体中逐渐培育共同存在的勇德形态。

---

[1] [德]马克思、恩格斯：《马克思恩格斯文集》(第一卷)，中共中央马克思恩格斯列宁斯大林著作编译局编译，人民出版社2009年版，第187页。

（三）中国共产党的革命道德实践

中国共产党的革命道德是中国共产党人领导下的广大人民群众、人民军队和先进知识分子在新民主主义革命、社会主义革命、社会主义建设与发展时期所形成的一切革命精神及道德行为，是在扬弃与超越中国传统战争思想及道德观念的基础上形成的优良革命道德，是马克思主义伦理思想中国化的重要理论成果。中国共产党的革命道德经过百年的革命、建设及改革发展实践（统称"革命实践"，下同），逐渐形成了一个完整的、系统的革命道德体系，拥有了丰富的内容及深刻的内涵。归纳起来，主要包括以下几点：一是中国共产党革命道德的崇高理想是实现共产主义。共产主义既是一种理想的社会制度，也是一个科学的道德体系，还是一个组织起来的社会运动。中国共产党正是在国际共产主义运动中产生的，立党之初，中国共产党就把实现共产主义作为党的最高理想、最高纲领与最终奋斗目标。正是这种崇高理想，才使得中国共产党获得了源源不断的革命动力和大无畏的革命精神，从而造就了百年辉煌。二是中国共产党革命道德的根本宗旨是全心全意为人民服务。作为工人阶级的政党，中国共产党从诞生之日起就始终把工人阶级和广大人民群众的根本利益放在首位，要求共产党员以人民为中心，永做人民公仆，将人民对美好生活的向往作为毕生奋斗目标。毛泽东早在 1939 年就指出，为人民服务是无产阶级革命道德区别于一切剥削阶级道德的根本标志，也是共产党员党性锤炼与道德修养的根本内容与最高原则。1945 年在党的"七大"政治报告中，毛泽东又进一步系统完整地论述了全心全意为人民服务的思想，将其上升为党的唯一宗旨，并写入党章。此后，全心全意为人民服务就成为中国共产党一直坚持并始终高扬的一面旗帜。三是中国共产党革命道德的基本原则是集体主义。全心全意为人民服务的根本宗旨必然要求中国共产党的革命实践要坚持集体主义原则，把集体利益放到第一位，集体利益高于个人利益，切实维护好党的利益、国家的利益和民族的利益。当集体利益与个人利益发生矛盾或冲突时，应坚定不移地不惜牺牲个人利益而维护集体利益。集体主义原则在中国共产党的革命实践中迸发出了强大的精神动力，造就了一支充满向心力与凝聚力的革命队伍。四是中国共产党革命道德集中体现为革命英雄主义和艰苦奋斗精神。革命英雄主义往往代指无产阶级的英雄主义，与个人英雄主义相对，是一种产生于无产阶级的革命斗争中，为了革命目标与革命理想勇于牺牲、敢于斗争、不畏艰险的革命道德主义。中国共产党人在百年的革命实践中造就了一批为了共产主义的崇高目标和广大人民群众的根本利益而不惧危险、不怕牺牲、前仆后继、英勇就义的革命英雄，他们身上体现了大无畏的革命英雄主义精神。在社会主义和平时期，革命英雄主义集中体现在日常生活与工作中，主要表现为不怕艰难、不惧困苦、顽强拼搏的艰苦奋斗精神，等等。

中国共产党革命道德是在近现代中国社会大变革的时代背景下产生的，贯穿于中国共产党人的百年革命实践，是其革命实践的产物，具有显著的实践性与较强的实践指导意义。我国当代大学生的勇德培育可以从中国共产党的革命道德实践中获得以下启示：一是勇德培育要以崇高的道德理想为根本。勇德是人的本质力量的全面显现，是为了实现正义、崇高的事业而不惧一切的道德品质。这种不惧是建立在崇高的道德信仰及坚定的理想信念之上的，崇高的道德理想是个体勇德品质形成与发展的根本所在。个人只有拥有了远大理想与崇高追求，才会产生坚强有力、无坚不摧、源源不断的精神动力，进而做出维护正义、主动担当、不惧牺牲的道德行为。无产阶级崇高的道德理想是实现共产主义社会，这是历代共产党人为之奋斗的最终目标，同样也是我国当代大学生的勇德目标。二是勇德培育要以广泛的群众力量为基础。广泛的群众力量是个体不惧的坚强后盾，是个体勇德品质形成与发展的基本条件与内在支撑。人们只有时刻以人民为中心，全心全意为人民服务，才能获得广泛的群众力量。无产阶级的勇德品质之所以比以往任何时代有着更广泛的群众基础，正是在于他们为之奋斗的伟大事业与广大群众的利益息息相关，因而能吸引与动员广大群众一起参加战斗，共创丰功伟绩。当代大学生只有始终把群众的利益放到首位，心存仁义，为天下苍生捉刀，才能获得广大群众的支持，无欲则无惧，利众生则无敌，从而真正生成勇德品质。三是勇德培育要以高度的自觉性为前提。勇德品质是一种高度自觉的道德品质，主动性和自觉性是勇德的基本特性。勇德以积极主动和自觉作为为前提，因威逼利诱或被迫无奈而做出的勇敢行为，并非人的本质力量的显现，所以不是真正的勇德行为。无产阶级的勇德品质是以马克思主义伦理思想为指导的，是建立在对社会发展规律科学、正确地认识基础上的，因而能够自愿、自觉为共产主义事业奋斗终生。当代大学生勇德培育要注重培育大学生的自觉性和主动性，而这需要进一步深化勇德认知与强化勇德意愿。四是勇德培育要发挥英雄榜样的示范作用。英雄是民族脊梁，是奋斗标杆，是精神动力，是时代的丰碑与人民的榜样。无论过去、现在还是未来，我们都需要英雄，都需要英雄精神。中国共产党人在长期的革命实践中造就了无数革命英雄，他们为了人民解放抛头颅、洒热血、献终身，极大激发了广大革命战士与人民群众的革命热情与革命斗志，筑牢了他们服务人民、献身人民的勇德品质。英雄精神是勇德的重要内容，当代大学生的勇德培育要培育英雄精神，发挥英雄榜样的示范作用，以英雄精神为指引，凝聚起新时代的奋斗力量。

二、中华传统文化中的勇德思想

习近平强调："培育和弘扬社会主义核心价值观必须立足中国优秀传统文化。牢固的核心价值观，都有其固有的根本。抛弃传统、丢掉根本，就等于割断了自己的精神命脉。"[①] 显然，当代大学生的道德养成及核心价值观培育须深深根植于中华优秀传统文化沃土之中，并从中汲取丰厚的思想营养。勇德作为一种古老的美德，是我国传统伦理思想及道德观念的核心概念，是中华优秀传统文化的重要组成部分。中华传统文化中蕴含着丰富的勇德思想，儒家、道家、佛家、法家、墨家、兵家等诸家对于勇德均有论及，这为当代大学生的勇德培育提供了充实而丰厚的思想养分。

---

① 《习近平在中共中央政治局第十三次集体学习时强调把培育和弘扬社会主义核心价值观作为凝魂聚气强基固本的基础工程》，中央人民政府门户网站（http://www.gov.cn/ldhd/2014-02/25/content_2621669.htm）。

（一）儒家关于勇德及培育的思想

儒家关于勇德的论述始于孔子，发展于孟子与荀子，成熟于儒家后世众学者。孔子曰："知者不惑，仁者不忧，勇者不惧。"[①] 这一表述将"勇"与"知""仁"并存，使他们同处一个相互制约、相互促进的由"知、仁、勇"三达德构成的道德体系中，从而把勇上升为主德，开启了儒家勇论的思想先河。孔子从勇的原始含义中提炼出德性内涵，赋予勇以德性定位，将勇限定在知与仁的道德域限内，认为勇只有发乎仁、合乎知，才能祛其劣性、扬其德性，从而作为君子的理想人格。这一思想被儒家后世学者充分继承与发扬，他们关于勇的后续论述均是建立在勇与知、仁以及仁所延伸出的礼、义、耻等其他德目的相互关系之上的。归纳起来，儒家对勇德内涵及培育方向的论述主要包括以下几方面。

首先，勇德要以"知"为基础。在古语中，"知"通"智"，即智慧、知识之意。儒家所倡导的勇是对善的遵循、追求与坚守，这就需要具有明辨是非、区分善恶的知识和智慧。在儒家看来，知是勇合乎道义、彰显德性的基础与前提。如若丧失理智或缺乏理性约束，勇就会堕落成一种恶的情感，沦为"作恶"工具，成为荀子所言的"不知是非，不辟死伤，不畏众强，恈恈然唯利饮食之见"的"狗彘之勇"、"果敢而振，猛贪而戾，恈恈然唯利之见"的"贾盗之勇"和"轻死而暴"的"小人之勇"。[②] 勇作为德性之勇，必须具有理性判断和审慎分析的智慧和能力，凡事要思考再三、谨慎而行，而感情用事、鲁莽无谋则不为勇德所推崇，即孔子所说的"暴虎冯河，死而无悔者，吾不与也"[③]。君子之勇只有内含着"知"的德性因子，以"知"为基础，满足"知"的要求，在面临危险或困境时能够冷静判断与清醒分析，才能真正做到"可逝"而"不可陷"，"可欺"而"不可罔"。[④] 儒家不仅阐释了勇的德性基础，还同时指

---

① 《论语·子罕》。
② 参见《荀子·荣辱》。
③ 《论语·述而》。
④ 参见《论语·雍也》。

明了"知"之勇的培育方向。孔子曰："好勇不好学，其蔽也乱。"①孔子认为，人非生而知之，知是后天学习的结果，只有通过不懈学习，才能获得知识、增长智慧，从而逐渐养成与不断完善德性之勇。"学"是获得"知"的重要方式，是成就"勇"的基本前提。在儒家看来，为了更好地成就德性之勇，"学"的内容要丰富多样，既要包括以四书五经六艺为载体的思想知识和道德规范，也要包括认识事物与分析问题的实际能力。

其次，勇德要以"仁"为旨归。"仁"是儒家思想体系的核心，是儒家最高道德规范。儒家众学派关于道德的学说及一切德目均发端于"仁"。在孔子看来，仁既是君子人格的最高理想，也是人们为人处世的最高道德标准。所谓"仁"，最初的含义是指人与人之间的一种亲善关系，即"仁者爱人"。这种亲善关系是建立在严格的自我要求与自我规定之上的。一方面，要做到尊重他人，体谅他人，承认他人，不要将自己不喜欢的事物强加给他人，即"夫仁者，己欲立而立人，己欲达而达人"②"己所不欲，勿施于人"③；另一方面，还要具有恭、宽、信、敏、惠五种道德品性，在为人处世时处处做到恭敬庄重、宽厚待人、诚实守信、勤奋敏捷与慈善恩惠，即"能行五者于天下，为仁矣"④。儒家认为，"仁"与"勇"紧密相连，如孔子说"刚、毅、木、讷近仁"⑤，勇既是仁的一个重要内容，也是实现仁的重要途径。孔子曰："仁者必有勇，勇者不必有仁。"意思是说，仁爱之人一定是个勇敢的人，因为一个真正的仁者一定具有敢于为不仁之事或不仁之行而站出的决心和勇气；而表面上看起来胆大威猛的人如若缺失了"仁"，就不是真正的勇者，也不值得称颂。因此，德性之勇必然内含着"仁"的意蕴，以"仁"为旨归。个人只有把"成仁"当成人格理想与奋斗目标，心怀仁爱之心，"当仁不让于师"⑥，才能达至

---

① 《论语·阳货》。
② 《论语·雍也》。
③ 《论语·颜渊》。
④ 《论语·阳货》。
⑤ 《论语·子路》。
⑥ 《论语·卫灵公》。

"内省不疚,夫何忧何惧"①的人生境界,从而成为一个真正的勇者。关于如何培育或实现"仁"之勇。孔子曰:"克己复礼为仁。一日克己复礼,天下归仁焉。为仁由己,而由人乎哉?"②这告诉我们"仁"之勇出于人心,而非外在之物,是否具有合乎"仁"的勇德,完全取决于自己,反诸己身就能够得到合"仁"之勇。

再次,勇德要以"义"为导向。在古语中,"义"通"宜",即公正合宜的道理或举动。在儒家伦理思想体系中,"义"与"仁"联系最为紧密,是"仁"延伸出来的一个最为重要的概念,被作为判断道德行为是否适宜或合宜的标准。儒家学者非常重视"义"对勇的规制与引导作用,认为勇如若摆脱了"义"的束缚,不以"义"为导向,就会作乱、为盗,即孔子所说的"君子有勇而无义为乱,小人有勇而无义为盗"③。荀子也认为,君子之勇应以"义"为限度,合乎道义,固守正义,不为权与利所动,即"义之所在,不倾于权,不顾其利,举国而与之不为改视,重死持义而不桡,是士君子之勇也"④。可见,在儒家看来,勇就其行为结果而言具有很大的不确定性,既可能是应该的、正义的、合理的,也可能是不应该的、不正义的、不合理的,具体结果在于是否由"义"来引导。只有以"义"为导向,遵循"义"的基本规定,勇才可能成为德性之勇。关于"义"之勇如何培育或养成。儒家认为,"义"作为"仁"的衍生物,源自人的本性(本心),抑或"义"由心生,即"义"是人性的规定,是善性或善心的显现。如孟子本着性善论的原则,将"义"规定为"羞恶之心",即一种防范错误的情感意识。因此,"义"之勇的培育问题就转化成了善性或善心的培育或发现的问题。关于善性的培育或发现,儒家的方式大体有二:一是强调后天的学习或实践在善性培育中的重要作用,如"性相近,习相远";二是通过克己复礼、自我修炼、修身养性来发现善性,如"明心见性"。

最后,勇德要以"礼"为规范。"礼"是从原始的宗教仪式及风俗习惯

---

① 《论语·颜渊》。
② 《论语·颜渊》。
③ 《论语·阳货》。
④ 《荀子·荣辱》。

中逐渐演绎出来的概念。一向主张维护周礼、恢复周礼的孔子将"礼"纳入"仁"的范畴，作为"仁"的一项重要内容，他曾说"克己复礼为仁"①。在我国整个封建社会中，"礼"是维护宗法等级制度的基本制度与道德规范，它既是社会存续发展的中枢，也是社会稳定运行的调节器，整个社会的一切事情与行为都要遵从"礼"的规制与引导，勇也无法例外。在儒家看来，勇作为一种不惧的精神气概，既可以维护封建宗法等级制度，也可以破坏封建礼制，因此必须接受"礼"的规制，融入"礼"的意蕴，才能实现德性定位。勇只有符合"礼"的规定，满足"礼"的要求，才能为君子所接受，成为德性之勇。正是基于这种认识，孔子在回答子贡的"君子亦有恶乎？"这一问题时，才说道："有恶。……恶勇而无礼者。"②显然，在孔子看来，一味崇尚蛮勇，而不遵循礼制规范抑或超越甚至破坏礼制规范的行为，是君子所不齿的。关于如何培育或实现"礼"之勇。儒家认为，合"礼"之勇的实现，关键在于"知"，即须深化对"仁""义""礼"的认知，着力于培养人们自觉遵守宗法伦理与道德规范的情感与意愿。

（二）道家关于勇德及培育的思想

道家的勇德思想是道家伦理道德思想的重要组成部分，主要散现在老子、庄子的论著中。与儒家的社会道德观不同，道家的道德观强调人的自然性，追求人与自然的和谐统一，在本质上是一种自然道德观。正如老子所言："人法地，地法天，天法道，道法自然。"③这里的自然，并非形下意义的自然界，而是形上层面的出于本性的自然而然、自然如此或不加造作，所以人不应该运用自身理性主动改变自然界的和谐与平衡。在老子看来，一切道德行为都应该是一种顺应本性的、无意识、无目的的行为，而社会道德规范是人为的东西，是社会风尚衰颓的表现，应当抛弃。他说："天下皆知美之为美，斯恶矣。皆知

---

① 《论语·颜渊》。
② 《论语·阳货》。
③ 《道德经·第二十五章》。

善之为善，斯不善矣。"① 意思是，天下原本没有固定的道德规范与绝对的善恶标准，一旦人为地制定了规范与标准，人们就有了善恶美丑之念以及对于这种观念的刻意追求和曲意逢迎，从而陷入贬褒毁誉、诽谤责难之争，甚至以伪善的方式博得善的浮名。这种崇尚自然的道德观念自然导向追求个性自由与人格独立的价值取向。道家所追求的人生境界与理想人格是成为摆脱社会伦理道德与功名利禄的束缚和奴役，追求自由超越，融通宇宙自然，消除物我两分的"至人"或"真人"，即庄子所说的"天地与我并生，而万物与我为一"②。"真人"知天亦知人，知道亦知德，知物亦知我，是精神自由与生命通达之人。故此，庄子曰："天与人不相胜也，是之谓真人。"③ 这种理想人格是超越性与现实性的统一，既要求由人达天、由德至道而不断超越，也强调由天及人、由道化德而返回现实，正所谓"天在内，人在外，德在乎天。知天人之行，本乎天，位乎得，蹢躅而屈伸，反要而语极"④。

正是基于这种理想人格与人生境界的追求，道家赋予了"勇"一种顺应自然、遵循本性、无为无待的道德品性，呈现出谦退、敛藏、中和、知足、超然、淡泊、节俭、坚韧等行为特征。从内涵上来看，道家的勇德思想主要体现在两大方面：一是勇于"无为"。"无为"是道家道德哲学的最高理念，也是其自然道德观的基本原则。老庄的"无为"思想最早并非一种普遍的道德原则，而是对君主的政治要求与道德告诫，是指君主不与民争、顺应民意、不妄为的意思。在后世道家诸学者的丰富与发展下，"无为"逐渐泛化为一种普遍的道德理念和自然精神，意指遵循自然规律，顺应自然本性，保持事物本质，不人为造作等。道家认为，面对功名利禄、富贵荣华、酒色美食等，能够克制私欲、摒弃杂念而无为所动、皈依自然，是一件极其困难的事情，唯有勇者能之，故而"无为"是属于勇者的品质。在道家看来，儒家所强调的积极进取、刚健作为、自强不息等勇德品质是没有意义的，因为每一个人都拥有自得于

---
① 《道德经·第二章》。
② 《庄子·齐物论》。
③ 《庄子·大宗师》。
④ 《庄子·秋水》。

道、成其为德的天性，这是自然而然的东西。因此，真正的勇不是一种为了得到一些诸如赞扬、名誉、权力、利益等身外之物而积极进取、奋发有为并作出忍耐让步或自我牺牲的道德品性，而是回避一切纷争，顺应自然本性，保持纯真自我与独立个性的无欲无求无惧之勇。故而老子有言："勇于敢则杀，勇于不敢则活。……天之道，不争而善胜，不应而善应，不召而自来。"[1] 这是一种"不敢、不争、不应、不召"的出世之勇。二是勇于"无待"。"无待"是庄子的道德理念和生活态度，是对老子"无为"思想的丰富与充实。"无待"是指顺应自然的运动变化规律而实现精神上的完全独立与彻底自由。这就是庄子所说的："若夫乘天地之正，而御六气之辩，以游无穷者，彼且恶乎待哉！"[2] 在庄子看来，世界万事万物存在着相互依存、相互制约、相互束缚的特性，人作为宇宙万物中的一员，自然也难以摆脱为他人他物所束缚、所制约、所奴役的命运，这就是"有待"，即人类固有的"无所逃于天地之间"的局限性。同时，庄子进一步认为，真正的勇者绝不会满足于此，他们会竭尽全力地超越人类自身的局限性及现实困境，寻求一种精神层面的"无待"境界，在精神上实现自由与解脱。庄子的"无待"之勇实现了精神对形体的超越，在本质是一种向往自由、追求独立、不断超越的道德品质。

在道家看来，"无为"之勇与"无待"之勇的实现途径主要有以下三种：一是以慈促勇。老子曰："慈故能勇。"[3] 韩非子将之解释为："圣人之于万事也，尽如慈母之为弱子虑也，故见必行之道，见必行之道则明，其从事亦不疑，不疑之谓勇。不疑生于慈，故曰：'慈故能勇'。"[4] 可见，只要拥有慈爱之心，对分内之事就不会疑虑，就会获得尽心尽力做事的决心与毅力，从而产生勇。与儒家注重以"知"促勇不同，"慈"属于情感的范畴，道家看到了情感对意志的促进作用，强调以情促勇。二是以柔塑勇。作为一种情感，"慈"并非刚性情感，而是一种柔性情感，是柔的表现。所以，道德之勇还要符合柔的

---

[1]《道德经·第七十三章》。
[2]《庄子·逍遥游》。
[3]《道德经·第六十七章》。
[4]《韩非子·解老》。

要求，满足柔的塑造，成为"天下之至柔"。在老子看来，柔具有海纳百川、包容万物的特性，而这正是道德的基本精神。天下至柔，莫过于水。故老子以水为喻："水善利万物而不争，处众人之所恶，故几于道。"[1] 老子鼓励人们要学习水的柔顺、谦让和包容的特性，并认为这种不争之勇才是合乎道德的最高层次的勇。同时，老子还指出儒家所提倡的顽强、刚劲之勇并非真正的勇，而恰恰是老、死的表现或征兆。他说："坚强者死之徒，柔弱者生之徒……强大处下，柔弱处上"[2] "物壮则老，谓之不道，不道早已"[3] 等。三是以心强勇。老子曰："知人者智，自知者明；胜人者有力，自胜者强。"[4] 在道家看来，勇或强的关键不在于身强体壮、力大无穷而战胜他人，在于心性强大、意志坚定而战胜自己。真正的勇者或强者是能够认知自己且能够克制自己、战胜自己的人，即自制者。自制者的取胜之道不在于力，而在于心，它是一种强大的心性灵力与精神意识。进一步来看，这种心力之勇则依赖于静修养性与体道悟道。正如庄子认为，精神上的"无待"境界只有通过"坐忘""心斋"的方式，才能实现。总的来看，慈、柔与心是道家实现德性之勇的三大途径，但在具体的实现过程均须遵循着"无为"的基本精神，只有顺应自然、合乎本心、不人为造作，才能达到"无不为"的最高境界。

（三）佛家关于勇德及培育的思想

佛家作为一种外来文化，因其丰富完整的伦理观念与价值体系而受到认可与青睐，并在与我国本土文化历经千年的冲突与融合下，逐渐形成了具有本土特色的佛学思想，成为我国传统文化的一个重要组成部分。我国佛家的伦理观念与道德思想集中体现在大乘佛教的"救苦救难""普度众生"的口号中。在佛家看来，天地万物并无固定不变的本质，随生随灭，变幻无常，现实社会及其伦理关系均是假象，世界的本质是空的，是虚幻的，是"无我"的。因而，

---

[1] 《道德经·第八章》。
[2] 《道德经·第七十六章》。
[3] 《道德经·第五十五章》。
[4] 《道德经·第三十三章》。

世界充满了灾祸、劫难、烦恼与痛苦，人在现实社会中只能感受到世界的不幸与困苦，而无法获得真正的幸福与快乐，所以，只有放下执念，皈依佛门，才能回头是岸，脱离无边苦海。因此，帮人脱离苦海，助人解脱，就构成了佛家道德的最终目的。为了实现这一目的，佛家提倡一种大无畏的"我不入地狱，谁入地狱"的牺牲精神，这与儒家的"杀身成仁"之勇不谋而合。显然，佛家所要追求的是一种出世精神，遵循"善有善报，恶有恶报"的客观道德规律，促使人们始终恪守怜悯众生、关怀世人、教诲劝诫、行善积福与牺牲自我的道德原则。"故学佛者，识五蕴之皆空，澄六根之清净。……为法忘躯，则如割皮刺血书经，断臂投身参请，而不怯不疑；为物忘己，则如忍苦割肉喂鹰，舍命将身饲虎，而不怖不畏。钱财珍宝，国城妻子，弃之如敝屣；支节手足，头目髓脑，舍之如遗脱……"① 其中，"识五蕴之皆空"，就是要消除色、受、想、行与识五种欲念；"不怯不疑"，即不胆怯、不犹豫；"不怖不畏"，即不恐惧、不畏惧，显然，这些都是勇德的表现。可见，在佛家道德观念中，有德之人或修佛之人就要勇于做到摒弃一切私心、杂念与私欲，消灭一切妄见与烦恼，对外积德行善、普度众生，对内清心静修、一心向佛。

正是在这种道德观念下，佛家对勇的解释为："谓如前说，堪能忍受，发勤精进所生众苦，诸淋漏苦，界不平苦，他粗恶言损恼等事所生众苦；非此因缘，退舍修习正断加行。故名为勇。"② 总的来看，佛家所说的勇，就是主动放下红尘俗念，自觉向佛，积极行善，始终以宽容与劝善之心待人，不放弃任何一次普度世人的机会，愿意给所有人以改过自新的机会。具体来看，佛家的勇具有以下内涵：一是勇是一种坚韧的道德品质。佛家认为，勇的关键在于"堪能忍受"，即能够忍受众生之苦，这些苦既包括因他人的粗言、恶语、暴行、损伤带给自己的困苦，也包括因自己的贪欲、杂念、强势所引致的烦恼。勇就是要把这些外在困苦与内在烦恼看成自己的因缘，是佛对自己的考验，是成佛的必要磨难，要依靠自己的决心和毅力对这些苦恼进行否定、克服与超越，从

---

① 刘谧：《三教平心论》（卷上），中华书局1989年版，第504—505页。
② 朱芾煌：《法相辞典》（九十八卷），台湾商务印书馆1972年版，第4页。

而破除"我执",使内心趋于平静。二是勇是一种劝善的道德品质。佛家认为,能否忍受众生之苦,取决于心中是否有善。佛家的道德观建立在慈悲之上。所谓"慈",即予众生欢乐;所谓"悲",即拔众生之苦。慈悲源自心中的善念,乐从善生,苦随善散,人们只有心中有善,才能脱离众生的困苦与烦恼,获得真正的幸福与快乐。劝善既是慈悲的基本表现,也是实现慈悲的重要方式。所谓"劝善",即劝诫人们存善心、施善行。佛家认为,众生平等,众生均有善根,众生皆能成佛。而勇者正是心存善念、常施善行的大慈大悲之人,如"菩萨"一词在藏语中又被译作"勇识",其释义为五浊恶世度化众生须有一颗坚强勇敢的心。勇者的使命在于帮助人们找到善根,劝人向善,成就佛果。三是勇是一种静修的道德品质。与道家将静修看作实现勇的途径不同,佛家不仅将静修看成实现勇的途径,还将其纳入勇的内涵。在佛家看来,摒弃贪嗔痴念,抵制红尘俗世的一切诱惑,"退舍修习",是一种勇的品质。静修往往与寂寞、孤独、清贫相伴随,唯有信念坚定、意志坚强且具有巨大的决心和勇气之人,才能实现。

佛家道德观不仅强调勇的内涵与价值,还注重勇的培育与实现。总的来看,佛家培育或实现勇的方式是一种自修或禅修的方式,即自我修行、自我觉悟,如静坐、观想、诵经、念佛、拜佛、参禅等。在佛家看来,私心贪欲是人的内在束缚,红尘俗世是人的外在束缚,它们是人们变得胆小懦弱、勇气不足的现实原因。人们只有摆脱私心贪欲与红尘俗世的内外束缚,才能破除"我执",心无贪恋,从而无牵无挂、无私无欲,进而产生勇的力量。自修或禅修恰恰是人们摆脱内外束缚的重要方式。禅修不仅可以使人们化解自身一切不健康的或恶的念头和情欲,增强禅定的能力(俗称"定力"),还可以使人们在参禅与拜佛中得到佛的力量,获得存在的勇气。具体来看,佛家培育或实现勇的途径主要有三种:一是正觉。就是要对众生、生活及道德有一个正确的或公正的认识和把握。只有认识到一切皆空、一切皆苦,世俗生活充满生老病死、生离死别等束缚与困苦,才能产生寻求解脱、摆脱束缚,通往极乐世界的动力和勇气。二是等觉或遍觉。此处的"等",即平等;"遍",即普遍。意思是说,正觉要具有平等性或普遍性。真正的勇者不仅要自己觉悟,即"觉己",还要让他人觉悟,即"觉他",用佛家的话说就是自觉觉他,也被引申为自渡渡人。佛家认为,众生平等,因果循环,善恶终报,个人只有将自己融身于众生,与其一道克服局限、共进共生,才能最终离苦得乐,达至彻底的觉悟、解脱、清净与圆满。三是圆觉。所谓"圆",即圆满、无缺。这是禅修者所向往的一种觉的最高境界,就是要成为一个彻底的、透彻的觉悟者,即"成佛"。在佛家看来,佛是高于菩萨、罗汉的最高果位,是修行最高、觉悟最深的圆满者。佛具有一切道德品性,是功德圆满、大慈大悲、大智大勇之人。所以,成佛即成勇,心中有佛,心中亦有勇。

综上可知,作为中华优秀传统文化的精髓,儒、道、释三家均内含着丰富、系统的勇德思想。就勇德的培育方式或实现途径而言,三家虽各有侧重,但亦有共通之处。总的来看,儒家遵循的是由内向外的生成逻辑,而道家与佛家遵循的是由外向内的生成逻辑。儒家强调人性本善,勇德作为一种善德,是根植于人性中的一种为善的力量,勇德的实现离不开对人性中善力的不断发现与持续彰显,这是一种"为学日益"的过程。而道家与佛家注重静坐禅修与无欲无私,认为外界的牵绊与束缚、内在的贪恋与不舍使人充满疑虑与怯懦,勇德的培育就是要丢掉一切杂念、私心与贪欲,从而无欲无私则无惧,这是一种"为道日损"的过程。此外,除了儒、道、释三家之外,我国传统文化中的墨家、兵家、法家等也有关于勇德的论述,因其较为零散、不成体系且与儒、道、释三家多有重合,故而在此不再详述。

三、西方文化中的勇德思想

勇德作为人类共同的古老美德,不仅受到了我国传统文化的青睐,同样也为西方文化所重视。在西方两千多年的伦理道德思想发展史中,勇德一直是贯穿其中的重要概念。从古希腊到文艺复兴再到近现代,从苏格拉底到斯宾诺莎、尼采再到蒂利希,均给予勇德高度关注,并作出了系统阐释,这为当代大学生勇德培育提供了重要的理论基础与思想借鉴。

（一）古希腊时期的勇德及培育思想

西方伦理思想发源于古希腊，古希腊是西方文明的摇篮，古希腊文化孕育了曾经辉煌璀璨的西方文化。恩格斯说："没有古希腊文化和罗马帝国奠定的基础，也就没有现代的欧洲。"[①] 同样，古希腊时期的伦理观念及勇德思想对整个西方伦理道德观念产生了重要影响，成为后世西方学者探讨勇德的基本依据。古希腊时期最有代表性的勇德思想首推苏格拉底、柏拉图与亚里士多德的勇德（勇敢）论述。对于何谓勇敢，苏格拉底、柏拉图与亚里士多德均给予了专门论述。在苏格拉底看来，仅有不惧而无理智（知识），算不上真正的勇敢，因此，勇敢即知识，是关于善与恶、可怕与不可怕、可为与不可为的知识。[②] 柏拉图认为，"勇敢就是一种保持对于法定的教育所确定的可怕事物——即什么样的事物应当害怕——的信念"。亚里士多德从"中道"出发，把勇敢看成处于过度恐惧与鲁莽之间的品质："'一个过度恐惧的人就是怯懦。他以不应该的方式，怕他所不应该怕的东西'；而一个鲁莽的人则是'对于那些实际可怕的东西过度自信的人'。"[③] 他认为："一个勇敢的人，怕他所应该怕的，坚持或害怕他所应为的目的，以应有的方式，在应该的时间。一个勇敢的人，要把握有利的时机，按照理性的指令而感受，而行动。"[④]

虽然从表面上看，苏格拉底、柏拉图与亚里士多德对于勇敢定义的文字表述不尽相同，但是从内涵上看，三者之间却一脉相承、紧密相连。首先，他

---

① ［德］马克思、恩格斯：《马克思恩格斯全集》（第三卷），中共中央马克思恩格斯列宁斯大林著作编译局译，人民出版社1960年版，第220页。
② "勇敢即知识"这一观点是苏格拉底与当时最为著名的两位将军拉克斯和尼西阿斯就"勇敢是什么""勇敢是否可教"的问题进行讨论时得出的结论。根据当时整体社会环境，结合具体讨论情境，纵览整个讨论过程，不难发现，"勇敢即知识"的真正意思并非勇敢等同于知识，而是勇敢需要知识，勇敢离不开知识。参见童波《勇敢与知识：对柏拉图对话〈拉克斯〉的解读》，《现代哲学》2014年第4期。
③ 参见吕耀怀《"勇"德的中西异同及其扬弃》，《上海师范大学学报（哲学社会科学版）》，2010年第2期。
④ ［古希腊］亚里士多德：《尼各马科伦理学》，苗力田译，中国人民大学出版社2003年版，第57页。

们都认为勇敢不同于源自动物界的不惧之勇，勇敢属于德性范畴，是人类所特有的一项重要的道德品质，而不惧之勇只是拥有了勇敢的形式，并不具备勇敢的内容。为了确保勇敢的属人性与德性，就需要对不惧之勇进行改造，注入一些限定性要素。正是在改造与限定不惧之勇的过程中，苏格拉底、柏拉图与亚里士多德才体现出了不同。苏格拉底用知识或理智来改造与限定不惧之勇，认为只有基于理智分析判断的不惧，才是勇敢，故勇敢即知识。如他在与欧蒂德谟的对话国谈道，那些因不知道危险事物的可怕之处而不惧的人，并非真正的勇敢。柏拉图侧重于用信念的保持来改造与限定不惧之勇，认为只有保持一种惧所当惧、不惧所不当惧的信念，才是勇敢，故勇敢即保持。亚里士多德倾向于用中道来改造与限定不惧之勇，认为只有符合中道（无过无不及）的不惧，才是勇敢，故勇敢即中道。显然，勇敢是一种德性，而非纯粹的不惧。在古希腊三哲那里，"勇敢、智慧、节制、公正"是人类社会的四种主要道德。可见，勇敢不仅是一种德性，而且是非常重要的德性，甚至是排名第一的德性。其次，他们都认为勇敢应以知识或理智为基础。尽管在改造与限定不惧之勇的过程中，柏拉图与亚里士多德没有像苏格拉底那样直接将勇敢等同于知识，而是分别诉诸保持和中道，但是他们并没有否定或放弃知识在勇敢塑造中的基础地位与重要作用。其实，知识、保持与中道三者之间是一种递进与完善、包含与被包含的关系。换言之，中道包含保持，保持包含知识，知识是基础与内核。如柏拉图认为，勇敢就是"在快乐和痛苦中都坚持（保持）理性关于什么该畏惧什么不该畏惧的命令"。显然，柏拉图所说的"保持"内含着理性或知识，至少包括何当惧、何当不惧的知识。再如亚里士多德以"中道"为尺度，把勇敢分为无知的勇敢、乐观的勇敢、激情的勇敢、个别经验的勇敢、公民式的勇敢五种境界，并认为前两种勇敢因缺乏认知、经验或过或不及而非真正的勇敢，后三种勇敢只有合起来才符合中道原则，才是真正的勇敢，即勇敢要以激情为基础，以知识为前提，以政治为目的。进一步分析，个别经验的勇敢属于知识型勇敢或苏格拉底式勇敢的范畴，而公民式的勇敢则属于政治保持型勇敢或柏拉图式勇敢的范畴。可见，亚里士多德所说的"中道"内含着知识与保持。事实上，苏格拉底"勇敢即知识"的观点不仅被柏拉图、亚里士多德继承，而且几乎被所有的后世西方伦理学者继承，他们大都认为知识是勇敢的必要条件或勇敢中必然内含着知识元素。

正是基于"勇敢即知识"或知识是勇敢的重要内容这一判断，勇敢才是可教的，才是可以培育的。显然，从苏格拉底改造不惧之勇或形式之勇的整个过程可知，"勇敢可教"隐含着一个前提条件，那就是建立在纯粹的不惧之勇基础之上的勇敢才是可教的。苏格拉底对不惧之勇的改造采用的是"加法"而非"置换法"，换言之，他并不是用"知识"来替换"不惧"这一勇的重要内容，而是认为"不惧"只有与"知识"相结合，才能称为勇敢。在苏格拉底看来，不惧是人的某种自然禀赋，是不可教的，而知识是后天的经验所得，是可以传授的。因此，"勇敢可教"是有限度的，只有具有先天不惧的自然禀赋之人，才能够通过教育而成为勇敢的人。柏拉图在此基础上提出，统治者在培育公民勇敢品质时要选拔一些有可能勇敢的人，使他们接受军事教育，成为护卫者阶层，以保卫城邦。在柏拉图看来，不是人人都能够勇敢，勇敢属于护卫者的品质，而护卫者是武装起来的贵族，因此只有贵族和护卫者才是勇敢的。对于如何培育护卫者的勇敢品质，柏拉图在其著作《理想国》中提出了"体育+音乐"的教育方法，即用体育训练身体，用音乐陶冶灵魂。此处的体育训练是一种军事训练，主要指学习一些军事作战知识与技能。而音乐教育的目的在于激发他们的柔软之心，这是一种向善之心。柏拉图的勇敢教育思想弥补了身体与精神之间的冲突，将勇敢放置到理智与感觉要素之间，看成理性与激情之间的一座桥梁。这一思想被亚里士多德继承，并发展为勇敢的"中道"原则。按照中道原则，亚里士多德认为，公民式的勇敢或政治上的勇敢最有可能实现理性与激情的统一，因而最像是真的勇敢。[①] 他进一步指出，培育政治型勇敢最有效的途径就是融法律教育、政治教育、英雄主义教育和身体技能教育为一体的体育活动。显然，这里的体育超越了柏拉图的军事技能训练，也不是简单的

---

① 参见［古希腊］亚里士多德《尼各马可伦理学》，廖申白译注，商务印书馆 2003 年版，第 82 页。

个人行动或纯粹的教育过程，而上升为一种高尚的政治伦理。此外，亚里士多德还认为，在教育方面习惯先于理性，身体先于思想，勇敢教育应坚持体育优先，而体育须从儿童抓起，"应预先把儿童交给体育教师和角力教师，这些人分别能造就儿童的体质和教给他们身体方面的本领"[①]。

（二）近现代以来的勇德及培育思想

进入中世纪中后期，欧洲逐渐迎来了短暂的"和平时期"以及随之而来的思想史上的"黑暗时期"，整个社会的尚武风气已不如"英雄社会"时期与古希腊时期那么凸显，勇德研究的热潮随之退却，相关勇德思想也较为少见。自文艺复兴与启蒙运动之后，崇尚思想解放与社会改革的新兴资产阶级重新捡起了渐被人们忘却的古希腊勇德传统，对勇敢内涵作出了新的解释，进一步完善与发展了勇德思想。斯宾诺莎把勇敢看作一种情感，一种努力保持其自身存在的欲望。他说："勇敢是一个人被激动而做同辈的人所不敢做的危险之事的欲望。"[②] 可见，斯宾诺莎只是把勇敢看作一种敢于冒险的情欲，而并没有探讨这种情欲与理智的关系。而康德则弥补了这一缺陷，他从理智的角度把勇敢解释为，"心灵通过思考而镇静地去承担危险就是勇敢"，并进一步指出，勇敢者不同于鲁莽者，前者具有勇气，而后者只有胆气，"胆气只是一种气质特点，而勇气则是建立在原则上，并且是一种美德。这样，理性可以给一个坚毅的人以大自然有时也拒绝给他的力量"。[③] 显然，斯宾诺莎与康德关于勇敢的理解在实质上彰显了新兴资产阶级反抗、冒险与开拓的现实需要。然而，无论是斯宾诺莎还是康德，均未论及勇敢的性质，即善恶问题。相比斯宾诺莎与康德，尼采对于勇敢的性质则有明确的说明，他说，"勇即善""勇气就是不顾生命的模糊不清而肯定自己的生命力""勇士就是那种知道恐惧但又征服恐惧的人，面临深渊却带着高傲情怀的人……"[④] 显然，尼采对于勇敢的论述带有鲜明的生

---

① 苗力田主编：《亚里士多德全集》（第八卷），中国人民大学出版社1994年版，第275页。
② ［荷兰］斯宾诺莎：《伦理学》，贺麟译，商务印书馆1997年版，第162页。
③ ［德］康德：《实用人类学》，邓晓芒译，重庆出版社1987年版，第157页。
④ ［美］P.蒂利希：《存在的勇气》，成穷、王作虹译，贵州人民出版社2009年版，第17—18页。

命本体论的色彩。这种本体论的勇敢观被现代哲学家（神学家）蒂利希充分继承，他指出"对于勇气的理解，须以对人和他的世界、他的结构和价值的理解为前提。……这不仅是个伦理学问题，更是个本体论问题"①。从本体论的视域看，"勇气是具有'不顾'性质的自我肯定，所谓'不顾'，是指它不顾非存在的威胁。行动勇敢的人，在其自我肯定中把对于非存在的焦虑自己担当起来"②。进入当代社会以后，随着人们规则意识的日益增强，德性伦理逐渐退居边缘，勇德问题也渐渐淡出人们的视线，勇德研究越来越少。比较有代表性的勇德研究者主要有道格拉斯·沃尔顿、杰弗里·斯卡里、库珀·伍达德、克雷格·格鲁伯等，这在前文的文献综述中已作阐释，在此不再赘述。

显然，近现代的勇德研究是对古希腊三哲勇德思想的继承与发展。从继承方面来看，他们承袭了古希腊三哲关于勇敢的德性定位，把人类社会的勇敢与自然界的勇敢区分开来，认为只有符合道德规定与满足道德要求的勇敢才是真正的勇敢。从发展方面来看，主要体现在两大突破：一是研究视域的突破。古希腊三哲是基于伦理学的视域探讨勇德问题，而近现代学者却把勇德上升为本体论问题，看成是人的生命存在的问题。如尼采把勇德看作一种向善的生命力量，它能够帮助人们克服那种包含在自己生命中然而却否定生命的东西，从而促进自我实现。蒂利希也认为，勇德是完满生命力的表现，它是一种使人超越自己而又不失去自己的力量。③ 二是研究范围的突破。古希腊三哲注重勇德的工具理性，探讨勇德的战场杀敌、保卫城邦等功用，在本质上所要强调的是政治上的勇德。所以，他们认为，勇德是一种高贵的道德品质，并非所有的人都能够具有勇德，勇德只属于护卫者与贵族。而近现代学者不仅注重勇德的工具理性，还强调勇德的价值理性，除了探讨政治上的勇德，还研究生活与生命中的勇德。他们对战场之外的勇德给予充分关注，认为勇德不仅包括战胜敌人，还包括战胜自己的欲望；不仅包括维护政治利益，还包括维护自己的正当权

---

① ［美］P. 蒂利希：《存在的勇气》，成穷、王作虹译，贵州人民出版社2009年版，第2页。
② ［美］P. 蒂利希：《存在的勇气》，成穷、王作虹译，贵州人民出版社2009年版，第39页。
③ 参见［美］P. 蒂利希《存在的勇气》，成穷、王作虹译，贵州人民出版社2009年版，第46—50页。

益；不仅包括追求外在的物质基础，还包括寻求内在的精神意义，等等。

正是基于勇德思想的两大突破，近现代学者关于勇德培育的内容与方法才更为丰富、更为多元。斯宾诺莎认为，勇德在本质上是一种感情或欲望，而一种感情只能被另一种感情征服，而那唯一能战胜受情绪影响的感情是心灵的感情，它是一种爱人的感情。所以，勇德培育的关键在于培育人的心灵的感情，既包括正当的自爱，也包括对他人的正当的爱。康德认为，勇德往往和人的职责或义务紧密相关，勇德培育的基础与前提在于培育人们的法律意识以及责任感和义务感。他说："英勇是合乎法律的勇敢，是在职责所要求的事情上，哪怕丧失生命也在所不惜。这不但只和无所畏惧有关，而且必须与道德上的无可指责相联系。"[①] 在尼采看来，勇德培育就是培育生命中的善，善即勇敢的生命，是一种乐意超越自己的生命力量，在内容上它是兼有"强有力的心灵"和"健壮的体魄"的人的生命。这告诉我们，勇德培育要从"强有力的心灵"和"健壮的体魄"两方面努力，前者重在培育理智，后者重在培育激情。蒂利希把勇德分为"作为自我而存在的勇气"与"作为部分而存在的勇气"两个方面，并认为"无论是作为自我而存在的勇气，还是作为部分而存在的勇气，都不是人所应有的那种完美的勇气，因为前者导致世界消失在自我之中，后者导致自我消失在世界之中，两者都曲解了个体和整体、人和世界的真正关系"[②]。所以，勇德培育的关键在于那种将"作为自我而存在的勇气"与"作为部分而存在的勇气"有机结合起来的东西，蒂利希将这种东西归结于"绝对信仰"。虽然这种"绝对信仰"充满神学色彩，但至少能启示我们信仰对勇德培育具有重要作用。

---

① ［德］康德：《实用人类学》，邓晓芒译，重庆出版社1987年版，第161页。
② ［美］P. 蒂利希：《存在的勇气》"中译者序"，成穷、王作虹译，贵州人民出版社2009年版，第3页。

第二章

勇德塑造的历史逻辑及当代再塑

历史唯物主义认为，人类的社会实践活动具有历史性。勇德作为一种社会意识及实践理性，显然也具有历史性，随历史条件而生，应现实需求而变。换言之，勇德品质不仅是共时态的存在，还是历时态的存在。个体勇德品质的生成不仅与个体密切相关，更与个体所处的历史背景与时代环境紧密相连，它是个体生成与历史生成的统一。个体生成侧重于说明个体勇德品质的生成是个体自身自觉自为的结果，遵循的是自下而上、由内而外的生发逻辑。而历史生成则更为强调社会历史条件对个体勇德品质的塑造与建构，遵循的是自上而下、由外而内的塑造逻辑。个体生成与历史生成密不可分、相互作用，个体生成通过历史生成起作用，历史生成以个体生成为前提。上一章节重点论述了勇德品质的个体生成机理，本章节将进一步探讨勇德品质的历史生成（塑造）逻辑。

　　从历史生成上来看，个体的勇德品质虽然在某一特定的历史时期具有一定的独立性与稳定性，但它并非一定不易或恒久不变的，而是随着社会历史条件及人们存在方式的改变而不断发展与完善，并在不同的历史时空境遇中，具有不同的时代内涵，表现出不同的形态特征。显然，在纵向的时间维度上，个体勇德品质的生成是一个历史塑造的过程，在阶级社会主要表现为统治阶级按照自身意志凝练勇德思想、塑造勇德形态从而逐渐培育公民勇德品质的过程。回首历史，在绵延五千年的历史长河中，中华民族主要形成了哪些勇德思想？塑造了哪些勇德形态？立足当下，面对新的时代问题及社会矛盾，我们又该如何在充分继承传统勇德思想合理内核的基础上，广泛吸纳新的时代元素，再塑勇德形态？无疑是摆在人们面前的时代考题，这是历史之思，亦是时代新问。

第一节 血气之勇：先秦儒家之前的勇力观念

勇作为一种古而有之的动物界的普遍习性，于人而言意义重大，无论是对个体成长、社会发展，还是对民族繁荣、国家进步，均发挥着不可替代的重要作用。在我国传统文化中，儒、墨、道、释、法等诸家都较为重视勇，并对其作出论述。其中，儒家更是将勇放到了较高的位置，并对它进行了塑造与重构，使其直接纳入道德范畴，与知、仁并列，一道成为调节"五伦"关系的三大永恒品德，从而构成了传统勇德思想的基本内容。儒家对于勇的塑造及论述最早可以追溯至先秦时期。先秦儒家对勇进行了道德化重构，将其塑造为道德之勇，开创了勇德塑造的历史先河，奠定了儒家勇论的思想基石。而先秦儒家的勇德塑造是以前人对于勇的态度和看法为基础，并建立在前人的勇德观念之上。因此，要想真正理解儒家勇德思想，还须对先秦儒家之前的勇的原初观念进行追溯考证。

一、以力为勇：血气之勇的核心要义

自古以来，"勇"作为一种美好的主体内隐品质及外显行为，始终因其德性内涵而备受推崇，惯有美德之誉。事实上，在先秦儒家之前，勇均非指道德之勇，如孔子所言："仁者必有勇，勇者不必有仁。"[①] 显然，此处的勇仅仅是个体内在的心理品质，并不直接具有某种有关善恶的道德意义，充其量具有的是一种良好的源于自然本性的无赦道德或未经修饰的自然德性。它所阐释的是勇之原初意涵，泛指人们在防御自然灾难、抵抗外敌入侵、扩展生存空间和获

---
① 《论语·宪问》。

取生活资源时所表现出来的自由无束的尚武精神与知死不辟的无畏气质，即血气之勇。

血气之勇的核心要义是以力为勇，这可以从现有的文字考据中得到论证。从前文对"勇"的词源考证可知，勇的原初意涵主要有三：一是自力之勇（勈），即勇应以自身的矫健体魄和强壮身形为指征，以自身力量的强大与否为评判标准，如《诗经》有言："无拳无勇"①；二是它力之勇（戬），意指人们借助它物（如石头、利器、弓箭、长矛等）之力，弥补自力不足，以增强自我之勇，如《左传》提道："君恃勇力以伐盟主"②；三是心力之勇（悳），心至则气生，故又称"气力之勇"。它是一种心灵习性或精神力量，既注重行为方面的彪悍凶猛与气不可挡，更强调心理层面的意志强大与果敢坚毅，如墨子认为："勇，志之所以敢也。"③三种意涵虽表现形式稍有不同，但其本质内容大体一致，即均为某种力量或气势。这意味着，在人类社会早期的前道德社会，勇与力相关，不仅是一种由内而外不断成熟的形体力量，更是一种由外而内逐渐散发出来的血气力量。作为力量，人类的勇类似灵长类动物的勇，源于自身与生俱来的血性、胆气和激情，是一种与道德无涉、与善恶无关的不畏惧的自然品性。它的运用畛域早先聚焦于"不畏险"，特指对危险与风险的不畏惧，后来拓宽到"不畏难"，即对困难与逆境的不畏惧，如"服难以勇，治乱以知，事之计也"④。无论是"不畏险"，还是"不畏难"，都离不开力的支撑，既包括外在的身力，也包括内在的心力，身力为形，心力为魂，形魂统一，不惧则生。总之，勇最初表现为战胜危险与克服困难的勇力形态，这是一种先天的无关道德的自然德性。

---

① 《诗经·小雅·巧言》。
② 《春秋左氏传·襄公二十三年》。
③ 《墨子·经上》。
④ 《战国策·赵策二》。

二、生存危机：血气之勇的存在论依据

血气之勇作为一种自然德性，其价值与意义表现为有利于个体自身和族类群体的生存延续。这一价值在物竞天择、适者生存的人类社会早期尤为凸显，是人类在处理人与自然的矛盾冲突中逐渐凝练、形成与发展起来的。在人类漫长悠久的远古社会，自然生存条件极为恶劣，社会生产力水平极其低下，人们时刻面临着来自自然界的生存危机甚至生命威胁。他们只有具备同自然界做斗争的决心与勇气，克服内心恐惧，直面生存困境，排除万难争取胜利，才能够在残酷的自然竞争中生存下来。正是在这种坚韧不拔、勇往直前的抗争中，人类不退缩、不惧怕的勇敢精神才得以逐渐锻造与不断激发，人类自身才得以持续繁衍与不断进步。

归纳起来，在远古时代，人类主要面临着三大生存危机：一是自然灾难，如突发天灾、地质灾害、气候变化等。它是一种源于自然环境的生存威胁，是先民们所遇到的最为常见、最为主要的生存威胁。在人类社会早期，受生产力与科技发展水平所限，原始人类高度依附于自然环境，自然环境给他们提供丰富的生存资源的同时，也使其面临着种种生存考验。英国史学家汤因比对此有过这样的描述："我们发现人类在这里（黄河流域）所要应付的自然环境的挑战，要比两河流域和尼罗河流域严重得多。人们把它变成古代中国文明摇篮地方的这一片原野，除了有沼泽、丛林和洪水的灾难之外，还有更大的多的气候上的灾难，它不断地在夏季的酷热和冬季的严寒之间变换。"[①] 在这种生存环境下，人们唯有勇敢面对、顽强拼搏，不断地征服自然、改造自然和利用自然，才能求得更好的生存条件。二是异类攻袭，如猛兽袭击、蝗虫灾害等。它是一种来自自然界其他物种的生存威胁，通常表现为偶然的、不可控的、频发的侵袭行为。求食和攻防是原始人类最为基本、最为主要的两大生存活动，人类早期的勇敢行为大都与这两大生存活动紧密相关。求食使人们具备了围猎、射杀、投掷、捕捞等狩猎和渔猎的技术能力，攻防使人们具备了搏击、诱歼、埋

---

① [英]汤因比：《历史研究》(上)，曹未风等译，上海人民出版社1966年版，第92页。

伏、格斗等搏斗拼杀的胆量和机智。人类正是在不断追求求食和攻防的生存需要的满足中，不断具备了同异类物种作斗争的机智和能力，从而逐渐形成了应对生存危机的胆量和勇气。三是外敌入侵，如氏族兼并、胞族相残、部落攻伐等。它是一种来自自然界[①]或人类早期社会形态内部其他部族的生存威胁，是各部族间为了抢占基本的生存资源而发生的侵掠行为。在原始社会，生产力水平低下，自然环境恶劣，生存资源紧缺，因而寻找、抢占与掠夺生存资源就成为原始人群生存和发展的首要任务，各族群之间的攻伐杀掠行为自然无法避免。面对敌人的杀掠威胁，人们只有具备强健的体魄、不惧的胆量和血性的气质，才能为族人守住或争取更多的生存资源和更大的生存空间，从而更好地生存延续。正如《六韬》有言："勇斗则生，不勇则死。"[②]在漫长的人类发展史中，华夏先祖正是具有了这种血气之勇的本性，才使得自身不断发展进步，开创了亘古不衰、源远流长的华夏文明。

作为众多生物中的一种，人类能够在残酷激烈的自然竞争中生存下来，并且不断地征服自然、改造自然、发展自我、完善自我，是与自身的血气之勇分不开的。而血气之勇又是人类在具体的生存环境中通过应对各种生存危机的实践活动而逐渐生成的，生存实践所锻造的强壮身形与血性气质既是血气之勇的内在要求，也是人类生息繁衍的必备条件。这同样可以在西方的文明发展史中得到印证。提到西方的文明发展史，自然离不开以勇猛善战著称的斯巴达人所开创的英雄时代。在斯巴达，新生儿在呱呱坠地时就要接受长老的生存能力检验，只有体格健壮且具有生存潜质的婴儿才允许父母教养，否则就弃之山林任其自生自灭。对新生儿的生存教育从出生时就已开始，婴儿一出生就要泡酒水浴，期盼他们的身体像铁一样硬，性格像酒一样烈。到了幼儿阶段，妇女就开

---

① 在人类社会早期，社会形态尚未真正形成，仅仅呈现为一种最为初级、最为基本的社会组织形式。此时，对于原始人类而言，外敌入侵在很大程度上类似自然界其他动物的侵袭，也是为了侵占或获取基本的生存资源如食物、奴隶等，而不是为了霸占或掌控更多的生活资源如地位、权力等。因此，它在本质上仍然是一种源于自然界的生存危机，并非一种真正意义上的来自人类社会内部的生活危机。参见[英]汤因比《历史研究》(上)，曹未风等译，上海人民出版社 1966 年版，第 59—83 页。

② 《六韬·虎韬·必出》。

始逐步训练他们忍受孤独、抵御饥寒、抗拒黑暗的能力。7 岁以后，他们就被群体组织编入正式连队，接受统一的培养和训练。成年以后（男孩 18 岁，女孩 16 岁），所有的男孩都要入伍，接受正规的军事训练，参加各种军事活动；所有的女孩都要在专门的妇女组织中参加并练习徒步竞走、手足格斗、掷铁饼、投标枪等体能训练与生存技能，以便未来能够生养出更为健壮的婴儿[①]；等等。正是斯巴达人这种在长期的生存实践中注重生存能力的培育、教养与训练，才使得自身的血液中流淌着知死不惧、朴素无畏的勇敢精神，从而使为数不多的斯巴达人击败了以雅典为首的提洛同盟并统治了整个希腊。

生存问题是人类存在的第一个问题，生存危机是人类面对的首要危机。人类只有首先在自然界中生存下来，才能创造出人类社会的繁荣与发展。正是由于具有了勇的精神和行为，人类才获得了不惧威胁、克服恐惧、战胜困难的意志与品质，从而为自身争取了更多的生存资源和更广的生存空间，因此，生存是人类之勇的首要价值。而作为解决生存问题、应对生存危机的血气之勇，自然也就构成了人类之勇的首要形态和基本内涵。尽管从本质上看，血气之勇是一种求生之勇，是人之自然性存在的内在支撑与外在表现，但它并非仅仅止于求生、安于活着、或残暴无德或卑躬屈膝。血气之勇的最终价值与深层意义在于使人们能够正视生存困境，克服恐惧，战胜痛苦，以不惧的气魄、坚强的意志和果敢的行为不断迎接新的挑战、创造新的生活。

三、实力取向：血气之勇的社会哲学基础

解决生存问题、应对生存危机的内在要求，需要血气之勇遵循实力取向的社会哲学基础。这里所提到的社会哲学，泛指人们对社会根本价值目标及其相对次序的总体评判的一系列观念。它所要回答的问题是，在评判社会行为时何种价值取向居于首位并起着支配作用。而此处的实力则是指个体的身心力量或某一社会共同体的斗争及存续力量。对于个体而言，无论是身力，还是心

---

① 参见汪圣云《斯巴达军事教育制度述论》，《历史教学》2002 年第 5 期。

力，均为实力的体现；延伸到由个体构成的某一社会共同体，其实力则表现为军事力、生产力、经济力、科技力等。遵循实力取向，即要求血气之勇要以是否具有相应实力作为自身的评判标准和内在规定，它所强调的是自然界的弱肉强食、适者生存的生存法则，内含着自然德性。正如上文所述，在人类社会早期，自然生存条件恶劣，资源争抢行为频发，人们主要面临着自然灾难、异类攻袭与外敌入侵三大生存危机。在这种生存条件下，唯有高大壮武、实力显著、胆大敢为、意志坚定之人，才能带领大家摆脱生存困境，得以繁衍生息。对于缺乏武器和技巧的原始人而言，当面对自然界的生存威胁时，他们只有依靠自身的体力大小和意志（心力）强弱取胜，能跑善跳、耐力持久、动作敏捷、体壮力大，成为生存的根本。因此，人的体格、力量、意志等品质的价值被凸显出来，具备这些品质的人就成为人们心目中的英雄，并称以"勇士"之谓，广受赞扬。崇尚血性、重力尚武自然也就成为这一时期社会主流的价值取向，广泛影响并指导着人们的行为抉择。原始人对力的推崇逐渐渗透到氏族部落的政治生活中，部族首领的产生往往基于力的较量，成为力士或勇士构成了立王称圣的重要条件，如远古时代的圣人及历代君王大多因重力尚武而驰誉天下。"'舜入山林川泽，暴风雷雨，舜行不迷，尧以为圣'（《五帝本纪》）；夏帝芬'立三岁而东九夷来御'（《夏》）；夏王桀'力能伸钩索铁，手搏熊虎'（《夏纪·桀》）"；[①] 商王武丁"挞彼殷武，奋伐荆楚，深入其阻，裒荆之旅，有截其所，汤孙之绪"[②]；等等。时至攻伐不断、战火连连的先秦时期，战争成为国家的头等大事，勇武之士更是备受推崇，被视为国之希望与民族英雄，勇力思想得以不断强化。

从根源上来看，血气之勇生源并服务于人类与自然界或早期人类社会的生存斗争，无论是被动地御敌自卫、保家卫国，还是主动地攻城略地、抢夺资源，斗争均以实力为基础，以克敌制胜为目标，服从于战争或暴力逻辑。在适者生存与弱肉强食的时代背景下，崇尚血性、重力尊武之勇自然广受赞誉，成

[①] 转引自赵永刚、张亚文《勇的三重意蕴及其当代价值》，《齐鲁学刊》2017年第6期。
[②] 宋镇豪：《夏商社会生活史》，中国社会科学出版社1994年版，第676页。

为人们评判合格族民和理想公民的首要标准。这既是自然进化的结果，也是社会选择的必然。血气之勇不仅是保障人类繁衍生息的必备条件，也是确保人们社会竞争取胜的基本要求；它既是人类在长期的生存斗争实践中凝练而成的身心特质和精神品性，也是推动社会不断进步、持续发展的不竭动力。可见，对血气之勇的认同与推崇源自先天稳固的自然基因，深深地扎根于人们的生理本能与经验直觉之中，经过反复的实践检验，最终沉淀为一种社会文化传统。

诚然，血气之勇在人类社会早期因成功解决了人类的生存危机而被赋予了德性内涵，但这并不能表明它必然是道德的，确切地讲，血气之勇仅仅是一项拔群出萃、难能可贵的身心特质，并非一定指向道德意义和伦理价值，其德性也仅为与道义、伦理无关的自然德性。至少在先秦儒家的开创者眼里，血气之勇只是一种不分贬褒义、无关善恶的自然品性。孔子对于勇（此处为血气之勇）的表述较为客观，强调了它的两面性，如"仁者必有勇，勇者不必有仁"。一方面，他非常重视勇，将其看作理想邦民的必要素质和"成人"的必备条件，如"仁者不忧，知者不惑，勇者不惧"[①]；另一方面，他又对勇持有审慎和警惕的态度，如"君子有勇而无义为乱，小人有勇而无义为盗"。显然，在孔子这里，勇仅仅是一种"不惧"的能力，一项道德中立的意志品质，其自身并非美德，而是构成美德的条件。事实上，在远古时代，受生存条件及思维水平所限，先民们尚未形成真正意义上的善恶、美丑等伦理道德观念，甚至可以认为，他们只有"行"，而未出现"德"，抑或仅仅具有德的初始符号如图腾，而未抽象出德的系统观念。他们在生存实践中表现出来的诸如征服自然的勇敢意志、驯服野兽的勇敢精神和击退外敌的勇敢行为，都只是一种与自身融为一体的自然而然的生存行为，并不以之为高尚和伟大，也不具有道德价值指向。

总之，血气之勇作为勇德的早期形态（雏形），是人之生存实力的象征，是一种先天的自然倾向，在道德上是中立的，隐含着多种可能，既可以成"善德"，亦可能铸"恶果"，其中之关键在于具体处境和现实立场。当血气之勇被用来追求或维护个人正当利益和群体共同利益时，它表现的是一种"善德"或

---

① 《论语·子罕》。

"上德"，但当它被用以寻求个人私利或满足个人私欲而不惜侵害他人利益或公共利益时，则表现为一种"恶行"或"下德"。

第二节　义理之勇：先秦儒家之后的勇德塑造

春秋战国时期，好勇成风、嗜杀成性、礼崩乐坏、社会失序，这一在人类社会早期原本用以维护或增进群体公共利益、摆脱自然性的生存危机的血气之勇，却表现出极强的破坏性，极大地冲击并威胁着社会正义和伦理秩序，在根本上损害着群体利益，进而使人类陷入社会性的生活危机。血气之勇完全流于形式，原初内容逐渐丧失，其自然德性内涵也无以为继，勇之存在的合法性与合理性不断消解，这为先秦儒家知识分子重塑勇德提供了时代契机和历史使命。

一、以德为勇：义理之勇的核心要义

先秦儒家知识分子对勇德的塑造，始于孔子，成熟于孟子和荀子。在孔子看来，勇可以作为德目但并非一开始就是德目，勇的具体性质是未确定的，其价值与意义受制于它的内容和结果，而勇能否成为德目则取决于它和其他德目之间的关系。换言之，勇只有置于仁、义、礼、智等其他德目之间，并受其制约与规限，才能从单纯的自然德性上升为道德德性，作为道德之勇而成为德目。他进一步认为，真正的勇应符合道德规范，按照社会秩序要求及相应的道德规定行事。孔子这种对勇所作出的道德化重构的尝试开创了儒家勇德塑造的历史先河，奠定了儒家勇论的思想基石。当然，孔子的勇德思想不会凭空出现，必然有着深厚的历史文化积淀。国内学者陈来指出，"在孔子和早期儒

家思想中所发展的那些内容,不是与西周文化及其发展方向对抗、断裂而产生的,而是与它们有着一脉相承的联结关系"①。从思想渊源上看,孔子的勇德思想是对原始社会末期的勇智观念与西周时期的勇德观念的继承与发展。在原始社会末期,随着劳动分工和商品交换的出现,私有制逐渐形成,贫富日益分化,争夺私有财富的战争不断加剧。战争的频繁发生,进一步推动着武器和武术的发展演进,人们对于勇的认识也随之深化,他们不再仅仅满足于勇力追求,而是在注重力量的基础上,开始加强自身格斗技能的训练与军事素养的提升,强调勇智成分,逐渐从以力为勇转向为以智为勇。能否运用自身智慧生产武器并机智地使用武器成为这一时期勇的重要判定标准。到了西周时期,鉴于夏人和殷人崇力尚武的经验教训,周人提出了"以德辅天""敬德保民"的思想主张,并以此为基础把前人的勇智观念拓展为勇德观念,逐渐形成了敬德之勇。事实上,正如智慧或知识是美德的重要内容一样,勇智本身就是勇德的重要部分。孔子本着"述而不作,信而好古"的治学态度,把西周的"德"凝练为"仁",并将勇置于知(智)、仁之后,形成了"知、仁、勇"三者交互作用、相互证成的儒家"三达德"。总之,在孔子之前,人们对于勇的观念与看法经历了由远古时代的勇力观念到原始社会末期的勇智观念,再到西周时期的勇德观念的历史演变,这为孔子勇德思想的形成提供了直接依据和重要启发。孔子的勇德思想是对前人之勇的凝练与总结,

  孟子和荀子延续了孔子的勇德思想,对前道德社会的勇力品性、勇智品质和西周时期的勇德观念进行了批判与继承,赋予勇以道义内涵和人伦价值,将崇力尚武的血气之勇塑造成尊道重德的义理之勇,使勇具有了道义德性。孟子认为,勇有"大勇"和"小勇"之分,大勇才是君王之勇,这可以从他与梁惠王的对答中得到澄明。王曰:"寡人有疾,寡人好勇。"对曰:"王请无好小勇。夫抚剑疾视曰,'彼恶敢当我哉!'此匹夫之勇,敌一人者

---

① 陈来:《古代宗教与伦理:儒家思想的根源》,生活·读书·新知三联书店2009年版,第17—18页。

也。王请大之。"① 何谓大勇？孟子将其解释为，"自反而不缩，虽褐宽博，吾不惴焉？自反而缩，虽千万人，吾往矣"②。朱熹进一步理解为，"小勇，血气所为。大勇，义理所发"③。荀子亦言，"轻死而暴，是小人之勇也。义之所在，不倾于权，不顾其利，举国而与之不为所视，重死持义而不桡，是士君子之勇也"④。可见，小勇仅是一种顺应本能、发于情感冲动的自然品性，并不具有道德内涵；而大勇则是一种合乎道义、发于义理的道德品质，具有明确的道德指向。前者在本质上是血气之勇，而后者则为义理之勇。义理之勇是对血气之勇的继承与超越。从继承方面看，义理之勇和血气之勇存在类似的心理结构，同样内含着无惧无畏、力大敢为、意志坚定等优良品性。从超越方面看，义理之勇和血气之勇存在本质上的不同，血气之勇以力为勇，体现为自然德性，因缺乏道德的节制和规约而呈现出极大的盲目性和自发性；而义理之勇则以德为勇，体现为道义德性，具有明确的道德价值指向，在道义人伦的教化和指引下表现出较好的自觉性和自为性。作为一项自然德性，勇的价值体现为对个人和集体利益的追逐与维护，"在伦理社会中，只有当这种利益的实现不违反社会的道义原则时，其价值才具有道德合法性"⑤。作为一种道义德性，勇唯有以"义"为准绳，以"知"为前提，才能注入道德内涵，真正成为义理之勇。"义"为义理之勇的判定标准。正如《左传》所言，"率义之谓勇"⑥；程颐亦言，"勇一也，而用不同。有勇于气者，有勇于义者。君子勇于义，小人勇于气"⑦。义理之勇的生成还要依赖于"理"的实现，而这则须基于"知"上。从逻辑上看，只有首先获取道德知识，对伦理道义有所认知，才能更好地指导道德实践，进而"达理"。

时至宋明时期，以朱熹、陆九渊、王阳明等为代表的理学家和心学家在

---

① 《孟子·梁惠王下》。
② 《孟子·公孙丑上》。
③ （宋）朱熹撰：《四书章句集注》，中华书局1983年版，第215页。
④ 《荀子·荣辱》。
⑤ 赵永刚、张亚文：《勇的三重意蕴及其当代价值》，《齐鲁学刊》2017年第6期。
⑥ 《左传·哀公十六年》。
⑦ （宋）程颢、程颐：《河南程氏外书》，中华书局1981年版，第393页。

继承先秦儒家勇德思想的基础上,吸收了道家和佛家中的勇气理念,分别从"理"和"心"的视角对勇德进行了理心化重构,增加了气理品质,注入了天理内涵,使勇之道义德性上升为天理德性。相比先秦儒家知识分子侧重于勇德的道义规制,朱熹更为强调勇德的伦理规定,重视伦理纲常在勇德塑造中的重要作用,提倡真正的勇士须去除人欲,服从天理,即"存天理,灭人欲"。陆九渊、王阳明等心学一派则认为"心即理",他们以"格物穷理"为指导,注重个人思维品质中的社会伦理德性,主张用个人自觉和主体道德来重构勇德,即通过增强"克己""节欲""去私"等内在意志,造就理想人格,进而成仁达圣。在他们看来,一个真正具有勇德的人,不仅要在社会大义上无私无畏、浩然正气,还要在个人德性修养上意志坚定、自制有为,勇于改造旧我、革除积弊,逐渐修身成德,成就道德自我。如陆九渊评述"颜子大勇"时有言:"仁者先难后获……所谓难者,乃己私难克,习俗难度越耳。吾所谓深思痛省者,正欲思其艰以图其易耳……汝能以其隐然不可摇挠之势,用力于此,则仁智勇三德皆备于我。"[①] 又说"为仁由己,而由人乎哉?奋拔植立,岂不在我?……若只管讥评因循,不能勇奋特立……谁实为之?"[②] 可见,在陆九渊那里,个人成就勇德的困难之处不在于获取道德知识,而在于克服自身的私欲与积习,唯有大勇之人,才能如此。王阳明同言:"夫君子之学,求以变化其气质焉尔。气质之难变者,以客气之为患,而不能以屈下于人……苟惟理是从,而不难于屈下,则客气消而天理行。非天下之大勇,不足以与于此!"[③] 显然,陆九渊和王阳明所倡导的勇已经超出了不惧外界威胁的传统规定,延伸至对自身欲望和惰性的不惧,它是一种克己节欲的道德勇气,即个体在自我生命成长过程中自觉抵制外在诱惑、坚守道德信仰、克服内心欲求从而成就理想人格的顽强意志品质。这种意志品质,不同于血气之勇源于本能的自然偏好或单纯的意志倾向,而是建立在科学的道德认知、深厚的道德情感与坚定的道德信念之上的理

---

① (宋)陆九渊:《陆象山全集》,中国书店1992年版,第122页。
② (宋)陆九渊:《陆象山全集》,中国书店1992年版,第83页。
③ (明)王守仁撰,吴光等编校:《王阳明全集》,上海古籍出版社1992年版,第249页。

想人格。从总体上来看，宋明理学所追求的理想人格是对天理的遵从与践行，因此，其勇德观遵循的是天理德性，而天理德性在道德实践中则表现为伦理德性。道义德性和伦理德性共同构成了儒家义理之勇的道德德性，决定了儒家的勇德思想必然体现出道义价值和伦理意义的双重内核。

二、生活危机：义理之勇的存在论依据

儒家崇尚义理的勇德思想并非儒派学者自我主观臆造的结果，而是有着悠久的历史文化传统和坚实的社会现实基础。它萌发于我国奴隶社会向封建社会的过渡时期，其时，周室衰微，夏夷冲突，诸侯争霸，大国兼并，由周王朝所建立的敬德养民的传统礼乐制度分崩离析、趋于解体，整个社会深陷战争泥潭，硝烟四起，生灵涂炭，人们的社会生活面临着礼崩乐坏、离心失序的危急形势。对此，孟子做过这样的描述："争地以战，杀人盈野；争城以战，杀人盈城，此所谓率土地而食人肉，罪不容于死。"[①]在孟子看来，战争给人民的生命财产造成重大损失，对人们的社会生活产生毁灭性破坏，它是人类的重大灾难，是对仁义的背离，是最大的恶，发动战争者虽死难以赎其罪。这一时期，社会系统的失范、裂变及其所导致的生活危机，反映在政治上是群雄逐鹿及诸侯争霸，反映在学术上是诸子蜂起及百家争鸣，而反映在道德伦理上则是人性反思及勇德重塑。面对复杂的时代变局及社会需求，不同的学术流派具有不同的思想见解，并表达出不同的道德主张，从而形成了不同的道德理论。孔子作为中华传统伦理道德的奠基者与缔造者，其勇德思想既是对传统文化资源与诸家勇德学说的总结和提升，也是对时代秩序要求与社会生活需求的反映和回应。正如钱穆所言："孔子以前，中国文化已经历二千年以上之积累，孔子亦由中国文化所孕育，孔子仅乃发扬光大了中国文化。换言之，因其在中国社会中，才始有孔子……孔子生当春秋时代，其时也，臣弑其君，子弑其父，为中国一大乱世。但即在春秋时代，中国社

[①] 《孟子·离娄章句上·第十四节》。

会上之道德观念与夫道德精神，已极普遍存在，并极洋溢活跃，有其生命充沛之显现。孔子正诞生于此种极富道德精神之社会中。"[1]可见，孔子的勇德思想是在丰富历史文化的供养下及广大人民群众的期盼中产生的，其基本前提是人们对西周礼乐制度的推崇及道德社会的向往，历史背景是礼崩乐坏、天子失势、诸侯争霸、战争频仍及民不聊生。正是这一基本前提与历史背景之间所存在的内在张力，才引致并加剧了人们社会生活的秩序危机，构成了孔子尊崇道义、崇尚理性而重塑勇德的存在论依据。

显然，以孔子为首的儒家学者之所以重塑勇德，用道义和天理（伦理）规制、引领血气之勇，对其进行道德化重构，除了因为血气之勇在理论层面存有道德价值上的内在缺陷，还在于其在社会现实层面所引致的生活危机。而在家族一体、家国同构的封建社会，生活危机往往与政治危机连在一起，政治统治的混乱不堪必然造成社会生活的动荡不安，同样，社会生活的失序混乱也会影响到政治统治的安全稳定。因此，维护政治统治与安稳社会生活就构成了儒家知识分子重塑勇德、倡导义理之勇的初衷与归宿。归纳起来，儒家知识分子所认为的生活危机主要源于两大方面并相应地分为以下两大类型。

一是战争冲突所造成的生活危机。随着周王室日渐衰微，西周王朝大一统的政局逐渐被打破，西周以来所形成的敬德养民、礼兴乐盛的道德伦理传统及勇德观念受到严重冲击，人类社会早期的勇力观念及夏商时期的尚武之风再次成为社会主流的思想观念和习俗制度。在这种情况下，勇由于摆脱了道德的规制与束缚而还原成一种纯粹的力量武器，沦为冲突或战争的帮凶或助手，正所谓"夫战，勇气也"[2]。与此同时，冲突不断、战事频发、诸侯割据、国家分裂自然就成为春秋战国的时代特征，传统的礼义原则也随之被打破，各国之间的征战在实质上变成了一种无休止的霸权争夺和武力较量，少有正义可言，故史称"春秋无义战"，这则导致了人类社会秩序的极度混乱及人们社会生活的动荡不安。面对秩序混乱及生活危机的社会现实，孔子尊崇并向往先古圣贤所

---

[1] 钱穆：《钱宾四先生全集》，台湾联经出版社1994年版，第273页。
[2] 《左传·庄公十年》。

提倡的"天下有道"的大同社会，为此，他怀着强烈的历史使命感与社会责任感，"应聘周流，不避患世"①，倾尽毕生心力兴古复礼，重建社会秩序。正是在这种行道济民、救世安邦的道德实践中，孔子对"勇"才有了进一步的体认和理解，认为平乱世、安社稷、匡正义、定民生不仅需要大智，更需要大勇，即生于道义、发于气理之勇，故而回应生活需求、体现道德德性的义理之勇应运而生。

二是商业发展所带来的生活危机。自春秋战国以来，为了扩大税源、争夺霸权和巩固统治的需要，商品经济开始逐步发展，各类商品活动趋于活跃，土地兼并与私有化进程明显加快。商品经济的发展在促进社会生产与商品流通，满足人们基本社会生活需要的同时，也逐渐改变着人们的生活观念，并对现有的社会生活秩序产生了一定程度的负面影响。一方面，商业的萌芽与发展对西周以来所形成的传统礼乐制度及伦理道德思想产生了重大冲击，并在一定程度上影响着人们的勇德观念，从勇于德逐渐转向勇于利，即人们倾向于将自身之勇用于争夺私利、满足私欲上而弃道义于不顾。对于这一时期人们急于求利而不顾一切的心情和态度，韩非子有过这样的描述："匠人成棺，则欲人之夭死也。"②司马迁亦发出"天下熙熙，皆为利来；天下攘攘，皆为利往"③的感慨。个人这种勇于逐利而罔顾道德的行为品性必然会损害整体社会利益，从根基上动摇社会生活的和谐稳定与文明富足。另一方面，在商业活动中，由于缺乏成熟健全的商业制度，人们彼此之间为了争夺、获取更多的私有利益还时常发生摩擦和冲突行为，如管子曾把商业相对发达的齐国的国民表述为"贪粗而好勇"④，意为贪婪私利、粗暴好勇，这一原本就因军事战争而混乱的社会生活秩序又因"贪粗好勇"的商业冲突而变得更加混乱。在步入宋明时期以后，伴着商品经济的进一步发展，人们逐利求勇的心态愈发明显，贪欲争利现象更加严重，个体意识逐渐萌发，群体观念备受冲击。同时，随着个体私有财产的不

---

① 《论衡·卷二十六·知实篇》。
② 《韩非子·亡征》。
③ 《史记·货殖列传》。
④ 《管子·水池》。

断积累，家庭与宗族的组织分化不断加剧，都在根本上动摇与瓦解着封建社会的宗法氏族制度。正如恩格斯所言："由此而日益发达的货币经济，就像腐蚀性的酸类一样，渗入了农村公社的自然经济为基础的传统的生活方式，氏族制度同货币经济绝对不能相容。"① 宗族制度是中国整个封建社会的根基，是政治稳定、社会和谐与生活有序的根本保证。因此，封建社会的商业发展在动摇宗族制度的同时，也在否定并威胁着统治阶级的政治统治以及现有的社会生活秩序。

由上可知，政治危机及生活危机是儒家知识分子对"勇"进行道德化和理心化重构、追求义理之勇的现实原因与实践依据。事实上，政治危机与生活危机密切相关、紧密相连。进一步分析，政治危机根源于生活危机，任何政治统治的瓦解或解体都是从社会生活的生灵涂炭、民不聊生开始的，甚至可以认为，政治危机在本质上就是一种生活秩序危机。因此，在儒家重塑勇德的过程中，政治危机只是勇德塑造的直接动因，生活危机才是其深层的存在依据。而生活危机不仅源于阶级斗争和战争破坏对现有社会秩序的冲击及瓦解，还在于商业发展和个体解放对既有生活观念的渗透及侵蚀，它是战争冲突、商品经济及其他因素合汇交互、交锋交融的结果。

三、秩序取向：义理之勇的社会哲学基础

"勇"并非儒家的发明，早在先秦儒家之前就已存在，甚至可以追溯至上古时期整个动物界的共有品性。但用道义和伦理对"勇"加以改造和限定，使其真正成为"勇德"，纳入德目，作为一种义理之勇，具备道德德性，则实属儒家首创。儒家对勇德的塑造建立在阐发人性和兼谈义理之上，具有深层的人性论基础。一方面，在以孟子为首的儒家主流学派看来，人性"本善"，真正

---

① ［德］恩格斯：《家庭、私有制和国家的起源》，载［德］马克思、恩格斯《马克思恩格斯选集》（第四卷），中共中央马克思恩格斯列宁斯大林著作编译局译，人民出版社1997年版，第107页。

的勇或"大勇"理当是一种"善德",是对人性的回归与维护。另一方面,从人的本质属性上来看,与动物不同,人不仅具有自然属性,还具有社会属性和精神属性。人的勇自然也就不能仅仅停留于动物层面的发于血气的鲁莽与野蛮之勇,而应上升为生于义理、向善达美的道义与伦理之勇。所谓"道义",是对道德原则的遵循;而所谓"伦理",从字面上看,则为"次序、条理、整理、治理"之意。事实上,人作为社会性的存在,在本质上存在于一定社会秩序之中。可见,儒家的勇德思想及其所建构的义理之勇遵循着秩序取向的社会哲学基础。所谓"秩序",是指一种有条理、有组织、不混乱的状态,具体到社会领域,其实质则为一种规制化的社会关系,着重回答人们在社会生活中应该做什么、不应该做什么、如何做等基本问题。而秩序取向,是指将这种状态或关系作为评判个体社会行为的价值标准的偏好与趋势,它涵盖了人对自身与社会各方面的平和充实、公平合理、安全稳定、和谐有序等良好状态的追求。儒家"秩序取向的社会哲学成为构建道德体系的纲领,正是在这一纲领的统摄之下,每一德目获得了独特的内涵以及在整个体系中的相对位置"[①]。作为诸德目之一的勇德,自然要服从道德纲领、遵守伦理秩序。无论是善德的实现,还是人性的回归,抑或是义理之勇的达成,都离不开良好的秩序,它既是形成勇德的必要条件,也是引领勇德的价值指向。

儒家对勇德的塑造是通过道德伦理规范对"勇"的限定来实现的,限定仅是塑造的手段,遵守并维护社会秩序才是其最终目的,这可以从先秦儒家塑造勇德的动因方面得到证明。在先秦儒家知识分子看来,勇天然地具有潜在的破坏性,与社会秩序存在先天性的矛盾,他们大都习惯性地将勇和"乱"或"不乱"连用在一起。如《左传》有言:"人所以立,信、知、勇也。信不叛君,知不害民,勇不作乱。"[②]再有《国语》所载:"(晋悼公)知魏绛之勇而不乱也,使为司马。"[③]孔子本人也持有相似的观点,他多次强调,就"勇"自

---

① 贾新奇:《论先秦儒家的勇德重塑及其社会哲学基础》,《当代中国价值观研究》2016年第6期。
② 《左传·成公·成公十七年》。
③ 《国语·卷十三·晋语七》。

身而言，具有很大的弊端，容易使人无所畏忌、为所欲为，从而罔顾规制法纪，破坏社会秩序，引致社会紊乱，如"好勇不好学，其蔽也乱"[①]"好勇疾贫，乱也"[②]等。至于孟子和荀子，则可以从他们对"下勇""狗彘之勇""贾盗之勇""小人之勇"等的批判与贬斥中，看出他们对勇的审慎与警惕的态度。"乱"是一种无序的状态，与秩序相对立，它与先秦儒家所倡导的理想社会相矛盾，自然为他们所不齿，为他们所摒弃。而在先秦儒家看来，乱的直接原因在勇，因此，他们竭力主张限定勇力、追求勇德，以实现拨乱反正、恢复秩序。到了宋明理学家那里，秩序取向更是成为最高的价值诉求与道德标准，勇德完全服从于社会秩序。他们不仅从外在的社会礼仪、道德规范、伦理制度等方面下功夫，更从内在的人心、精神、意志等方面做文章，试图通过"灭人欲"的"克己"之德，实现对封建等级秩序与伦理纲常的遵从和维护。他们强调勇德应遵循"内圣外王"的实践路向，提倡通过沉心静气、少私寡欲、体验感悟等内在修养，达成脱凡入圣、修身成德，树立"理应如是""命当如此"的观念，将伦理秩序根植于人心之内，引导人们安分知足、不怨不尤、素位而行，从而实现社会安稳。

总之，儒家所塑造的义理之勇遵循着秩序取向的社会哲学基础，强调了道义礼制和宗法纲常对勇的约束与引导作用，凸显出勇的道义内涵和伦理价值。在儒家看来，勇并非一开始就具有道德德性，其内涵亦非一定不易，而是处于逐渐丰富、持续发展与不断完善之中。勇只有注入知、仁、礼、义等道德元素并受其规制，遵循社会秩序要求，并去除贪粗、鲁莽和私利之后才能具有道德德性，成为德目，即勇德，正所谓"言勇必及制"[③]。

---

① 《论语·阳货》。
② 《论语·泰伯》。
③ 《国语·卷三·周语下》。

第三节 存在之勇：勇德思想的近现代重塑

诚然，儒家按照秩序取向塑造勇德，确实有利于社会的公平正义与安全稳定，并在很长一段时期内推动着我国不断走向繁荣富强、文明进步。然而，一味强调对宗法制度、伦理纲常的绝对服从与盲目遵循，使得儒家的勇德思想呈现出德性固化、勇性不显的面相，并在僵化保守中逐渐失去了自身的生命力。此外，儒家对封建等级秩序的过度依赖，必然使人异化为宗法伦理的附属物，毫无主体性可言，更无独立之精神，不断趋于因循守旧、故步自封，其自由独立、超越创造的思维特质也逐渐丧失，从而陷入了精神性的生命危机，进而造成国家积贫积弱的现实。近现代以来，面对人的生命危机及国家危亡，我国迫切须要寻求新的勇士，重塑新的勇德，这为近现代知识分子提出了时代要求。

一、以我为勇：存在之勇的核心要义

近现代知识分子对勇德的重塑是从批判宗法制度、等级观念、人伦纲常等封建秩序开始的，在他们看来，真正的勇是存在之勇，它是一种敢于突破封建秩序的层层束缚，勇于摆脱固化保守、低俗不良的宗法观念的重重枷锁，着力追求自我存在的价值与意义，力争真正成为自己的勇德形态。不同于先秦儒家的"成仁"之德和宋明理学的"克己"之德，存在之勇追求的是"成己"之德，其核心要义是以我为勇，即以做回自己、成就自我为勇，它是一种自我肯定、自我实现的勇气。正如美国存在主义大师蒂利希所言，"存在之勇（The Courage to Be）是出于强力意志的自我肯定，而非对外在的别的东西的盲目屈

从"①。儒家所塑造的义理之勇的最大缺陷在于，它将外在的道义（君权）与伦理（天理）看作一种永恒的和普适的"德"和"理"，把它们当成衡量万物的尺度，并认为只有符合这一尺度的勇，才是具有道德的勇，从而容易使人被外在之物所禁锢，异化为封建秩序的附属物。而近现代知识分子则认为，人才是万物的尺度，人不仅按照自身尺度改造着万物，还按照自身尺度建构着自己，万物须服从于人，人若不存在，万物也将失去存在的价值和意义。因此，他们在塑造勇德时，自然坚持以人为中心，凸显人的主体地位，尊重人的个性和自由，强调人的存在论意义，赋予勇德人本内涵，使其具有了人格德性。梁启超是近代较早关注存在之勇的学者，其勇武思想体现了"自由、平等、博爱"等人道主义精神，认为中国人的"武士道"精神自汉武帝"独尊儒术"杀大侠郭解之后便"澌灭以尽"。②事实上，人只有真正成为自己，做到是其所是，实现自我生命价值，才能更好地改造万物、发展社会。而在康德眼中，成为独立的、理性的自我，本身就具有道德意义。

作为人格德性的存在之勇，在我国不同的时代背景下具有不同的表现形态。

在近代以来的战争或革命时期，个人存在与国家存在连为一体，小我与大我合二为一，存在之勇体现出浓厚的集体主义色彩，表现为改良、革命与建设并存的爱国护国的大义之勇，它既是瓦解旧时代的革命力量，又是建设新社会的中流砥柱。翻看近代史卷，追求存在之勇、维护民族大义的鲜活个案比比皆是。从严复、康有为、梁启超等维新派到孙中山、黄兴、胡适等革命派，无一不是为国为民的"大侠"和勇士。严复不惧个人艰难险阻，走出国门，学习西方，同时不畏强权与顽固保守势力，力主复法，宣扬维新变法思想，志在救亡图存；孙中山更是抛家舍业，多次流亡，为推翻帝制、振兴中华而奋斗终生；等等。他们这种为国而在的精神构成了存在之勇的核心内涵，实为"大勇"。正如孙中山所言，真正的勇是一种"有主义、有目的、有知识的大勇，绝非勇

---

① Paul Tillich, *The Courage to Be*, New Haven: Yale University Press, 1952, pp.26—27.
② 参见梁启超《新评中国之武士道》，吉林出版集团有限责任公司2008年版，第6—9页。

于私斗而怯于公战的小勇"①。显然，孙中山的"三有"之勇不仅体现了国家的道义内涵，更加彰显了个人的主体价值。

在现代以后的和平时期，尤其是改革开放以后，个人存在逐渐凸显，存在之勇开始体现出个人主义诉求，表现为对冒险精神、风险意识、创新能力、表现自我、张扬个性等的热衷与青睐。正是这种对个体自我价值的肯定及其对存在之勇的认同，我国众多领域在改革开放进程中才涌现了一批勇于改革、敢于突破、积极创新的改革先锋和道德楷模。2018 年 12 月在庆祝改革开放 40 周年大会上，中共中央、国务院授予 100 名同志"改革先锋"称号，包括中国共产党党员领导干部的楷模孔繁森、中国首位奥运冠军许海峰、华西村改革发展的带头人吴仁宝、激励青年勇攀高峰的典范陈景润、塑造传承"女排精神"的优秀代表郎平、杂交水稻研究的开创者袁隆平、中医药科技创新的优秀代表屠呦呦、公共卫生事件应急体系建设的重要推动者钟南山，等等。他们不仅具有肯定自我、突破自我、实现自我的存在勇气，还怀有为国为民、使命担当、勇于奉献的家国情怀。他们在各自的工作岗位上基于不同的实践环境向世界诠释了中国精神、中国力量和中国气度，当为真正的勇者。

二、生命危机：存在之勇的存在论依据

存在之勇作为人格德性，其价值与意义在于有助于个体突破我国封建社会几千年来所形成的等级森严、规制严明的思想桎梏，摆脱传统伦理道德及宗法观念的束缚，追求自我解放，肯定自我价值，从而实现自我生命意义。它是一种产生于近代，旨在应对封建社会末期人们日益显现的精神困境及生命危机的勇德形态，是对儒家义理之勇的重塑与改进。在封建社会末期，儒家所倡导的义理之勇逐渐呈现出德性固化、勇性不显的面相，在僵化保守、故步自封中渐渐失去了原有的生命力。在这种义理之勇的规制与引导下，人的主体性逐渐丧失，独立之精神日益衰微，人们不断趋于因循守旧、故步自

---

① 孙中山：《孙中山全集》（第六卷），中华书局 1985 年版，第 30 页。

封，其自由独立、超越创造的思维特质也逐渐丧失，从而陷入精神性的生命危机，进而造成国家积贫积弱的现实。正是这一生命危机及国家危亡的严峻形势与残酷现实，才迫使近代以来的知识分子对人们长期遵循的儒家义理之勇进行重新思考与反省，并借鉴西方勇德思想，根据时代要求与国民需要，重塑勇德形态。

事实上，儒家传统勇德思想是为了节制血气之勇的血腥与残暴以应对生活危机、维持社会秩序而产生的，是一种与道德品质相适应的状态。在先秦儒家塑造之初，它并非像后面所显现的那样僵化保守与充满奴性，而是富有活力和饱含创造的，不仅注重道德义务与人伦关系，还强调人格独立与刚毅精神，如孔子曰："天行健，君子以自强不息；地势坤，君子以厚德载物。"①"三军可夺帅也，匹夫不可夺志也。"孟子曰："富贵不能淫，贫贱不能移，威武不能屈，此之谓大丈夫。"等等。后来，为了进一步巩固君主专制、维护封建统治，儒家勇德思想开始过于强调宗法伦理及等级秩序，逐步弱化人格自主及精神独立，其原有的人格德性逐渐淡出了人们的视野。及至宋明时期，儒家勇德思想经由朱熹的"三纲五常""存天理、灭人欲"等理学解说和王阳明的"修身养性""内圣外王"等心学重释之后，更是趋向片面、僵硬与保守，单方强调内在的精神修炼，而忽视了外在的行为实践。个体先天的血性和激情在封建社会日益强化的宗法制度及纲常礼教的压迫与束缚下逐渐丧失，勇德中"勇"的成分随之隐而不见。以至于有学者指出，"春秋时的中国人，生机勃发，品格清澈。汉唐时的中国人，雍容大气，自信心很强。及至明清，一个个却是那么麻木、懦弱，缺乏创造力。明清时的中国人和春秋时的中国人相比，简直是两个不同的物种"②。据明朝时期来中国的传教士利玛窦记载："很难把中国的男子看作是可以作战打仗的人。他们彼此争斗时表现出来的，也只是妇道人家的愠怒，相互殴斗时揪头发。"③与自

---

① 这句话出自《易传·象传》，而《易传》本于孔子，成于孔子后学，是一部战国时期解读与诠释《周易》的哲学伦理著作。
② 张宏杰：《从上游、中游到下游——中国人的性格历史》，《同舟共进》2010 年第 2 期。
③ 张宏杰：《从春秋到明清：中国人的性格历史》，《国学》2016 年第 2 期。

然血气的丧失相伴随的是社会道德风气的恶化。据乾隆年间英国海军上校乔安森回忆，我们在广州湾买到的"鸡鸭除了缺斤短两，肚内填满沙砾和石块，买到的猪肉也灌满了水以增加斤两"[①]。1793年来中国造访的英国外交团团长马噶尔尼亦有记载，我们的船只途经运河时，一伙看热闹的人压翻了他们的小船，许多人掉进了河里，我们的人要停船救人，而岸上的清人却只顾拍手叫好、嘲笑戏闹[②]。可见，对于人类而言，自然血气和社会道德是一体的，任何损伤人类自然血气的社会行为绝非仅仅止于自然血气，还必然对社会道德产生负面影响。封建社会长期以来的专制与暴力统治在压制、耗损国人原始冲动和自然血性的同时，也在根本上压制、消解着他们内心的道德律令和内在的道德自觉，从而使其变得越来越胆小怕事、冷漠自私与残酷麻木，并在精神世界上呈现出意义沦丧及生命危机。借用汤因比之语，他们的生活是"一种毫无意义的存在"，"它之所以能存在只是因为它已经僵化了"。[③]

历史变迁、时代发展及其所引致的人的精神性的生命危机使得儒家传统勇德思想存在的基础或依据发生了重大变化，走向僵化保守与酸腐愚昧、失去自由意志与生机活力的义理之勇越来越难以适应近代以来民主社会与商品经济的发展需要，甚至在很大程度上阻碍着历史的进步和社会的发展。为此，自近代以来，许多先进的知识分子或开明的政治家逐渐意识到封建社会对人性的束缚及思想的压制，既不利于国民勇敢精神的激发，也不利于其整体道德水平的提升，势必造成国家与民族积贫积弱的现实，因而开始了重塑勇德的探索与尝试。他们提倡人性解放与思想自由，肯定个体的主体地位和存在价值，强调其主体作用的发挥及生命意义的实现，并以此为基础把儒家义理之勇逐渐塑造、转向为存在之勇，凸显勇的存在论意义。

---

① 张宏杰：《从春秋到明清：中国人的性格历史》，《国学》2016年第2期。
② 参见张宏杰《从春秋到明清：中国人的性格历史》，《国学》2016年第2期。
③ ［英］汤因比：《历史研究》(上)，曹未风等译，上海人民出版社1966年版，第217、225页。

三、自由取向：存在之勇的社会哲学基础

近现代以后，随着西方自由主义和存在主义思潮传入我国，倡导天赋人权、追求人性解放、崇尚民主自由等逐渐成为时代潮流，个人主体意识不断觉醒，现代公民观念日趋形成。相应地，勇德也被赋予了人本内涵，获得了人格德性，作为一种存在之勇而备受推崇。存在之勇遵循自由取向的社会哲学基础。所谓"自由"，是指一种不受外界阻碍、无拘无束且能够自我选择、自我支配、自我行动、自我负责的能力，而社会自由取向则是指为了拥有这种能力所做出的努力。在自由主义者看来，人们生而自由，自由是人类的自然倾向和本然状态，然而自由并非一帆风顺，总是受到外在非自由的种种威胁，为了摆脱这一威胁，人们以"类"的形式结成群体、构成秩序而存在。可见，自由是天然的，而秩序则是约定的；秩序原本是作为成就自由的手段，而非束缚自由的工具。义理之勇作为一项重要的勇德类型，遵循的是秩序取向，其合理性与合法性恰恰在于这一秩序能够维护人类自由、实现人类自身。而当封建秩序固化为统治阶级的统治工具和少数个人的牟利手段时，人类自由必将流于虚妄，人类自身也随之异化为他物，勇德自然亟待内涵重塑。存在之勇强调个人本身就是目的，倡导自由至上，注重个性发展，维护个人权利和尊严，追求个人精神价值与生命意义，这正是对人类自由和人类自身的维护与回归。

近现代知识分子遵循自由取向，追求存在之勇，具有深层的存在论和人性论依据。存在主义者认为，对人而言，"存在先于本质"，即人只有先存在，然后才能创造自己，人的本质不是给定的，而是由自己通过不断自我选择、自我行动所决定的。如萨特所言，人不仅是"自在的"存在，更是"自为的"存在。[①] 在萨特看来，"自为"即"自由"，在实质上是一种"可能性"，它引领着人们按照自己心中所想不断地由"已经是"的状态走向"应该是"的状态，

[①] 参见［法］让-保罗·萨特《存在主义是一种人道主义》，周煦良等译，上海译文出版社1988年版，第6—8页。

使自己成为自己"意愿成为的那样"。这种"可能性"在海德格尔那里是"人的存在"的最重要特征,其本质是一种超越性,是造就人自身的本源力量。作为一种超越性的存在,人必然是自由的,人只有在完全自由的环境中,才能自由选择、自由支配与自由行动,从而不断实现超越。同时,人的可能性与超越性决定了人自身的未完成性和不确定性。存在主义者认为,人面对着一个无法理解的、荒诞的、虚无的世界,人的存在也是偶然的、荒诞的,人的生活陷入孤独无依、焦虑恐惧和烦恼痛苦之中。在这个荒诞、虚无的世界里,作为"存在"的人,时刻面临着"非存在"的威胁,这更加剧了人的孤独、焦虑与痛苦,使人在绝望与死亡边缘徘徊,从而构成了"现代性危机"。而存在之勇正是一种"不顾"性质的"自我肯定",即不顾各种"非存在"的威胁而对自身存在予以肯定,通过对生命意义的自我追求与自由实现,为现代性危机提供救赎之道。

相比儒家的义理之勇,近代以来的存在之勇使人逐渐从"人我一体""人群一体"的整体状态中走出来,通过为"自由人"合理辩护,使人摆脱了基于宗法伦理的人身依附的生活方式,确立了人的独立自主的合法地位。然而,对存在之勇的盲目崇拜和对自由主义的一味服从,虽然使人们摆脱了封建秩序的束缚,却又戴上了现代物质的枷锁,从而不可避免地坠入个人主义和虚无主义的陷阱。进入现代社会以后,随着各种传统专制共同体不断被打破,个体在获得自由的同时也在不断被单子化。作为单子式的个体,人们往往以个人利益为中心,把自身视为唯一目的,其他人均为实现自我目的之手段,人与人之间的关系表现为主体与客体或人与物的关系。正如萨特所认为的那样,人是被"抛"到世界上来的,孤立无援且与他人对立地存在着,他人只会给自己带来无尽的烦恼,时刻对自己构成威胁,甚至可能将自己变成物,因此,人们应勇于存在,敢于从他人的目光或视域中挣脱出来,使他人变成被自己操纵的物。[①] 在单子式的生存方式中,人是彼此对立、孤立分离的,缺乏共同的价值

---

① 参见[法]让-保罗·萨特《存在与虚无》,陈宣良等译,生活·读书·新知三联书店1987年版,第6—8页。

基础，判断事物好坏、善恶全凭个人的感觉与经验，自我就是一切的中心，公共权威与公共秩序不断受到质疑与挑战，"其结果必然是道德秩序的崩溃和道德内涵的虚无化、私人化"[①]。事实上，存在之勇在消解公共权威与公共秩序的同时也在消解着自身的德性与人类的信仰，人们终将面临信仰危机。这一原本用以解救生命危机的存在之勇，尽管在近现代发挥了一定程度的历史作用，然而进入当代以后它非但没能让人们较好地摆脱危机，反而使其陷入了新的生命危机，即信仰危机。存在之勇逐渐走入了一个事与愿违的悖论，这必然要求当代学人们为再塑勇德寻求新的出路。

第四节　共在之勇：勇德思想的当代再塑

当代学人再塑勇德既要满足当下社会对于勇德的现实需要，还要遵循勇德塑造的历史规律。从现实需要上来看，进入当代社会以后，在科学技术的推动下，人们彼此之间的联系日益紧密，相互之间的问题逐渐增多。为了更好地解决人们彼此之间的共有问题，当代社会不仅需要个人式的英雄主义，更需要集体式的合作精神。真正的英雄不仅要勇于存在，更要勇于共在。从历史规律上来看，勇德塑造遵循着一定的历史脉络和逻辑主线。回顾我国传统勇德思想的历史变迁，不难发现，勇德具有一定的历史性和时代性，在不同的时代背景下体现出不同的德性内涵。它随着人们生存方式或存在方式的改变而改变，旨在解决不同历史时期人们所面临的不同的存在危机。在生存方式上，当代人被联结在一个利害相关、休戚与共的命运共同体之中，趋向于一种共生式的存在。在存在危机上，他们除了深陷于新的生命危机（信仰危机），还面临着新的生存危机和生活危机。基于此，本书提出了共在之勇的概念，认为共在之勇是对

---

① 鲁洁：《道德教育的当代论域》，人民出版社2005年版，第56—57页。

近代以来的存在之勇的改进、发展与再塑,是一种共生性的存在之勇,是勇德发展的最新形态,当代社会的勇德再塑应以共在之勇为旨归。

一、以合为勇:共在之勇的核心要义

进入 21 世纪以后,随着科学技术、社会经济的飞速发展和信息化、一体化、全球化的深入推进,人类的生存方式发生了显著变化,表现为人与人的关系变得更为密切、更加内在化。人们相互之间的交往不再是仅仅基于社会契约的外部连接,而是侧重在情感心理普遍认同上的内在联系。人也不再是自我封闭、彼此孤立的单子式的存在,而更多表现为一种相互依赖、相互配合的共生性的存在。作为共生性的存在,人们处于一个彼此相连、密不可分的交往共同体之中,人们只有在相互理解、相互承认、相互包容的共生共在的"共同世界"中才能更好地存在。换言之,人的存在处于共在状态之中,只有选择了共在方式,存在才具有现实意义[①]。同时,共在的生存方式,也使人类承担着许多新的共同问题。从全球范围看,每个人以及每个群体、民族和国家都不能置身于人类的共同命运之外,他们面临着共同的风险与灾难,如生态恶化、环境污染、毒品走私、世界战争、跨国犯罪、恐怖袭击等。这些共同问题都不是单独的个人、民族或国家所能解决的,它有赖于人类的全面合作与共同努力。与之相应,当代社会所需要的勇德也就不能仅仅停留于建立在单子式个体范畴上的以自我为中心的存在之勇,而应上升为更高层次的共生式的共在之勇。共在之勇要求人们以把握人类的共同命运为己任,克制私欲、规限私利,勇于共在,着力解决人类社会面临的共同问题。它是一种大情怀、大心胸、大格局、大视野、大境界、大智慧的勇德形态。

共在之勇的核心要义是以合为勇,即以合作共赢、合和共生等共在特质为勇。所谓"合",《说文解字》将其形释为,"合口也,从亼从口"[②],段玉裁

[①] 参见赵汀阳《共在存在论:人际与心际》,《哲学研究》2009 年第 8 期。
[②] 《说文解字·卷五·亼部》。

注曰"三口相同是为合"①，现代意义多将其引申为事物自然的、全面的存在状态，是指一种相互配合、协调一致，没有过或不及的恰到好处的情况。这决定了共在之勇应包括相互承认、理解包容、平等尊重、合作共进、互惠共赢、责任担当等德性内涵。相比存在之勇的以我为勇，注重自我主体性，强调自己（主体）与他人（物）的对立性，共在之勇更为注重人的主体间性，看重自己（主体）与他人（主体）之间的统一性。它不再将他人看成实现自己目的的手段，而是将其视为另一个主体，看作一种自己需要承担的责任。人们彼此之间唯有相互担当与负责，才能真正体现自身的主体性。此外，在古文中，"合"通"和"，有合和共生之谓，故"合"又指一种和谐有序的存在状态。这则要求共在之勇还要具备和谐有序的德性内涵，但并不意味人们可以为了实现和谐而一味迎合、屈从，不断丧失自我个性和骨气，也不等同于人们可以为了保持有序而刻意减少矛盾与冲突，不断消解彼此之间的对立性。事实上，多样差异方为和谐，对立统一才是有序。人们只有做到尊重差异、包容多样，不怕冲突、不惧斗争，才能真正拥有共在之勇，真正实现共生共进、共利共赢。

二、三重危机：共在之勇的存在论依据

应对与解决不同历史时期的人们的存在危机，既是勇德得以存在的基本前提与根本依据，也是勇德得以塑造的内在动因与价值诉求。相比应对生存危机的血气之勇、应对生活危机的义理之勇和应对生命危机的存在之勇，共在之勇之所以存在，是因为人们在当代社会同时也面临着新的生存危机、生活危机与生命危机这三重危机，其价值与意义恰恰体现在对这新的三重危机的回应或应对上。

其一，当代社会存在新的生存危机。在生物学上，生存是一种与自然生命自然地、正常地或健康地存在相关的存续状态，而生存危机则是对这种状态的

---

① （汉）许慎撰，（清）段玉裁注：《说文解字注》，上海古籍出版社1988年版，第144页。

破坏或违背。不同于人类社会早期来自天灾、猛兽、外敌等自然界外在的生命威胁的生存危机，当代社会存在着来自慢性或隐性疾病、身心健康等自我内在的新的生存危机，主要表现为近视、肥胖、颈椎病、"三高"、抑郁、自杀等。伴随着科学技术与生产力的迅猛发展，人们的物质生活水平和医疗卫生条件获得了极大提高与明显改善，从而使得人们的整体健康状况不断提升。然而，科技发展与社会进步在解放人力（如出行有车、干活儿有机器、作战有热兵器等），为人们提供安逸舒适、安全便捷的生活环境的同时，也在瓦解着人们的自然免疫系统，降低着他们的独立生存能力。一方面，对于大多数现当代人而言，他们很少具备像古人一样的体力与脚力，也很少拥有在恶劣残酷的自然环境中独立生存的能力。另一方面，越来越多的现当代人逐渐患上了慢性或隐性疾病，长期处于亚健康状态。2019 年，中国疾病预防控制中心指出，据一项长达 26 年（自 1990 年到 2016 年）的针对全球 195 个国家的 18 亿（截止到 2016 年，其中中国约占 2.53 亿）10 岁至 24 岁的青少年健康状况的跟踪调查显示，在所有国家，青少年的健康危险因素无明显改善甚至处于迅速增长状态，他们正面临着比 26 年前更大的健康挑战。其中，慢性病如肥胖、贫血等占青少年疾病负担一半以上，是其健康状况每况愈下的主因[1]。健康状况及其身体素质的持续下降使得青少年抗压抗挫、心理承受的能力不断降低，面对快节奏、高强度、强压力的当代社会，他们极易产生隐性或潜在的心理疾病如分裂、自闭、抑郁等，情况严重者则会导致自虐、自杀。据世界卫生组织报告，"每年约有 80 万人因自杀身亡，而自杀已经成为 15~29 岁青少年人群的第二大死亡原因"[2]。对于当代社会人们所面临的这种新的生存危机，我们唯有重新重视血气之勇的价值与意义，充分发挥血气之勇在勇力追求、强身健体、意志磨炼等方面的积极作用，才能不断提升人们的综合身体素质，提高其心理健康水平，从而更好地作出回应或应对。

---

[1] 参见中国疾病预防控制中心《全球 195 个国家 18 亿青少年健康调查》，http：//www.chinacdc.cn/gwxx/ 201903/t20190321_200251.html，2019，03。
[2] 袁播等：《人工智能技术在抑郁及自杀管理中的应用》，《中国全科医学》2020 年第 26 期。

其二，当代社会面临新的生活危机。在社会学上，生活是一种与社会生命有序地、和谐地、安稳地存在相关的活动过程，而生活危机则是对这一过程的阻滞或终止。不同于传统社会局限于某一地域的大规模的军事战争所造成的局部性的社会秩序混乱型的生活危机，当代社会面临的是一种因地域矛盾、信仰冲突、公共问题等所导致的整体性的人类共同利益受损型的生活危机，主要表现为生态恶化、环境污染、毒品走私、跨国犯罪、恐怖袭击、世界战争等。在信息化、全球化与一体化的当代社会，世界各国之间的联系更加紧密，人们日益被联结在一个利益相关、生死与共的命运共同体之中。在这个共同体世界中，任何某一邻国抑或某一邻域之间的摩擦与冲突均有可能造成大规模的军事战争，甚至引发世界战争，这是"一战""二战"留给人们的历史经验。随着核武器的大量出现以及核大国之间的彼此制衡，爆发大规模、世界级战争的可能性虽得以极大降低，但小规模、局部战争的风险却在不断攀升，区域矛盾不断、局部冲突频发。尤其进入21世纪以来，这种趋势更是愈演愈烈，这些都是诱发新的世界战争的潜在因素，从而使人们再次面临着巨大的、潜在的生活危机。除了因潜在的战争因素所可能引发的传统的、相对确定的生活危机，当代社会还面临着由一系列不确定的、非传统的因素以及人类社会共有的生态问题所主导的生活危机，如环境污染、雾霾危害、臭氧层破坏、全球变暖、酸雨腐蚀、水土流失、物种濒危等。恩格斯早就告诫人们，"我们不要过分陶醉于我们人类对自然界的胜利。对于每一次这样的胜利，自然界都会对我们进行报复"①。如今这种报复前所未有，并构成了当下与未来人们最为主要的生活危机。面对这一新的生活危机，人们理应重回义理之勇，主动遵循自然规律与社会秩序，勇于同自然界和他人共存。

其三，当代社会深陷新的生命危机。在哲学上，生命是一种与精神意志自由地、自主地、自觉地存在相关的价值意义，而生命危机则是对这种意义

---

① ［德］马克思、恩格斯：《马克思恩格斯选集》（第四卷），中共中央马克思恩格斯列宁斯大林著作编译局译，人民出版社1995年版，第383页。

的消解或异化。不同于近代社会以来因封建制度规制及宗法伦理束缚而呈现出思想僵化、观念保守、故步自封等迂腐化、僵硬化、保守化的生命危机，当代社会坠入了个人主义和虚无主义的陷阱，深陷物质符号和现代科技的牢笼，面临的是一种机械化、程式化、平庸化的生命危机，主要表现为机械式生存、单子式存在、符号式体验等。与之相应，当代人呈现出信仰迷失、孤立分离、情感冷漠、价值虚无等精神面貌。追根溯源，当代人的精神境况与资本主义的生产方式密不可分。近代以来，资本主义通过释放人性、发展科技、运作资本、追逐利润等方式为人类社会创设巨大物质财富和良好生活环境的同时，并未如他们当初所承诺的那样为人类带来真正的独立、自主与全面的自由、解放，反而使其沦为物质、金钱和科技的奴役，资本主义逐渐成为一种控制与操纵人类的异化力量。正如马克思所言："资产阶级在它已经取得了统治的地方把一切封建的、宗法的和田园诗般的关系都破坏了。它无情地斩断了人们束缚于自然尊长的形形色色的封建羁绊，它使人和人之间除了赤裸裸的利害关系与冷酷无情的现金交易，再也没任何别的联系了。"[①] 在这个异化的社会，虽然人们的行为走向开放，但其内心世界却趋于封闭；虽然人们的物质生活不断丰富，但其精神生活却越发空虚；虽然人们的意志更加自由、个性更加多元，但其精神却更加涣散、思想也更加虚无；人们逐渐走向了片面化、畸形化与单向化，失去了本真的自我，进而在精神上产生了生活的无意义感与生命的危机感，最终导致了道德的失落、理想的贬值与信仰的破灭，从而使得人生的终极意义和精神价值无所依托。近年来，在全球化浪潮的席卷下，受西方社会思潮的侵袭及影响，我国部分国民也呈现出与西方类似的精神境况。面对这一新的生命危机，人们还须重新审视存在之勇，自觉磨炼意志、凝练精神、坚定信仰，不断追求人之存在的真正意义，将存在之勇上升为共在之勇。

---

① ［德］马克思、恩格斯：《马克思恩格斯选集》（第一卷），中共中央马克思恩格斯列宁斯大林著作编译局译，人民出版社1995年版，第274页。

三、实力—秩序—自由并重取向：共在之勇的社会哲学基础

亚里士多德认为，人的意志可以分为"过度""不及"与"中间"三种品质，"过度"和"不及"都是恶，唯有"中间"才是善，才是德性。[①] 据此可知，德性是一种善，它处于"过度"与"不及"两种恶的中间，取其"中道"，弃恶而扬善，其本质为适度或适中。"勇"作为一个中性的概念，本意为人的不惧的心理品质，与道德无涉，与善恶无关，至少潜藏着"过度"或"不及"两种可能性。在伦理学中，"勇"被赋予了德性内涵，塑造为一项"勇德"，成为一种善，自然便离不开对"中道"的回归和对适度原则的遵循。回顾我国勇德思想的历史嬗变，结合当今世界和平与战争、安稳与动荡、合作与冲突、机遇与挑战并存的时代背景，不难发现，血气之勇、义理之勇和存在之勇均为事物的两极，要么"过度"，要么"不及"，具有很大的弊端和缺陷，其德性内涵忽明忽暗，善恶之分亦变化无常。当今时代迫切需要的是一种取其"中道"的勇德形态，即融合血气之勇、义理之勇和存在之勇三种形态的共在之勇。作为中道的共在之勇，自然要遵循实力—秩序—自由并重取向的社会哲学基础，理当同时具有自然德性、道德德性和人格德性三类德性品质。

值得注意的是，共在之勇不是对血气之勇、义理之勇和存在之勇的简单加总，而是对它们的批判、创新和超越，同时也是对长期以来处于两极对立之中的自我与他人、个人与社会、利己与利他等内在矛盾的超越，体现出一种辩证关系。在当今社会，人们同时面临着生存危机、生活危机和生命危机这三重危机，它们在新的时代具有了新的表现形式。相应地，用于应对三大危机的血气之勇、义理之勇和存在之勇也分别被赋予了不同的德性内涵和时代意义。血气之勇不再盲从于鲁莽野蛮、彪悍尚武等力气方面，而是更多地体现在敢作敢为、心志坚定、吃苦耐劳、上进能干、不怕挫折、不惧困难等

---

① 参见［古希腊］亚里士多德《尼各马可伦理学》，廖申白译注，商务印书馆 2003 年版，第 46—48 页。

意志方面。义理之勇不再崇信于天道人伦、安之若命、宗法教条、等级观念等天命秩序，而是更加注重在勤奋好学、知书达理、理智权谋、心怀正义、审时度势、遵纪守法、维护秩序等理性修养方面；存在之勇也不再迷恋于自我中心、自由至上、金钱万能、个性独尊、我行我素等个人主义、利己主义和形式主义，而是更为侧重在独立人格、高风亮节、批判质疑、互依共栖、团队合作、革故鼎新等合作、创新和共赢方面。总之，作为当代共生式的共在之勇，既不是对现代单子式的存在之勇的机械否定，也不是对封建社会整体式的义理之勇的简单回归，更不是对人类社会早期浑然式的血气之勇的全盘拒绝。任何历史的发展及其勇德形态的演进，既非复制式的搬迁，亦非断裂式的嬗变，经批判重塑之后，前一种形态中的合理因素会在变革中被保留与延续。对基于批判融合的当代共在之勇而言，血气之勇的奋进精神与拼搏意志、义理之勇的法纪观念与理性常识以及存在之勇的独立人格与合作意识既不能过时，也永远不会过时。

综上可知，与中立性和稳定性的勇不同，勇德作为一项重要德目，具有历史性和时代性，它随着人的存在方式或生存方式的改变而改变，并在不同的时代背景下体现出不同的德性内涵，其判定依据为是否有利于解决人的存在危机、维护社会群体的共同利益。社会群体是多个人的契合，其形态有大小之别，小至氏族、家族或家庭，大至民族、国家或人类共同体。在人类社会早期，人们以家族或氏族的群体形态而存在，面临的是天灾、野兽侵袭等自然性的生存危机，勇德表现为勇的原初意涵，即血气之勇，作为自然德性。至封建社会以后，人们以郡国或民族的群体形态而存在，面临的是野蛮、战争等社会性的生活危机，勇德表现为义理之勇，作为道德德性。进入近现代以后，人们则以现代国家的群体形态而存在，面临的是专制、保守、固化等精神性的生命危机，勇德则表现为存在之勇，作为人格德性。当下，人们被联结在"人类命运共同体"之中，以"世界国家"的群体形态而存在，潜藏着生存、生活和生命三重危机，勇德自然应被再塑为融合血气之勇、义理之勇和存在之勇的共在之勇。然而，长期以来，人们往往对勇德持有误解、抱有成见，将它泛化为勇抑或简化为勇敢，看作破坏、暴力、流血的特有符号，因而它不被作为社会主德而推崇，甚至被视为"下德"而远离，从而产生了很多社会道德问题。事实上，勇经道德化重构而上升为勇德之后，不仅不会对社会秩序产生破坏，而且还会对个人的道德发展、社会的风气改善和国家的福祉增进发挥积极的作用。这亟须我们澄清勇德内涵、重估勇德价值、再塑勇德形态，还勇德以应有的价值和地位。

第三章

大学生勇德品质的内在规定与当代诉求

唯物辩证法认为，人们对于客观物质世界与人类社会现象的认识活动存在着多式多样、交错复杂的矛盾关系，而其中最先碰到的、最为关键的矛盾关系则是一般与特殊的辩证关系：两者对立统一，一般寓于特殊之中，并通过特殊来体现；特殊总是与一般相联结，并受一般所制约。同理，我们对于勇德的认识过程显然也遵循着一般与特殊的辩证关系，个体勇德品质的生成及培育不仅是基于理论与历史的一般性的人生哲学问题，还是遵照实践与现实的特殊性的社会实际问题。我们唯有立足在某一时期的某种特定群体之上并扎根于其具体的、实际的社会生活之中考察勇德，才能更好地认识、更加深入地理解勇德的一般本质和普遍规律。大学生作为青年群体的生力军，是民族的希望与国家的未来，是推动社会持续发展、不断进步的重要力量，他们理应具有积极上进、坚持不懈、敢作敢为、主动担当、刻苦奋斗等勇德品质，其勇德状况直接关系着民族性格的养成。在新的时代背景下，大学生在整个青年群体中扮演着怎样的社会角色，应该具备什么样的勇德品质，又应该坚持什么样的理想信念，以及体现出怎样的时代价值？无疑是高校思想政治教育工作及道德教育所必须回答的重要问题，需要从理论上辩驳明晰以及在实践中大力践行。研究当代大学生勇德品质的理论内涵及内在规定，是对勇德研究的自然拓展和必然延伸，是基于现实的社会情境和具体的实践对象对大学生勇德品质的特殊性与差异性作出的探究、求索。明晰当代大学生勇德品质的社会责任及时代诉求，是大学德育的应有之义，也是提升思想政治教育质量、实现大学生全面发展的有效途径，还是适应时代进步、推动社会发展的客观要求。

第一节　大学生勇德品质的内在规定

对大学生进行勇德培育，必须首先在理论上阐明大学生勇德品质的本质要求及内在规定，这是大学生勇德培育的元问题，唯有如此，才能在实践中更好、更有效地指导大学生的勇德培育。作为特殊的社会青年群体，大学生[①]是相对于其他普遍社会公众而言的，其勇德品质的本质及内涵自然也具有区别于其他社会群体的特殊意义，内含着一定的相对性和特殊性。大学生的勇德品质既要体现其他群体勇德的共性特质，满足一切勇德品质的基本要求，更要体现一系列个性特质，遵循大学生特有的内在规定。从共性特质上来看，个体的勇德品质具体体现在"求"的过程之中，是个体为了公共利益不断追求、上下求索而不顾的精神与行为。从个性特质上来看，大学生的勇德品质主要表现为他们对真、善、美这一人类永恒目标锲而不舍、持之以恒地向往与追求，满足着批判性、合宜性和超越性三大内在规定性。

一、求真：批判性

大学生在其社会化过程中扮演着多种社会角色如学生、子女、情侣、员工等，甚至高年级的研究生还承担着夫妻、父母的角色，其中，学生角色为他们所共有，是他们在学习成长过程中最先面临、最为普遍、最为关键的角色。大

[①] "大学生"一词是一个较为宽泛的概念，学界通常将其解释为在高等院校受过高等教育的特殊群体。这一概念具有广义和狭义之分：在广义上，大学生既包括正在接受高等教育的学生，也包括已经毕业但曾经接受过高等教育的社会人士；在狭义上，大学生仅指在册在学的普通高校学生，包括专科生、本科生和硕士研究生。本书采用狭义概念，并本着代表性与针对性兼顾的研究原则，故调研对象仅选取本科生和硕士研究生。

学生因学而生，以学为生，学生是其基本角色，学习是其首要任务。不同于血洒沙场、保家卫国的将士或军人之勇，大学生的勇德品质主要体现在学习过程中，具体表现为通过勤奋学习、努力求知、艰苦奋斗而不断获得真知识、练就真本领、陶冶真性情，并以此更好地奉献国家、服务人民。从本质上来看，大学生的勇德品质首先表现为一种求真的道德品质，求真是大学生勇德品质的基本前提。它是一种不惧艰辛、不怕困难、不畏强权、不贪功利而无限地追寻真理、探求真理、接近真理、捍卫真理、坚守真理、发展真理的精神与行为。所谓"真"，与"伪""假"相对，字源初见于西周钟鼎文，原义不详，基本义为本质或本性，现代汉语大多将其引申为事物客观存在或真实明了的状态。在我国古籍中，有关"真"的诠释最早出现于《庄子》一书中，"真者，精诚之至也"[①]。在庄子看来，"真"类似"诚"，为"诚"的极点。而何谓"诚"呢？《中庸》将其解释为，"诚者，天之道也"[②]，"唯天下至诚，为能经纶天下之大经，立天下之大本，知天地之化育"[③]。可见，"真"在我国传统文化中具有极其崇高而超越的道德意义，它是受之于天的本然自在的存在。求真则是对这种存在状态的追求及求索，在本质上为求道与求德，表现出人们追求真道与真德的决心、胆魄和毅力，而这显然内含着一定的勇的意蕴。马克思主义认识论把"真"理解为合规律性，即人们的认识过程及其社会实践活动必须符合客观规律，实事求是，一切从实际出发，从而实现对客观事物的真理性认识。相应地，大学生的求真品质则规定着他们的学习与求知活动要契合规律性，大学生应以客观事实为依据，按照事物的本来面目而非自身的主观欲望来反映、理解与把握事物，从而获得对事物客观规律的正确认识，进而将其运用到社会实践中来造福人类。

大学是发现真理、传播真理、发展真理的场所，大学生作为大学的主体理应成为求真的勇者。著名教育家陶行知说过，"千教万教教人求真，千学万

---

① 《庄子·杂篇·渔父》。
② 《礼记·中庸·第二十章》。
③ 《礼记·中庸·第三十二章》。

学学做真人"。求真既是教育的根本,也是做人的真谛。大学生求真的勇德品质至少表现为两点。一是勇于做真人。所谓"真人",即人的本真或真实的状态,是真在人与己、人与人的关系上的反映,包括真正成己和真诚待人两个方面。一方面,大学教育(包括德育)在根本上是一项成人的活动,大学生只有具备成人成己的存在之勇,作为一种真实的存在,真正成为自己,才能称其为成人,才能实现自由全面发展,从而成为一名真正合格的大学生。进入当代社会以后,在多元社会思潮的冲击下,部分大学生逐渐迷失在功利、喧嚣、浮躁、虚无的社会浪潮中,他们本应纯粹、真实、崇高的生命却异变为虚伪、造作、庸俗甚至扭曲的生命。相反,那些信念坚定、意志顽强、价值端正并全身心地学习科学知识、探寻真理奥秘的有志青年,则保留生命的纯真,成为当代的勇者。或许他们也有痛苦、孤独与落寞,但他们独立自主、自由纯真的心灵质地却体现了生命终极意义上的真实。另一方面,大学生不仅要用真的原则处理人与己的关系,做到勇于存在,还要能用真的原则处理人与人的关系,实现勇于共在。此处的"真"是对个人狭隘的一己之私的否定与超越,它要求大学生在与他人交往时应胸怀坦荡、真诚待人,从而建立和维护一个彼此信任、互相支持、互利共生的良好的人际关系。从这两个方面来看,大学生对真人的向往与追求越热烈,他们自身的能动性、创造性与无私性越强大,就越接近真理。二是勇于求真知。庄子曰:"有真人而后有真知。"[①]在这里,我们不仅要把"真"解释为存在论意义上的本真,还要将其理解为认识论意义上的真理。从认识论上看,人类的认识活动在本质上是一项求真活动,其终极目标为获取真知。所谓"真知",既是一种真理性的知识体系,也是知识的澄明、去蔽与无伪的状态。作为已经成年或即将成年的特殊群体,大学生以接受高等教育、成为高级人才为己任;以学习高深知识、研习高深学问为天职。因此,对大学生而言,真知特指高深知识或高深学问。高深知识是指"处于已知与未知之间的交界处,或者虽然已知,但由于它们过于深奥神秘,常人的才智难

---

① 《庄子·大宗师》。

以把握"①的知识。"高深知识往往具有不确定性，多以假设或猜想而存在，需要时间或实践检验予以证实或证伪，它接近于'道'（Being），而非趋于'器'（Doing）。同时，高深知识还具有流动性，它既不会驻足于某一生发点上，也不会终结在既定知识元上。"②高深知识的特有属性决定了大学生的求知活动并非简单地学习已有知识或固守传统知识，而是不断地开拓未知领域、探究未解之惑，追求更加深奥、更加前沿、更加创新的知识，这一方面需要大学生具有勇于求真、坚强刚毅、理性果断的科学精神和无私无畏、心存正义、捍卫真理的道德力量；另一方面还需要他们做到实事求是、诚实守信、尊重真理、坚守原则，敢于同一切谬误、一切歪风邪气作斗争。正如马克思所言："在科学的入口处，正像在地狱的入口处一样，必须提出这样的要求：这里必须根绝一切犹豫；这里任何怯懦都无济于事。"③

当代大学生是崇尚科学精神、学习科学理论、传播科学知识的重要群体，其学习活动不仅是一项"求知为学"的心智历程，更是一种"求真卫道"的道德进路。具体而言，它是一种在学习科学理论时废寝忘食，在传播科学知识时义不容辞，在追求、捍卫真理时舍生忘死，在是非颠倒、价值扭曲时挺身而出的精神境界与实践行为。科学的真谛不在于传递知识、拥有真理，而在于研究学问、探求真理。对真理的探究与求索离不开对现有理论、固有知识的质疑和批判。求真同批判密不可分，求真往往建基于批判之上，批判是求真的前置要件和重要手段。批判性是大学生求真的勇德品质的内在特性，它要求大学生在具体的学习过程中不唯书、不媚上、不迷信权威、独立自主、审慎研判，通过理性思考和大胆质疑在纷然杂陈、复杂多变的现象中辩驳、澄明真相，从而发现规律、找到本质。在现代教育学看来，绝对真理或恒定知识并不存在，人类迄今为止尚未得到任何一条可以不被质疑的真理或知识。正是真理的相对性和

---

① ［美］约翰·S.布鲁贝克：《高等教育哲学》，王承绪等译，浙江教育出版社1987年版，第2页。
② 董云川、李保玉：《研究生教育的品相》，《研究生教育研究》2019年第2期。
③ ［德］马克思、恩格斯：《马克思恩格斯选集》（第二卷），中共中央马克思恩格斯列宁斯大林著作编译局译，人民出版社1995年版，第35页。

知识的不确定性，才使得人类的认识活动及求知过程充满了复杂性和艰巨性。大学生作为以求知、求真为己任的知识青年，其勇德品质正是体现在对这种复杂的认识活动以及艰巨的求知过程的应对与克服之中。认知心理学认为，认识的提高与知识的增长并非一个简单的积累式的新识叠旧识、新知加旧知的过程，而是个体对原有认知结构不断批判辩驳、持续修正甚至全部抛弃、重新建构的过程。对大学生而言，遵从学术权威、学习经典理论、掌握前人知识固然重要，但若对其不假思索、不加批判地全盘接受，则会使他们陷入他者困境，被既有的理论知识束缚，从而无法实现学术创新。反之，大学生唯有勇于破除学术权威禁锢，敢于批判现有理论学说，善于自主思考、独立判断，不墨守成规、因循守旧，对当前的理论与实践问题进行大胆假设、小心求证，才能无限地接近真理，实现知识增长和能力提升，成为真人或全人。

二、向善：合宜性

大学生的勇德品质不仅表现为对"真"的追求，还内含着对"善"的向往。所谓"善"，是一个较为含混的概念，泛指事物完好、圆满、利他的特性和能力。在伦理学上，善是个体所具有的一种有利于人类共同利益的优良品质。马克思主义认识论将"善"理解为合目的性，即人的活动总是为了人类的共同目的（终极目的）且按照其共同要求（道德准则）而进行。善是人类特有的品性，是人类本质的体现，人类的实践活动及结果只有首先符合人类自身的需要或利益，才能称为善。向善是人类对善的追求与向往，是人类为了追求共同利益、实现共同目的而呈现出来的无畏精神和道德力量。人类向善的过程实质上是人类超越自我，脱离动物界，即脱离野蛮、愚昧、自私与狭隘而走向文明、理智、开放与共享的过程。与求真一样，向善也是大学生勇德品质的内在构成，还是大学生勇德品质的根本所在。在大学生勇德品质的内在构成中，求真遵从的是真理原则，要求大学生的思想认识及行为活动应反映事物的本来面目，遵循事物的发展规律，追求并服从真理，从而实现主观同客观的一致。而向善遵从的则是价值原则,强调大学生应按照人类的共同需要和共同利益去认识世界与改造世界,不断创造价值与实现价值,从而实现客观同主观的一致。从表面上看,求真与向善背道而驰、相互矛盾。实际上,两者内在一致、辩证统一。求真佐证向善,向善引领求真;求真是向善的重要方式与主要手段,向善是求真的根本任务与基本目标。在大学生的认知与实践活动中,求真是基本要求,向善是根本任务。尽管就求真本身而言,它是一种善的认知活动,是实现善的方式和手段,但其目的和结果却是未定性的。从目的上看,人们既可以为善而求真,亦可能为恶而求真;从结果上看,求真的成果(真理及其转化应用如科技、武器等)既可以用于善的事业,亦可能用于恶的罪行。大学生的求真活动只有合乎道德,符合善的要求,才能发挥其应有的价值和意义,从而增进人类福祉。中国科学院院士、华中理工大学原校长杨叔子针对当代大学生的道德素养状况发出了"永必求真,今应重善"[①]的德育号召,并进一步指出:"如果学生不能用自己所掌握的科学技术来为自己的国家和民族服务,不能用自己所掌握的科学技术引导社会潮流前进,而是相反,那么,其作用比不掌握现代科学技术更坏。"[②]显然,在杨叔子看来,当代大学生应把向善作为自身的道德修养和人格理想,不仅要勇于求真、辨别真假,为真理而奋斗,更要勇于向善、区分善恶,为正义而奋斗。求真与向善是大学生认知活动中两个内在统一、密不可分的过程,唯有将两者有机地统一在大学生的学习与生活之中,才能真正发挥大学生的内在价值,使其成为理性明智、感情充沛、德性丰满的个体。

向善具有利他倾向,往往意味着个体要为了集体利益而让渡、牺牲部分个人利益,要为了公共需求而节制、调适自我欲望,这显然内含着果敢、坚毅、友爱与节制的勇德精神。《国语》有云:"从善如登,从恶如崩。"[③]可见,从善

[①] 引自杨叔子在1996年11月第二次全国加强大学生素质教育试点院校工作会议上的发言论点,该论点在1998年4月第三次全国大学生文化素质教育试点工作研讨会上得到了重申及深化。
[②] 游建军:《对"永必求真,今应重善"的思考》,《电子科技大学学报(社会科学版)》1999年第3期。
[③]《国语·周语下》。

或向善并非一个人人均可轻而易举地获得的品质，而是充满艰难、纠结与冲突，唯有勇德之人，才能得以克服与达成。对个人而言，向善不仅要在思想上满足，懂得感恩、仁爱包容、心存善念的内在规定，还要在行动上符合勇于担当、善待他人、多行善事的外在要求。具体来看，大学生向善的勇德品质至少体现为以下两点：一是勇于存善心。行为心理学认为，任一行为的产生均非偶然，而是一定思想观念及其内在需要的结果。同样，善的行为的产生也总是基于一定思想观念及内心需要的刺激与诱发，善人总做善事，善心方能善举。从道德评价中动机同效益相一致的原则可知，人们的行为若想被认为是善的，他们就必须首先从思想上端正行为动机，充分认识到作为公民所应肩负的社会责任与道德使命，主动担当，勇于作为，时刻把人民的共同价值和整体利益放到首位。大学生作为社会的精英和国家的未来，担负着国家和人民的重托与厚望。他们只有节制私欲，保持善心，勇挑重任，主动担当，培养并树立正确的人生价值观，将普遍的道德原则及共同的道德规范内化为自身的道德意识与道德自觉，实现自我价值和社会价值的高度统一，其行为活动才能直接指向善，他们自身也才能真正成为一个有勇有德的人。二是勇于施善行。大学生的善不仅是一种内在的道德精神，更是一种外在的道德行为。大学生的善心属于善的内在规定，这种内在规定如若不能转化成善的行为，符合善的外在要求，那么它仅仅是一项可能性的、潜在的善，而非必然性的、现实的善。大学生的善行是其善心的外在显现，它不能只停留于价值层面，而要落实到实践层面，需要大学生在具体的行为实践中反映自身善的需要和善的愿望，完成他们的道德使命。然而，在现实生活中，人们常常习惯于首先按照自身需要与自我效用来决定行为活动的方式与方向，侧重于追求自我利益的满足。只有当他们的思想觉悟提升到一定水平以及道德勇气增强到一定程度时，他们才能超越自我利益，将人类的共同利益融进自我价值之中，使行为趋向于善。大学生作为时代发展的引领者和社会道德建设的领航者，其行为实践的立足点要高于普通民众，他们应以较高的思想觉悟和较强的道德勇气，大力践行自身的道德使命，做善事、行善举，从而获得自身存在的社会价值和道德意义。

向善（善心和善行）不仅离不开勇德，而且其本身就是一种勇德。善通常与道德相连，作为人类为自身所设定的价值要求，在社会生活中一般表现为诚信、正义、友爱、仁慈等具体的道德形式。但这并不意味着，道德等同于善，抑或道德构成了善的全部。仔细辨析，道德的本质是一种意识形态，是相对的，随着社会物质水平及经济关系的变化而变化，而善的本质则是一种纯粹的绝对命令，是绝对的。前文中提到的"道德是向善的"也只是用来表明，与道德相比，善是第一位的，优先于道德，是道德的本源和根本，道德的发展与变化要以善为前提和依托。事实上，某一时空的道德形态仅仅是善的一种表现形式，善除了这一时空道德形态所要求的表现形式之外，还具有非道德或另一时空的道德的表现形式。"非道德的善"[①]构成了马克思道德哲学的重要内容。艾伦·伍德认为，在马克思那里，善有"道德的善"与"非道德的善"之分，而"非道德的善是除了良心、义务、自责或美德的爱之外，我们（对我们自己或对他人）所意图之物。它们包括快乐、幸福和（我提到的）所有马克思推翻资本主义的目的：自由、共同体、自我实现、繁荣、安全和身体健康"[②]，具有非意识形态性[③]、独立性和批判性三大特性。据此可知，非道德的善是尚未被统治阶级推崇或尚未成为主流意识形态的善。它并非统治阶级的利益表达，而是任何一个理性之人出于本能都会追求的善，其内容取决于人对自身本质的理解，是独立的、批判的与变动的，常常因人而异。非道德的善为道德的完善与发展提供了可能与空间。勇德作

---

① "非道德的善"是由当代西方马克思主义研究者艾伦·伍德提出的概念，泛指不符合统治阶级当下道德形态的善，是人们在主流意识形态之外的"意图之物"。此处的道德是狭义上的道德，即某一时空的道德，具体表现为资产阶级的道德。在艾伦·伍德看来，非道德的善是社会主义所要追求、实现的道德，马克思对资本主义社会及其道德观的批判正是基于非道德的善这一社会主义的道德观。参见［美］艾伦·W.伍德《马克思与道德》，《马克思主义与现实》2018年第1期。
② ［美］艾伦·W.伍德：《马克思与道德》，《马克思主义与现实》2018年第1期。
③ 艾伦·伍德把意识形态界定为"在社会层面占有统治地位和影响力的信仰、思想或情感体系"，"非道德的善之所以是非道德的，是因为其价值诉求不依附于任何阶级利益，也没有在统治阶级的推动下成为主流的思想体系"（转引自王颖《艾伦·伍德论马克思与非道德的善》，《国外理论动态》2019年第2期）。因此，此处的"非意识形态性"确切地说是非主流意识形态性。

为德目，作为道德的意志力与执行力，在根本上是对善的坚守与践行，既包括道德的善，也包括非道德的善。相比对道德的善的遵守与力行，对非道德的善的向往与追求需要且内含着更大的勇气和德性。对大学生而言，其勇德品质的可贵之处在于，它不只是要求大学生立足道德的善，坚定不移地遵守与执行道德，更需要他们探求非道德的善，并根据时代要求和人民需要从中吸取合宜的元素，不断地完善与发展道德。与普通民众不同，大学生不能停留于仅仅知道何种行为是道德的，何种行为是不道德的，这是现有的道德规范已经解决了的问题，他们所要解决的是，进一步找到行为道德与否的根本原因所在，并在独立批判的基础上深入探寻隐藏在这一答案背后的元道德或善，这就从根本上为勇德注入了向善的内涵。

作为一项根本的勇德品质，向善内含着合宜的特性。合宜性是大学生向善的勇德品质的内在规定性。大学生无论是遵守、践行道德的善，还是探寻、追求非道德的善，均需符合这一内在规定性。所谓"合宜性"，泛指人的行为或事物的状态所具有的一种合适、适宜与应当的性质。在日常生活中，它通常被人们纳入关系范畴，体现为人与己、人与人、人与自然彼此之间所呈现的一种和谐相处、协同一致的统一状态，如言行一致、行为得体、天人合一等。而在学术理论上，合宜性不仅是一种关系范畴，更是一种价值尺度。它是对人的行为方式或事物的发展状态实施道德评判的价值标尺，是评判人与己、人与人、人与自然之间的关系是否和谐统一的道德标准和伦理尺度。具体分析，主要观点有三：其一，合宜性即合义性。在我国传统文化中，义与宜（谊）相通与互训，解释为公正、合宜的道德、行为或道理。如《中庸》曰："义者，宜也。"[1] 西汉贾谊有言："行充其宜谓之义。"[2] 东汉刘熙亦言："义，宜也，裁制事物使合宜也。"[3] 朱熹也说："义者，心之制，事之宜也。"[4] 洋溢着浓厚的道家

---

① 《礼记·中庸》。
② 《新书·道术》。
③ 《释名·释言语》。
④ 《四书章句集注·论语集注》。

思想的论著《淮南子》同言:"义者,比于人心而合于众适者也。"[①]等等。儒家认为,"义"发端于"羞恶之心"这一人的善的本性,它是从人的本性中推演、具化出来的调节社会关系的道德准则,而合义(合宜)则是要求人的行为要遵循人的本性,符合善的要求。其二,合宜性即中道。在西方早期的文化传统中,合宜被理解为中道或中庸,即合适、恰当、适中之意,它是一种介于"过"与"不及"两者中间的状态,亚里士多德将其称之为"善"的品质。作为善的品质,中道或合宜还可以引申为合情、合景、合境之意,即根据情境或情景的不同而灵活变化行为方式,也就是亚里士多德所讲的"要在应该的时间,应该的境况,应该的关系,应该的目的,以应该的方式"[②]释放情感及作出行为,这是一种"最好的"状态。其三,合宜性即同情心。亚当·斯密在中道思想的基础上,从审视人性着手,以人的情感为起点,并借助"公正的旁观者"理论详细地诠释了"合宜性",将其归结为同情心。他认为,合宜性是道德评判的基本依据,并主张"通过别人(公正的旁观者)的感情同我们自己(当事人)的感情是否一致,来判断它们(感情与行为)是否合宜"[③]。换言之,合宜就是当事人的情感反应和公正的旁观者的情感反应相同,即同情。综上可知,合宜性在本质上是一种善或德性,是向善所必须遵循的内在特性。因而,大学生向善的勇德品质在根本上不仅是一个关于知识的问题,更是一个关乎感情合度、行为得体、方法有效的问题。在具体的道德实践中,大学生的勇德行为并非一项单维度的、简单的、技术性的规范化行为,而是一项多维度的、复杂的、艺术性的社会化行为,依赖于大学生对自身、道德规范和社会情境三方关系的正确理解与合理协调。因此,大学生向善的勇德品质就不能仅仅停留在正当性,满足于"做得对",还要追求合宜性,努力"做得好"。

---

① 《淮南子·缪称训》。
② 苗力田主编:《亚里士多德全集》(第八卷),中国人民大学出版社1997年版,第36页。
③ [英]亚当·斯密:《道德情操论》,蒋自强等译,商务印书馆1997年版,第14页。

三、达美：超越性

马克思主义实践论告诉我们，人类的实践活动不仅是一种求真、向善的活动，还是一种达美的活动，真善美是人类的永恒追求，三者的辩证统一是其实践活动的根本要求。对大学生而言，求真的科学精神与向善的人文意识只有统一于达美的艺术境界，求真的激情冲动与向善的宁静和谐只有转化成达美的情感体验，他们才能养成理想的人格素养和良好的道德品质，才能实现自由而全面发展。在大学生勇德品质的内在结构中，求真是基础，向善是灵魂，达美是旨归。达美是对美的追求及到达或通达，是大学生勇德品质的最高境界和终极诉求。何谓美？古今中外的学者们众说纷纭，观点不一。马克思借助社会实践理论，以人的实践活动和动物的本能活动之间的根本区别为起点，从人和物的内在关联中探究美，真正揭示了美的本质。他在《1844年经济学哲学手稿》中指出：动物只是按照它所属的那个物种的尺度来进行塑造，而人则懂得按照任何物种的尺度进行生产，并且随时随地都能用内在固有的尺度衡量对象，所以人也按照美的规律来塑造。① 在这里，马克思对美的阐释是建立在"两个尺度"之上的：一是"任何物种的尺度"（外在尺度），是外界事物或对象本身所具有的客观规律，亦即事物的"真"；二是"内在固有的尺度"（内在尺度），是人自身所体现的主观目的，亦即人的"善"。人类的实践活动既要认识与遵循对象的客观规律，符合"真"的要求，也要把握和实现人的主观目的，满足"善"的需要。这种人或事物所具有的基于实践上的合规律性与合目的性的统一，客观性与主观性的统一，真与善的统一，就是马克思所说的"美"。以此为基础，当代马克思主义学者进一步将"美"解释成"人的本质力量的对象化"②，认为美是人创造的，"是人的生命活力的自由能动的表现"③。可见，美并非一个抽象的、机械的、空

---

① 参见［德］马克思、恩格斯《马克思恩格斯全集》（第四十二卷），中共中央马克思恩格斯列宁斯大林著作编译局译，人民出版社1979年版，第97页。
② 卢善庆：《美学基本理论》，科学出版社1999年版，第45页。
③ 黎启全：《美是自由生命的表现》，广西师范大学出版社1999年版，第61页。

洞的理论概念，而是一种具体的、生动的、形象的生命力量，其本质为人的生命活力或本质力量的对象化或物化的显现。达美就是对人的生命力的自由释放、尽情发挥与充分实现，而其中显然内含着勇德意蕴。与美一样，勇德在本源上亦指人的生命力，是人所具有的释放激情、保持活力、实现自我的生命力量。这是一种达美的道德品质，达美是个体人格理想的最高境界，是大学生勇德追求的最高目标。

达美之所以在大学生勇德品质的内在结构中处于最高位置，在于其自身所内含的超越性。超越性是大学生达美的勇德品质的内在规定性。对大学生而言，无论是达美所要求的生命本质的充分发挥，还是勇德所蕴含的生命活力的自由释放，均离不开他们自身的超越性。从根本上来看，大学生达美的勇德品质就是一种不断创造、不断超越的道德品质。"超越"是中西方传统哲学中一种十分重要的价值诉求，昭示着对现象、经验、有限、暂时、先在等的突破，指向对本质、超验、无限、永恒、未来等的提升，它是一种从"此岸"到"彼岸"的逾越。马克思认为，人的生命具有自我超越的特性："人不是在某一种规定性上再生产自己，而是生成出他的全面性；不是力求停留在某种已经变成的东西上，而是处在变易的绝对运动之中"[①]，而这种超越性则归根于人的"二重性"[②]的生存方式。在马克思看来，人的二重性的生存方式使人成为一个既区别于神又区别于其他动物的特殊存在，他一半是受心灵支配的天使，一半是受肉欲支配的恶魔，这种灵与肉的二元张力使人获得了不断超越的空间，使其拥有了超越自然，走向社会；超越物质，走向精神；超越有限，走向无限；超越适应，走向创造；超越假恶丑，走向真善美等诸多可能性。显然，人的生命本质在于超越性，人不仅是一个适应自然的、基于物质的、有限的现实性存

[①] ［德］马克思、恩格斯:《马克思恩格斯全集》(第四十六卷)，中共中央马克思恩格斯列宁斯大林著作编译局译，人民出版社1979年版，第486页。
[②] 马克思在《政治经济学批判》中指出："人双重地存在着，从主体上说作为他自身而存在着，从客体上说又存在于自己生存的这些自然无机条件之中。"([德］马克思、恩格斯:《马克思恩格斯全集》(第三十卷)，中共中央马克思恩格斯列宁斯大林著作编译局译，人民出版社1995年版，第484页) 简言之，人既是一种自然性存在，又是一种社会性存在(包括精神性存在或意义性存在)。

在，更是一个善于创造的、趋向精神的、无限的超越性存在。正是这种创造性、精神性、无限性等超越的特性，才使得人从动物中分离出来，获得了自身的崇高和高贵，并得以本质化或对象化存在，从而创造了美。大学生作为高级别、高层次的社会群体，其达美的勇德品质自然要以追求创造、向往崇高、实现超越为诉求。具体来看，这种超越性主要表现为两个方面。一是内在超越。它要求大学生按照自身的内在尺度，充分发挥本质力量，努力创造出美的自我。作为一种自然性存在，大学生是有限的、感性的，受到七情、六欲、疾病、缺陷等诸多身心因素的内在限制，他们只有坚定理想信念，凝聚意志力量，勇于正视自身的不足，敢于不断否定自我、超越自我，充分发挥自身的本质力量，才能摆脱欲望的控制，获得内心的宁静，塑造出美的自我。二是外在超越。它要求大学生按照事物的外在尺度，遵循事物的客观规律，借助自身的本质力量，不断创造出美的事物。作为一种社会性存在，大学生是现实的、关系的，难免受到功、名、利、禄等诸多社会因素的外在束缚，他们只有不断涵养自我、挑战自我，修身养性、宁心静气，把激情、兴趣与精力转移到学习与创作中去，才能更好地认识对象、理解对象，进而将自身的本质力量融入对象，创造出美的事物。

超越性体现了大学生追求自我、超越自我、实现自我的不懈努力，蕴含着他们对更进步、更崇高、更美好的精神生活的积极追求。超越性是大学生主体性、能动性与创造性有效发挥的内在支撑，是其生命本质力量充分实现的有力确证，是他们是其所是的内在特性。缺少了这一特性，大学生难免被世俗物欲所左右，沦为"单向度的人"[①]。确证大学生作为一种超越性存在，逻辑上面临的问题则是，这种超越性源于何处？其价值依托何在？沿着这一路径并将该问题放大到整个人类来分析，就产生了历史上的两大误区：

---

① "单向度的人"，又译作"单面人"，是法兰克福学派的代表人物马尔库塞在批判现代资本主义工业社会的"极权主义倾向"时提出的概念，他认为现代工业社会在给人们带来生活便利的同时，也压制了人们内心的否定性、批判性与超越性的向度，使他们日趋成为一个丧失自由、缺乏思想、缺少创造、缺失情感的单向度的人。参见［美］赫伯特·马尔库塞《单向度的人——发达工业社会意识形态研究》，刘继译，上海译文出版社2008年版，第3—28页。

一是天道论，又称"神命论"，即神的意志论。这种观点以中世纪神学为代表，主张神的命令或上帝的意志是一切道德的最终来源。某一行为或事物只有遵从了上帝的命令，才能被当成真的、善的或美的。超越性作为一种道德品性，正是源于这种超验领域，依托于上帝的恩赐。二是人道论①，又称"人命论"，即人的天性论。这种观点以我国传统哲学为代表，主张人的天性或人的先天存在是道德的本源，人性本善，达道成德无须外求，但净自心，明心见性。超越性正是源于人的先验领域，依托于人的天性或本心的回归。上述两种观点的共同之处在于，都将超越性这一道德品性看成一种脱离现实的、抽象的"自在之物"②或"先在之物"，这渲染着浓厚的唯心主义色彩，前者为客观唯心主义，后者为主观唯心主义。事实上，超越是基于现实且对现实的超越，人的超越性离不开人的现实性，须以人所面对的客观物质条件及现实社会关系为基础。马克思从历史唯物主义的视角出发，以"现实的人"为逻辑起点和价值指向，对人的超越性及其他道德品性作出了实践论的解释。他指出："人的思维是否具有客观的真理性，这不是一个理论的问题，而是一个实践的问题"③，因为"全部社会生活在本质上是实践的，凡是把理论引向神秘主义的神秘东西，都能在人的实践中以及对这种实践的理解中得到合理的解决"④。在马克思看来，社会实践是人的生存基础与存在方式，是人之为人的本质规定。人只有在社会实践中，借助劳动手段，才能做到内在尺度和外在尺度的统一，才能同时实现内在超越与外在超越。可见，人的超

---

① 此处的"人道论"区别于"人本论"或"人道主义"。前者是我国传统文化的一个重要主张，强调人的天性（先天存在）高于一切，一切道德规范及道德行为均是对人的天性的遵循和回归，本质上是一种先验主义；后者是源于西方的一种近现代社会思潮，强调人本身的价值高于一切，提倡关怀人、尊重人、以人为中心，主张自由博爱、人格平等、相互尊重，本质上是一种人伦关怀。
② "自在之物"有两种理解：一是康德的理解，又译作"物自体"或"物自身"，意指认识之外且绝对不可认识的存在之物；二是马克思主义的理解，意指自然界中尚未被人类认识的物质。此处基于第一种理解。
③ ［德］马克思、恩格斯：《马克思恩格斯文集》（第一卷），中共中央马克思恩格斯列宁斯大林著作编译局编译，人民出版社2009年版，第500页。
④ ［德］马克思、恩格斯：《马克思恩格斯文集》（第一卷），中共中央马克思恩格斯列宁斯大林著作编译局编译，人民出版社2009年版，第501页。

越性是一种自为的存在,源于自身的经验领域,依托于具体的实践劳动。实践劳动是连接人与物的中介,它使人充分发挥本质力量的同时,也使对象获得了这一本质力量,从而既创造了美的自我,又创造了美的事物,实现了人与物的和谐统一,所以马克思说"劳动创造了美"[①]。因此,大学生超越性的发挥及达美境界的达成须扎根于自身的劳动实践之中。他们只有在具体的劳动实践中,才能坚定信念、磨炼意志、激发斗志,不断超越、不断创造,从而成就美的作品,实现美的自我。

总之,勇德作为一项重要的道德品质,是科学的世界观、正确的价值观与积极的人生观的统一。对大学生而言,科学的世界观遵循着真理原则,内含着批判性要求,主要解决的是求真的问题;正确的价值观遵循着价值原则,内含着合宜性要求,主要解决的是向善的问题;积极的人生观遵循着生命原则,内含着超越性要求,主要解决的是达美的问题。因此,大学生的勇德品质是真理原则、价值原则与生命原则的统一,是批判性、合宜性与超越性的统一,是求真、向善与达美的统一。作为一种勇德品质,求真、向善与达美不会自动实现,它依赖于大学生在实践中不断努力、不断奋斗。这一努力奋斗的过程充满着艰辛与坎坷,不仅需要大学生下定决心、坚定意志进行自我革命,还需要他们鼓足勇气、扛起担当,同一切假恶丑的现象或行为作斗争。大学生在人生的征程中应以真善美为人格理想,以求真、向善、达美为勇德诉求,奋勇前进、积极进取。唯有如此,他们才能真正成为一个勇敢的人,"一个高尚的人","一个脱离了低级趣味的人"。

---

① [德]马克思、恩格斯:《马克思恩格斯全集》(第四十二卷),中共中央马克思恩格斯列宁斯大林著作编译局译,人民出版社1979年版,第93页。

第二节　大学生勇德品质的历史使命

作为一个正式的、成熟的思想体系，勇德产生并成形于先秦时期的儒家，历经两千多年的淬炼、洗礼与升华，内化成中华优秀传统文化的思想结晶和道德精髓。在中华传统文化中，勇德作为君子的理想人格，不仅是一种凝聚在认知、情感、意志与信念上的道德精神，还是一种融入于精神生活、社会生活、文化生活与政治生活中的道德行为，这使得传统知识分子在看似孱弱与怯懦的外表下内隐着坚韧无比的人格魅力与刚强不屈的道德力量。这种人格结构的可贵之处在于，它体现了传统知识分子的道德理想和政治理想，凸显了他们的使命意识与责任担当。北宋大儒张载（世称横渠先生）将之归纳、提升为："为天地立心，为生民立命，为往圣继绝学，为万世开太平。"[1]（冯友兰称其为"横渠四句"）"横渠四句"为中国传统知识分子提供了安身立命之道，指明了实现自我价值之途。尽管已时过千年，但它所传递的价值观念和思想情怀至今仍保持着旺盛的生命力，对大学生勇德品质的养成及理想人格的塑造具有现实指导意义。国学大师马一浮先生于抗日战争时期在浙江大学讲学时，以"横渠四句"鞭策学生"立志"："昔横渠先生有四句话，今教诸生立志，特为拈出，希望竖起脊梁，猛著精采，依此立志，方能堂堂的做一个人。须知人人有此责任，人人具此力量，切莫自己诿卸，自己菲薄。"[2]今日，面对复杂多变、日益紧张的国内国际局势，大学生更应该深入体认"横渠四句"精神，挺起民族脊

---

[1] "横渠四句"有很多版本：最早的版本为宋本《张子语录》所载，"为天地立心，为生民立道，为去圣继绝学，为万世开太平"，朱熹主编的《近思录》、明版《张子全书》中的《近思录拾遗》所载亦是如此；最常见、最常用的版本为明清版《宋元学案》所载，"为天地立心，为生民立命，为往圣继绝学，为万世开太平"。参见张岱年《试谈"横渠四句"》，《中国文化研究》1997年第1期。

[2] 虞万里校点：《马一浮集》（第一册），浙江古籍出版社1996年版，第5页。

梁，奋勇前行，为国家富强、民族复兴与世界和平而奋斗。习近平总书记在与知识分子、青年学者的多场座谈会中，多次引用"横渠四句"，勉励大家以"横渠四句"为志，大力发扬古代读书人的治学精神，积极为国家与人民述学立论、建言献策，勇担历史赋予的光荣使命。作为一种道德理想和政治理想，"横渠四句"以勇德为实现手段，蕴含着丰富的勇德思想，不仅是传统知识分子勇德人格的理想目标和责任担当，也是当代大学生勇德品质的理想愿景和历史使命。

一、精神价值层面：为天地立心

人生于天地万物之中，能否成为主宰，由己不由他。相比其他万物，人的高贵之处在于，人不仅是一种物质性存在，还是一种精神性存在；人不仅能为自我立法，还能为"天地立心"。在中国传统文化中，知识分子将人的精神属性提升至最高位置，大都以追求与提升自身的精神性存在为己任，崇尚修身养性、内圣外王之道，从而使得自身的勇德品质内隐在精神生活中。在精神价值层面，传统知识分子的勇德品质根植于"为天地立心"这一最高的道德理想。在古人看来，天地人是一个统一的、不可分割的整体，即天人合一，天地本无心，而人有心，天地之心实则人之心。如《礼记》曰："人者，天地之心也。"[①] 张载亦言："天无心，心都在人之心。"[②] 可见，在张载那里，人获得了巨大的能动性、创造性和超越性，不再是"听天由命"者，而是"为天地立心"者，能够为天地万物提供一个符合"天地之德"的解释。这种解释是在"天人合一"或"天地万物一体"的前提下作出的，因而是符合"天地之德"的，是客观的、唯物的，而非主观的、唯心的。这可以从张载的"太虚即气"的本体论中得到佐证。张载曰："太虚无形，气之本体，其聚其散，变化之客形尔。"其意为太虚（宇宙）看似无形，但并非空或无的，而是一个充满气的实体性存

---

① 《礼记·礼运》。
② 《经学理窟·诗书》。

在，气聚则化成有形的万物（包括人），气散则归于（看似）无形的太虚。而所谓"天地之德"，即天地之所以为天地者，也就是天地之气的聚散或变化之性（道）。天地在赋予万物以不同的气质与形体、造化出丰富多彩的万物的同时，也无一例外地将天地之德熔铸到万物之中，使其拥有了共同的、与天地一致的"本然正性"。正是这种"本然正性"，才使人具备了通天、通地、通万物（天人合一）的能力和勇气，进而得以为天地确立人之心。简言之，"人之心"中的"人"是被天地造化的人，而"心"则是蕴含着天地之德的心，这种"心"本然如是，而非因人才确立，人只是将其显现于天地之间。所谓"为天地立心"，即是从融于天地之间且被天地造化的人出发，由他们通过自身的努力，体认天地之德，开显自我本心。显然，这在根本上是一个认识论问题，而非价值论问题。"为天地立心"并非要求人将自身的主观价值和内在尺度强加于天地之上，而是鼓励人遵循、还原与显现天地所固有的尺度，其前提是人对天地之德或本然正性的体认、发现和掌握。正如张岱年所言：人是天地之间的一部分，人对天地的正确认识，就是为天地立心。[1] 作为一种认识论，"为天地立心"旨在告诫读书人要不断学习，不断体认，深切理会天地之德，从而"明心见性"。进一步分析，这种天地之德或人之心是什么呢？儒家将其归结为"仁"。《周易》曰："天地之大德曰生。"[2] 天地最大的、最根本的道德就是创造了生命，生化了人心。而人心之全，则为仁，如孟子曰："仁，人心也。"[3] 张载亦明确提出，"天本无心，及其生成万物，则须归功于天，曰：此天地之仁也"[4]。在这里，"仁"以天地万物为一体，是一个源于天地、发于人心的超越并主导万物的概念，是天地之魂和道德之根。所以，对儒家传统知识分子而言，"立心"即立仁，读书求道就是要探求仁，发现仁，确立仁，从而以此通天地，内圣而外王。正如马一浮先生总结说："学者之事，莫要于识仁求仁，

---

[1] 参见张岱年《试谈"横渠四句"》，《中国文化研究》1997年第1期。
[2] 《周易·系辞传》。
[3] 《孟子·告子上》。
[4] 《经学理窟·气质》。

好仁恶不仁，能如此，乃是'为天地立心'。"①

"为天地立心"是从精神价值层面对传统知识分子提出的勇德要求，因而构成了当代大学生在精神价值层面的勇德使命。对当代大学生而言，履行"为天地立心"的勇德使命，重在解决认识论的问题，旨在以大格局、高境界、宽胸怀的道德品性求知求真、爱己爱人，即通过发展思维、提升认识，以发现规律、获得真理，从而为天地确立一套普遍认可的精神价值体系。具体来看，主要表现为三个方面。一是求知的格局要大。大学生若要"为天地立心"，首先就要获取天地之知。它是一个统摄整个人类社会、自然界乃至太空宇宙的知识体系，一般隐匿于未知领域并以真理的形式而存在。这就决定了，大学生要以学习大道理、研究大学问为己任，以深挖已知领域、开辟未知领域为使命，以大格局、高站位、广视野为指导，不断实现对天地的规律性、真理性的认知。为此，他们就要勇于破除思维局限，突破认知障碍，摆脱自我束缚，展望未来、放眼宇宙，以天地万物为学习、研究的对象，努力学习真知，勇敢探索未知，从而不断发展思维能力，逐渐提升认识水平，进而发现宇宙运行规律，掌握万物变化机理，最终为整个人类社会、自然界乃至太空宇宙寻求、确立一个超越性、主导性的解释依据。唯有如此，大学生才能于自身之内，发现天地之道，体认天地之德，实现为天地立心。二是人生的境界要高。大学生能否发现天地之道与体认天地之德，不仅与自身的积极性、能动性的实现程度相关，还与他们人生境界的高低相关。冯友兰先生根据人对于宇宙人生觉解的程度把人生境界划分为自然境界、功利境界、道德境界、天地境界依次递进的四个层次。其中，天地境界是人生的最高境界，处在这一境界的人觉解到自己不仅是社会的一员，还是宇宙的一员，因而要与宇宙共在，不断超越个人利益和社会利益，为宇宙的共同利益而奋斗。②"为天地立心"就是要鼓励大学生追求天地境界，勇于同天地共在，实现天人合一。大学生唯有以天地境界为志，在精神上不断超越自我，才能在

---

① 虞万里校点：《马一浮集》（第一册），浙江古籍出版社1996年版，第5—6页。
② 参见冯友兰《贞元六书》（下），华东师范大学出版社1996年版，第635页。

喧嚣、浮华的尘世中保持定力，获得宁静，从而真正觉解天地"真际"，深切感悟人生意义。三是仁爱的胸怀要宽。无论是探求天地真知，还是追求天地境界，最终都是为了天地立心。立心才是勇德品质在精神价值层面的最终指向。对当代大学生而言，立心就是要在充分掌握真理、把握规律的基础上，为天地确立一套以仁为核心的普适性的精神价值体系。按照马克思的理解，这一价值体系既是"完成了的自然主义"，也是"完成了的人道主义"，从而实现了"人和自然界之间、人和人之间的矛盾的真正解决"。[①] 在这一价值体系中，大学生要以仁者自居，心存慈善，胸怀宽广，他们不仅要爱己，还要爱人、爱万物，努力追求人与人、人与社会、人与自然、人与宇宙的共在共荣、和谐统一。

二、社会意义层面：为生民立命

人作为一种精神性存在，建基于其社会性存在之上。人只有在现实的社会生活中，通过具体的实践活动，才能实现自身的精神价值。马克思指出："作为确定的人、现实的人，你就有规定，就有使命，就有任务……这个任务是由于你的需要及其与现存世界的联系而产生的。"[②] 这就告诉我们，在现实的社会生活中，人并非一个孤立的精神个体，而是具有一定的社会意义，他们之间彼此相连、共同存在，相互承担着一定的使命和任务。对于我国传统知识分子而言，他们所应承担的最高使命和最高任务是"为生民立命"，这构成了其勇德品质在社会意义层面的最高追求。"为生民立命"与"为天地立心"相呼应，是对后者的具体化及推进落实。它发端于立天地的好生大德，最终落实为立现实社会生活中的普通民众，是人将精神与认知层面的立天地之道转化为行为与价值层面的立人之道的积极作为。它从现实生活中的人出发，寻求人的社会

---

① ［德］马克思、恩格斯：《马克思恩格斯文集》（第一卷），中共中央马克思恩格斯列宁斯大林著作编译局编译，人民出版社2009年版，第185页。
② ［德］马克思、恩格斯：《马克思恩格斯全集》（第三卷），中共中央马克思恩格斯列宁斯大林著作编译局译，人民出版社1960年版，第329页。

意义和存在依据。"为生民立命"最早用作"为生民立道"①，意指为芸芸众生确立一套安身立命的生活准则及道德秩序。"立道"即确立人道（道德规范），"立命"即确立天命（本然正性），"两者措词虽异，而大旨相近"②。"天命"，即上天所赋之令，要义源自《中庸》首句"天命之谓性，率性之谓道"③。意思是说，人的本性授之于天，从天所赋予的视域称为"命"，从人所禀受的视域称为"性"，而按照本性行事则称为"道"④。南宋大儒陈淳在《北溪字义》中进一步指出，"命，犹令也，如遵命、台命之类。天无言，做如何命？只是大化流行，气到这物便生这物，气到那物又生那物，便是分付命令他一般"⑤。显然，在儒家看来，"命"是上天所发的借助气来体现的命令，具体到人事之中，则表现为"性"和"道"。可见，"立命"与"立道"是统一的。从位次上看，立命高于立道，并涵盖了立道的全部意蕴；从内容上看，两者一体两面，分别从不同的视角为人们揭示了天地所赋予人的本然正性及据此而来的安身立命之道。究其根本，"为生民立命"旨在解决的是价值论的问题，要求传统知识分子要以掌控人的命运、指明人的方向为己任，为天下苍生确立一个能够生生不息、繁衍万年的价值体系。

"为生民立命"是从社会意义层面对传统知识分子提出的勇德要求，因而构成了当代大学生在社会意义层面的勇德使命。对当代大学生而言，在现代性语境下履行"为生民立命"的勇德使命，主要体现在三个方面。一是要具有正确的待命态度。生命是天地的大德，当代大学生要"为生民立命"，为天下生民确立现代道德秩序，首先就要为自我立命，树立并保持正确的待

---

① "为生民立命"并非张载的原话，而是后人润色而成。张载的原话是"为生民立道"，后因南宋时期道学被禁，朱熹弟子陈淳将"立道"改造为"立命"。及至明清之际，经大儒王夫之的推崇，"为生民立命"形成了固定格式，为后世广泛传颂。参见续晓琼《"横渠四句"源流考》，《宋史研究论丛》2018年第2期。
② 张岱年：《试谈"横渠四句"》，《中国文化研究》1997年第1期。
③ 《礼记·中庸》。
④ 此处的"道"特指"人道"。在中国传统哲学中，道分为天道和人道。在位次上，天道高于天命，天命高于人道，人道是对天命及天道的遵循与践行。参见南怀瑾《话说中庸》，东方出版社2015年版，第7—50页。
⑤ 转引自续晓琼《"横渠四句"源流考》，《宋史研究论丛》2018年第2期。

命态度。一方面,大学生要树立正确的生命观,持续认识生命、理解生命与感悟生命,不断强化生命的本体价值,逐渐增强敬畏生命、尊重生命、热爱生命与关怀生命的意识,从而深入发掘生命的意义;另一方面,大学生要保持乐观的人生态度,积极、乐观地看待生死与得失,加强修身立德、尽心知性,不断陶冶性情、拓展心胸,从而逐渐提升人生境界。二是要具有积极的从命品格。我国传统知识分子在"命"的面前并非消极悲观的、无所作为的,而是在保持身心平衡与安宁的前提下,以积极、乐观的态度对待命理、引领人道。同样,当代大学生也应该以自强不息的勇德精神面对一切,坚信"命运"的可控性,积极掌控自我命运,主动引领他人命运,自觉践行自然之理与社会之道。按照马克思的理解,积极的从命品格还要求大学生养成"生产生命"的品性,具体表现在两大方面:一方面大学生要通过劳动实践活动达成"自己生命的生产";另一方面他们还要通过生育与教化活动实现"他人生命的生产"。[①] 前者旨在使自己成为自己(成己),后者旨在使他人成为他人(成人)。大学生只有努力于"成己"与"成人"的双向活动中,才能不断实现自我价值,真正担负起"为生民立命"的勇德使命。三是要具有"为民请命"的决心和勇气。当代大学生履行"为生民立命"的勇德使命,不仅要勇于正确待命和积极从命,还要敢于"为民请命"。在当代社会语境下,"为民请命"就是要以人民为中心,以人民利益为重,以人民期盼为念,想民之所想,急民之所急,当人民的利益受到损害时,敢于挺身而出、舍身为民。具体到当代大学生而言,就是要成为公众知识分子,时刻关注时势、关心政治、关怀民间疾苦,做到"铁肩担道义,妙手著文章",敢于不畏强权、不计得失,为公共利益而痛切陈辞,从而为广大民众开辟更大的公共空间,争取更多的公共利益。

[①] 参见[德]马克思、恩格斯《马克思恩格斯选集》(第一卷),中共中央马克思恩格斯列宁斯大林著作编译局译,人民出版社1995年版,第80—83页。

三、学统传承层面：为往圣继绝学

熟读圣贤之书，学习圣贤之道，传承圣贤之志，一直是我国传统知识分子为人为学的根本目标与崇高使命。因此，在中华传统文化中，知识分子的勇德追求不仅表现在精神价值层面的"为天地立心"和社会意义层面的"为生民立命"，还体现在学统传承层面。张载将其设定为"为去（往）圣继绝学"。"往圣"指历史上（此处特指宋朝之前，尤其是先秦及其之前）贯通天人的往古圣贤。他们是通晓天道与人道且达到天人合一最高境界的人格典范，是真善美的化身，是能够且已经实现了"为天地立心，为生民立命"之人。"继"在古语中为体究，即反躬自省之意，现在大都引申为继承弘扬和创新发展。"绝学"是被中断或失落的圣人之学。张载认为，圣人之学在孔子之前就有端绪，可以追溯至周公及更早的三皇五帝，孔子接续了前圣之学，而后孟子又接续了孔子之学，及至孟子死后，圣人之学就此失传，一如韩愈在《原道》中所言：孔子传至孟轲，"轲之死不得其传焉"。① 在他看来，圣人之学或绝学是一种全面解答宇宙奥秘与人生准则的天人之学，也是一种深入阐释"为天地立心，为生民立命"的方法之学。面对自孔孟以降"学绝道丧"的圣学现实命运，宋儒知识分子本着自觉的文化使命和强烈的担当精神，主动学习、发展先圣之学，积极继承、弘扬圣贤之道，此即谓"为往圣继绝学"。从根本上看，"为往圣继绝学"是一种方法论，为传统知识分子指明了一条窥探天人奥秘、贯通天道性命的通达之途，提供了一个立天地之心与立生民之命的思想指南。作为方法论，"为往圣继绝学"内含着传承目标和传承方式的双重要求。在传承目标上，知识分子应以"往圣"为榜样，勇于成为一位知天达人的圣人，而非停留于仅仅知晓人事的贤人。张载痛斥："知人而不知天，求为贤人而不求为圣人，此秦汉以来学者大蔽也。"② 他认为，自秦汉以来，读书人在经学礼乐文化的熏染下，大都认定自身天赋有限而无法成为圣人，至多在前圣的教化下成为贤人，

---

① 王新春：《"横渠四句"的生命自觉意识与易学"三才"之道》，《哲学研究》2014年第5期。
② （宋）张载著，章锡琛点校：《张载集》，中华书局2006年版，第386页。

这是缺乏道德勇气、丧失生命自信的表现。事实上，在传统儒学语境中，"知人"与"知天"是统一的，不"知天"，也就无法"知人"，这就是张载所说的"故思知人者不可不知天，能知天斯能知人矣"[①]。换言之，唯有先"知天"，才能借助天道深入认识人道，理解天道下贯而成人性的命理，从而"知人"。所以，在张载看来，读书人若不能致力于成为圣人，也就无法成为真正的贤人。在传承方式上，知识分子对"绝学"的继承是一种"活态"继承，即动态发展式继承。如上文所述，"继绝学"中的"继"是体究或反躬自省之意，这意味着他们对圣人之学并非机械地学习、僵化地运用或不加任何批判地全盘吸收，而是基于时代要求和具体情境在深入体究与反躬自省中对其进行扬弃、创新与发展。张载面对圣学所遭遇的"学绝道丧"的现实境况，穷尽毕生心力"精思力践""唱此绝学"，通过反躬自省、破旧立新，最终用新儒学继承了孔孟道统，这种使命担当、学术自信与道德勇气，便是"为往圣继绝学"的最好例证。

"为往圣继绝学"是从学统传承层面对传统知识分子提出的勇德要求，因而构成了当代大学生在学统传承层面的勇德使命。对当代大学生而言，履行"为往圣继绝学"的勇德使命，重在解决方法论的问题，旨在以真、善、美的道德标准为"为天地立心，为生民立命"提供一个切实可行的现实路径。具体来看，主要体现为三个方面。一是为学以真。圣人之学作为天人之学，代表着真理或真知。在现代语境中，大学生学习与继承圣人之学，就是要向往真理、追求真知。相比前人，当代大学生生活在信息社会，信息、知识与真理杂糅交错、眼花缭乱、真伪难辨。他们拥有前所未有的知识福利，古今中外的理论学说"一盘可载"，各学各派的思想观点"一网览尽"。同时，他们也面临着形形色色的信息诱惑，娱乐消息排满头条，桃色传闻充斥眼球，情色垃圾屡禁不止等。这个时代比任何时代都更接近真理，也比任何时代都更靠近谬区，"仿真学术"[②]应有尽有，伪劣书籍亦随处可见，甚至更有歪端邪说暗流涌

[①] （宋）张载著，章锡琛点校：《张载集》，中华书局 2006 年版，第 234 页。
[②] 董云川、李保玉：《仿真学术：一流大学内涵式发展的陷阱》，《江苏高教》2018 年第 8 期。

动。面对信息化时代的这一双刃剑，大学生在求知、为学的具体活动中，不仅要具有分辨真伪、喜雅厌俗的能力和态度，还要具有不懈求真、恪尽本分的勇气和道德，做到求知以学，为学以真。此外，圣人之学作为一门绝学，是已经断裂或失传的学问，它"费而隐"，隐而彰，虽无法被直接感知，但可以去体究、发现、省思与领悟。这意味着，大学生对"绝学"的继承或对真理的坚守，离不开自身的深入探索、持续研究与创新发展。在当代社会，大学生只有树立正确的学习观，做到为学以真，不断追求真理与发展真理，才能感悟天地之道，从而实现"为天地立心"。二是为人以善。心理学中的"共情理论"告诉我们，理解一个人的最有效方式，就是成为那个人，即我们只有站在当事人的立场上，通过"移情""共情"与"通心"，才能真正理解当事人的精神状态及行为状况。同理，大学生只有站在"往圣"的高度，按照圣人的标准严格要求自己，通过深入体究与反躬自省，朝着脱凡入圣的目标而努力，才能真正继承"往圣"之"绝学"。圣人作为天人合一的人格典范，是道德的化身，是善的象征，因而，大学生成为圣人的基本前提与最低标准，就是做个道德之人或善人。大学生只有自己首先是一个道德之人，主动遵循道德规范、保持善心、多行善事，才有可能通晓人道、体认人事，从而不断改善、发展现有的社会价值体系，最终实现"为生民立命"。三是为道以美。"为往圣继绝学"内含着学习圣学（绝学）与学做圣人的双重要求，承担着体悟天道与通晓人道的双重使命，在根本上是一个为道的方法之学。而为道的目标是天道与人道的和谐统一，即达美。传统知识分子在为道的过程中，正是通过对圣学和圣人的继承与效仿，对"为天地立心"和"为生民立命"的责任与担当，即对美的追求，来诠释"为往圣继绝学"这一崇高的道德理想。同样，当代大学生在具体的学习活动中，也只有通过不断追求真理、发展真理、崇德向善，才能逐渐发现天地规律，昭示道德准则，从而使自身趋向完美，真正实现"为往圣继绝学"的勇德使命。

四、政治理想层面：为万世开太平

先秦儒家重塑勇德，将其作为君子的理想人格，重在应对政治统治危机及社会生活秩序危机，旨在实现政治稳定及社会安稳。所以，我国传统知识分子的道德理想及勇德追求除了体现在精神价值层面、社会意义层面和学统传承层面，还体现在政治理想层面。"为万世开太平"是张载继"为天地立心，为生民立命，为往圣继绝学"之后，感触先贤圣学，直面社会现实，展望人类未来，勾勒美好蓝图，从政治理想层面，对知识分子发出的高亢呼唤与深深期许。"万世"指世世代代、无穷无尽的人生。"太平"即"太和""大同"，具体表现为政治稳定、社会和谐与生活安稳，是自周公、孔孟之后儒家所推崇的社会政治理想。张载认为，万世太平并非乌托邦，而是"实有之理"，此理能否实现，在于人为，然而，又并非人人均可实现，只有德位兼具的圣王才能达致。因此，知识分子只能"开太平"，而无法"致太平"，"开"是期许之意，而"致"则为实现之意。正如马一浮所言："孔孟有德无位，其道不行于当时，而其言则可垂法于万世。故横渠不曰'致'而曰'开'者，致是实现之称，开则期待之谓。"[①] "开"并非被动的等待，而是基于主动作为之后的期许。知识分子通过游说建议或入仕辅佐圣王，并期许他们实现"太平"，此即谓"开太平"。那么，知识分子又如何能够"开太平"呢？这依托于"为往圣继绝学"。在张载看来，圣人之学俯照人生所有领域，下至生民百姓的了身达命、修身齐家，上至君王帝皇的奉天承运、治国平天下，其中命理均有所开示。更为可贵之处，圣人之学还进而接通了生民与君王的内在关联，通过立命之道与治国之道的交互耦合，使生民与君王纳入一个休戚相关、共存共荣的命运共同体之中。对生民而言，只有天下太平，才能安身立命；对君王而言，只有安身立命，才能平治天下。为此，平治天下就成为生民立命之道的应有之义，安身立命也上升为君王治国之道的理之所在，内圣成德与外王成业趋向统一。生民心系天下、以身许国，君王施仁布德、勤政爱民，双方各安本分、各司其职，齐

[①] 虞万里校点：《马一浮集》（第一册），浙江古籍出版社1996年版，第8页。

心协力、相呼相和，共同开创太平盛世。依张载之见，圣人之学所开示的一切内容如若得到有效贯彻与充分落实，万世太平的盛业就会渐行渐近。显然，"为万世开太平"内含着实践意蕴，在根本上是一种实践论，是张载对知识分子所提出的"经世致用"的实践要求。知识分子"为天地立心"的认知要求、"为生民立命"的价值体现和"为往圣继绝学"的方法探索，最终都是为了实现"为万世开太平"这一终极目标，且他们也只有在开创"万世太平"这一具体的实践活动中，才能得以真正实现自身理想。

"为万世开太平"是从政治理想层面对传统知识分子提出的勇德要求，也是当代大学生在政治理想层面的勇德使命。对当代大学生而言，履行"为万世开太平"的勇德使命，重在解决实践论的问题，旨在以强烈的使命意识和自觉的担当精神承担起社会安定、国家富强、人民幸福、民族复兴的重任，通过厚生济世的入世情怀和积极奋进的实践行为，努力寻求人类社会共存共荣、和谐统一的发展道路。具体来看，主要表现为三个方面。一是胸怀远大理想。"太平"作为自孔孟以来儒家知识分子的政治理想本就不易实现，而开创"万世太平"更是难上加难。可见，张载要求知识分子树立崇高理想，以天下为己任，致力于开创万世盛业，这不仅是知识分子的使命担当，也是他们的勇德体现。在当代语境下，大学生履行"为万世开太平"的勇德使命，就是要树立中国特色社会主义的共同理想，胸怀共产主义社会的远大理想，排除一切阻碍，克服一切困难，自强不息、奋发有为，勇于为理想而斗争，敢于为真理而献身，为实现中华民族伟大复兴的中国梦、为实现共产主义社会而奋斗终生。正如习近平总书记指出，"青年一代有理想、有担当，国家就有前途，民族就有希望，实现我们的发展目标就有源源不断的强大动力"[①]。二是坚定理想信念。"为万世开太平"作为一种崇高理想，在张载看来，并非一个虚的或空的目标，而是一种"实有之理"，其能否实现，取决于知识分子的信念是否坚定及行为是否有效。正如马一浮告诫大学生的那样，横渠四句"绝非夸词"，学者"慎勿以

[①] 习近平：《在同各界优秀青年代表座谈时的讲话》，《人民日报》2013年5月5日。

为空言而忽视之","切勿以心性为空谈而自安于卑陋也。"① 坚定的理想信念作为一种精神追求,是大学生勇德品质的内在支撑与根本要求,是推动勇德精神转化为勇德行为的动力源泉。习近平总书记强调:"理想信念坚定,骨头就硬。"② 而理想信念的坚定,依赖于思想理论的坚定。为此,大学生坚定理想信念,就要以马克思列宁主义、毛泽东思想、邓小平理论与中国特色社会主义理论体系为指导,不断学习真理、认识真理、掌握真理与捍卫真理,使真理指引着理想,让真理转化为信仰,用理想之光照亮奋斗之路,用信仰之力开创美好未来。三是努力学习实践。大学生仅仅拥有远大理想和坚定信念还不够,还要具有将这一理想和信念转化为社会实践的勇气和能力,把自己的人生追求同国家富强、民族复兴与人类共荣结合起来,以实际的、具体的行动参与到现实社会生活中来。大学生只有在具体的学习实践中,通过服务社会、服务国家以及服务全人类,才能真正树立远大理想和坚定理想信念,从而不断实现自我价值。习近平总书记强调:"中国梦是全国各族人民的共同理想,也是青年一代应该牢固树立的远大理想。"③ 共同理想的达成、远大理想的实现以及理想信念的树立离不开中国梦的伟大实践。在新的时代背景下,面对新的世界环境与国际局势,大学生要自觉成为共同理想和远大理想的坚定信仰者以及中国梦的忠诚践行者,积极向上、认真学习、刻苦钻研、勇于创新,以崇高的理想、坚定的信念、过硬的本领,报效祖国,造福人类。

综上,"横渠四句"凝聚了张载的精神追求、社会责任、学术使命和政治担当,彰显了他为国为民的高尚情怀、忧国忧民的责任意识和勇于创新的学术追求。作为一种崇高的道德理想和坚定的勇德追求,"横渠四句"内含着认识论、价值论、方法论和实践论的多重道德要求,既是张载在第一人称之下的自我期许,也是他对知识分子的深深期盼。"横渠四句"不仅是圣者与王者之事,还是每一个读书人之事,其所传递的人生哲学思想及传统文化内涵理应在当代

---

① 虞万里校点:《马一浮集》(第一册),浙江古籍出版社1996年版,第5、7页。
② 习近平:《习近平谈治国理政》(第一卷),外文出版社2014年版,第414页。
③ 习近平:《习近平谈治国理政》(第一卷),外文出版社2014年版,第50页。

焕发出新的生命意义与实践价值。当代大学生肩负着实现中华民族伟大复兴的历史重任，自当以"横渠四句"为志，心系国家、情系人民，勇于担当、勇于创新，努力创造出经得起实践、人民与历史检验的成果。

第三节　大学生勇德品质的当代诉求

"横渠四句"既是传统知识分子的勇德理想，也是当代大学生的勇德使命。而勇德作为一种社会意识形态，具有时代性，在不同的时代背景下表现出不同的时代内涵。作为中华优秀传统文化所蕴含的珍贵精神财富，"横渠四句"在现代语境下内含着现代性转换的历史要求与现实需要。在我国传统文化中，知识分子的勇德品质主要表现为对道德理想、社会价值、生活意义的追求与担当，侧重于强调自身对他人、社会所应承担的责任与义务，其根本为义理之勇。这种勇德品质，自近代以后，被赋予了个体内涵，开始注重对自我价值与生命存在的追求与回归，表现为存在之勇。在当代社会，面对新的时代境遇，大学生的勇德品质既要继承与坚守"横渠四句"的使命意识和责任担当，还要根据时代要求与现实需要，吸纳新的时代元素，注入新的时代内涵，不断发展与彰显个体生命的无畏精神和积极特质，表现为共在之勇。

为实际了解当代大学生勇德品质中的时代元素，本书采用笔谈法，对113名大学生（本科生88人，研究生25人）就"您认为当代社会需要大学生具有哪些勇敢品质？或当代大学生的勇敢或勇气的具体表现有哪些？请用一个或多个词语或句子来描述，如'上进''坚韧不拔''勤奋学习，努力拼搏'等"，并对这一问题进行调查取样。通过调查，共收集到457个词句，剔除无效词句22个（如刘胡兰、本·拉登、奥特曼等人名；吸血鬼、天人合一、御剑飞行等模糊表述），剩余有效词句435个，有效率为95.19%。按照同义词、近义词合并（如"血气"与"胆气"合并为"血性"；"不惧竞争"与"不怕失败"合并为"不惧"；"解决困难"与"克服困境"合并为"克难"），语句并入词语（如"控制自我，战胜自我""一个星期不吃肉，出门不带手机""凡事能够自控"并入"自制"；"有福同享，有难同当""患难与共，同舟共济""与君共存亡"并入"共享"；"为兄弟两肋插刀""执子之手，与子偕老""先天下之忧而忧，后天下之乐而乐"并入"担当"）的方法，对435个词句进行语义分析及项目删减，得到前20个高频词（词频率均≥6.19%）：不惧、血性、自制、担当、奋斗、进取、自强不息、自律、见义勇为、克难、牺牲精神、毅力、拼搏、坚强、迎难而上、合作、冒险、勇猛、共享、博爱（见表3-1）。通过对这20个高频词按照下位概念并入上位概念（如奋斗、自强不息、拼搏并入"进取"；毅力、坚强、迎难而上并入"克难"；自律并入"自制"；见义勇为、牺牲精神并入"担当"；合作、博爱并入"共享"）的方法进行词语的合并与重组，最终确定"进取68.14%、担当52.21%、克难46.90%、自制40.71%、不惧38.05%、血性30.09%、共享23.01%、冒险8.85%、勇猛7.96%"9个高频词。其中，"血性、不惧、冒险、勇猛"仅仅属于"勇"的视域，而不能直接纳入"勇德"范畴。因此，当代大学生的勇德品质主要表现为进取、克难、自制、担当与共享五大元素，这既是当代大学生勇德品质的时代诉求，也是其时代价值的体现。

表3-1 "勇敢"的20个高频词素及词频统计（N=113）

词素	频次	频率（百分比）	词素	频次	频率（百分比）
不惧	43	38.05%	牺牲精神	15	13.27%
血性	34	30.09%	毅力	14	12.39%
自制	29	25.66%	拼搏	13	11.50%
担当	27	23.89%	坚强	12	10.62%
奋斗	24	21.24%	迎难而上	11	9.73%

（续表）

词素	频次	频率（百分比）	词素	频次	频率（百分比）
进取	22	19.47%	合作	11	9.73%
自强不息	18	15.93%	冒险	10	8.85%
自律	17	15.04%	勇猛	9	7.96%
见义勇为	17	15.04%	共享	8	7.08%
克难	16	14.16%	博爱	7	6.19%

一、勇德之用于进取

当代大学生的勇德品质建立在近代以来知识分子所追求的存在之勇的勇德形态之上，遵循着存在之勇的基本规定。存在之勇内含着人格德性，其本质是积极的人格特质。在积极心理学中，积极人格作为人的积极的心理品质，是人潜在的道德品格及所显现出来的积极力量。[①] 相应地，积极的人格特质是指个体所具有的积极、稳定的心理习性及行为模式，是人格中的正向特质与积极力量的统称。它能够给个体带来积极愉悦的情感体验，并塑造他们的坚强意志与坚定信念。大学时期是大学生个体人格形成与发展的关键时期，培养大学生积极的人格特质有助于增强他们的承受力、抗挫力与意志力，健全其心理素质，提升其勇德品质。在个体的心理结构中，积极人格包括进取、希望、仁爱、自信、乐观、韧性、克难等诸多特质，其中，进取是一项最为基本、最为重要的人格特质。所谓"进取"，是指上进、求取之意，即努力上进，奋力争取，力图有所作为。它是一种自强不息、开拓进取、顽强拼搏、锲而不舍的人格特质。作为一项积极的人格特质，进取构成了当代大学生勇德品质的重要内容与基本内涵。一方面，当今时代是一个信息化时代，在互联网、大数据与人工智

---

① 参见［美］C.R.斯奈德、沙恩·洛佩斯《积极心理学：探索人类优势的科学与实践》，王彦等译，人民邮电出版社2013年版，第117—145页。

能的交互作用下，社会日新月异、急剧变革，知识更新的速度之快、范围之广与作用之大前所未有。在这个时代，从辩证的角度看，不上进，就是堕落；不进步，就是倒退。面对这个时刻都在更新迭代的世界，大学生只有自强不息、开拓进取，勇于面对新的时代变革，随时调整自我、革新自我，才能跟得上时代步伐，符合时代要求，不为时代所弃。另一方面，当今时代还是一个充满竞争的时代，瞬息万变、创新涌现的信息时代在给人们带来众多发展机遇与巨大发展空间的同时，也使人们面临的挑战越来越多，面对的竞争越来越激烈。这个时代必然会成就一部分人，也显然会淘汰一部分人。在这个挑战日益严峻、竞争日趋激烈的时代，大学生唯有顽强拼搏、锲而不舍，不惧一切困难与挑战，勤奋学习、努力奋斗，才能逐渐磨炼自我意志，不断提高自身的竞争能力，从而不为时代所淘汰。

在当代语境中，大学生的进取的勇德品质，表现在内外两大方面，它不仅是一种内隐的精神品性，还是一种显性的外在行为。从内在方面看，进取的勇德品质要求大学生始终保留生命中的原始激情与血性气质，永远具有永恒的生命冲动与进取的生命力量，在积极进取、开拓创新中不断否定自我、超越自我与实现自我。在积极进取的状态下，大学生坚持一种有意义的生存态度，保持一颗执着追求的心，以正向的心态和激昂的斗志解读内心、开展学习与体认生活，不断激发潜在的生命力量，从"自在"走向"自为"，从而获得自身存在的价值与意义。从外在方面看，进取的勇德品质要求大学生要勇于把自身内在的进取精神转化为外在的进取行为。站在行为的视角反观精神去向，大学生的进取精神首先体现在学习实践中，表现为一种学习真知、追求真理的开拓创新精神。学习是大学生的首要任务。面对充满探索、创新、速度、力量、竞争等时代元素的当代社会，大学生发扬进取精神，做出进取行为，就是要恪守学生本分，立足学习实践，敢为人先、大胆探索、勇于创新，努力做到陶行知先生所提倡的"敢探未发明的新理，敢入未开化的边疆"。对于我国当代大学生而言，其进取精神最终要落实在国家生活中，表现为一种追求中国梦、实现民族复兴的不懈奋斗精神。习近平总书记在党的十九大报告中指出："经过长期努力，中国特色社会主义进入了新时代……这个时代是全体中华儿女努力同心，奋力实现中华民族伟大复兴中国梦的时代。"① 这从政治理想和社会生活层面为我国当代大学生的勇德品质提出了积极进取、不懈奋斗的时代要求。中国梦是一个贯穿华夏五千年文明史，最能体现中华民族精神和中国人民力量的道德理想。新时代，大学生对中国梦的进一步追寻与对民族复兴的伟大奋斗是其进取精神最为生动、最为崇高的体现。在新的时代境遇下，大学生接受教育、学习真知的进取与奋斗精神，已不再仅仅是为了增长智慧或摆脱愚昧。它在某种意义与更高层次上旨在为民族谋复兴，为世界谋和平，为人类谋幸福，使人们的生活变得更加幸福、美好。这是一种更高目标、更高境界与更强力量的进取品质。

二、勇德之用于克难

积极的人格特质不仅包括进取特质，还包括克难特质。所谓"克难"，是指克服困难之意，即克服各种艰难险阻以圆满完成任务。它是一种乐观自信、不畏竞争、不怕失败、迎难而上、愈挫愈勇的人格特质。在个体的人格结构中，进取特质与克难特质密不可分、相互作用，克难是进取的基础，进取是克难的动力。人生于世并非总是一帆风顺，往往顺境与逆境并存，困难与挑战交织。身处逆境时，面对困难，唯具有克难的决心与毅力，才能不断进取，同时，进取的实现又反过来坚定与增强了克难的自信与勇气。事实上，从人生哲学的视域看，困难是生活的常态，人生就是一个同困难作斗争、不断克服困难的过程。困难能够赋予人们自力更生的能力以及无所畏惧的精神。正是在克难的过程中，人们的能力才得以不断提升，社会才得以不断发展，历史才得以不断进步。勇德作为一种积极的人格特质，在体现进取意涵的同时，也内含着克难要求。正如美国近代思想家爱默生所说："勇敢之人不畏恐惧，他们乐于接受困难、威胁以及敌人的挑战。在逆境的激发下，他们能够释放出积蓄已久的

---

① 习近平：《习近平谈治国理政》（第三卷），外文出版社 2020 年版，第 8—9 页。

能量，以烈焰般的气势去战胜那些穷凶极恶的事物，然后去收获成功的喜悦，迎接宁静与丰收。"①《战国策》中言："服难以勇，治乱以知，事之计也。"②这些都告诉我们，克难是一项重要的勇德品质。一方面，勇德与克难紧密相连。克难离不开勇德并锻造着勇德，勇德内含着克难并有助于克难。另一方面，勇德与克难相互证成。在某种程度上，勇德越高，抗挫能力就越强以及克难水平就越高。同样，我们也可以通过一个人所经历磨难的多少以及克难水平的高低来反观其勇德，这就是《淮南子》所言的"视其更难，以知其勇"③。作为一项重要的勇德品质，克难旨在鼓励人们在面临逆境、困难与艰苦时，无所畏惧、勇往直前，不断克服重重困难，努力取得事业成功。大学阶段是大学生身心发展的关键阶段。在这一阶段，大学生的身心发展呈现出生理趋于成熟而心理相对滞后的显著特点，这种身心发展的失衡状态往往使得大学生在遭遇困难、挫折与压力时产生挫败感，丧失自信心，甚至还容易导致不同程度的心理问题。因此，研究大学生的身心发展特点，遵循其身心发展规律，并有针对性地培育其克难的勇德品质，无论是对大学生身心健康水平的提高，还是对他们思想道德素质的提升，均具有至关重要的作用。

克难构成了当代大学生勇德品质的重要内容，是他们在新的时代背景下"跨难境、迈畏途、立奇功、创伟业"的必备品质。梁启超曾说："天下无往非难境，惟有胆力者无难境；天下无往非畏途，惟有胆力者无畏途……自古英雄豪杰，立不世之奇功，成建国之伟业，何一非冒大险、夷大难，由此胆力而来者哉！"④随着现代化、信息化与全球化的全面推进，大学生在学习、社交、恋爱、就业等诸多方面所面临的困难、挑战与压力越来越大，受挫概率也在不断提高，其身心问题开始涌现，自杀现象随之偶发。事实上，困难及挫折是把双刃剑，既可能使当事者惊慌失措、沮丧失落、烦躁抑郁、萎靡不振、痛苦

---

① ［美］拉尔夫·瓦尔多·爱默生：《自立·成功·勇气》，王颖冲、程悦译，长江文艺出版社 2009 年版，第 107—108 页。
② 《战国策·赵二》。
③ 《淮南子·氾论训》。
④ 梁启超：《梁启超全集》（全 10 册），北京出版社 1999 年版，第 1250 页。

不堪，甚至走向自我毁灭或毁灭他人的不归路，也能够激起他们的一腔热血和昂扬斗志，使其奋发向上、顽强拼搏，从而不断走向成功。对于当代大学生而言，他们身心未熟，经验尚缺，其成功往往与困难、挫折、失败相生相伴。他们只有具备迎难而上、坚韧不拔、愈挫愈勇的克难的勇德品质，才能在激烈的社会竞争中求得生存和发展。这种克难品质不仅要用于克服成事之难，更要用于克服为学之难。为学是大学生的第一要务，而探究学问、追求真理的道路必然"道阻且长"，困难重重，他们唯有拥有不怕困难、克服困难、上下求索的决心和勇气，才能坚持完成学业并获得成功。正如朱熹所言："君子之学，不为则已，为则必要其成，故常百倍其功。此困而知、勉而行者也，勇之事也。"① 我国大学生是祖国的希望、民族的未来，是实现中华民族伟大复兴中国梦的重要力量。同样，国家的富强与民族的复兴也为大学生的成人、成才和发展提供了重要支撑。在实现中国梦与构建人类命运共同体的今天，大学生的梦想与命运同民族、国家以及全人类的梦想与命运内在统一、紧密相连。因此，当代大学生克难的勇德品质，在更高层次与更高意义上，还要体现并落实为对民族、国家与人类所面临的现实困境、严峻挑战的砥砺前行、克难攻坚与不懈奋斗。

三、勇德之用于自制

当代大学生的勇德品质不仅包括用于调节外部行为的克难品质，还包括用于调节内在心理的自制品质。所谓"自制"，是指人们为了做出正确的行为选择或遵循客观的道德法则而在自我理性的指引下对自身的情绪、情感和欲望所进行的自我调节和自我控制。它既是人们理性精神和道德意志力的集中体现，也是主体道德自律、道德自主和道德自由的基本前提，还是个人实现美好生活的必备品质。个人在追求幸福人生、实现美好生活的道路上所面临的困难或困境有很多，既可能是诸如自然环境、社会条件、竞争压力等外部困难，也可能

---

① 《四书章句集注·中庸章句》。

是情感欲求与理性判断不一致的内在困境，而对这种内在困境的协调、克服与解决就是自制，即把自身的情感和欲望纳入自我理性的控制之下，从而使自己不为情欲所奴役。

在学理上，进一步探究、理解自制与德性、勇德之间的内在关联，离不开对西方德性伦理中的自制思想的回顾与梳理。在苏格拉底那里，自制是德性的基础，它本身或许不高贵，"但对于要行高贵之事的人而言，它是必需的也是好的"[①]。亚里士多德以此为基础，对"不能自制"作出了深入阐释，反证了自制在道德行为中的重要作用。他认为，人们对于美德的追求需要抵制"恶、不能自制和兽性"三种坏的品质，其中，不能自制，即不能或无法自我控制、自我支配，是指人们虽拥有善的初心但却因抵挡不住情欲的诱惑而走向了善的反面。[②] 在亚氏看来，不能自制者虽然做了错误的或不道德的行为选择，但他们的"起点"或初心是好的，就此而言他们要好于放纵者。进一步分析，不能自制者何以抵挡不住情欲诱惑而偏离善的要求呢？抑或他们为何不能按照自身的真正意愿（实践智慧）而做出善的行为选择呢？问题的出路在于如何看待不能自制者所拥有的善的初心。事实上，不能自制者所拥有的善的初心只是一种主观的为善的意愿，而非"善"本身，其在更为深层的精神意志上则表现出明显的不足甚至欠缺，正是这种不足或欠缺，使得他们主观的善愿无法转化为现实的善行。亚里士多德将人在为善过程中所表现出来的意志力不足或欠缺的现象表述为"意志软弱"，认为不能自制在一定程度上是"意志软弱"的问题。如此，作为不能自制的反面，自制就是一种关于意志坚定的品质。而德性（包括勇德）作为善愿与善行的统一，显然内含着意志坚定的成分，离不开人的自制。而到了康德那里，自制不仅是德性的基础，其本身就是一种德性。康德认为，人的本性中存在一种无法根除的趋恶倾向，它是人所可能有的最大的、最

---

① 转引自杨志城《苏格拉底的自制教育：基于色诺芬〈回忆苏格拉底〉的分析》，《全球教育展望》2020年第8期。
② 参见［古希腊］亚里士多德《尼各马可伦理学》，廖申白译注，商务印书馆2003年版，第191页。

根本的恶（radical evil），而德性则是人同这种根本恶做斗争的决心和力量。①他说："反抗一个强大但却不义的敌人的能力和深思熟虑的决心是勇气，就我们心中的道德意向的敌人而言是德性或道德上的勇气。"②可见，与苏格拉底和亚里士多德的德性思想不同，康德的德性概念在范围上聚焦于勇德，在内涵上等同于自制。在康德看来，一方面由于人性中存在着根本恶，所以，德性（勇德）首先表现为一种自制的力量，这是一种同自己的原初性情、欲望作斗争的力量，即用理性来支配、控制和驾驭自己的激情和欲望，做自己的主人；另一方面由于人性中的根本恶无法根除，所以，德性（勇德）不是一种稳固的道德品质，而是永远处于培育过程中，是一个不断自制的过程，并在自制中得以不断培育。

西方的德性伦理思想告诉我们，勇德作为一种德性与自制密不可分，个体勇德品质的培育及养成离不开自制的力量。对于当代大学生而言，其勇德品质的培育及养成是一个不断自制的过程，甚至在某种意义上，其勇德品质就是一种自制品质。自制构成了当代大学生勇德品质的重要内容，并在勇德品质的培育及养成中发挥着重要作用。一方面，大学生正处于青春期向青年期过渡的特殊阶段，这一阶段他们的情绪状态与情感发展很不稳定，往往呈现出自尊心强、敏感性高、兴奋度高、反复性大等特点，若不加以有效引导及适当控制，在遭遇挫折或面对压力时，很容易诱发诸如焦虑、烦躁、抑郁等心理健康问题。另一方面，在新的时代境遇下，当代大学生所面临的是一个物质极大丰富、意识形态极其多元、交往空间极为开放的现代化、信息化与全球化的社会。这个社会在给大学生带来安逸的便利生活、丰富的物质享受和多元的效应满足的同时，也使得原本就年轻多梦并喜欢追求刺激、尝试新鲜的他们的欲望趋于膨胀。对这种欲望，如若不加以节制，任其无限膨胀，大学生就极易步入

---

① 参见［德］康德《单纯理性限度内的宗教》，李秋零译，商务印书馆2012年版，第23—25页。
② ［德］康德：《道德形而上学（注释本）》，张荣、李秋零译注，中国人民大学出版社2013年版，第166页。

波德里亚所说的"仿真空间",并掉进这一空间所精心编织的"异化陷阱"。[①]正是这种波动不定的激情和趋于膨胀的欲望,使得当代大学生勇德品质的养成并非一件容易的事情,甚至还是一件相当困难的事情。它需要一种意志坚定的力量,即自制,离开了这种力量或自制,当代大学生勇德品质的养成将难以想象。在当代社会,培育大学生的自制品质,就是要通过具体的学习与实践活动,不断磨炼其心志,坚定其意志,提升其勇气,使他们逐渐养成自律、自主、自觉与自控的人格特质,从而提高他们抵制诱惑、克服欲望与保持定力的能力。值得注意的是,培育大学生的自制品质,既不是让他们为了自制而自制,也不是鼓励他们追求苦行僧式的禁欲生活,而旨在通过培育他们的实践理性,以提高实践理性对自身情欲的支配、控制能力。

四、勇德之用于担当

当代大学生的勇德品质不仅表现为进取、克难、自制等积极的人格特质,还表现为担当、共享等崇高的人格理想。中华传统文化蕴含着丰富的担当思想,如孔孟之道中的"当仁不让""舍我其谁",曾子的"仁以为己任",张载的"横渠四句",顾炎武的"天下兴亡,匹夫有责",等等,这集中体现了传统知识分子强烈的社会责任感与使命感,彰显了他们坚定的价值信念、笃定的理性自觉、高尚的人格理想与崇高的道德追求,是中华民族历久弥新、万古长青的动力源泉。而作为一个正式的词语,"担当"最早出自《朱子语类》卷八七"岂不可出来为他担当一家事",具有承担并负责之意。习近平总书记在近年来的各类讲话中提到较多的词语就是"勇于担当,敢于负责",并指出"担当就

[①] 波德里亚认为,在生产高度发达的后现代社会,资本主义社会进入了仿真时代,人们生活在一个自我编织的符号社会,被各种异化的行为或异化的物质所包围。比如人们的消费行为已不再主要为了满足自身的生存需要,而更多是为了获得自身情感上的愉悦、生活品位的提升及身份地位的确认。此时,消费行为因丧失了原初的消费价值而沦为了异化行为,消费的产品也因本真原型和使用价值的消解而异化为符号,沦落为仿真产品。参见[法]让·波德里亚《象征交换与死亡》,车槿山译,译林出版社2012年版,第90—124页。

是责任"①。勇于担当,就是对于合乎道义的事情要勇担使命、敢于负责并主动践行。它是勇德思想在社会公共生活中的实践表现,构成了个体勇德品质的重要内容。勇德之所以作为人类的永恒美德而备受推崇,正是在于它始终内含着担当的价值意蕴。尽管在不同的时代背景下,勇德的具体形态及相关内涵有所不同,但担当则是融汇其中、凝固不变的价值诉求。无论是先秦之前的血气之勇,还是先秦之后的义理之勇与近代以来的存在之勇,抑或当下所要构建的共在之勇,无不蕴含着解决人类生存困境及追求美好生活的使命担当。勇于担当既是中华民族在千百年的历史长河中逐渐形成的优良传统,也是中国人民在新的时代背景下顺应时代要求和人民期待作出的自我期许与坚定承诺。

当代大学生作为民族的希望与国家的未来,其担当品质直接关乎着民族的命运与国家的前途。在新的时代背景下,培育大学生的担当品质,增强其担当意识,提高其担当能力,显得至关重要和意义深远。一方面,培育大学生的担当品质符合民族需要。中华民族历来就是一个勇于担当的民族,在几千年的历史长河中逐渐凝练出了敢为人先、敢于负责、不畏艰难、迎难而上的担当精神,并贯穿在中华民族波澜壮阔的创新实践中,内化为华夏儿女的精神基因,在血脉的繁衍下世代相传。正是担当精神,使得中华民族创造了辉煌灿烂的中华文明,巍然屹立于世界民族之林。然而,近代以后,伴随着晚清政府的腐朽软弱与推诿卸责,中华民族陷入了积贫积弱、内忧外患、山河破碎的黑暗境地。自此,追求国家富强,实现民族复兴,就成为无数仁人志士的伟大使命与奋斗目标,也成为整个中华民族最伟大的梦想。中华民族的历史辉煌是华夏先民在勇于担当、顽强拼搏与努力奋斗中铸就的。今日,中华民族的伟大复兴同样需要每一个国民勇做担当者、参与者与建设者,胸怀天下、心系人民、坚定理想、不畏困难、不惧艰险、敢于担当。习近平总书记指出:"青年兴则国家兴,青年强则国家强。青年一代有理想、有本领、有担当,国家就有前途,民族就有希望。"②大学生作为青年一代中的佼佼者与生力军,更要具有担

---

① 习近平:《习近平谈治国理政》(第一卷),外文出版社2014年版,第416页。
② 习近平:《习近平谈治国理政》(第三卷),外文出版社2020年版,第54页。

当精神，更要勇于为实现中华民族伟大复兴的使命而奋斗。另一方面，培育大学生的担当品质顺应时代要求。每个时代都有自己的主题，每一代人都有自己的担当。党的二十大报告指出："弘扬以伟大建党精神为源头的中国共产党人精神谱系……着力培养担当民族复兴大任的时代新人。"① 可见，新时代的教育要以培养时代新人为目标，而时代新人的要义则是担当民族复兴大任，担当成为评价时代新人的重要标准。习近平总书记说过，"有多大担当才能干多大事业，尽多大责任才会有多大成就"②。新时代是新人的时代，是担当者的时代，也是大学生的时代。站在新时代这一新的历史方位上，大学生唯有将自己的梦想融入民族的梦想、国家的梦想之中，将自己的努力建立在对人民、社会与国家的担当之上，以担当者的姿态主动肩负起民族复兴大任，并朝着成为时代新人的目标积极进取、不懈奋斗，才能创造出无愧于时代、无愧于人民的精彩人生。

五、勇德之用于共享

当代大学生的勇德品质虽然建立在近代以来的存在之勇的勇德形态之上，但这既不意味着存在之勇构成了其勇德品质的全部内容，也不意味着他们的勇德品质可以不用回应时代要求与社会需要而不断丰富完善。当代社会是一个"你中有我，我中有你""一荣俱荣，一损俱损"的社会，人们被编织在一个利益相关、休戚与共的"命运共同体"之中。在这个共同体中，人们以何共同存在、共生共荣，成为当代人不得不思考的时代问题。作为回应这一问题的共在之勇，自然成为顺应时代要求与满足社会需要的理想的勇德形态。共在之勇是对存在之勇的发展与完善，是高级形态的存在之勇。它不仅体现了人格德性，还蕴含着社会德性；它不仅彰显了个体的自我价值，还强调着个体的社

---

① 习近平：《高举中国特色社会主义伟大旗帜　为全面建设社会主义现代化国家而团结奋斗——在中国共产党第二十次全国代表大会上的报告（2022年10月16日）》，人民出版社2022年版，第44页。
② 习近平：《习近平谈治国理政》（第二卷），外文出版社2017年版，第145页。

会价值；它不仅是一种积极的人格特质，还是一种崇高的人格理想。共在之勇的特质在于"共在"。所谓"共在"，在浅层次或低层次上，即为共同存在，而在深层次或高层次上，则为共享存在。共享是共在之勇的深层内涵与最高要求，同时，共享也构成了当代大学生勇德品质的核心要素。何谓共享？从字面上来看，就是共同占有、共同享受、共同承担的意思；从学理上分析，共享的内涵较为丰富，归纳起来有三点。其一，共享是一种特定的价值理念，如福利化的分配理念、反贫困的发展理念等。这是以私有制为基础的西方资本主义的共享理念，把共享孤立为"分配"或"发展"，体现的是原子化个人的经济人意识，在本质上将共享等同于交换，将"共享的自由"浅化为"交换的自由"。其二，共享是一种抽象的原则要求。这是空想社会主义的共享理念，体现的是抽象的自由人意识，在本质上将共享等同于"共有"或"平均"，同样隔离了共享与发展的内在关系。其三，共享是一种现实的对象化劳动。这是马克思主义所提倡的共享发展的理念，它在扬弃私有制的基础上，"将共享的主体引导到从事物质生产与再生产的现实的个人"，以及"社会历史存在方式下以社会关系为联结的命运共同体"[1]，进而将共享与发展紧密地联系在一起。马克思主义认为，资本主义和空想社会主义所构建的"共享的神话"在现代社会及现实的人面前终将终结，共享既不是简单的自由交换或被动地接受"福利"，也不是机械的共有共产或某种密谋性质的平均主义，而是人们在"自由人联合体"[2]中，通过对象化劳动"占有自己的全面的本质"[3]，即共同发展、共同享有。可见，在马克思主义看来，共享要以人的对象化劳动为前提，以人的全面发展为目的。共享建立在人们的共同发展、共同享有和共同担当之上，要在每一个不断努力、不断发展与不断超越中实现。因此，共享

---

[1] 项久雨、潘一坡：《论马克思主义对共享的根本解答》，《马克思主义与现实》2020年第4期。
[2] "自由人联合体"是马克思、恩格斯在《共产党宣言》中提出的概念，即"每个人的自由发展是一切人的自由发展的条件"的联合体。参见［德］马克思、恩格斯《马克思恩格斯文集》（第二卷），中共中央马克思恩格斯列宁斯大林著作编译局编译，人民出版社2009年版，第53页。
[3] ［德］马克思、恩格斯：《马克思恩格斯文集》（第一卷），中共中央马克思恩格斯列宁斯大林著作编译局编译，人民出版社2009年版，第189页。

离不开人们的勇德品质,其本身也蕴含着勇德意蕴。

当代大学生的勇德品质满足着共在之勇的内在要求,内含着共享的价值诉求。迈克尔·哈特认为:"如果我们并非共享共同的世界,我们彼此就无法进行交流。"① 这意味着,共享不仅是人们与生俱来的能力,还是与世界相互交往的必要方式。对于当代大学生而言,只有以"共在"的姿态,将自己置身于人们共同的世界,勇于共在共存、共生共荣,才能在相互交往中共享成果、共同发展。具体来看,当代大学生共享的勇德品质主要体现在三个方面。其一是要勇于协同共进。近代科学知识的发展导致了学科的不断分化与知识的不断细化、专门化,相应地,人们的知识结构趋向于专业化、单一化。然而,随着全球化与信息化时代的到来,人类面临的问题越来越呈现出复杂性、综合性和交融性的特点。为此,大学生唯有勇于打破自我局限,将自身的发展与他人的发展联系起来,加强团队合作,积极开展跨学科研究,才能有所创新,实现突破。其二是要勇于共享成果。对大学生来说,成果共享主要表现为知识共享,这有利于大学生多方获取知识,并不断更新与逐渐完善自身的知识结构。一方面,知识只有在共享中,才能由一变多、不断增值,并在相互检验与彼此验证中持续改进、不断创新;另一方面,只有通过知识共享,大学生才能在多元知识的交互中,实现共同学习、共同进步与共同发展。其三是要勇于共担责任。大学生在协同共进、共享成果的同时,还要勇于做到共同履行义务与共同承担责任,否则共享就会无以为继、流于形式。共担责任、共履义务是实现共享的伦理原动力,构成了共享的核心要义。这意味着大学生只有共同参与、共同建设、共同出力、共同尽责,才能够真正实现共享。习近平总书记告诉我们,就共享的实现途径而言,"共享是共建共享,共建才能共享,共建的过程也是共享的过程"②。

总之,在当代境遇下,大学生的勇德品质在根本上表现为共在之勇,其本

---

① [美]迈克尔·哈特、[意]安东尼奥·奈格里:《大同世界》,王行坤译,中国人民大学出版社 2016 年版,第 131 页。
② 习近平:《习近平谈治国理政》(第二卷),外文出版社 2017 年版,第 215 页。

源是大学生所具有的一种不惧且积极的生命力量，是不惧的道德品性与积极的人格特质的统一。从积极的人格特质上看，当代大学生的勇德品质蕴含着人格德性，彰显着个体价值，主要表现为进取、克难与自制的时代诉求；从不惧的道德品性上看，当代大学生的勇德品质蕴含着道德德性，体现着社会价值，主要表现为担当与共享的时代诉求。需要指出的是，积极的人格特质与不惧的道德品性只有统一起来，才是当代社会所需要的勇德品质。换言之，进取、克难与自制只有本着善的目的，才能彰显出自身的德性价值；担当与共享只有基于积极特质，才能充满活力并持续下去。当然，无论是不惧的道德品性，还是积极的人格特质，都内含着且离不开个体原初的激情与血性。因此，当代大学生的勇德品质主要表现为基于激情与血性的进取、克难、自制、担当与共享五大品质的交互统一。

第四章

当代大学生勇德品质的现实缺憾及成因分析

习近平总书记在全国党校工作会议上指出："要坚持理论联系实际的马克思主义学风，坚持问题导向……反对主观主义、教条主义、形式主义，防止空对空、两张皮。"[①] 理论联系实际是哲学社会科学研究的基本原则。开展当代大学生勇德培育研究，不仅要在理论上阐明大学生勇德品质的内在规定与时代诉求，还要在现实中考察当代大学生勇德品质的真实状况与实际困境。只有通过理论与实际的对照检验，才能了解真情况，发现真问题，实实在在地开展研究，从而确保研究的规范性和科学性。因此，本章节将基于前面章节的理论研究，把研究视域植入现实情境，通过多方调研与文化透视，对当代大学生勇德品质的实际状况与现实缺憾做出具体考察及成因分析。

第一节　当代大学生勇德品质的现状调查

毛泽东先后提出过"没有调查，没有发言权"和"不做正确的调查同样没有发言权"[②] 的著名论断。调查是了解事情真相、摸清问题缘由最直接、最快速的方式，而正确的调查则是确保这种方式有效、可靠的根本要求。了解当代大学生勇德品质的真实现状，离不开调查，更离不开正确的调查。对于社会科学研究而言，正确的调查不仅是一种方式与方法，还是一种精神、态度与能力。为了尽可能正确地反映当代大学生勇德品质的现实状况，本书做出了如下

---

① 习近平:《坚持党校姓党根本工作原则　切实做好新形势下党校工作》,《人民日报》2015 年 12 月 13 日。
② 毛泽东:《毛泽东选集》(第一卷),人民出版社 1991 年版,第 118 页。

努力：一是采用问卷调查与深度访谈两种方法，在两者的对照检验中掌握基本情况；二是开展当事人（大学生）与旁观者的双向调查，在双方的交互辨正中明晰真实状况；三是本着不怕麻烦、不怕烦琐、不怕辛苦的精神与态度进行调研，并在实践中不断提高自我数据获取、统计与分析的能力。

一、调查基本情况说明

（一）调查工具

本书采用自编调查问卷和自制访谈提纲两种调查工具开展研究。

调查问卷为封闭式，共包括25个单选题（见附录1）。内容涉及进取状况、克难状况、自制状况、担当状况与共享状况5个维度，每个维度均包括认知、情感、意志、信念与行为5个变量，且从前向后依次对应5个小问题。根据大学生自身的实际表现与对应问题的相符程度，从高到低依次按照"非常符合/比较符合/一般/不太符合/很不符合"五大区间进行比例统计。

访谈提纲为半结构式，包括对大学生本人的访谈提纲（见附录2）和对其他人的访谈提纲（见附录3）。对大学生本人的访谈提纲共包括8大问题，内容主要涉及大学生对勇和勇德的内涵、表现等方面的认知情况，对自身的进取、克难、自制、担当、共享等品质的评价情况，以及对影响自身勇德品质的相关因素的了解情况三大方面。对其他人的访谈提纲共包括6大问题，对象涉及大学教师、社会大众和用人单位三大群体，内容主要围绕着他们对勇和勇德的认识与对大学生勇德状况及其影响因素、培育策略的认识等方面展开。

（二）实施方法

本书采用集体与个别、线下与线上等多种方法实施调查。

问卷调查覆盖本科生与硕士研究生两大群体，全部为线下调查。之所以选取本科生与硕士研究生作为问卷对象，原因在于：相比专科生，本科生构成了当代大学生的主要力量；相比大多兼具教师身份或其他的博士研究生，硕士研究生的学生身份更为凸显且逐渐年轻化、规模化，构成了当代大学生的次要力量。之所以选择线下调查，原因在于：相比自动生成的网络软件的线上调查，尽管线下调查费时、费力、费财，但有助于调查者把控调查场面、掌握调查进度、发现调查问题并及时矫正、解决问题，从而更能确保调查的科学性与正确性。对本科生的问卷调查全部采用集体调查的方法，调查前预先考虑样本数量在性别、年级、学科上的分散与平衡，调查中由任课老师协助于课前十分钟集中作答，调查后对问卷及时整理归类与数据录入。对硕士研究生的问卷调查采用集体调查与个别调查相结合的方式，集体调查由他人协助于课前进行，个别调查由笔者本人到图书馆自习室或学生宿舍临时确选调查对象。

深度访谈涉及大学生本人与旁观者两大对象，其中，大学生包括本科生与硕士研究生两大群体，旁观者包括大学教师、社会大众与用人单位三大群体。为了尽可能正确、全面地获取访谈信息，本研究做出了以下努力：一是访谈时间跨度较长。自 2018 年确定选题以后，笔者就有意识地寻求访谈对象，并尽可能多地为自己创造访谈机会，如打车之时访谈出租车司机、校园附近便餐时访谈小吃店老板、校园超市购物时访谈超市老板、参加学术会议时访谈同来参会者、与同事或朋友闲谈时随机穿插访谈内容，等等。这种非正式的访谈断断续续、零零散散，历时近 3 年，尽管大都没有现场笔录或及时回忆整理，但笔者却从受访者随性的、不经意的交谈中获取了非常丰富的一手资料，为后期的正式访谈提供了经验支撑。二是访谈方法较为灵活。既有集体访谈，又有个别访谈；既有线下访谈，又有线上访谈。其中，对本科生的访谈采用会议座谈法进行线下集体访谈；对硕士研究生的访谈既有当面访谈，也有电话、微信访谈；对大学教师的访谈既有正式的当面访谈，也有非正式的面谈交流；对社会大众的访谈采用非正式的面谈交流；对用人单位的访谈既有正式的当面访谈，也有非正式的面谈交流。三是访谈对象较为分散。为了弥补因问卷调查过于集中在某一省域（云南省）而导致的样本覆盖面狭窄的缺陷，笔者在访谈环节利用参加学术会议时会间访谈或电话约谈的方式，适当地增加了对其他省份人员的访谈部分，访谈区域分布在重庆、南京、北京、河南等多个省市。

调查数据的统计方法：本书对问卷样本仅使用 Excel 软件系统进行简单的描述性统计，从整体上反映样本的基本状况与基本趋势，对访谈样本根据需要进行自我编码，从中归纳出样本的异同所在与总体内容。

（三）样本特征

本次问卷调查遵循目的性抽样原则，对云南大学、云南师范大学、昆明学院、曲靖师范学院四所大学的大一至大四、研一至研三的部分学生进行了整体性分层随机抽样。本次调查一共发出问卷 450 份，包括本科生 400 份（四所学校各 100 份）和硕士研究生 50 份（云南大学），累计收回 441 份，回收率 98%，剔除无效问卷 13 份（如全部选择同一个答案、单选题做成多选题、选项残缺较多等），剩余有效问卷 428 份（本科生 381 份、硕士研究生 47 份），有效率为 97.05%。从总体上来看，在 428 份有效问卷中，女生类问卷数量和文史类问卷数量居多，低年级学生的问卷数量多于高年级学生的问卷数量。具体分布情况见表 4-1。

表 4-1 问卷分布基本情况（n，%）

总数 = 428（份）		人数	百分比
性别	男	171	39.95
	女	257	60.05
年级	大一	164	38.32
	大二	109	25.47
	大三	76	17.76
	大四	32	7.48
	研一	25	5.84
	研二	19	4.44
	研三	3	0.70

（续表）

总数 = 428（份）		人数	百分比
学科	文史类	232	54.21
	理工类	113	26.40
	艺体类	83	19.39

注：统计软件自动保留小数点后两位，下同。

  本次访谈遵循非正式访谈与正式访谈相结合的原则。非正式访谈是一种通过非正式的方式（如与师生、同事、朋友或亲属之间的交流、闲谈等）获取相关信息的访谈类型。优点是访谈对象的覆盖面较广，访谈内容较为真实丰富，访谈时间较为自由等；缺点是访谈内容零散、片面，访谈记录缺少、缺失（无法现场笔录，只能依靠回忆整理），访谈效率较低（多数是无效访谈）等。正式访谈是一种通过正式的方式（限定时间、约定地点、规定内容如提纲）获取相关信息的访谈类型。优点是效率高、内容全、时间集中、记录完整等；缺点是人数少、时间短、互动欠缺、方法机械等。笔者通过两种访谈方式，访谈50余人次，有效访谈共37人：大学生20人（本科生15人、硕士研究生5人）；大学教师9人；社会大众4人；用人单位4人（见附录4）。根据写作需要，本书对37位访谈对象进行了编码统计，对四大访谈群体分别用其拼音的大写字母作为编码代号，如大学生的编码代号为X，社会大众的编码代号为S。具体编码见表4-2。

表4-2 访谈对象编码情况

访谈对象	编码代号	编码范围	解释说明
大学生	X	X0，X1–X5	X0代表会议座谈15名本科生 X1–X5分别代表5名硕士研究生
大学教师	J	J1–J9	分别代表9位大学教师

（续表）

访谈对象	编码代号	编码范围	解释说明
社会大众	S	S1–S4	S1：校园超市老板 S2：校园理发店理发师 S3：校园附近小吃店老板 S4：校园附近出租车司机
用人单位	Y	Y1–Y4	Y1：某市级小学人事副校长 Y2：某市级中学人事副校长 Y3：某市级第一人民医院康复科主任医师 Y4：某省属监狱人事副科长

二、当代大学生勇德品质的自我评估

自我评估是指自己按照某种参照标准对自身的某项品质或某种行为的相符程度所做出的评价估量，通常表达的是一种主观看法。自我评估不仅是人们认识自我、反省自我的重要方式，还是他人了解自己、理解自己的有效手段。大学生的勇德品质可以通过他们自身对其勇德品质的评价估量而得以在一定程度上体现。从前文可知，在当代境遇下，大学生的勇德品质主要体现在进取品质、克难品质、自制品质、担当品质与共享品质五大方面。与之相应，当代大学生勇德品质的自我评估，可以从自身的进取状况、克难状况、自制状况、担当状况与共享状况五个方面展开。进一步分析，进取、克难、自制、担当与共享作为重要的勇德品质，均内含着认知、情感、意志、信念与行为五大既相互独立又相互联系的心理要素。所以，对当代大学生每一种勇德状况的考察均需包括知、情、意、信、行五大环节，是一种基于这五大环节的综合评估。

（一）大学生勇德品质的进取状况

为了解大学生勇德品质的进取状况，本研究一共设计了 5 个小题，分别对应附录 1 中的第 1 题至第 5 题。第 1 题"我认为'好好学习，天天向上'是一项重要的道德品质？"旨在了解大学生对进取品质的认知状况；第 2 题"我更喜欢积极进取、不懈奋斗的自己？"旨在了解大学生对进取品质的情感状况；第 3 题"大多时候，我能够积极进取、不懈奋斗？"旨在了解大学生在进取方面的意志状况；第 4 题"我坚信我定会成为积极进取与不懈奋斗者？"旨在了解大学生对自身进取品质的信念状况；第 5 题"我在学习或社会实践中常常奋勇争先？"旨在了解大学生在进取方面的行为状况。大学生勇德品质的进取状况是由其认知状况、情感状况、意志状况、信念状况与行为状况共同决定的，是这五个状况的综合体现。为研究方便，本书用五个状况的算术平均数作为大学生进取品质的整体状况。具体情况见表 4-3。

表 4-3　大学生勇德品质的进取状况（n，%）

n=428 份	非常符合	比较符合	一般	不太符合	很不符合
第1题	123，28.74	154，35.98	97，22.66	39，9.11	15，3.50
第2题	67，15.65	159，37.15	132，30.84	63，14.72	7，1.64
第3题	44，10.28	113，26.40	178，41.59	75，17.52	18，4.21
第4题	39，9.15	137，32.16	172，40.38	67，15.73	11，2.58
第5题	27，6.31	84，19.63	205，47.90	103，24.07	9，2.10
平均值	60，14.03	129，30.26	157，36.67	69，16.23	12，2.81

注：采用有效百分比，空白项均做缺失值处理（第4题缺失值为2，其他无）。

比例统计：大学生在对第 1 题进取认知的认识上，选择非常符合与比较符合的人数共计 277，占比为 64.72%，选择一般的人数为 97，占比为 22.66%；对第 2 题进取情感的认识，选择非常符合与比较符合的人数共计 226，占比为 52.80%，选择一般的人数为 132，占比为 30.84%；对第 3 题进取意志的认识，选择非常符合与比较符合的人数共计 157，占比为 36.68%，选择一般的人数为 178，占比为 41.59%；对第 4 题进取信念的认识，选择非常符合与比较符合的人数共计 176，占比为 41.31%，选择一般的人数为 172，占比为 40.38%；

对第 5 题进取行为的认识，选择非常符合与比较符合的人数共计 111，占比为 25.93%，选择一般的人数为 205，占比为 47.90%。从整体上来看，大学生在对自我进取品质的认识上，选择非常符合与比较符合的人数共计 189，占比为 44.29%，选择一般的人数为 157，占比为 36.67%，选择不太符合与很不符合的人数共计 81，占比为 19.04%。

结果分析：总体观之，大学生的进取品质较为良好，选择符合（非常符合＋比较符合，下同）的人数远远高于选择不符合（很不符合＋不太符合，下同）的人数，频数上高出 108 人，频率上高出 25.25%，这表明当前的多数大学生在学习、生活或社会实践中能够做到积极进取、不懈奋斗。具体来看，在大学生进取状况的内在构成中，认知状况与情感状况较为理想，选择符合的人数分别为 277 与 226，各自占比为 64.72% 与 52.80%，而意志状况与行为状况则稍显不足，选择符合的人数分别为 157 与 111，各自占比为 36.68% 与 25.93%。相比最理想的认知状况，最不足的行为状况在人数上少了 166 人，所占比重降低了 38.79%。这表明，部分大学生在进取品质方面存在着认知与行为不统一或不协调的情况，他们虽然具有较好的进取认知和进取情感，但并没有很好地将这种认知和情感转化并落实为坚定的进取意志和实际的进取行为。这一调查结果在对大学生的实地访谈中同样得到了印证，访谈中当被问到"您觉得您自身的进取品质（精神或行为）如何？表现如何？影响因素有哪些？"（见附录 2 第 3 题）时，多数学生表示他们愿意并努力做到勤奋学习、不甘落后、积极进取，但在实际的学习或社会实践中可能会由于各种原因如心情好坏、自信心高低等，而没能完全地或很好地奋斗进取，甚至还会出现一段时间的萎靡不振或消极颓废现象。如有个别受访者（X0，男，大二，酒店管理专业）说道：

> 我觉得大学生应该上进、努力，"好好学习，天天向上"是大学生的基本要求，也是大学生的底线。但老师们不能用成绩高低、证书多少来判断学生的好坏或上进与否。就拿我个人来说，我做不到天天泡图书馆或路灯下背单词，但我总体上还是挺上进的，比如打篮球的时候，我挺拼的，

还没有怕过谁。当然,在学习中我也很努力,虽然偶尔会因为心情不好或要看 NBA 赛事而翘课,但毕竟只是少数。另外,我不认为有谁可以做到一直上进、从不懈怠,大家或多或少都有懒惰或颓废的时候,某剧火爆时,我们班的学霸也会躲在宿舍追剧而逃课。[①](笔者对原始访谈材料进行了适当的整理、归纳及语言转化,以确保语句流畅、通顺。下同)

(二)大学生勇德品质的克难状况

为了解大学生勇德品质的克难状况,本研究一共设计了 5 个小题,分别对应附录 1 中的第 6 题至第 10 题。第 6 题"我认为'愚公移山''精卫填海'体现了一种不怕困难、敢于斗争的道德品质?"旨在了解大学生对克难品质的认知状况;第 7 题"我更喜欢迎难而上、坚韧不拔的自己?"旨在了解大学生对克难品质的情感状况;第 8 题"面对困难,我能够迎难而上、坚韧不拔?"旨在了解大学生在克难方面的意志状况;第 9 题"我坚信我可以战胜学习中的困难与挫折?"旨在了解大学生对自身克难品质的信念状况;第 10 题"我经常主动做一些具有挑战性的事情?"旨在了解大学生在克难方面的行为状况。与进取状况一样,大学生的克难状况也是由其认知状况、情感状况、意志状况、信念状况与行为状况共同决定的。为研究方便,本研究同样用这 5 个状况的算术平均数作为大学生克难品质的整体状况。具体情况见表 4-4。

表 4-4 大学生勇德品质的克难状况(n,%)

n=428 份	非常符合	比较符合	一般	不太符合	很不符合
第 6 题	202,47.20	149,34.81	54,12.62	16,3.74	7,1.64
第 7 题	91,21.26	157,36.68	162,37.85	12,2.80	6,1.40

---

① 2020 年 6 月 8 日晚上 7:30 到 9:30,笔者于×××会议室对 15 名本科生进行了圆桌会议座谈。实施程序:先是发放访谈提纲(附录 2),人手一份,读题并思考 5 分钟;再是 15 名学生逐个按照问题顺序发言,此时不打断、不互动、不追问;然后笔者与协助教师离场,让学生自由交流 10 分钟(茶歇时间);最后学生自由发言,允许相互之间互动、追问甚至辩论。此处是其中一位男生自由发言的部分内容。

（续表）

n=428 份	非常符合	比较符合	一般	不太符合	很不符合
第8题	76,17.76	153,35.75	171,39.95	15,3.50	13,3.04
第9题	33,7.71	151,35.28	199,46.50	39,9.11	6,1.40
第10题	5,1.17	42,9.81	173,40.42	186,43.46	22,5.14
平均值	81,19.02	130,30.47	152,35.47	54,12.52	11,2.52

比例统计：大学生在对第6题克难认知的选择上，非常符合与比较符合的人数累计351，所占比例合起来高达82.01%，一般的人数为54，所占比例为12.62%；在第7题克难情感的选择上，非常符合与比较符合的人数累计248，所占比例合起来高达57.94%，一般的人数为162，所占比例为37.85%；在第8题克难意志的选择上，非常符合与比较符合的人数累计229，所占比例合起来高达53.51%，一般的人数为171，所占比例为39.95%；在第9题克难信念的选择上，非常符合与比较符合的人数累计184，所占比例合计42.99%，一般的人数为199，所占比例为46.50%；在第10题克难行为的选择上，非常符合与比较符合的人数累计47，所占比例低至10.98%，一般的人数也只有173，所占比例也仅为40.42%，而不太符合与很不符合的人数累计208，所占比例合起来竟高达48.60%。从整体上来看，大学生在对自我克难品质的选择上，非常符合与比较符合的人数累计211，所占比例为49.49%，一般的人数为152，所占比例为35.47%，而不太符合与很不符合的人数累计65，所占比例为15.04%。

结果分析：总体观之，大学生的克难品质相对良好，选择符合的人数竟高达211，而选择不符合的人数则低至65，频数上高出146人，频率上高出30.81%，这表明当前绝大多数的大学生具有不惧困苦、不怕失败、心理坚强、意志坚定等优良品质，在学习、生活或社会实践中能够迎难而上、愈挫愈勇。具体来看，在大学生克难状况的内在构成中，认知状况、情感状况与意志状况都比较良好，选择符合的人数与所占比例均高于总数的一半以上，其中认知状况最为理想，频数更是达至 351 人，频率高达 82.01%。然而，其行为状况则不够理想，在 428 份样本中，选择符合的样本只有 47 份，占比仅为 10.98%，相比认知状况，频数上少了 304 人，频率降低了 71.03%，相反，选择不符合的样本则多达 208 份，占比高至 48.60%。这表明，当前的大学生对于克难的认知与自身实际的克难行为存有偏差，尽管他们非常认可克难品质，也很希望自己能够成为克难的强者，并认为甚至坚信自己能够克服一切困难，但这并不意味着他们在现实的学习或实践中就一定能够坚定不移地克服或战胜所面临的困难，更不意味着他们能够主动承担具有一定难度或挑战性的任务，并通过对困难任务的克服与解决，不断地挑战自我与超越自我。事实上，克难是一种实践品质，不能仅仅停留于书本理论或观念认知上，只有在现实的社会生活或劳动实践中切身地感受或体认困难，才能真正地认识困难、理解困难，从而实现克难的知行合一。在对大学生的实地访谈中，当被问到"您觉得您自身的克难品质（精神或行为）如何？表现如何？影响因素有哪些？"（见附录 2 第 4 题）时，有部分受访者（X2 和 X3，男，研三，理工类专业）发表了类似的看法：

> 困难对于人们来说是一种常态，人活着就难免会遇到困难，人生就是一个遇到困难—解决困难—遇到新的困难等循环往复的实践过程。人们正是在解决各类困难中获得成长的，所以我们也拥有克服困难的品质，即使我们不想要这种品质，也无法做到。但每一个人克服困难的能力是不同的，有的人能够克服很多种或很大的困难，而有的人则只能克服很少的或很简单的困难。克服困难的能力不是一成不变，而是可以在训练中不断提高。一般来说，经常挑战困难并解决困难的人，往往拥有较高的克难能力。此外，人们往往对自身的克难能力存有错觉，即没有遇到某种困难时觉得自己能够轻松解决，但当真正遇到时则会感到力不从心。[①]

---

① 2020 年 8 月 25 日晚上 7:00 到 8:00，笔者于×××大学足球场散步时访谈了同在散步的两名硕士研究生，采取一边绕着足球场散步一边交流的方式进行随谈，现场无笔录，事后通过回忆及时归纳整理而成。

（三）大学生勇德品质的自制状况

为了解大学生勇德品质的自制状况，本研究一共设计了5个小题，分别对应附录1中的第11题至第15题。第11题"我认为'克服恶欲，控制自我，战胜自我'是一项重要的道德品质？"主要调查大学生对自制品质的认知状况；第12题"我更喜欢自律、自控的自己？"主要调查大学生对自制品质的情感状况；第13题"面对干扰，我能够保持定力、专心致志？"主要调查大学生在自制方面的意志状况；第14题"我坚信我能抵制一切与学习无关的诱惑？"主要调查大学生对自身自制品质的信念状况；第15题"我在学习中常常自我反省并严以律己？"主要调查大学生在自制方面的行为状况。大学生勇德品质的自制状况也是由其认知状况、情感状况、意志状况、信念状况与行为状况共同决定的，也是这5个状况的综合体现。为研究方便，本研究也用5个状况的算术平均数作为大学生自制品质的整体状况。具体情况见表4-5。

表4-5 大学生勇德品质的自制状况（n，%）

n=428份	非常符合	比较符合	一般	不太符合	很不符合
第11题	134，31.31	195，45.56	72，16.82	16，3.74	11，2.57
第12题	68，15.93	143，33.49	177，41.45	32，7.49	7，1.64
第13题	54，12.65	102，23.89	165，38.64	78，18.27	28，6.56
第14题	11，2.57	55，12.85	176，41.12	171，39.95	15，3.50
第15题	25，5.84	89，20.79	188，43.93	113，26.40	13，3.04
平均值	58，13.66	117，27.32	156，36.39	82，19.18	15，3.46

注：采用有效百分比，空白项均做缺失值处理（第12、13题缺失值均为1，其他无）。

比例统计：大学生在对第11题自制认知的调查上，选择非常符合与比较符合的人数共计329，占比为76.87%，选择一般的人数为72，占比为16.82%；对第12题自制情感的调查上，选择非常符合与比较符合的人数共计211，占比为49.42%，选择一般的人数为177，占比为41.45%；对第13题自制意志的调查上，选择非常符合与比较符合的人数共计 156，占比为 36.54%，选择一般的人数为 165，占比为 38.64%；对第 14 题自制信念的调查上，选择非常符合与比较符合的人数共计 66，占比为 15.42%，选择一般的人数为 176，占比为 41.12%；对第 15 题自制行为的调查上，选择非常符合与比较符合的人数共计 114，占比为 26.63%，选择一般的人数为 188，占比为 43.93%。从整体上来看，大学生在对自身的自制品质的调查上，选择非常符合与比较符合的人数共计 175，占比为 40.98%，选择一般的人数为 156，占比为 36.39%，选择不太符合与很不符合的人数共计 97，占比为 22.64%。

结果分析：总体观之，大学生的自制品质不太理想，在全部样本中，选择符合的人数及其比例并没有占据明显的优势，相比选择一般的人数，频数上只多出 19 人，所占比例也仅高出 4.58%，此外，更有多达 97 人选择了不符合，所占比例高至 22.64%，这表明当前尚有相当一部分大学生不能很好地管理自我、协调自我与控制自我，在学习、生活或社会实践中无法自觉抵制各类诱惑，积极排除各种干扰，其自制品质和自律能力有待提高。具体来看，在大学生自制状况的内在构成中，认知状况与情感状况相对理想，选择符合的人数分别为 329 与 211，各自占比为 76.87% 与 49.2%，而信念状况与行为状况则较为不足，选择符合的人数分别为 66 与 114，各自占比为 15.42% 与 26.63%。其中，信念状况最为不足，与认知状况相比，在频数上少了 263 人，在频率上降低了 61.45%。这表明，当前的大学生在自制品质方面不仅存在着知行不一的情况，还表现出认知与信念不一致、不协调的问题，他们虽然具有较好的自制认知和自制情感，但并没有较好地将这种认知和情感落实为坚定不移的自制行为，究其原因，很大程度上在于他们缺乏严以律己与自我控制的信念与能力。这一调查结果在对大学生的实地访谈中也得到了证明，访谈中当被问到"您觉得您自身的自制品质（精神或行为）如何？表现如何？影响因素有哪些？"（见附录2第5题）时，多数学生表示他们的自制能力一般，在学习中虽然能够为自己设立目标、制订计划并提出要求，但难以全心全意、不折不扣地执行下去，甚至还会因为外界干扰而半途而废。如有个别受访者（X1，女，研二，文史类专业）说道：

> 今天已进入了全球化、信息化与娱乐化时代，随着互联网与智能手机的广泛普及，人们面临的诱惑越来越大，受到的干扰越来越多，尤其是智能手机，我们对它的依赖超乎想象，甚至已经成为我们生命中（不仅仅是生活中）最为重要、不可缺少的一部分。就我个人而言，从表面上或形式上看，我挺自制的，每天能够按照自己制订的学习计划（考博计划）坚持来图书馆学习，但我认为这只是形式上的自制而非内容上的，因为我有一部分时间是在看闲书（与考博专业无关的书）或浏览手机，这与在宿舍看手机无区别，并没有全心全力做最好的自己。比如我研一的时候备考英语六级，我预先为自己制订了严格的学习计划，可在实际执行中至多完成了一半任务，虽然勉强过关了，但并没有到达我的预期目标，若我的自制力再强一些，应该会获得更高的分数。①

（四）大学生勇德品质的担当状况

为调查大学生勇德品质的担当状况，本研究一共设计了5个小题，分别对应附录1中的第16题至第20题。第16题"我认为'敢为人先，勇于担当，无私奉献'是一项重要的道德品质？"旨在调查大学生对担当品质的认知状况；第17题"我更喜欢有使命感、有责任心的自己？"旨在调查大学生对担当品质的情感状况；第18题"即使面对威胁或压力，我也能够坚定不移地捍卫真理或追求正义？"旨在调查大学生在担当方面的意志状况；第19题"我坚信我定会成为一个有担当的人？"旨在调查大学生对自身担当品质的信念状况；第20题"我在学习或生活中常常见义勇为？"旨在调查大学生在担当方面的行为状况。与进取品质、克难品质和自制品质一样，为研究方便，本研究同样用认知状况、情感状况、意志状况、信念状况与行为状况的算术平均数作

---

① 2020年9月6日下午3:00到4:00，笔者于×××大学图书馆对一名正在学习的研二女生进行了约谈，本部分内容根据现场笔录整理而成。

为大学生担当品质的整体状况。具体情况见表 4-6。

表 4-6 大学生勇德品质的担当状况（n，%）

n=428 份	非常符合	比较符合	一般	不太符合	很不符合
第 16 题	165,38.55	189,44.16	57,13.32	12,2.80	5,1.17
第 17 题	46,10.82	162,38.12	201,47.29	10,2.35	6,1.41
第 18 题	40,9.35	165,38.55	187,43.69	25,5.84	11,2.57
第 19 题	21,4.93	104,24.41	150,35.21	126,29.58	25,5.87
第 20 题	17,3.97	59,13.79	183,42.76	160,37.38	9,2.10
平均值	58,13.54	136,31.80	156,36.44	67,15.60	11,2.62

注：采用有效百分比，空白项均做缺失值处理（第 17、19 题缺失值分别为 3、2，其他无）。

比例统计：大学生在对第 16 题担当认知的选择上，非常符合与比较符合的人数累计 354，所占比例合起来高达 82.71%，一般的人数为 57，所占比例为 13.32%；在第 17 题担当情感的选择上，非常符合与比较符合的人数累计 208，所占比例合起来到达 48.94%，一般的人数为 201，所占比例为 47.29%；在第 18 题担当意志的选择上，非常符合与比较符合的人数累计 205，所占比例合起来达到 47.90%，一般的人数为 187，所占比例为 43.69%；在第 19 题担当信念的选择上，非常符合与比较符合的人数累计 125，所占比例合计 29.34%，一般的人数为 150，所占比例为 35.21%；在第 20 题担当行为的选择上，非常符合与比较符合的人数累计 76，所占比例低至 17.76%，一般的人数为 183，所占比例为 42.76%，而不太符合与很不符合的人数累计 169，所占比例合起来竟达到了 39.48%。从整体上来看，大学生在对自我担当品质的选择上，非常符合与比较符合的人数累计 194，所占比例为 45.34%，一般的人数为 156，所占比例为 36.44%，而不太符合与很不符合的人数累计 78，所占比例为 18.22%。

结果分析：总体观之，大学生的担当品质比较一般，选择完全符合的人数只有58人，占比只为13.54%，选择非常符合与比较符合的人数与选择一般的人数也差距不大，在频数上分别为194人与156人，在频率上分别为45.34%与36.44%，此外，还有78人选择了不符合，所占比例也达到了18.22%，这表明当前的大学生在学习、生活或社会实践中具有一定的公共精神、奉献精神和担当意识，面对正义之事基本上能够担当起应有的使命与义务，但其担当品质并不突出，甚至还有部分大学生缺乏担当意识。具体来看，在大学生担当状况的内在构成中，认知状况较为理想，选择符合的比例高达82.71%，情感状况与意志状况比较一般，选择符合的比例分别为48.94%与47.90%，而信念状况与行为状况则明显不足，选择符合的比例仅为29.34%与17.76%，同时，选择不符合的比例竟高至35.45%与39.49%。这表明，当前的部分大学生对于担当的认知与自身实际的担当行为不一致，虽然他们非常认可担当品质，但这并不意味着他们在真正遇到不义之事时就一定能够做到不顾个人安危挺身而出、见义勇为，更不意味着他们能够自觉主动地担当起整个民族、整个国家或全人类的时代使命。事实上，在具体的道德情境中，主动担当、积极作为不仅意味着奉献或付出，还可能意味着损失或牺牲，甚至牺牲生命。因此，担当在本质上不仅是一种关于道德觉悟的问题，还是一种关于道德能力的问题。相对而言，道德觉悟与道德能力同时具备的人，才更可能做出担当行为。这一调查结论在对大学生的实地访谈中再次得以证明，访谈中当被问到"您觉得您自身的担当品质（精神或行为）如何？表现如何？影响因素有哪些？"（见附录2第6题）时，某受访者（X4，男，研三，文史类专业）谈道：

> 人类作为一种社会性动物，毫无疑问应该具有担当精神。刚刚有专家在会上批判当代大学生"担当意识式微，雌化现象流行"，并认为担当同人的思想觉悟与认识水平相关，这点我同意。但我同时认为担当还同人的能力相关，正所谓"艺高人胆大"，面对不义之事，仅仅觉悟高还不够，还要有能力、有本事，即艺高。艺高者胆子才大，才更有可能见义勇为，才敢担当别人无法担当之事。具体到我自己，我对于我的家人、我的朋友

或我的学业还是很有担当的,而对于会上专家们提到的民族与国家层面的担当就相对不足了,这不能简单地归结于我自身的觉悟问题,更多的原因是相对于宏大的民族与国家,我的能力变低了,自信心也不足了,所以就力不从心,无法担当。[①]

(五)大学生勇德品质的共享状况

为评估大学生勇德品质的共享状况,本研究一共设计了5个小题,分别对应附录1中的第21题至第25题。第21题"我认为'同甘共苦,患难与共,相濡以沫'是一项重要的道德品质?"主要用于评估大学生共享品质的认知状况;第22题"我喜欢同大家共享成果与共担义务?"主要用于评估大学生共享品质的情感状况;第23题"即使很宝贵的学习资料或研究成果,我也愿意与同学(团队成员)分享?"主要用于评估大学生共享品质的意志状况;第24题"我坚信我能从成果分享中获得幸福快乐?"主要用于评估大学生共享品质的信念状况;第25题"我时常与同学分享我的学习或研究成果?"主要用于评估大学生共享品质的行为状况。为研究方便,本研究同样把大学生共享品质的整体状况看成由其认知状况、情感状况、意志状况、信念状况与行为状况综合作用的结果,并取其算术平均数。具体情况见表4-7。

表 4-7 大学生勇德品质的共享状况(n,%)

n=428 份	非常符合	比较符合	一般	不太符合	很不符合
第21题	158,36.92	191,44.63	58,13.55	13,3.04	8,1.87
第22题	61,14.29	160,37.47	187,43.79	13,3.04	6,1.41
第23题	33,7.71	143,33.41	176,41.12	64,14.95	12,2.80
第24题	54,12.62	153,35.75	171,39.95	37,8.64	13,3.04

---

① 2018年11月24日早上8:30到12:00,笔者在参加"社会主义核心价值观协同创新昆明峰会"学术会议期间对同来参会的某研三学生就会上专家们所提到的大学生担当的论题进行了交流式访谈。

（续表）

n=428 份	非常符合	比较符合	一般	不太符合	很不符合
第25题	36, 8.41	142, 33.18	189, 44.16	46, 10.75	15, 3.50
平均值	68, 15.99	158, 36.89	156, 36.51	35, 8.09	11, 2.52

注：采用有效百分比，空白项均做缺失值处理（第22题缺失值为1，其他无）。

比例统计：大学生在对第21题共享认知的评估上，选择非常符合与比较符合的人数共计349，占比为81.55%，选择一般的人数为58，占比为13.55%；对第22题共享情感的评估上，选择非常符合与比较符合的人数共计221，占比为51.76%，选择一般的人数为187，占比为43.79%；对第23题共享意志的评估上，选择非常符合与比较符合的人数共计176，占比为41.12%，选择一般的人数同为176，占比同为41.12%；对第24题共享信念的评估上，选择非常符合与比较符合的人数共计207，占比为48.37%，选择一般的人数为171，占比为39.95%；对第25题共享行为的评估上，选择非常符合与比较符合的人数共计178，占比为41.59%，选择一般的人数为189，占比为44.16%。从整体上来看，大学生在对自身共享品质的评估上，选择非常符合与比较符合的人数共计226，占比为52.88%，选择一般的人数为156，占比为36.51%，选择不太符合与很不符合的人数共计46，占比为10.61%。

结果分析：总体观之，大学生的共享品质较为良好，选择符合的人数高达226，而选择不符合的人数则低至46，频数上高出180人，频率上高出42.27%，这表明当前绝大多数的大学生具有团结一致、互帮互助、愿意奉献、乐意分享等优良品质，在学习、生活或社会实践中能够患难与共、合作奋进、共享成果与共担义务。具体来看，在大学生共享状况的内在构成中，认知状况与情感状况比较理想，选择符合的人数及所占比例均高于总数的一半以上，其中认知状况最为突出，频数更是达至349人，频率高达81.55%。意志状况、信念状况与行为状况也较为不错，选择符合的人数及所占比例虽然没有超过总数的一半以上，但也均相差不大，所占比例分别为41.12%、48.37%与41.59%，远远高于选择不符合的人数及比例。这表明，当前大学生的共享品质不仅在总体上较为良好，在内在构成上也比较协调，共享品质内部的认知、情感、意志、信念与行为五大要素之间相互配合、相互促进并形成了一个良性循环。与前面的进取品质、克难品质、自制品质与担当品质相比，当代大学生共享品质的可贵之处在于，他们不仅在情感态度上喜欢共享、愿意共享，还能够在现实生活中践行共享、坚信共享。进一步分析，为什么大学生在共享品质方面表现良好且能够知行合一呢？原因主要有二：一方面大学生通过共享能够获得他人的关注与认可，从而有助于提高自我实现感、获得感与优越感；另一方面共享还能够使大学生尽可能多地享受他人成果，从而实现互利。正如在对大学生的实地访谈中，当被问到"您觉得您自身的共享品质（精神或行为）如何？表现如何？影响因素有哪些？"（见附录2第7题）时，有受访者（X5，女，研三，文史类专业）讲道：

> 我认为，共享是一项重要的道德品质，我在平常的学习或生活中会经常与同学分享感受、共享成果。一方面，与大家一块分享自己的成果，可以向大家展示自己、表现自己与证明自己，从而获得自我成就感与优越感，若这个成果恰好帮助了他人，那我就会觉得非常开心、幸福；另一方面，通过共享他人的成果，学习别人的长处和优点，能够使自己更快地进步、成长。共享虽然是一件幸福的事情，但也是一件困难的事情，尤其对于不能实现互利的共享。比如刚刚会议上专家们所讨论的"西部高等教育的跨越式发展应建立在与东部、中部高等教育的资源共享、学科共建之上"命题就不容易实现，因为西部与东中部在共享中各自获得的利益不对等。所以，共享需要大心胸、大境界，不能斤斤计较、瞻前顾后，它不仅是一种道德，还是一种魄力或勇敢，或者说是一种勇敢道德。[①]

[①] 2018年4月14日，笔者在重庆参加"首届西部高教论坛"学术会议期间，与同来参会的北京理工大学研三学生（中学教师）就会上专家们所提出的"西中东高等教育资源共享与学科共建模式"的论题进行了交流探讨。此部分内容是根据现场讨论记录整理而成。正是在这次讨论中，笔者接触了"勇敢道德"一词，并最终选定"勇德"作为研究论题。

调查结论：通过当代大学生勇德品质的自我评估可知，当代大学生的勇德品质在总体上处于中上水平，虽然他们大多具有进取、克难、自制、担当与共享等良好品质，在学习或生活中也基本上能够做到积极进取、迎难而上、严以律己、勇于担当与共荣共享，但这五大品质并非凸显，选择符合的比例亦不具有绝对优势，分别为 44.29%、49.49%、40.97%、45.34% 与 52.88%。勇德作为一种美德，是一种崇高的道德品质，内含着较高的道德要求，自然就不能定位在"一般"水平或停留于"比较符合"水平，而应该趋向于"非常符合"水平。从"非常符合"的统计数据看，大学生五大品质的占比分别为 14.03%、19.02%、13.66%、13.54% 与 15.99%，这意味着当代大学生的勇德品质还有很大的培育及提升空间。

三、当代大学生勇德形象的他者观察

他者观察是指他人对自身形象的主观感知、情感体验及分析思考。他者是人们认识自我、省思自我的外界参照，对于自我的定义、建构与完善不可或缺。他者观察与自我评估相对相立，是从另一个维度对自我的评价估量，两者同构了完整的自我形象。全面考察与客观认识当代大学生勇德品质的现实状况，不仅要深入大学生群体中倾听大学生本人的声音，还要从旁观者的视角收集他人对大学生勇德形象的真实看法。因此，本书在对大学生本人进行问卷调查与实地访谈的基础上，还对大学生身边的其他群体进行了交流探讨与自由访谈，访谈对象涉及大学教师、社会大众与用人单位三大群体，访谈内容主要围绕着"勇德认知、大学生的勇德形象、影响因素及培育方式"（见附录3）等方面展开。

（一）"奋进者"与"盲从者"：大学教师眼中的大学生

大学教师是大学生的心灵导师与知心朋友，是他们校园生活的密切交往者与学习实践的重要参与者。对于大学生的学习情况、专业发展、心理状态及行

为表现等各种状况，大学教师最有发言权。考察大学生的勇德状况，显然需要对大学教师进行专门访谈与深入交流。为此，笔者深度访谈了分别来自七所高校的九位大学教师（编码J1-J9，见附录4），他们大都具有多年的班主任工作经验或长期从事学生管理工作，对大学生学习、成长的基本状况非常了解，甚至还有部分教师对大学生勇德品质的相关问题如尚武精神、勇敢行为、道德品质等有所研究。在访谈交流中，虽然各位教师因专业背景及知识结构的差异而对大学生勇德品质的观察视角及语言表述有所不同，但其根本看法与基本意思是一致的，归纳起来，主要表述有以下两点：

其一，大学生是"奋进者"。所谓"奋进者"，泛指具有奋进精神，能够积极进取、不懈奋斗的人。奋进精神是一种不囿于现状、不困于挫折，拒绝平庸、追求卓越，奋力拼搏、执着前行的积极状态，内含着自强不息、昂扬向上、积极有为、勇于挑战的精神追求。对大学生而言，奋进精神不仅是他们对待学习或生活的意志态度，还是他们在劳动实践中的行为特征。奋进精神强的大学生往往具有更大的勇气和更高的道德能力，他们常常保持积极向上的心态，并主动为自己设立目标与制定规划，并用最大的热情和激情对待学习或生活中遇到的各种困难、挫折与逆境，从而更容易克服困境并获得成功。相反，奋进精神弱的大学生往往道德能力也较低，他们一般学习懈怠、生活懒散、少有规划，常常被动地等待学习任务并在教师的督促下勉强完成，一旦遇到困难，就会畏缩不前、怨天尤人，甚至萎靡不振、沮丧抑郁。通过对九位大学教师的访谈可知，当代大学生总体上具有较强的奋进精神，在学习或生活中大都能够迎难而上、积极进取与不懈奋斗，这与大学生对自身进取品质的自我评估结果基本一致。在访谈中，当问到"您觉得大学生的勇德（符合道德的勇）面貌或状况如何？为什么？"（见附录3第3题）时，九位老师的看法比较统一，他们均认为，大学生是奋进者，奋进精神构成了大学生一个非常重要的特征。如受访者J2谈道：

> 我认为，相比其他群体，当代大学生普遍具有非常强的进取心，甚至

可以说，积极上进与努力刻苦是当代大学生一个非常显著的特征。按照习近平总书记的话来看，大学生是一个"奋进者"。当前，很多"门外人士"想当然地认为现在的大学生没有以前的大学生努力上进，这是对现在大学生的偏见或误解。若说现在的大学生不够上进、不够努力，那是不公平的，也是不客观的。依我多年的从教经验看，现在的大学生一点不比过去的大学生差，他们在图书馆疯狂地抢占座位、拼命地考取各种证书、积极地参加各类社团活动等，这些现象近年来一点都没有减少，反而有所增加。按照社会环境决定论的观点，现在的大学生面对的社会竞争压力越来越大，这必然激发出他们更大的进取精神。[①]

其二，大学生是"盲从者"。尽管各位被访教师对当代大学生的进取品质给予了充分肯定与认可，将其看成"奋进者"，但他们也同时认为，当代大学生的进取品质充满着浓厚的盲从色彩，还是个"盲从者"。所谓"盲从者"，泛指缺乏独立思考与理性判断，盲目地附和、随从的人。盲从是一种缺乏独立、缺少理性、丧失个性的行为。从心理学的视域看，盲从是群体所表现出来的同质均一的心理状态，是群体中缺乏独立判断的个体为了降低个人风险或寻求某种心理平衡而做出的随众或从众行为。通常而言，盲从者往往排斥理性而复杂的思考，独立自主性较差，容易受到他人或群体的观念、言行的影响，且过于自恋、自负与狂热，对于自己喜爱或好感的人与事常常因过度崇拜、迷恋与追求而无法自拔。在访谈中，九位教师大都提到在当代大学生群体中普遍存在着盲从现象或从众现象。他们不够独立、缺乏主见、人云亦云、随波逐流，在社会生活中常常以感性情绪代替理性思考，在学习实践中往往缺乏批判意识与甄别能力，为人处世容易冲动、急功近利，行为活动或蜂拥而上或一哄而散，少有崇高的理想愿景和稳定的目标追求。这种盲从现象不仅表现在大学生的学习或社会实践中，还遍布于其就业选择、恋爱交友、消费活动，甚至违纪行为等

---

① 2020 年 10 月 20 日中午 12:00 到 13:00，笔者于×××大学教职工食堂对政府管理学院的某位教师（遵照受访者的匿名要求）进行了个别访谈，本部分内容根据现场笔录整理而成。

多个方面。如受访者 J9 谈道：

> 大学生的盲从现象非常凸显，他们整个大学期间的绝大多数时间消耗在了考取各式各样证书和参加各种各样的社团，而很多证书压根无法用到，很多社团或许并不适合自己，他们之所以还要尽可能多地考证与加团，很大一部分原因在于别的同学都忙着考证与加团，抑或寻求某种心理平衡。再如随着"创业潮"的到来，近年来大学生开始迷恋创业，我们收到的大学生创业的入园申请越来越多，可是很多创业计划书对于政策环境、融资渠道、技术要求等创业中的关键问题甚至缺乏基本的认识和了解，这些创业项目注定不可持续，必将走向失败。①

（二）"新潮儿"与"妈宝娃"：社会大众眼中的大学生

相比传统大学，现代大学不仅承担着人才培养与科学研究的使命，还发挥着社会服务与文化传承的功能。在当代境遇下，大学社会服务的功能越发凸显，适应社会、服务社会，关注社会多方需求、满足社会发展要求不仅是大学学科建设与专业发展的内在需求，还是其争创一流、跨越发展的基本要求。大学已不再是"象牙塔"，身处大学校园中的大学生也不再是"两耳不闻窗外事，一心只读圣贤书"的世外学士。在当代社会，大学生是社会群众中的重要成员，是社会建设与社会发展的生力军。参加社会服务，融入社会发展，构成了当代大学生的基本要求。与过去相比，今天的大学生与社会的距离尤为接近，甚至是零距离，这就为社会大众了解、认识大学生提供了便利，使他们更容易获得对大学生的整体认知。当代大学生是否具备了服务社会的相关道德品质？他们在社会大众的心目中拥有怎样的人格形象？等等。本着这些问题，笔者对部分社会大众群体（编码 S1-S4，见附录 4）进行了交流访谈，这些大众群体包括校园超市老板、校园理发店理发师、校园附近小吃店老板与校园附近出租

---

① 2020 年 7 月 3 日早上 9:00 到 11:00，笔者于×××大学办公室对×××老师进行了个别访谈，本部分内容根据现场笔录整理而成。

车司机，他们大都生活在大学校园附近或与大学生有着较多交集，对大学生的基本情况非常了解。在交流访谈中，他们提到最多的词语有"潮""时尚""前卫""开放""个性""妈宝""娘炮""小屁孩""小娃娃"等，笔者将其归纳为"新潮儿"与"妈宝娃"。

其一，大学生是"新潮儿"。新潮即新的潮流趋势、新的时尚元素或新的流行风格。所谓"新潮儿"，泛指那些拒绝落后老土、中规中矩并追求脱俗新颖、另类奇异的人。新潮以其新颖、娱乐、自由、盛行而受到了青年群体的广泛青睐与普遍追崇。大学生作为青年群体的佼佼者与生力军，思想活跃、充满激情、贪图新鲜、张扬个性，自然就不可避免地成为追求新潮、标榜时尚的重要主体。对于大学生而言，追求新潮、标榜时尚是一把双刃剑。一方面，它给大学生提供了一个宽松自由、多元新奇的生活空间和崇尚自我、张扬个性的展示平台，在很大程度上缓解了他们在学习与生活中因竞争或困境而产生的各种心理压力。另一方面，它在促进大学生社会化发展的同时，还容易使他们在追潮逐尚中迷失方向，并对其健康成长产生一系列负面影响。如新潮文化的过度时尚化容易导致大学生审美品位的庸俗化；新潮文化的过分娱乐化容易消解并淡化大学生的精神价值与理想信念；新潮文化的极端商业化容易造成大学生消费的错位与异化；等等。在访谈中，四位社会人士普遍表示自己落伍了，并认为当代大学生是"时尚达人"。时尚或新潮已经成为大学生生活中的一部分，他们勇于追求新潮，敢于尝试各种新花样，不怕关注、不惧流言、标新立异、勇做自己。如受访者 S2 讲道：

> 对于大学生的勇敢状况这个问题，我不太容易回答。但大学生的胆子是很大的，我在大学校园从事理发职业 10 年了，总体的感觉是"女生的衣服越穿越短，男生的发型越理越酷"。以理发来说，当问要理什么发型时，听到最多的回答是"适合自己脸型的"与"时髦的"。时髦的发型变化很大，前几年男生流行长头发、烫头发，这两年流行短头发与图案头，从闪电图案到苹果图案再到字母图案甚至名字图案等各式各样。这种穿着

与发型无论是在校内还是在校外都很容易受到大家的异样目光和议论,被大家"盯着看",被大家"评头论足",但他们不怕关注、不怕评议、不怕流言,说明他们具有强大的内心,所以,他们才是"真正的校园勇士"。①

其二,大学生是"妈宝娃"。虽然受访的社会大众大多觉得当代大学生是"新潮儿",在追求新潮与标榜时尚方面是勇敢的、无畏的,但同时他们也认为当代大学生是"妈宝娃",在独立生活、应对挫折、克服困难方面不够坚强、缺乏勇气。所谓"妈宝娃",泛指凡事均依赖妈妈(父母)、缺乏主见、不够自信,独立意识与自理能力较低的人。在心理学上,"妈宝娃现象"被视为一种情感依赖型的心理疾病,又称为"彼得潘综合征"(Peter Pan Syndrome),即一个本该独立自主的人所表现出来的一种无意识的成熟延迟状态。有学者将他们称为"巨婴",并认为在当代大学生群体中存在着"巨婴"现象,其显著特征主要表现为"'去成人化',回避责任与奋斗""'全能自恋',价值观模糊""'偏执分裂',脱离社会性"②三大方面,其日常用语频繁停留在"吓死宝宝啦""人家还是个宝宝"等。在对社会大众的访谈中,当问到"您觉得大学生独立自主与克服困难的能力和状况如何?为什么?"(见附录3第3题)时,他们也大都表达了类似的看法,认为现在的大学生还是一个"没有长大的孩子",生活自理能力较差、依赖性较强、不能吃苦、无法自立等。如受访者S4和S1分别谈道:

> 现在大学生很多都是独生子女,都是父母的"掌上明珠",从小到大没有怎么受过委屈、吃过苦,这使得他们的生活自理能力较差与吃苦耐劳精神较弱。比如从地铁口到校门口也就500米,很多学生连这点路都不愿意走,宁愿花10元钱打车;还有部分学生因为找不到校门口而打车,他

---

① 2020年9月12日中午12:30到1:00,笔者在×××大学校园理发店对某理发师进行了交流式访谈,此处根据交流内容事后及时回忆整理而成。
② 陈明霞:《大学生"巨婴"现象的成因分析与教育思考》,《思想理论教育导刊》2019年第11期。

们害怕与人交往，不敢问路，觉得害羞。[1]

现在大学生的身高越来越高了，但也越来越"娘炮"啦，穿着打扮、交往方式、语言行为都挺"娘"的！前不久有个"纯爷们"（身材魁梧高大，满脸胡须，一头绿毛，手上还有一小点文身，看着挺吓人的！）来购物，微信支付时显示余额不足，给妈妈打电话让妈妈给他微信转钱，妈妈告诉他等忙完再转，他就不乐意啦，现场又是撒娇，又是抹眼泪的，反差之大，滑稽之至，让人印象深刻！[2]

（三）"独行人"与"自利者"：用人单位眼中的大学生

马克思认为，人是社会性的群居动物，其本质"不是单个人所固有的抽象物，在其现实性上，它是一切社会关系的总和"[3]。随着现代化、全球化与信息化时代的到来，人与人之间的这种社会关系越来越紧密，彼此之间的交往越来越频繁，人们被联结在一个休戚与共、利益相关的命运共同体中。在当代境遇下，克服私利、与人共处、勇于共在成为衡量人们勇德品质的重要标准。大学生终究要走出校园、走向社会，重新以职工的身份为用人单位所接纳、所检验，这对大学生而言，不仅是一种内在的勇敢要求，还是一项重要的道德品质。走向工作岗位之后的大学生具有怎样的人格素养？拥有什么样的勇德形象？自然就成为考察大学生勇德品质的必要环节。为此，笔者对部分用人单位的相关负责人（编码Y1-Y3，见附录4）进行了个别访谈，这些负责人包括某市级小学主管人事的副校长、某市级中学主管人事的副校长与某市级第一人民医院康复科主任医师等，他们长期负责新职工的引进、培训与培养工作，对新入职大学生的基本状况比较了解。在访谈中，他们在肯定大学生努力上进的同时也指出了大学生存在的一些问题，如以自我为中心、集体意识薄弱、公共

---

[1] 2020年8月24日晚上9:30到10:00，笔者对某出租车司机进行了交流式访谈，此处根据交流内容事后及时回忆整理而成。
[2] 2020年6月18日早上10:30到11:00，笔者在×××大学校园超市对超市老板进行了交流式访谈，此处根据现场的笔录材料整理而成。
[3] ［德］马克思、恩格斯：《马克思恩格斯选集》（第一卷），中共中央马克思恩格斯列宁斯大林著作编译局译，人民出版社1972年版，第18页。

素养较差、团队合作能力不高、奉献牺牲精神欠缺等，笔者将其归纳为"独行人"与"自利者"。如下：

其一，大学生是"独行人"。所谓"独行人"，泛指以自我为中心、特立独行、我行我素的人。与具有自由意志、自省意识、责任担当与批判精神并力求主宰自我命运的独立者不同，独行人崇尚个人主义，追求"单子式"存在，强调自由至上，缺乏自省意识与责任担当。他们的纪律观念不强，团结意识不够，凡事皆以自我为中心，不能从集体全局出发，不会换位思考，不为他人着想；他们维护个人利益，追求个人自由，强调绝对公平，很少能够为了集体或团队的目标和利益而自愿、主动地做出牺牲。当代大学生以独生子女居多，集父母、祖父母与外祖父等的诸多宠爱于一身，自小就缺乏与兄弟姐妹相互交往、彼此协作与共处共享的情感与能力，这就容易使得他们在为人处世或待人接物时往往只从自己的立场出发而不顾及他人的感受。通过对三个用人单位的三位相关负责人的访谈可知，当代大学生在人际交往、团队协作、共处共存等方面存有诸多不足或缺陷。在访谈中，他们大都认为新入职的大学生在工作中普遍存在着集体凝聚力不强、公共活动参与度不高、人际交往情感冷漠、重个人发展轻集体进步等现象。如访谈者 Y1 谈道：

> 现在的大学生与以前的大学生在思想观念、言谈举止上有很大的不同，他们特立独行、我行我素，不乐意参加集体活动，不喜欢人际交往，不能很好地处理上下级关系，不喜欢"当官"，也不把领导"当回事"，缺乏奉献精神与牺牲精神，只想着过好自己、发展好自己。比如为提高我校教师的科研水平，帮助教师们评职称，我校引进了一名研究生，希望他能够指导并带动全校教师申报项目、发表论文。可是，他只顾自己发展，根本不愿意帮助其他教师，甚至不愿意共享课题申报书与研究材料。借助学校平台，他获得了两个课题，并以开展课题研究为由，要求只上一个班的课。而且，他还常常抱怨学校平台太低、条件太差，很少想着通过自己的

努力把平台抬高,把学校发展好。①

其二,大学生是"自利者"。"独行人"的人格特质往往会引致"自利者"的道德品性。所谓"自利者",泛指以自我利益为中心,为了追求自我利益而不顾他人利益甚至损害他人利益的人。一般而言,特立独行、我行我素的人也大都倾向于独善其身、自私自利。他们看待事情与处理问题常常从个人利益出发,不为集体全局着想,利己则为之,无利则不为,利大就尽力,利小就应付;其人际交往与合作态度也往往重利轻义,有利者则亲近,无利者则疏远,缺乏助人为乐、急公好义的意愿与热情。北京大学钱理群教授认为,当代大学生群体普遍存在着自利倾向,"我们的大学正在培养一批'绝对的、精致的利己主义者'",之所以是"绝对的",是因为一己利益成为他们行为处事的绝对标准;之所以是"精致的",是因为他们高智商、高教养,善于借助体制的力量来实现自我利益且所做的一切都合法合理、无可挑剔。②钱理群教授所表述的当代大学生的利己现象在访谈中也得到了一定程度的反映。在对用人单位相关负责人的访谈中,当问到"您觉得大学生责任担当与共处共享的品质如何?为什么?"(见附录3第3题)时,他们表达了类似的看法,认为现在的大学生比较看重自我利益,喜欢坐享其成,不乐意奉献,不愿意担当等。如受访者Y3谈道:

现在的大学生共享意识不强,担当能力不足,情商较低,心理承受能力较差,比较自私自利。比如我们医院新进的大学生护士大都不愿意加班、不愿意熬夜,一到排班的时候,她们都争抢着要好上的白天班,没有谦让精神,这让很多老同志对她们意见很大。此外,她们情商不高,很少有耐心和奉献精神,大都处理不好医患关系,常常与病人及其家属发生冲

---

① 2020年7月20日晚上7:00到9:00,笔者对×××市某小学主管人事工作副校长(遵照受访者的匿名要求)进行了约谈,此处根据现场的笔录材料整理而成。
② 参见谢湘、堵力《北大清华再争状元就没有希望》,《中国青年报》2012年5月3日。

突，被病人家属多次投诉，让医院领导很头疼。[①]

访谈结论：通过对大学教师、社会大众、用人单位三大群体的访谈可知，当代大学生在旁观者心目中的勇德形象总体上不太理想。一方面，他们承认当代大学生在学习上刻苦努力、积极进取，在生活中开放前卫、个性张扬；另一方面，他们认为当代大学生的进取努力是盲目的、从众的、自利的，其新潮时尚走向了异化，趋向于形式化、庸俗化与符号化。习近平总书记于2013年5月2日在给北京大学本科学生的回信中写道："希望你们珍惜韶华、奋发有为，勇做走在时代前面的奋进者、开拓者、奉献者，努力使自己成为祖国建设的有用之才、栋梁之材，为实现中国梦奉献智慧和力量。"[②]可见，奋进者与开拓者、奉献者不可分割，当代大学生不仅要成为奋进者，做到积极进取、努力奋斗，还要成为开拓者与奉献者，做到开拓创新、无私奉献。唯有如此，当代大学生才能不断提升自身的勇德品质，树立良好的勇德形象。

第二节 当代大学生勇德品质的现实缺憾

马克思主义哲学告诉我们，任何事物都是现象与本质的统一体，现象是事物丰富的、多变的、浅显的外部表现，借助感官即可感知；本质是事物整体的、稳定的、深刻的内部联系，唯有思维才能把握。现象与本质既有一致面，也有矛盾面，如假象从否定方面表现着事物的本质，所以不能简单地将事物的现象等同于事物的本质。正如马克思所言："如果事物的表现形式和事物的

---

① 2020年7月20日晚上7:00到9:00，笔者对×××市某人民医院康复科主任（遵照受访者的匿名要求）进行了约谈，此处根据现场的笔录材料整理而成。
② 中共中央文献研究室编：《习近平关于青少年和共青团工作论述摘编》，中央文献出版社2017年版，第45页。

本质会直接合而为一,一切科学就都成为多余的了。"[①] 科学研究的根本价值在于,通过观察、分析事物繁杂多变的外部表现揭示事物单一稳定的内在规律,明了事物发展的基本方向与总体趋势,即透过现象看本质。对当代大学生的勇德品质开展科学研究,不仅要从多个方面调查了解当代大学生勇德品质的现实状况,还要从整体上还原把握当代大学生勇德品质的真实本质,辩驳明晰其真正的面貌与现实水平。从现象上看,当代大学生的勇德品质立足不同的主体、基于不同的视角、具有不同的表现,可以通过有无、多少、高低等不同的量化指标反映出来,这是当代大学生勇德品质在自我评估与他者观察之间存有差异的原因所在。从本质上看,当代大学生的勇德品质尽管也存在个体之间的程度差异,但并非一个简单的高低、线性的多少或机械的有无的问题,而是一个复杂的、非线性的、综合的人性问题。基于人性的视角分析,当代大学生既有积极进取、自立自强、严以律己、责任担当与互利共享的一面,也有消极颓丧、懒惰依赖、恣情纵欲、推诿卸责与自私自利的一面。他们时常处于两大方面的中间状态并在各种因素的交互作用下左右摇摆、犹豫不定,这构成了当代大学生勇德品质的现实缺憾。

一、积极进取与消极颓丧之间的迷茫

作为一种个性特征和精神气质,勇德是积极的、正向的人格特质,积极进取、努力奋斗构成了个体勇德品质的基本特征。习近平总书记有言:"现在,青春是用来奋斗的;将来,青春是用来回忆的。"[②] 可见,进取、奋斗是青春的底色,也是青年人最基本的道德要求。大学生是青年中的佼佼者和主力军,是推动社会发展与国家进步的中坚力量,是我国特色社会主义事业的建设者和接班人,只有首先具备积极进取、自强不息的勇德品质,才能逐渐树立理想、坚

---

① [德]马克思、恩格斯:《马克思恩格斯选集》(第二十五卷),中共中央马克思恩格斯列宁斯大林著作编译局译,人民出版社2001年版,第923页。
② 习近平:《习近平谈治国理政》(第一卷),外文出版社2014年版,第54页。

定信念、明确目标及锤炼意志，从而为实现中华民族的伟大复兴而不懈奋斗。通过上文中的多方调研可知，当代大学生既有积极进取的一面，也有消极颓丧的一面。从整体上看，当代大学生的主流是积极上进、开拓进取的，精神萎靡、消极颓废仅为其支流；从个体上看，每一个大学生的心理构成都同时内含着积极成分与消极成分、进取可能与颓丧可能，他们既有开拓进取的时候，也有萎靡颓丧的时候。当代大学生大都为18岁至25岁的青年群体，他们思维敏捷、精力充沛、好奇心重、求知欲强，喜欢尝试新鲜，渴望实现自我，这决定了他们中的大多数人在大多数时候具有较强的进取精神，在学习、实践与生活中能够做到积极主动与开拓进取。然而，对于世界观、人生观与价值观尚未完全成熟的大学生而言，他们的兴趣爱好、情感好恶、进取倾向很不稳定，非常容易受到他人言行及外界环境的影响。良好的外界因素有助于激发并培育大学生的积极心理与道德情操，使他们时刻保持一颗积极、健康、向上的心，充满正能量与进取心，不断努力、不断进步。不良的外界因素则容易诱发大学生的消极心理与颓丧情绪，使他们对很多事物都丧失兴趣和激情，逐渐演变为一种相对普遍的、流行的、常态的亚文化或次文化现象，如"丧文化""佛系文化"等，这极大地冲击着他们的主流意识形态，从而不利于他们树立崇高的理想信念与做出正确的价值选择。

"丧文化"是近年来开始兴起的青年亚文化形式，它并非一个严格的学术命名，而是泛指青年人群在网络社交媒体或日常生活交流中所表现出来的以消极颓废、冷漠麻木、自嘲反讽等为表征的社会心理和文化样态。作为一个流行的文化符号，蕴藏着自我否定、自我反讽、狂欢戏谑等多重的文化内涵。这一文化现象一经产生，却出人意料地受到了"90后""00后"大学生的青睐与追捧，他们热衷于用充满悲哀颓废的表情包、恶搞曲或饱含负能量的语言文字、视频图片等，来表达或发泄自己在学习、生活或情感中所遭遇的种种不顺和挫折，从而向他人或社会宣示或表现出自己对生活丧失兴趣、失去目标、陷入绝望的生存状态，如"生活不止眼前的苟且，还有远方的苟且""条条大路通罗马，而有些人就生在罗马""你不努力一把，怎能知道什么叫绝望""失败了并不可怕，可怕的是你还相信这句话""你觉得自己天天累得像狗一样，事实上狗也没你累""咸鱼总有翻身的一天，但翻身了还是咸鱼"等。当代大学生"丧文化"现象的背后显然隐含着大学生群体的某些现实诉求，并在一定程度上反映了处于新媒体时代的大学生群体的真实状况，呈现了他们在社会转型与变革发展中无能为力、孤苦失落、焦虑不安、抵抗消解、消极悲观的社会心态和精神状态。"丧文化"映射出当代大学生群体对于理想信念、生命意义、自我价值的迷茫与彷徨，并诱使他们沦为一种自主性不强、批判力丧失、行动力缺乏且机械片面、固守己见、过于自恋的畏缩型或退缩型主体。有学者将这一退缩型主体归因于青年人在精神生命中丧失"英雄诗"或在世俗生活中无法实现"英雄诗"的无奈自嘲，认为生命中"英雄主义"的失落正在将青年人以"一种退缩的、被动的主体状态主动地甚至是自我暴露式地呈现在主流文化面前"[①]。

"丧文化"表现为不思进取、消极颓废与麻木冷漠等负面特征，这与积极向上、奋发有为、向善达美的勇德品质形成鲜明对比。当代大学生的"丧文化"现象是大学生亚文化的一种新形式，是其在现代化、信息化及新媒体时代的一个缩影，是当代大学生在社会转型背景下所显现出来的集体无意识的精神特质和相对剥夺感的社会焦虑。作为一个我国近年来广为流行的网络热词，"丧文化"如同西方现代化进程中的"迷惘的一代""垮掉的一代"等一样，注定会过时，会为更新、更热的词汇潮流所淹没与消解，但其背后所隐藏的无力、迷惘、沮丧、焦虑、颓废等消极的社会心态和文化内涵却一直存在，且植根于人性深处永远不会过时。对于置身于现代化进程中的大学生而言，消极颓丧心理处在积极进取心理的对立面，共同构成了大学生复杂的心理品质。他们既向往与渴望积极进取品质带给自己的成就感、荣誉感与幸福感，但同时又因难以摆脱渺小、无力与孤苦的现实命运而无法抵制消极颓丧心理对自身的诱惑与侵蚀，从而畏首畏尾、优柔寡断，在积极进取与消极颓丧之间徘徊不定。一

[①] 刘雅静：《"葛优躺"背后的退缩型主体——"丧文化"解读及其对策》，《中国青年研究》2018年第4期。

方面，大学生的学生角色、社会形象与公众期待需要他们积极进取、勤奋努力、开拓创新，成为一名有信仰、有理想、有抱负、有担当的有为青年；另一方面，大学生的有限理性和既有经验则告诉他们自己在现实面前卑微渺小、无能为力，结局在很大程度上已经注定，努力进取只有获得暂时的成功（如获取较高的分数、得到认可与表扬等），却无法改变最终的命运。这种在进取与颓丧之间的迷茫与纠结不仅是多数当代大学生社会心理的真实写照，也是其勇德品质的现实缩影，其导致的直接结果通常有两点。

一是沦为"佛系青年"。所谓"佛系青年"，是指那些看淡一切、甘于平庸、安于舒适，凡事不苛求、不走心，追求一切随缘、得过且过的活法与生活方式的青年人群。[①] 作为青年群体，当代大学生普遍存有"佛系心态"，他们崇尚虚无主义的价值取向，暗含悲观主义的情绪表达，追求极简主义的生活方式，具体表现为：在课堂上，安安静静、心如止水，不举手提问、不辩驳发言；在考试上，不会因过多的知识点而烦恼，也不会因时日无多的复习而着急，既不为高分所激动，也不为低分而奋发，只要复习了，记住记不住、分高分低一切随缘；在处事上，不愠不怒、不争不抢，云淡风轻、怎么都行；等等。从表面上看，"佛系青年"反映了大学生无欲无求、与世无争、顺其自然、平和淡然的生活态度；实际上，它则透露出当代大学生在社会转型期既渴望成功又害怕失败的矛盾心态，"理性与随性并存的精神特质""进取与焦虑共生的心理状态""务实与逃避交织的价值取向"[②]。"佛系青年"背后所隐含的"佛系文化"实则是"丧文化"在新时期的分支与变体，它是大学生面对无力改变的现状而做出的温和的抵抗或自我心理防御，是一种平衡现实和内心出入的自我心理慰藉。尽管就此意义上，"佛系文化"在短期内能够"以退为进"，有效调节身心、自我安慰与自我疏导，从而一定程度上有利于个人的身心健康与社会

[①] "佛系"一词在佛学上的本义为不追求、不刻意、放平心态、豁达处事，在词性上是中性的。而后作为一个网络热词，"佛系"一词衍生出"佛系男子""佛系青年""佛系女子""佛系生活"等诸多词语，其意则发生了异变，更多地用于指涉那些甘于平庸、得过且过、有无皆可、怎么都行、沉湎现状、缺乏担当、逃避责任的人，带有浓烈的贬义色彩。
[②] 袁文华：《"佛系青年"社会心态的现实表征与培育路径》，《当代青年研究》2019年第2期。

的和谐稳定，但从长远来看，它与积极向上、不断进取的主流价值取向相悖，对个人勇德品质的提升及个人、社会、国家的发展都极为不利。

二是寻求生命终结。对于纠结于积极进取与消极颓丧之间的当代大学生而言，最为严重的后果则是寻求生命终结，尽管为数不多，但绝对不容忽视。有研究显示，自21世纪以来，大学生成为自杀的高危人群，其自杀率是同龄人的2—4倍，且呈现出逐年上升趋势。[1]进一步分析近年来大学生自杀的个案，其原因多数出于各种压力所引致的心理疾病。在我国社会转型发展的新的时代背景下，积极进取的现实要求与消极颓丧的内在境况之间的心理落差给大学生造成了巨大的心理压力，使他们处于惶恐紧张、忧心忡忡、烦躁不安等焦虑之中，长期的焦虑不安往往使其不同程度地患上各种类型的心理疾病，如多疑症、恐惧症、自闭症或抑郁症等，而那些意志薄弱、勇气不足、无法忍受疾病折磨且又缺乏有效治疗的大学生极易走上自杀的道路。自杀是他们通过"改变不了现实就终结自己"的方式向社会及他人所作出的最后宣示。与"佛系"一样，自杀也是勇德缺乏的表现，前者缺乏的是较高层次的存在的勇气，后者缺乏的是最为基本的活着的勇气，两者均依托一种畏缩型的人格特质进行自我否定，将自己与他人、自己与自己相隔离，并以此来减轻或掩盖自身的恐惧和懦弱。

二、自强自立与懒惰依赖之中的彷徨

作为一项不惧的道德品质，勇德不仅是一种精神意识，还是一种行为能力。在勇德语境中，不惧并非鲁莽蛮干、不管不顾、胆大妄为，而要以理性或理智为基础，以能力或实力为前提。大学生只有具有自强精神和自立意识，在自强自立中不断磨炼自我、发展自我，才能获得抵御风险、抗拒挫折与克服困难的能力，从而具备不惧的道德品质。自强与自立是健全人格的重要方面，也是大学生勇德品质的基本前提。自强，即自我勉励、努力向上、奋发图强之

---

[1] 转引自张曼华主编《大学生心理健康教育》（第2版），江苏凤凰科学技术出版社2018年版，第163页。

意，是指个体依靠自身的力量不断提升与完善自己，使自己变得更为坚强、更加强大的过程。自立，即自我独立、不依赖他人、自己做主之意，是指个体摆脱对他人或他物的依赖而独立存在，能够做到自己判断、自己选择、自己行动与自己负责。自强与自立紧密相连、相互促进。自强是追求自立、不断努力的过程，自立是自强不息、奋发图强的结果；自身的强大是实现自立的前提，而自立的实现又反过来让自身变得更加强大。大学阶段是个体走向自强、实现自立、获得全面发展的关键时期。这一时期，大学生能否形成自强精神与自立意识以及是否拥有自强自立的能力，在很大程度上影响着大学生勇德水平的高低与否。国内学者黄希庭从个体自立发展的视角将自立区分为"身体自立、行动自立、心理自立、经济自立和社会自立"五种类型，并认为"身体自立和行动自立主要是幼儿期的发展任务，而心理自立、经济自立和社会自立则主要是大学时代的发展任务"。[①] 以此为依据，大学生的自强自立应主要表现在心理、经济和社会三大方面。在心理方面，大学生应具备自我调节、自我疏导、自我修复的心理能力，脱离对父母或教师的依赖，学会自主学习，善于独立思考，拥有健全人格等；在经济方面，大学生应树立职业意识，提前为择业、就业或自主创业做准备，不断提高自身的就业或创业能力；在社会方面，大学生应提前做好步入社会的准备，学习作为一名社会成员所应有的知识、技能、情感与态度，不断提高自身的人际交往、处理社会事务与承担社会责任的能力。

对当代大学生而言，自强自立不仅是一种外在的社会要求，还是一种内在的心理需求，是这两种力量交互作用的结果。当代大学生向往自强，追求自立，具有强烈的自强精神和自立意识。这可以从日常生活中大学生青春期的叛逆行为得到佐证，叛逆实则是他们向父母宣示自强与表达自立的行为表现。同样，在调研中，笔者也了解到多数异地求学的大学生也大都出于要远离父母、摆脱控制、追求自我独立的原因而选择到外地读大学。然而，当代大学生对自强自立的向往与追求，并不意味着他们就能必然获得或具备相应的自强自立的能力。事实上，当代大学生仅是具有较强的自强自立的精神与意识，而

[①] 黄希庭、李嫒：《大学生自立意识的探索性研究》，《心理科学》2001 年第 4 期。

缺乏相应的自强自立的能力与行为。问卷调查数据显示，在当代大学生克难状况的内在构成中，认知情况与情感状况所占比例较高，分别达至64.72%与57.94%，而行为状况的占比却很低，仅为10.98%，认知与行为之间的频率差竟高达71.03%（见表4-4）。此外，前文中的访谈结论也告诉我们，与大学生本人普遍表示要自强自立且自己能够自强自立不同，其他群体大都认为大学生自强自立的能力不足，如自主学习能力不强、生活自理能力较差、依赖思想严重等。进一步分析，大学生自强自立的意愿与能力之间之所以具有如此大的反差，在很大程度上归结于他们长期以来（从幼年开始）所形成的惰性心理和依赖习惯。能力在实践中形成，并在实际行动及反复练习中得以不断提高。大学生自强自立能力的形成与提高离不开他们在日常生活与学习实践中所作出的自强自立的实际行为，而懒惰依赖的行为习惯显然导致了这一行为的欠缺与不足。具体来看，当代大学生懒惰依赖的行为习惯主要表现为：在学习方面，他们缺乏明确的学习目标与系统的学习规划，往往机械被动地按照教师所下达的学习指令完成最为基本的学习任务，而在完成学习任务的过程中他们又常常依赖于网络，缺乏自身的思考和判断；在生活方面，他们往往习惯性地依赖于父母、亲人或朋友，独立面对问题、抗拒挫折与战胜困难的能力较差，"大学生寄脏衣服回家洗成为邮政新业务"现象曾在社会上引起了轩然大波，与之相似，大学毕业生的"待业啃老"现象在新时期以一种"慢就业"的新形式在"90后""00后"群体中逐渐流行；在社会方面，他们的人际交往能力较差，使命担当意识不强，常常以自我为中心，把履行公共事务、捍卫公共利益的责任与义务寄托在他人身上；等等。

究其根本，当代大学生的懒惰依赖源自人性中的惰性因子，是人之惰性心理的外在表现。"惰性，作为人类劣根性的一种，是深藏于我们自身的真正反对自我的力量，这种力量反对我们对自身进行任何积极的改造"，"是阻滞把意图变成行动的一种深层的心理障碍"。[①] 惰性通过阻滞人的积极改造自身的行动，降低了人的能力或实力，削弱了人的信心和勇气，从而使其养成了依赖的

---

① 张殿国：《走出惰性》，上海人民出版社1990年版，第1、4页。

习惯，沦为一个"不断萎缩的自我"。对于当代大学生而言，正是这种内在的惰性心理，才使得他们自强自立的强烈愿望无法转化为实际的行为活动，使其彷徨在自强自立与懒惰依赖之间。一方面，他们渴望掌控自我，摆脱父母与教师的管教，成为独立的个体；另一方面，自身的惰性心理则预示他们不具备独立应对的能力，而自己长期以来所接受的"妈宝娃"的教养方式和"好学生"的应试模式则强化了这一预期，抑或将这一预期落成了现实，从而使他们在遇到困难与挫折时又习惯性地或不得不依赖于父母或教师。自强自立的强烈需要与懒惰依赖的心理习惯之间的内在张力使得他们陷入了无奈、失落的两难境地与矛盾、迷茫的心理状态，变得沮丧懈怠、意志消沉与好逸恶劳，最终引致了以下两种消极的人格倾向。

一是"御宅化"人格倾向。"御宅"一词源于日本，最初仅用于小众群体且在小范围内使用，特指沉溺、痴迷或精通于动漫、卡通、电子游戏或其他亚文化的人，后来却被一般社会大众理解为沉迷于网游、动漫，"一直蹲家里，灰暗，不善交际的废柴"[①]。该词在中国本土化的过程中被赋予了更加宽泛的内涵，泛指所有习惯赖在家里、不善交际、不愿外出做事的人，如"啃老族""茧居族"等，大多作为一种消极的人格特质，用于个人的自讽、自嘲等贬义语境中。随着信息化、网络化的深入推进，当代大学生"御宅化"的人格倾向越发明显，他们喜欢窝在宿舍或家里，常常以"宅男""宅女"自居，往往对那些不为社会大众及主流文化所认可但自己感兴趣的事情极为痴迷，如网络游戏、综艺节目、电视剧等，且这种痴迷大都以牺牲社交和其他诸多有意义的社会活动为代价。他们之所以将自己与外界相隔离，投身于虚拟世界并从中寻求自我价值认同，以满足自己在现实世界中无法实现的自强自立的内在需要，在很大程度上归结于缺乏面对现实与努力实践的勇气。他们大都缺乏明确的奋斗目标，对未来一片迷茫，因而恐惧未知、担心失败、害怕指责，希望通过虚拟世界中的自强自立获得自我心理慰藉。

---

① 王薨：《"御宅"词源释义及宅文化之演进》，《武汉理工大学学报（社会科学版）》2013年第3期。

二是"巨婴化"人格倾向。从上文的深度访谈中可知，当代大学生大多呈现出身心发展不协调的特点，他们在身体上身材高大、体貌成熟，而在心理上还是个"长不大的孩子"，幼稚、自恋、偏执，缺乏独立性与自主性，自理能力较差，依赖思想严重等。在心理学上，人们把这种"心理滞留在婴儿水平的成年人"称为"巨婴"，并认为这是一种消极的、病态的人格特质。[1]当代大学生"巨婴化"的人格倾向是其勇气不足与道德水平较低的表现。他们不愿长大，害怕担责，回避责任与奋斗，只求索取而缺少奉献，习惯于家庭与学校对自己人生的规划与安排，过度依赖他人且往往将他人对自己的关爱与帮助视为理所当然。显然，"巨婴"所表现出来的不成熟的人格特质并非生理方面的原因造成的，在很大程度上是自我招致的。正如康德认为，人类应摆脱自我招致的不成熟，这种不成熟不是因为缺乏理智，而是由于缺乏运用理智的决心与勇气。[2]在"巨婴化"人格倾向的支配下，当代大学生进一步呈现出访谈中所谈到的"妈宝娃"和"雌性化"现象。从本质上来看，"巨婴化"的人格倾向同"御宅化"的人格倾向一样，都是以一种自闭、退缩与逃离的态度及行为来掩盖或消解自身的不足、懒惰与怯懦。

三、克己自制与自我放纵之时的纠结

个体的勇德品质不仅要求他们不惧外在的艰难与风险，勇于直面挫折、克服艰险，还要求他们不畏内在的欲望与惰性，敢于刀刃向内、自我革命，以坚定的信念与顽强的毅力克制自我、战胜自我。众所周知，人生最大的敌人是自己，最大的困难是战胜自己。相比战胜他人或其他事物，克己自制、战胜自我需要更大的决心与勇气，是一种更高层次、更高境界的勇德品质。克己自制、战胜自我之所以困难，在于自我的思想观念之中存在着自我放纵的欲望与惰性，它是一种牵引着个体享受舒适、安逸的生活，走向堕落与衰退的自

---

[1] 参见武志红《巨婴国》，浙江人民出版社2016年版，第1—2页。
[2] 参见[德]康德《历史理性批判文集》，何兆武译，商务印书馆1990年版，第22页。

我力量。克己自制和自我放纵是同在于自我之中的一对相反的力量。克己自制，即克制自己、保持自制，服从理性思维，遵循理智逻辑；自我放纵，即放任纵容、任性而为，服从感性思维，遵循激情逻辑。相比克己自制，对大多数人而言，自我放纵因其所附带的感官享受与舒适体验而具有更大的诱惑力。当代大学生亦不例外。调查显示，当代大学生的自制状况在总体上不太理想，能够做到自制的学生的比例仅为 40.98%（见表 4-5）。在访谈中，笔者进一步了解到，当代大学生既有克己自制的精神需求，更有自我放纵的强烈欲望。当代大学生大都怀揣着美好的大学梦想和无限的求学期待进入大学校园，初入大学，面对丰富多样的文化知识、自由活泼的课堂教学与个性绽放的教师风采，充满好奇、饱含激情、渴望成才，富有强烈的求知冲动，并为此制订了严格、系统的学习计划，希望通过严以律己、克己自制来充实自我、发展自我，成为一个自己所期待的、理想中的自我。然而，学习与求知的新鲜与激情过后，回到竞争与舒适、勤奋与懒散、成功与失败并存的现实中的大学生活，面对宽松自由的管理制度、自觉自主的生活方式与多姿多彩的社会诱惑，部分大学生逐渐迷失在自我做主、自我选择、自我认同的快感与享受之中，丧失了当初的斗志与勇气，并在形式多元、良莠不齐的非主流意识形态的指引下走向欲望放纵。

　　具体来看，当代大学生自我放纵的思想及行为主要表现在三大方面。一是时间上放纵。与中小学不同，大学的学习时间较为自由、灵活与分散，其有效性更多地依赖于大学生的自我协调、自我支配与自我管理。经过激烈、紧张、疲劳的高中生涯之后，部分大学生出现了思想懈怠、行为懒散的现象，他们把大学时光看成高中辛勤付出之后的闲适回报以及通往充满艰难、竞争、压力与烦恼的社会之前的"最后的狂欢"，开始追求享受，安于舒适、闲逸的生活，把宝贵的青春年华虚度在无休止的网游手游、网购微聊、刷剧追星、直播打卡、约会逛街、晒照发圈等上面。二是学习上放纵。通识教育与素质教育的模式减轻了大学生对于长期以来的应试教育的紧张与焦虑，考试、升学的压力逐渐被实训、就业的压力取代，这使得他们名正言顺且心安理得地走出"象牙塔"，与社会无限接近，将自身多数的精力与时间消耗在参加各类社团活动、出入各种社交场所与从事诸多社会兼职等上面，而对于本职的学习要求不够重视、敷衍了事、目标较低，期末考核寄托在"划重点"之后的临时突击复习上，满足于完成基本的学习任务。事实上，学习是学生的天职，追求真理、获取真知是他们的第一要务。对大学生而言，大学的学习时光是宝贵的、短暂的、不可复制甚至无法弥补的，而社会经验和工作技能可以在未来漫长的工作实践中反复习得与逐渐弥补。三是感情上放纵。作为情感性生物，每个人都有各式各样的感情并希望得到满足，而作为社会性生物，人的情感的满足既要在社会中实现又要满足基本的社会道德规范与伦理要求，不能恣意放纵、触碰底线。部分大学生存在着放纵感情、挥霍情感的现象，主要表现为"帮派化"或小团体盛行、炫耀型或随意性恋爱较多、情感交易化或金钱化事件频发，如陪酒卖唱、包养卖身等。

客观而言，自我放纵现象在当代大学生群体中并非主流，尽管他们大都存有自我放纵心理，但在内在理性与外在规制的指引下很少选择或偶尔做出放纵行为。然而，这并非意味着他们就能够经常做到克己自制、严以律己，自制与自律在很大程度上属于强者的品质，唯有信念坚定、果敢坚毅的勇者，才能实现。正如调查数据所示，虽然高达76.87%的大学生对自制具有较高认知，但能够做出自制行为的却仅有26.63%（见表4-5）。事实上，对于大多数当代大学生而言，他们既非坚定的自制者，亦非顽固的放纵者，而是常常处于克己自制与自我放纵之间，并在两者之间左右徘徊、摇摆不定，时而自省自律，时而懈怠放纵。其实，每一位大学生都渴望以一种自己满意的生活方式度过大学时光，它既能深深满足自己内在的、高层次的精神需要，又能全面迎合自己外在的、低层次的感官享受。然而，当他们在现实的大学生涯中反复寻求这种生活方式时，却发现它是难以存在的。给他们带来感官愉悦、生理享受的舒适安逸的生活方式，常常使他们感到自责、内疚与空虚，从而无法获得心理或精神上的满足。反之亦然，能够从精神上将他们引向崇高境界的生活方式，又往往需要他们为此付出艰辛的努力与巨大的代价。于是，他们面对着多姿多彩、充满诱惑的人生道路与生活方式时，就会陷入既渴望自制又难以自制、既想要放纵又害怕放纵的两难心态，倍感无助、纠结与迷茫。其结果则是，他们变得更加沮丧、虚无与"佛系"。

四、主动担当与被动作为之间的踌躇

勇德作为一种为了正义之事而不畏艰险、敢于站出、勇往直前的道德品质，在本质上是一项担当的品质，是对责任、使命的承担与践行。担当构成了个体勇德品质的核心内容，无论是对原始族群负责的血气之勇，还是对政治国家负责的义理之勇，抑或是对个体生命负责的存在之勇及其高级形态对人类命运负责的共在之勇，无不蕴含着责任担当的价值意蕴。当代大学生勇德品质的培育及养成，离不开其担当意识与担当精神的树立与践行。习近平总书记2014年在北京大学师生座谈会上勉励青年大学生："要勤于学习、敏于求知，注重把所学知识内化于心，形成自己的见解，既要专攻博览，又要关心国家、关心人民、关心世界，学会担当社会责任。"[1]对当代大学生而言，担当就是要不畏困难、直面挫折，不推诿、不逃避、不退缩，主动、自觉地担负起自己应尽的责任与义务。在学习上，刻苦努力、奋发向上、开拓创新，始终把学习放到第一位，认真学习科学文化知识，积极探索未知领域，并将自己所学到的知识、真理用于服务社会、国家与人民的事业中去。在生活中，珍惜生命、热爱生活，尊重他人、关爱他人，始终保持一颗善良友爱、阳光开朗、健康平和的心，在积极上进、不断奋斗中追求美好生活、创造幸福人生。在家庭里，懂得感恩父母、孝敬父母，尽早摆脱依赖、自强自立，自觉承担起自己对于家庭的责任与义务，主动为家庭减负、为父母分忧，积极维护家庭和睦、促进家庭团结。在社会中，自觉遵守法律法规与社会制度，主动践行社会道德伦理规范，积极参加社会志愿活动；面对不义、不公或不法之事，敢于挺身而出、见义勇为并坚定不移地与之作斗争；对于不合理或不良的社会现象或社会问题，勇于开展研究，敢于建言献策，努力营造和谐美好的社会环境。在国家上，热爱祖

---

[1] 习近平：《习近平谈治国理政》（第一卷），外文出版社2014年版，第172页。

国、热爱人民，做一名有理想、有本领、有担当的社会主义合格公民，与时代主题同心同向，与国家梦想同梦同行，始终以强烈的责任感与使命感，把国家与人民的事业扛在肩上、放到心上、落于行上，为实现中华民族伟大复兴的中国梦而不懈奋斗。

当代大学生作为有知识、有文化、有梦想的青年群体，对于担当的道德品质大都具有较高的理性认知和强烈的情感意愿，在总体上理解担当、喜欢担当、愿意担当。调查数据显示，当代大学生的担当状况在认知、情感和意志方面相对理想，仅有3.97%的大学生不认同担当、3.76%的大学生不喜欢担当和8.41%的大学生不愿意担当（见表4-6）。然而，较高的担当认知和强烈的担当意愿并不必然能够转化为坚定的担当行为，大学生的担当行为还同其自身的能力或本领密切相关。能力是担当行为的基本前提和根本保障，没有能力，担当行为只能流于空谈，甚至会误人误己。长期以来依赖被动的学习与生活方式，使得部分大学生在独立承担责任与履行义务时显得能力不足、力不从心，多次的挫折、失败更是使他们丧失自信、心生畏惧，从而不敢践行担当精神或做出担当行为。调查数据显示，尽管有高达82.71%的大学生表示认同担当品质，但付出实际行动的却仅有17.76%（见表4-6）。在访谈中，多个受访大学生均表示自己并非不想担当或不愿担当，而是"能力有限""实力不允许""不想拖后腿""不愿帮倒忙"等。能力不足及自信心的丧失使得当代大学生的担当品质掺杂着不同程度的被动成分，让他们在主动担当与被动作为之间踯躅不定、犹豫不决。具体来看，主要表现为以下三个方面。

一是认知程度加深，"看客"心态流行。在信息化普及、网络化盛行的当代社会，大学生的学习方式与实践渠道变得更加多元与灵活，社会经验也随之变得更加丰富，他们对于担当的认知、感悟逐渐加深。面对不合法、不合理、不道德、不文明或不公平的社会现象，他们大都具有较高的敏感度和警戒心，并对此表示愤慨、进行谴责或对受害者表示同情与怜悯，但很少能够主动站出来，积极同这种现象作斗争，而更多的是以一种"事不关己、高高挂起"的"看客"心态，把希望寄托在别人身上，被动地等待着他人制止或结束这一现象，抑或通过手机拍照、网络上传并在朋友圈中进一步表达自己的正义之心与愤慨之情。

二是情感意愿增强，责任毅力不足。当代大学生大都对自己、社会与国家有着正确、清楚的认识，能够把个人利益、集体利益与国家利益相结合，将个人发展融入社会与国家的发展之中。他们热爱祖国、感恩社会、忠于家庭，希望通过刻苦学习、努力奋斗、苦练本领不断发展自我、壮大自我，以崇高的信念、扎实的学识、过硬的本领服务国家、奉献社会、回报家庭。然而，多数大学生思想观念尚未成熟，其世界观、人生观与价值观正在发展与完善之中，这就使得他们的思想行为容易被情感所左右，呈现出情绪化、不稳定、易波动等特征。在感性思维及情感情绪的支配下，部分大学生的抗挫抗压能力、自制自律能力逐渐下降，在学习或生活中往往定力不够、毅力不足，有时积极上进、刻苦努力，有时萎靡不振、颓废放纵，当遇到困难与挫折时常常自怨自艾或逃避退缩。

三是参与行为增多，自利倾向严重。随着现代社会的多方发展与深入推进，大学生的公民观念和参与意识逐渐增强，在社会公共事务方面的参与行为逐渐增多。他们在注重自身发展的同时，开始关注社会与国家发展，希望未来能够在社会公共事务中有所作为，发挥自我价值，实现人生理想。受个人主义、享乐主义的影响，当代大学生自觉主动的社会参与行为被渲染上了越来越浓厚的经济色彩，渐渐沦为了机械被动的利益交换行为。如大学生的志愿服务行为原本用于增强其自觉履行社会义务的思想意识，培养其主动开展社会服务的志愿精神，而现如今这一志愿行为基本上异变成大学生完成学校的硬性规定、获得学分、增加综合测评分数的有效手段，具有明显的利己倾向。

五、自我超越与自我中心之内的矛盾

如前所述，当代大学生所要追求的勇德品质是高层次的共在之勇，他们不仅要富有血性、饱含激情，心存善念、行合义理，做回自己、肯定自我，还要能够担当大任、互利共享。共在之勇是对血气之勇、义理之勇与存在之勇的继承与超越。当代大学生只有通过突破个人局限、去除个人中心，不断否定自我、超越自我，才能培育及养成更高层次、更高境界的共在之勇的勇德品质。自我超越是当代大学生通向共在之勇的关键的道德品质。从本质上来看，自我超越就是对自己既有生活意义的超越，使自己不断趋向一种更有价值、更有意义的生活。对当代大学生而言，有价值、有意义的生活既不是满足于动物式的受自然情欲、原始冲动支配的鲁莽野蛮地争抢利益而不顾道义的"活着"，也不是固守于僵硬化的被天道宿命、权威教条所束缚而安之若命、故步自封、贪图安逸、不思进取的"活法"，亦非停留于单子式的被"个人主义""自由主义""享乐主义""虚无主义"所裹挟而崇尚个性独尊、自由至上、金钱万能、我行我素的"存在"，而是追求一种积极上进、敢作敢为、知书达理、明辨是非、自由创造、共荣共存的更进步、更崇高、更美好的共在生活。在这一共在理念的指引下，当代大学生超越了自然本性的纯粹自利，摆脱了社会本性的安逸自封，开启了通向精神信仰的上升空间，从而实现了自身道德境界的不断提升。自我超越是建立在"自我"存在的两重化之上的。美国人本主义心理学家罗杰斯将"自我"区分为"理想自我"与"现实自我"两个层次，认为"自我"并非绝对同一的人格构造，而是始终处于理想自我与现实自我的矛盾和对立之中。[1] 理想自我是个体渴望拥有的存在于意念或想象之中的人格特质，而现实自我是个体在现实生活中实际具备的人格特质。当代大学生的自我超越是其个体人格的高层次发展，是他们按照"理想自我"的期待和预设对"现实自我"的否定和突破，寻求的是一种长远价值与长远发展。而当代大学生的长远价值与长远发展不仅要注重个人需求的满足，还要兼顾个人利益与集体利益、国家利益以及全人类利益的融合，这是对个人本位的超越，实现的是社会本位、国家本位以及人类本位的发展。

然而，在物质需求极大满足和价值取向高度自由的当代社会，联结大学生

---

[1] 参见［美］卡尔·R.罗杰斯《个人形成论：我的心理治疗观》，杨广学等译，中国人民大学出版社2004年版，第7页。

共同价值的社会关系的根基逐渐被瓦解，作为社会存在的共同意识与"理想自我"的道德诉求被不断弱化，大学生自我超越的精神特质面临着困境或危机。一方面，大学生所扮演的社会角色及其所承担的公众预期，要求他们要不断超越自我、提升自我，成为自己或他人所希望的理想化的自我，以获得内心的安宁和人际关系的和谐；另一方面，大学生自身不利的现实条件和不良的外界环境又在一定程度上抑制着大学生的自我超越与自我发展，诱使他们追求一种以自我为中心、故步自封、安逸舒适的生活方式，而这往往无法满足"理想自我"的需要和期待。"理想自我"与"现实自我"之间的差异使得大学生陷入了自我超越与自我中心的矛盾和冲突之中。他们既不能使"现实自我"按照原本面貌而不加任何改进地、自由地、真实地发展，又难以鼓足勇气、下定决心进而强使自己达至"理想自我"的境界，于是便在自我超越与自我中心的矛盾、冲突下反复挣扎，以一种既非"理想自我"亦非"现实自我"的冲突心理和混沌状态而存在。当这种冲突造成了生活的困境时，就会引发他们内心的焦虑、不安与混乱，形成一种矛盾的、偏激的、不稳定的人格结构，呈现出忽冷忽热、反复无常、性情不定、难以捉摸的心理特点。为了缩短"现实自我"与"理想自我"的差距，减轻自我中心与自我超越的矛盾所带来的消极情绪体验，他们往往会选取一种非适应性的、逃避的应对方式，来掩饰自身的缺失、不足与无能，其方式主要包括以下两种。

一是全能自恋下的"晒客"行为。对于处在"独生子女"状态下成长起来的当代大学生而言，长期以来家庭溺爱依从的教养方式容易使他们缺乏对自己的全面认知与客观评价，为人处世常常以自我为中心，希望他人给予自己更多的理解、让步和关注，而很少兼顾、理解他人的需求和感受，渐渐形成了全能自恋的人格倾向。"学无所成，怪学校；考试挂科，怪老师；犯错受罚，怪制度；人际孤独，怪同学；就业困难，怪时代；孤立无援，怪父母。只有责怪，没有反思；只有骂人，没有检讨。"[1] 在心理学上，自恋是一种病态型人格，是

---

[1] 转引自陈明霞《大学生"巨婴"现象的成因分析与教育思考》，《思想理论教育导刊》2019年第11期。

个体封闭自我、逃避现实的人格障碍。自恋者往往通过对自我的过度专注与无限夸大来获得对他人的绝对优越感。他们自尊心很强，缺乏安全感，害怕受到他人的否定、排斥和嘲笑，其自恋的心理需要一旦无法满足就很容易陷入消极、悲观和颓丧之中。进一步分析，自恋是个体沉浸在自我编织的理想自我之中而不愿或不敢面对现实自我的人格障碍，是个体内心不够强大、勇气不够充足的表现。在自恋心理的支配下，大学生往往囿于自我中心，缺乏自我否定、自我超越、自我提升的决心和勇气。

近年来，随着移动社交媒介的兴起，大学生的自恋倾向在网络空间中得到了进一步强化和释放，逐渐显现为一种"晒客"行为。他们热衷于在网络社交平台上展示自己的喜好、品位、荣誉、成就以及生活中的点点滴滴，甚至不惜暴露自己的隐私，以此吸引眼球、彰显自我，从而获得被人关注、羡慕以至追捧的心理满足。从表面上看，"晒"作为"share"的音译，表达的是与大家共同分享宝贵的或美好的事物的意思，实际上，它在很大程度上却是个体标榜自我身份并满足自我身份想象的方式和手段。当代大学生"晒客"行为的背后，反映了处于现实—理想自我差异下的大学生害怕寂寞、难忍孤独、担心被否定与被遗忘的恐惧感和焦虑感。于是，他们便通过"暴晒"自我如"晒分数""晒证书""晒关系""晒奢侈品""晒美颜""晒男女朋友"等，来掩饰现实自我的不足与缺陷，满足自身对于理想自我的美好想象。显然，当代大学生的"晒客"行为在本质上既非共享共进的勇德行为，也非超越自我、提升自我的自勉行为，而是彰显自我、标榜自我的自恋行为，是内心虚弱、勇德缺乏的表现。

二是自卑嫉妒中的"狩猎"行为。现实—理想自我差异的长期存在与难以消除，使得部分当代大学生慢慢形成了自卑心理。在心理学上，自卑是一种性格缺陷，是个体因与某一参照标准比较有差距而产生的自我价值被贬低或被否定的消极的内心体验。自卑一般会产生积极和消极两种截然不同的行为结果：其一是成为个体进步的动力，促使他们奋发向上、刻苦努力、愈挫愈勇，直至成功；其二是成为个体前进的阻力，致使他们情绪低落、思想颓废、意志消沉,从而不敢面对现实、逃避现实,进而产生一些心理与行为问题。对于心理尚不成熟、情绪容易波动的当代大学生而言,其自卑心理所带来的通常是消极的行为结果,且往往与嫉妒心理相伴随。嫉妒是个体对自身社会关系中那些达到参照标准的人或总体比自己优秀的人所产生的一种不平衡的心理状态,通常表现为羞愧、忌恨、冷漠、贬低、愤怒、排斥甚至敌视的情绪特征。

在自卑嫉妒心理的支配下,当代大学生通常会作出两种非适应性的应对行为:其一是退缩性行为。他们常常缺乏自信、处处谨慎保守,态度封闭、胆怯害羞,盲目从众、毫无主见,丧失激情、缺少活力,往往被动、机械、麻木地被社会扭曲。中国当代作家王朔将这种人格特质称为"橡皮人"。显然,"橡皮人"所呈现出来的退缩逃避、颓丧萎靡的行为特征,是血性不足、勇德缺乏的表现。其二是攻击性行为。与"橡皮人"相反,自卑嫉妒心理还易引致"狩猎者"的人格特质。他们常常对他人充满猜忌、妒恨和敌视,缺少同情和怜悯之心,为人尖酸刻薄、心胸狭窄、睚眦必报,喜欢指责他人、批评他人,往往以掌控、支配或征服他人为荣为乐。为了宣示自己的权威或证明自身的存在,他们容易丧失理智,不由自主地释放自身潜藏已久的暴力,甚至不惜虐杀他人的生命。近年来,大学生的攻击性行为及校园暴力事件越来越多,如2004年的"马加爵杀人案"、2009年的"郭力维杀人案"、2013年的"复旦大学投毒案"、2018年的"周凯旋杀人案"等,这不仅反映了当代大学生人际交往能力的欠缺,更折射了其勇德品质的缺失。与自杀行为一样,大学生的杀人行为同样是缺乏勇德的表现,前者缺乏的是自我存在的勇气,而后者缺乏的则是与人共在的勇气。

综上可知,当代大学生的勇德品质尤其呈现出不稳定性和不平衡性两大特点。不稳定性,指的是当代大学生的勇德品质在时间维度上呈现出反复不定、忽高忽低的发展特点。其勇德品质有时较高,表现出积极进取、自强自立、克己自制、主动担当与自我超越的行为特征,而有时较低,呈现出消极颓丧、懒惰依赖、恣情纵欲、被动作为与自我中心的精神面貌。他们时常处于进取与颓丧、自立与依赖、自制与放纵、担当与塞责、超越与闭锁之间,并在两者之间左右摇摆、犹豫不定，内心充满踌躇、矛盾与纠结。不平衡性，指的是当代大学生的勇德品质在勇德内涵的空间结构上呈现出两极化、失调化的发展特点。勇德作为一个合成性概念，既非盲目地追求胆大敢为、血性迸发的勇，也非单方面地固守失去活力、机械僵化的德，而是全面地强调"勇"和"德"之间的交融与协调。然而，从内涵结构上看，部分当代大学生的勇德品质趋向于失调与失衡，两极分化倾向明显，要么偏向于勇的一极，成为莽撞野蛮、性情冲动、暴躁易怒的莽夫；要么偏向于德的一极，成为"死读书""读死书"并固守于某一理论或教条而不知变通、顽固不化、缺乏活力的"书呆子"。不稳定性和不平衡性构成了当代大学生勇德品质的重大缺憾。

第三节 当代大学生勇德缺憾的成因分析

马克思认为，"人的本质不是单个人所固有的抽象物，在其现实性上，它是一切社会关系的总和"[①]。当代大学生作为"现实的人"，其勇德品质的现实缺憾并非仅由大学生自身原因所造成，而是多方因素共同作用的结果。它"是在主体实践的过程中主观因素和客观因素交互作用的产物……是外部制约和内在转化的辩证统一过程"[②]。外部制约因素主要包括：一是家庭因素，如经济状况、文化水平、教养方式、亲子关系等；二是学校因素，包括教育因素如教育模式、管理模式等和教师因素如个人魅力、勇德水平、师生关系等，涉及幼儿园、小学、中学和大学多个阶段；三是社会因素，如社会风气、文化状况、传媒舆论、生活方式等。这些因素彼此关联、相互交织、相互渗透，并借助大学

---

① ［德］马克思、恩格斯：《马克思恩格斯选集》（第一卷），中共中央马克思恩格斯列宁斯大林著作编译局译，人民出版社 1995 年版，第 60 页。
② 陈万柏、张耀灿主编：《思想政治教育学原理》，华中师范大学出版社 2009 年版，第 102 页。

生的社会实践活动促进其内在思想矛盾转化，把思想情感、价值观念、道德伦理等逐渐融入他们的勇德品质中。因此，探寻当代大学生勇德缺憾的根源，找出勇德困境的症结所在，至少需要从个人、家庭、学校、社会四大方面进行归因分析。

一、个人原因：怯懦与惰性的交互作用

唯物辩证法认为，在事物的运动、变化与发展中，内部矛盾或内部原因是第一位的，是事物运动变化的原动力，是事物变化发展的根本原因。当代大学生作为勇德主体，他们自身的个人原因作为内因，是其勇德缺憾的根源所在。勇德品质植根于人的本性，生发于人的本质力量，是人的本性及其本质力量的外在显现。勇德品质的萌芽、形成、发展及提升等过程正是人们在社会实践活动中不断发掘人性、充分实现人的本质力量的过程，体现了人们自身由内向外的强烈的情感、意愿与信念。勇德品质的培育及养成具有很强的主体性，归根结底是当代大学生自身努力协调认知、情感、意志、信念与行为并积极地进行自我建构的过程。而调研中发现，当代大学生的勇德状况在知、情、意、念、行及自我建构方面存在着认知与行为、理想与现实、个人与社会三对矛盾的对立与冲突。认知与行为的矛盾主要表现为知行不一；理想与现实的矛盾主要表现为向往理想却又安于现实；个人与社会的矛盾主要表现为希望奉献担当却又难以抑制个人私欲。知、情、意、念、行之间的失衡或失序以及自我建构的自觉性的丧失或缺乏，必然会引致当代大学生勇德品质的不稳定性与不平衡性，使其充满矛盾、彷徨与纠结。

进一步分析，当代大学生勇德状况的知、情、意、念、行的失衡及自我建构的自觉性的缺失与大学生自身的身心发展特点密切相关。当代大学生身心发展的不稳定性与不平衡性直接导致了其勇德品质的不稳定性与不平衡性。当代大学生以"95后"和"00后"为主，年龄大多在18岁至25岁之间，身高大多在160cm至185cm之间，相比"80后"与"70后"大学生，他们年龄偏

小，身材偏高。他们尽管在生理上高大成熟，在法律上也已成年，但在心理上却尚未完全成熟，正处于从不成熟到成熟的极速过渡阶段，这在心理学上被称为"心理断乳期"或"感情风暴期"。处在这一极速过渡时期，当代大学生在诸多方面表现出不适应、不习惯，这成为影响其勇德品质生成及发展的重要因素。在心理上，他们渴望独立，向往自由，希望挣脱父母与教师的支配或管控，但又因缺乏在现实中独立生活、自主学习的能力、自信和勇气，而不得不依赖于或求助于父母和教师。在思维水平上，抽象逻辑思维开始占据主导地位，辩证逻辑思维得到了进一步发展，他们在学习活动或生活实践中热衷于追求独立性、批判性与创新性，但又往往容易陷入顽固化、另类化与形式化的泥沼，呈现出脱离实际、思想片面、主观武断、缺乏思辨等诸多问题。在情感情绪上，他们的情感丰富多变、短暂强烈、两极分化严重，要么激情四射、豪情壮志、干劲冲天，要么神情沮丧、萎靡消沉、冷漠麻木；他们的情绪不太稳定，容易暴躁冲动，甚至有时会不受自身理智的控制而做出一些让自己后悔、自责的事情。在自我认知上，他们往往存有偏差、缺乏实干、眼高手低，且自负与自卑并存，有时乐观自信、斗志昂扬，而有时又悲观丧气、心灰意冷。在价值取向上，他们尚未定型，具有很大的可塑性，正处于世界观、人生观和价值观走向成熟稳定的关键时期。对于新入大学的当代大学生而言，中学时期所形成的分数导向、服从命令、谨慎保守的传统价值观念逐渐向大学时期的自由至上、追求自我、做回自己的新的价值观念转变。处于新旧价值观念交锋交替中的他们，难免会遭遇精神迷茫、不知所措、无所适从的勇德困境。总之，正是当代大学生在极速转型期所表现出来的不稳定性与不平衡性的身心发展特点，才使得其勇德品质内在的知、情、意、念、行的心理结构发生了失序与失衡，进而使得他们的勇德品质呈现出时高时低、时而偏向于勇又时而偏向于德的现实缺憾。

从根本上看，当代大学生身心发展的不稳定与不平衡之所以引致了勇德缺憾，在于它内含着人性中的不确定性。换言之，当代大学生勇德品质的不稳定性与不平衡性根源于人的不确定性，是人的不确定性的外在表现。现代人学理论认为，人是未完成的、不确定的生物。德国哲学人类学家兰德曼说："人在本质上是不确定的。就是说，人的生活并不遵循一个预先建立的进程，而大自然似乎只做一半就让他上路了。大自然把另一半留给人自己去完成。……人可以并必须塑造自己。"[1] 不确定性是人的类特性，人的生命是自为的，人正是通过生活实践中的自为活动，才得以不断超越自我、实现自我，从而"自己创造了自己"。当然，不确定性也保留了人保守不前、故步自封的权利，使他们缺乏激情、安于现状、甘于平庸，趋向于一种动物式的满足。人性中的不确定性为当代大学生提供了对自身的勇德品质作出高低、优劣等自由选择的权利，并使其获得了不断培育、发展及提升自我勇德品质的空间，从而使得他们的勇德品质呈现出不稳定性与不平衡性的发展特点。作为不确定的生物，人是复杂的，人性中既包含着充满活力、饱含激情、积极上进、不懈奋斗等本质力量的成分，也包含着消沉低落、萎靡不振、悲观沮丧、不思进取等非本质力量的因子。本质力量与非本质力量是植根于人性中的一对永恒的矛盾。真正的勇者是那些能够克服非本质力量的诱惑或威胁而不断实现本质力量的人，勇德就是促进人的本质力量充分实现的道德。

在人的非本质力量中，存在着怯懦和惰性两种顽固的人性因子，它们与本质力量中的血性和活力相对抗，构成了人类勇德的最大威胁。怯懦是隐藏在人性中的对未知事物心存畏惧的力量，如人天生具有欺软怕硬、恐惧风险、逃避责任等本能倾向。惰性是深藏于自身内部的反对自我的力量，它反对我们对自身进行任何积极的改造。怯懦和惰性作为人的劣根性，在消融当代大学生的血性与活力，控制他们的思想与行为的同时，慢慢地消磨了他们的志向与美德，禁锢了他们追求卓越与崇高的一切才能。按照怯懦和惰性的指引，当代大学生的行为选择自然奉行美国心理学家马斯洛所言的"最少努力原则"，寻求"最少抵抗路线"与"最小风险系数"，追求一种安逸与闲适的生活。[2] 简言之，就是怎么好做怎么做，怎么省事怎么做，怎么保险怎么做，能不干就不干，能

---

[1] 转引自鲁洁《道德教育的期待：人之自我超越》，《高等教育研究》2008年第9期。
[2] 参见张殿国《走出惰性》，上海人民出版社1990年版，第6页。

少干不多干，能慢干不快干等。在这种舒适、安逸的生活中，部分当代大学生逐渐丧失了释放生命的活力、超越自我的勇气与创造自我的能力，陷入了长期的忧虑、迷茫与平庸之中，而变成麻木、保守、迂腐的人。可见，怯懦和惰性作为血性和活力的对立面，是生命中的负能量，是一种阻碍人进步的力量，它限制着人生所能达到的高度。对于处在极速转型期的当代大学生而言，怯懦、惰性与血性、活力之间的相互作用、相互斗争，加剧了自我人性的复杂性和多变性，其勇德品质也因此呈现出不稳定性与不平衡性的现实缺憾。

二、学校原因：教育模式的"温柔陷阱"

学校是学生学习的主要场所，学生每天中的绝大多数时间都是在学校度过的。学生的人格特质、性格性情、行为习惯以及他们对于事物的认知水平、情感意志、理想信念与行为方式都不可避免地受到学校及其教育的影响。无论愿意或不愿意、有意或无意，学校教育对学生的人格塑造、道德养成以及世界观、人生观、价值观的培育都会产生重要影响，既有积极，也有消极，既有促进，也有抑制，具体结果多变但可控，其中缘由复杂但可寻。作为一项重要的道德品质，当代大学生的勇德品质显然会受到学校教育的影响，其形成与发展同他们长期以来所接受的学校教育密不可分，包括幼儿园教育、小学教育、中学教育与大学教育。因此，探究当代大学生的勇德缺憾并寻找其原因所在，离不开对当下学校教育的拷问与反思。进一步探究，这些教育问题往往与我国根深蒂固的"乖文化"紧密相关。在我国，"乖文化"经过千百年的生活实践已然融入人们的血液之中，成为教育他人、评判你我的思维习惯。所谓"乖"，即乖巧、温顺、听话之意。在"乖文化"语境中，"乖孩子"等同于"好孩子"，延伸到学校教育中则等同于"好学生"，甚至在早期的学校教育中，"乖"作为评价学生优秀与否的重要标准，"乖孩子"等同于"优秀学生"。与"乖"相呼应，温柔或温和成为对好教师进行评定的一个重要的量化指标，并随着教育层次的不同而呈现出不同的形式。

在学前教育阶段，温柔就是要表现出慈母般的温雅柔顺、体贴入微。为此，教师要貌相柔和、声音甜美，统一步调、统一口径，还要以身示范，为孩子展现一个"乖宝宝"的温顺形象。按照这一标准，女性具有绝对优势，女教师也因此成为幼师的主流，很多幼儿园甚至没有一位男教师。据《中国教育统计年鉴·2016》的统计数据显示，我国幼师总数约 100 万人，而男幼师不到 1 万人，占比不足 1%。学前教育中男幼师的严重不足，使得很多孩子在幼儿时期就缺乏阳刚之气。在小学与中学教育阶段，温柔就是教师要对学生和颜悦色，不生气、不动怒，不打训学生，不体罚学生，甚至不批评学生；学生要乖巧、温顺、听话、服从，不顽皮、不打闹、不嬉戏，把自己的全部精力都用在学习上。小学教师下课前叮嘱最多的话是"下课不许乱跑，不许大声喧哗"；中学教师放学前叮嘱最多的话是"放学不要太野，多做几套题，预习新课，查漏补缺"。小学生在各种对于温柔的要求或规定中慢慢失去了活力，中学生在长期的温柔环境中渐渐丧失了激情。在大学教育阶段，温柔就是教师要具有亲和力，与学生打成一片，不要太死板、太较真，本着"以学生为本"的人本理念与"怎么都行、怎么都可以"的后现代理念，对学生采取民主、宽松、放任的管理方式。

进一步分析，教育模式的"温柔陷阱"之所以能够长期存在且持续有效，原因在于它较好地满足了"应试化"的教育要求和"人本化"的管理需要。一方面，"应试化"的教育模式以分数为导向，即教师在规定的时间内，按照自己预设的教学计划，以最快的速度、最高的效率帮助学生掌握考试所需的教学内容，从而考取高分，获得考试成功。为了确保获得高分，教师自然要求学生表现出"乖孩子"特质，完全听从自己的学习安排，按照固定的、完美的学习计划，不容辩驳、不容置疑地执行下去，做到"两耳不闻窗外事，一心只读圣贤书"。另一方面，"人本化"的管理模式要求管理应以学生为本，即相比其他事物，学生是第一位的，学生高于一切，学生的生命重于一切，教师、教学与管理都应该尊重学生的主体地位，为学生服务，为学生着想。为了（形式化地）实现这一管理目标，教育管理者自然要求教师和学生同时表现出"温柔"

和"乖孩子"的特质：教师应温和管理，不能打训学生与体罚学生；学生尽量"宅"在教室，不能做激烈运动与危险动作等。同时，"应试化"的教育模式与"人本化"的管理模式又反过来进一步强化了教育的"温柔陷阱"，加重了当代大学生的勇德缺憾。主要表现在以下两方面：

一是"应试化"教育模式遮蔽了当代大学生的人文精神。"应试"原本是为了应付考试而作出的复习巩固、温故知新、查漏补缺的学习行为，是有效学习的必要环节，是可取的，也是可行的。但一旦把"应试"作为一种招生取材甚至教育牟利的唯一的量化工具，上升为"应试化"，追求一种"唯考试论""唯分数论"和"一考定终身"的教育导向时，它就失去了原本的意蕴，流于形式化与机械化。在"应试化"教育的导向下，工具理性僭越了价值理性，知识学习替代了个性思考，"本应充满生命活力与崇高理想的教育却失于简单化与功利化：'学习有用技能—通过相关考试—增强就业能力—获得地位和财富'，这是不少学生信奉的、教育应当遵循的唯一内在逻辑"[①]。事实上，教育的最终目的在于"成人"，即引导学生成为一个兼具科学素养与人文精神、德智体美劳和谐发展的"全人"，这离不开知识学习，更离不开经验体悟。正如杜威所强调的"教育即生活，教育即经验的改造"[②]。然而，应试化教育对于知识学习的过度推崇在很大程度上抽离了当代大学生成长过程中的经验体悟，使得他们呈现出人文精神匮乏、木讷寡言、麻木冷漠、高分低能、情商低下、交际困难等困境。正如有学者指出："应试教育在一定程度上剥夺了学生们体育锻炼的权利，如今别说尚武，就是能坚持普通体育锻炼的学生都不多，影视《少林寺》曾点燃过众多少年的尚武热情，但应试教育还是把他们强拉回一动不动的考试桌……他们变得越来越木讷、少言，不会欢乐与浪漫，甚至忘记了如何自然地笑。"[③]

二是"人本化"管理模式助长了当代大学生的惰性心理。"人本"原本是

---

① 陶志欢：《"佛系"青年的生成机理与引导路径——以当代大学生为考察对象》，《中国青年社会科学》2019 年第 1 期。
② ［美］约翰·杜威：《民主主义与教育》，王承绪译，人民教育出版社 2001 年版，第 179 页。
③ 程万军：《血性——时代缺失的隐痛》，金城出版社 2008 年版，第 96—98 页。

源自人本主义及人道主义[①]的哲学理念，是相对于神或物而强调人的本性和人的价值，是一种哲学本体论命题。"人本"的哲学命题被引入政治领域，作为一种执政理念，即"以人为本"，强调发展应统筹兼顾、全面协调，以为人民服务为根本宗旨，既要"见物"，更要"见人"，时刻把人民的需要和利益放在首位。随后，"以人为本"的执政理念迅速转化为各行各业的行动指南，而在具体的转化过程中却发生了诸多变形、变异甚至异化，更多地用于指涉无条件地尊重人的自然权利，无节制地迎合人的需要，无限度地满足人的欲望等，即"人本化"，这与"人本"的原初意蕴相去甚远。具体到学校教育领域，"以人为本"并非原本的"以育人为本"，而是被简化为"以学生为本"。若"以学生为本"能够如理论上所讲的充分尊重学生的主体地位，满足学生的个性需求，激发学生的创造活力，这亦无可厚非。然而，在实际管理中，"以学生为本"却被形式化为学生至上、学生中心，遵从学生的个性需求，不打训、体罚学生，以及随之而来的宽松式、放任式的管理方式。这极大地助长了当代大学生的惰性心理，使他们在缺乏压力的优哉游哉的学习与生活环境中，变得更加的懒惰依赖、精神恍惚、缺乏斗志与丧失激情。

三、家庭原因：教养方式的"亲情绑架"

当代大学生的勇德品质不是大学生在大学阶段才习得的道德品质，而是他们在长期的生活实践中逐渐形成与发展起来的，具有深厚的历史渊源。回溯道德生活和人之德性的历史源头，不难发现，德性最初诞生于家庭之中。[②]家庭作为道德萌发的第一空间，构成了当代大学生勇德品质的历史价值始点。在当

[①] 仔细辨析，人本主义与人道主义并非完全一致。人本主义是相对于神灵崇拜而提出的，肯定人的价值和人的本性（包括善的与恶的），强调人的世俗的一面，尊重人的正常情欲。人道主义是在人本主义的基础上侧重于强调人对人的慈善与关爱，即"仁者爱人"，如红十字精神。在西方，人本主义萌发于文艺复兴，旨在解放人性，而人道主义则出现于启蒙运动之后，旨在追求公平与正义。

[②] 参见杨乃虹、施炜《透析德育历史价值始点 回归家庭伦理本位》，《徐州师范大学学报（哲学社会科学版）》2009年第4期。

代大学生勇德品质的形成与发展中,家庭是最早的场所,父母是最早的施教者,以父母所主导的家庭教养方式在潜移默化、有意无意中对大学生勇德人格的萌发及塑造起着基础性的作用与深远性的影响。当代大学生的勇德缺憾不仅与大学生的身心特点和学校的教育模式紧密相关,还与家庭的教养方式密不可分。因此,对当代大学生勇德缺憾的成因探讨,除了要植根于人性层面和聚焦到教育层面,还须深入到家庭层面,从教养方式上进行追问与反思。在教养方式上,我国家庭普遍遵循着"好孩子"的价值取向。所谓的"好孩子",是指不冒险、不质疑、不叛逆、不挑事的孩子。"好孩子"在行为处事时往往以安全为准则,从来不去做那些有可能给自己带来危险或给家庭、学校带来麻烦的事情,更不会主动去试错,这使得他们的冒险精神与批判意识不断丧失,逐渐成为一个害怕失败、缺乏自信、失去勇气的孩子。承接"好孩子"的价值取向,我国家庭还普遍遵循着"听安排"的行为取向。所谓"听安排",是指完全听从父母或老师的命令,并无条件地按照他们的预设规划或固定安排行事。它虽然能够确保孩子或学生不出差错地、高效地、甚至完美地完成任务,获得成功,但也往往容易使得他们缺乏自觉意识和创新精神,逐渐形成机械被动、消极保守、盲目从众的道德品性。仔细分析,"好孩子"的价值取向与"听安排"的行为取向忽视了大学生本人的情感意愿和价值诉求,透露出父母强烈的控制欲和支配欲,这是一种建立在亲情之上的话语霸权行为和意志强加行为,即"亲情绑架"。

进一步来看,"亲情绑架"之所以能够形成且有效,在很大程度上取决于家庭的教养观念及长期以来形成的教养习惯。我国当代大学生大多为独生子女,成长于"6+1"的家庭结构中,即6个大人(爸爸妈妈、爷爷奶奶与外公外婆)和1个孩子。他们是家庭的希望,肩负着众多大人"成龙""成凤"的期望,有的父母甚至放弃了自身发展,成为全职"陪护"。被寄予厚望的他们,自然收获了超乎寻常的亲情和爱护。从幼年时期的"众星捧月"到入学之后的"集体安排",无不透露着"操碎了心"的父母的浓浓亲情及随之而来的强烈"控制欲"。当下大学生的父母多数为"80后"和"70后",他们在改革开放浪潮及社会经济的飞速发展中长大，具有较高的文化水平与丰富的社会经验。他们坚信自己的学识与经验能够让自己的孩子少走弯路、少碰钉子、尽快成功，并希望他们按照自己的意愿行事，从生活到学习再到就业、恋爱，无不如是。在这种教养观念的指引下，父母成为当代大学生学习生活的具体规划者和直接参与者，大学生自身的话语权往往被父母的"都是为你好""做个听话的好孩子""长大后就懂啦""别人家的孩子"等用语碾压碎解，从而心安理得地成为"衣来伸手饭来张口"、懒惰依赖、自私自利的"巨婴"。在这种家庭环境中成长起来的当代大学生，往往在社会责任、人际交往、自理能力、自制意志等方面存有缺陷，而这则容易引发家庭矛盾及亲子关系的紧张、恶化。

深入分析，当下亲子关系的对抗、紧张与恶化根源于家庭教养方式的"亲情绑架"及其所引致的家庭教养特性的"适从性抽离"。"所谓适从性抽离是指家庭为了适应和服从社会氛围、教育压力而作出的去个性化适应。"[①] 主要表现为以下三个方面：一是家庭空间学校化。当代大学生长期以来所接受的家庭教养是被学校教育同化了的家庭教育，家庭了成为第二学校，变成了学校教育的再现与延伸。自他们进入小学开始，父母就正式成为第二教师，从放学之后的查漏补缺、辅导作业、检查作业到睡觉之前的巩固已知、强化新知、预习新课等，已经融入父母的生活习惯之中，成为他们的第二职业，学习中的"拼妈""拼爹"现象愈演愈烈。家庭原本是亲子之间培育感情、享受亲情的场所，却在当代社会的教育压力下，心甘情愿且亢奋无比地被"绑架"为学校教育的附庸，失去温情享受和玩乐权利的孩子自然表示抗议与抵制，亲子关系随之紧张。有研究指出，中国学生与父母的交流频率普遍不足，占比仅为57.7%，且首要话题是学习。同时，中国父母与学生发生冲突最多且集中在学习方面，近半年来与父母在学习上发生冲突的学生比例高达55.8%。[②] 二是家庭空间成人化。建构主义理论认为，人的成长空间是自我建构的，而非他人预设的。然

[①] 陈明霞：《大学生"巨婴"现象的成因分析与教育思考》，《思想理论教育导刊》2019年第11期。
[②] 参见孙宏艳、张旭东《网络时代你和孩子关系紧张吗？》，《光明日报》2018年10月27日。

而，当代大学生在成长过程中长期以来缺乏自我主体地位，大多按照父母的预设规划来生活、学习、升学，甚至就业与恋爱等。父母在包办代替、预设规划孩子的生活与未来的同时，也剥夺了他们自我成长与全面发展的机会。在父母的预设下，当代大学生逐渐丧失了自我，丢失了兴趣，活成了"别人家的孩子"："别人学钢琴，咱也学""别人选计算机专业，咱也选""别人考了会计证，咱也考""别人报考公务员，咱也报"等。三是家庭空间公共化。家庭空间不仅包括公共空间，还包括私密空间或独立空间。个体成长既需要基于公共空间的家庭成员之间的亲情互动，也需要基于独立空间的个人自身的自我体悟。然而，在家庭空间学校化与成人化的强势支配下，家庭空间同时也不可避免地变得公共化或公开化。只有在公共化或公开化的空间中，家庭才能建构起学校化与成人化的强势空间。父母常常以了解孩子、帮助孩子为由，希望孩子在自己面前完全透明、不留秘密，始终处在自己全面的监控之中，于是理所当然地翻看他们的手机，偷看他们的日记，任意践踏他们的隐私。在缺乏独立空间、缺少隐私或秘密的环境中长大的大学生，往往表现出胆小怕事、害羞腼腆、不够自信与缺乏安全感的行为特征。

可见，家庭教养方式的"亲情绑架"及其适从性抽离，无论是基于被动适应，还是基于主动选择，都意味着家庭教养独特性的丧失和有效性的缺乏，从而使它失去了应有的价值。对于多数成长于这种教养方式的当代大学生来说，他们一直以来接受的家庭教养不是鼓励他们认识自我、发现自我，而是怂恿他们禁锢自我、逃避自我，指引他们在随波逐流、跟风应景中追求一种虚假的安全感。不甘平凡的中国式父母正在竭尽全力地推着他们走向平庸。"从独特的自我逃向平均的他者，从个性逃向潮流，从冒险逃向安全，从而走进了'军备竞赛'的恶圈，面临着踩踏式的竞争。"[①] 激烈竞争的现实要求与脆弱低能的自身条件之间的巨大落差，使得当代大学生在怀疑、自卑、内疚与迷茫中，走向了颓丧与虚无。

---

① 刘瑜：《我的女儿正势不可挡地成为一个普通人》，搜狐网（https://www.sohu.com/a/434765262_444261），2020，11。

四、社会原因：多元思潮的全面解构

马克思主义个体发展理论认为，个人发展并非一个抽象的、独立的、封闭的自我关系，而是现实社会关系在个人身上的显现。据此可知，当代大学生的勇德品质与他们自身所处的社会环境紧密相关，社会环境对其勇德品质的形成与发展产生着重要影响。所谓"社会环境"，泛指人们生产生活范围内的一切物质因素与精神因素的总和，主要包括政治环境、经济环境、文化环境与心理环境四大范畴。其中，文化环境与大学生的关系最为密切，同时对大学生勇德品质的影响也最大，大学生在一定程度上扮演着文化传承者的角色。当然，文化环境对大学生勇德品质的影响并非单独起作用，而是在与政治环境、经济环境与心理环境的交互作用中共同决定着其勇德品质的形成与发展。在当代大学生群体中，普遍存在着多元亚文化形态，它们消融、瓦解着他们的勇德品质，使他们表现出消极颓丧、懒惰依赖、恣情纵欲、逃避退缩、自私自利等勇德缺憾。深入分析，这些亚文化形态之所以存在，与当代大学生所处的多元思潮的社会文化环境密不可分，甚至在一定程度上亚文化正是多元社会思潮的表现。所谓"社会思潮"，是一种社会意识形式，是社会思想观念的时代呈现。作为一种社会意识，社会思潮源于社会存在。进入当代以后，人类社会进入了经济全球化、政治多极化、文化多元化以及电子化、信息化、网络化的时代，社会经济飞速发展，物质资源极大丰富，人类所面对的社会物质条件发生了巨大变化，这为社会思潮的多元化发展提供了物质基础。当下，比较流行的社会思潮有新自由主义、个人主义、享乐主义、消费主义、拜金主义、虚无主义、道德相对主义、网络民粹主义等。社会思潮通过对主流社会价值观念的解构与赋值获得了多样性、流行性、新奇性等特点，较好地吻合了青年人的心理特性，有效地迎合了他们的标新立异、寻求刺激、挑战权威等心理需要，从而备受青年人群青睐。

当代大学生作为最鲜活、最开放的青年群体，他们的思想观念活跃、兴趣爱好广泛、利益诉求多样，相比统一、规范、权威的社会主流价值观念，多元社会思潮更容易渗透到他们的学习和生活之中,为他们所接受、推崇。在当代大学生接受、推崇多元社会思潮的过程中,后现代主义思潮起着理论基础来源与价值规范导向的作用。① 后现代主义思潮是一种反叛现代化进程中所出现的本质主义、中心主义、基础主义与"在场形而上学"等现代主义的社会思潮,解构中心、反对本质、消解权威并追求价值取向的个体化、多元化与简单化构成了其基本特征。在后现代主义者那里,一切事物都不确定,一切意义都在"延异"中不断消解,没有本质,没有中心,没有主题,"一切都四散了",人们可以随意发挥、任意拼接与自由创造。他们"主张对所有事物进行解构,推崇'去理性化''去公共性''去超越化''反对崇高、拒绝高雅'的无权威、无标准、无中心多元化价值规范体系,关注点从充满价值导向的严肃国家政治生活转向对自身生活意义世界的探寻和当下人生幸福的追问"②。显然,后现代主义及其多元社会思潮是一种对权威的、规范的、主流的现代社会价值观念不断进行批判与解构的思维方式。马克思说:"如果从观念上来考察,那么一定的意识形式的解体足以使整个时代覆灭。"③ 多元社会思潮正在以多种方式从多个层面解构着社会主流价值观念,冲击着当代大学生的思想观念和价值选择,并对他们的勇德品质产生着诸多消极影响。归纳起来,主要表现在以下方面:

首先,多元社会思潮削弱了当代大学生的道德认知。在"后现代"社会,人们获得了事物的普遍解释权,曾经的"权威""标准"日渐稀释消散,传统的伦理规范与道德秩序逐渐被推向了善恶难分、黑白难辨的灰色地带。多元社会思潮所表现出来的虚幻镜像、理性坍塌、集体狂欢等多重症候更是助长了道德相对主义的滋生蔓延。从本质上来看,道德相对主义是一种凸显个人价值,强调个人利益,并将个人道德标准凌驾于社会道德规范之上的社会思潮。道

---

① 参见陈龙《区隔、生产、现代性症候:"佛系"文化的三种维度》,《探索与争鸣》2018 年第 4 期。
② 陶志欢:《"佛系"青年的生成机理与引导路径——以当代大学生为考察对象》,《中国青年社会科学》2019 年第 1 期。
③ [德]马克思、恩格斯:《马克思恩格斯文集》(第八卷),中共中央马克思恩格斯列宁斯大林著作编译局编译,人民出版社 2009 年版,第 170 页。

德相对主义主张道德评判标准的多元化、情境化与个体化，认为道德标准应因人、因时、因境而异，不存在固定统一的、一成不变的道德标准。在道德相对主义语境中，个人的思想观念与主观情感往往跃居于事实与理性之上，成为道德评判和价值选择的重要标准。对处于世界观、人生观与价值观形成与发展关键时期的当代大学生而言，道德相对主义不仅不利于他们树立正确的道德认知，还会使得他们缺少道德情感，缺乏道德意志，丧失道德信仰，进而造成个人主义道德观和利己主义道德观的盛行。

其次，多元社会思潮诱发了当代大学生的心理矛盾。普列汉诺夫说过："一切思想体系都有一个共同的根源，即某一时代的心理。"[1] 多元社会思潮是当下社会心理的综合显现，是人们多元化社会心理需求的反映。多元社会思潮的多样性、流行性与新奇性容易对当代大学生的心理、生活产生冲击，诱发其心理矛盾。一是引发从众心理。多元社会思潮是一定时期内人们现实生活的缩影，它反映了人们在具体的生活实践中所呈现的喜怒哀乐、困境挫折等现实问题，紧密契合人们的现实利益诉求，且以通俗易懂、灵活多样的方式争夺话语权，因而对当代大学生具有更大的心理号召力。当代大学生的三观尚未成熟，自尊心强，心理承受能力差，比较在乎别人对自己的看法，且容易受到他人言行的影响，因而容易导致在某种压力或舆论下基于心理安全考量而作出从众选择。二是加剧叛逆心理。多元社会思潮强调个人价值，注重个人利益，号召个人向权威发出挑战，听从自己的内心，掌控自己的命运，这强化了当代大学生以自我为中心的思想观念，加重了他们的偏激认知与悲观情绪，进而加剧了他们的自利与叛逆心理。三是陷入矛盾心理。多元社会思潮对于当代大学生的心理影响不是简单、粗暴的知识"填鸭"与思想强制，而是一种潜移默化的、轻松活泼的意识渗透，其形成与发展不仅建立在坚实的社会心理基础上，而且还具有系统、深厚的理论支撑。为了争取更多的话语权，多元社会思潮常常被改造成简单明了的、碎片化的理论学说，

---

[1] 转引自伍廉松、万美容《冲击与引领：多元社会思潮与青年精神生活发展论析》，《思想教育研究》2019 年第 3 期。

给自己披上形象化、学术化的外衣，使得当代大学生理性塌陷、无所适从，从而陷入纠结与迷茫之中。

再次，多元社会思潮导致了当代大学生的价值偏差。多元社会思潮是一定社会或一定阶级的社会意识形态，代表着不同社会、不同阶级的利益诉求。当前，我国大学生普遍推崇的个人主义、自由主义、享乐主义、消费主义和拜金主义在很大程度上是源自西方资产阶级的意识形态，代表着资产阶级的利益诉求，反映了资产阶级的伦理道德和价值理念。这种过度强调个人价值，片面追求个人利益，反权威、反正统、反主流的社会意识形态，与我国社会主义核心价值观的根本要求以及我国传统伦理道德的基本规范相悖，不符合广大人民群众的根本利益，应该为我国当代大学生所不齿、所弃。然而，在多元社会思潮的冲击与影响下，当代大学生原有的正统、主流的价值观念与行为目标逐渐被瓦解，取而代之的是良莠不齐的、层出不穷的社会思潮，这模糊了社会主流价值的判定标准，造成了社会价值环境与道德环境的失衡，从而阻碍了社会主流价值观念与社会道德规范的传播。多元社会思潮加剧了当代大学生主流价值取向的冲突和混乱，使得他们在菁芜庞杂的社会思潮面前茫然失措，呈现出飘忽不定、纵横交错的精神面相。

最后，多元社会思潮淡化了当代大学生的理想信念。在当代大学生的现实生活和学习实践中，多元社会思潮大都假以"利益代言人"或"思想解惑人"的面目，对他们普遍关注的社会现实问题以及个人利益问题给出看似合理的解释，从而在不知不觉、循序渐进中支配或操纵着他们的价值选择及道德发展。如近年来西方资产阶级宣扬的"非意识形态化思潮"与"普世价值观"，从表面上看是在倡导价值中立与价值普适，而实际上则是在进行意识形态渗透从而收获某种政治利益。正是在这些思潮的侵蚀下，部分当代大学生逐渐丢失了理想信念，丧失了崇高与卓越，从而走向平庸。不仅如此，自由懒散、逐利纵欲的社会思潮在淡化当代大学生理想信念的同时，还从根本上消解着他们的奋斗精神与英雄情怀，使其在安逸舒适、自娱自乐与集体狂欢中走向"精神性死亡"[1]。

总之,当代大学生的勇德缺憾是在大学生本人主观内部因素与现实客观外界条件的交互影响下产生的。它不仅与大学生本人有关,还与学校、家庭与社会有关,是个人的怯懦和惰性因子、学校教育模式的"温柔陷阱"、家庭教养方式的"亲情绑架"与多元社会思潮的全面解构等多方主体、多个环节、多种因素共同作用的结果。

---

[1] 李保玉:《死亡教育:大学生生命教育的反面路向》,《现代教育科学》2019 年第 10 期。

第五章

当代大学生勇德培育的基本思路与实践路向

马克思主义理论观认为，理论从实际中来，理论要同实际相结合，理论研究要以解决实际问题为目的。习近平总书记在2016年哲学社会科学工作座谈会上指出："坚持问题导向是马克思主义的鲜明特点。"[①] 问题既是科学研究的逻辑起点与动力源泉，也是科学研究的可能终点与价值所在。坚持问题导向，开展科学研究，不仅要具有发现问题的决心，还要具有解决问题的勇气。在整个道德科目中，勇德处于特殊地位。当今社会，比以往任何时候都更需要勇德，勇德培育理应成为我国当代大学生素质教育及道德教育的关键内容。当代大学生勇德研究只有落实到具体的勇德培育上，才具有现实意义和实践价值。因此，本章节在系统阐释勇德培育的理论内涵与生成机理，缜密推理勇德塑造的历史逻辑与当代形态，全面考察当代大学生勇德品质的时代诉求与现实状况，并深入分析其勇德缺憾及具体成因的基础上，进一步探讨当代大学生勇德培育之策。

第一节　当代大学生勇德培育的基本思路

不可否认，古今中外文化中的勇德理论及培育思想是指导当代大学生勇德培育取之不尽的理论源泉，为当代大学生勇德培育提供了宝贵的思想资源及经验借鉴。然而，正如恩格斯所说，"从而我们时代的理论思维，都是一种历史

[①] 习近平：《在哲学社会科学工作座谈会上的讲话》，新华网（http://www.xinhuanet.com/politics/2016-05/18/c_1118891128.htm）。

产物，在不同时代具有非常不同的形式，并因而具有非常不同的内容"①。勇德理论的时代性和阶级性决定了我们不能简单地、粗暴地或不加任何取舍地对待过去的或国外的勇德思想。我国当代大学生的勇德培育只有结合大学生的勇德状况及实际需要，采用古为今用与洋为中用的借鉴方法，本着理性反思与批判继承的科学态度，才能取得实际成效。根据古今中外勇德培育的历史经验并结合当代大学生勇德品质的现实状况可知，我国大学生的勇德培育离不开多元主体、多个环节、多方内容和多种方法的共同作用与相互促进。

一、多元主体共同发力

当代大学生的勇德培育作为一种大格局、大境界的道德教育，是一个系统联动的复杂培育过程，这同时意味着当代大学生的勇德培育不能仅仅阈限在学校教育的范围内，而应诉诸全社会范围内个人、学校、家庭、社会等多元主体的共同参与和复合联动。个人的勇德修为、学校的勇德教育、家庭的勇德教养与社会的勇德培育分别在不同层面上以不同的培育形式，同时致力于共同的培育目标，发挥着整体性的培育功效，共同构成了个人—学校—家庭—社会"四位一体"的大学生勇德培育格局。

（一）个人修为是大学生勇德培育的关键因素

卢梭曾言："道德最终的栖居地深藏于人的内心当中"，这就是说"道德的力量根源于人内心的道德自觉"②。在德育过程中，个体自身的能动性与自觉性直接影响着教育的效能，勇德培育在根本上属于道德教育的范畴。所以，在当代大学生勇德培育中，大学生本人的自我教育及自我修为是培育的关键因素。从本源上来看，勇德是一种不断否定、不断超越、不断实现的理想的道德人

---

① ［德］马克思、恩格斯：《马克思恩格斯全集》（第二十卷），中共中央马克思恩格斯列宁斯大林著作编译局译，人民出版社1971年版，第382页。
② 转引自余小波《唤醒人内心的道德自觉》，《中国德育》2016年第20期。

格，勇德培育就是要培养个体的这种理想人格。勇德人格赋予了个体突破现实自我，面向未来，追求理想，不断朝着更高的目标与境界前进、攀登的精神力量。对大学生而言，勇德人格的自我修为正是一种对现实自我的超越与对理想自我追求的过程，集中表现为他们对个体利益、感性欲望的精神超越与对群体利益、理性意志的价值追求。自我修为注重对自身积极性、主动性与自觉性的发挥与利用，这是个体勇德品质得以形成与发展的关键所在。因此，当代大学生的勇德培育要充分发挥大学生自我修为的主体作用。

当代大学生勇德修为的目标在于实现勇德自觉，为此要具体做到三个方面。一是勇德自信。它是指大学生对自身勇德观念及其生命力的积极评价，是他们发自内心的对于勇德价值的充分肯定与完全认同，即大学生认同勇德并相信能够凭借自身努力而达到较高的勇德境界。首先，勇德自信要解决的是信什么的问题。从观念层面上看，勇德自信内含着坚定的勇德信仰，要求大学生要主动建构自身的勇德规范体系与勇德价值观，并对之极度信服，这是大学生勇德自信的根本要求。其次，勇德自信源于对内心的"最高的善"或道德律令的诚心敬畏与不懈追求。大学生在建构自身的勇德信仰之后，还须根据这一信仰对社会行为作出勇德判断。勇德自信要求大学生排除诸如欲望、情感、利益等使他们犹豫不决、忐忑不安的各种因素的干扰，迅速果断地做出何为善恶或好坏的勇德判断，并达成内心的自我确信。勇德自信是勇德自觉的基本前提，大学生只有具备坚定的勇德自信，才能产生巨大的内在力量，从而做出自觉的勇德行为。二是勇德自律。它是指大学生遵循勇德信仰并以此为基础进行自我约束、严于律己。自律不仅是勇德的重要内容，还是实现勇德的基本条件。费希特曾提出"道德就是人的职责"这一道德命题，并进一步认为"道德性即善良意志"[1]，这里的善良意志指的是人的自律精神。马克思也认为："道德的基础是人类精神的自律。"[2] 勇德作为一项道德品质，在本质上并非一种强制性行

---

[1] ［德］费希特：《伦理学体系》，梁志学、李理译，商务印书馆2010年版，第157页。
[2] ［德］马克思、恩格斯：《马克思恩格斯全集》（第一卷），中共中央马克思恩格斯列宁斯大林著作编译局译，人民出版社1995年版，第119页。

为，而是个人自由、自主、自觉的行为活动。发自内心的勇德自律是勇德行为得以有效发生的基础，勇德培育在实质上就是教育者引导、启发受教育者自己去体悟、践行勇德行为，并实现由勇德他律到勇德自律的内在转化的过程。三是勇德自为。它是指大学生在勇德自信与勇德自律的基础上自己做主、自作决定把勇德观念、勇德精神转化成为勇德行为的过程。从行为层面上看，勇德自觉即勇德自为，在根本上是一种勇德能力问题，它能够调动一切动能，让行为顺应内心并符合内在的善恶或好坏标准。大学生只有在反复的勇德行为中表现出坚韧不拔、迎难而上的勇德坚守，才能体现出勇德自觉。总的来说，大学生勇德人格的自我修为不仅要树立崇高的勇德信仰和坚定的理想信念，还要将这种信仰和信念落实为具体的勇德行为，并在行为中不断磨炼心智、强大自我，从而由勇德自信、勇德自律和勇德自为走向勇德自觉。

（二）学校教育是大学生勇德培育的主要场域

道德教育是学校的重要工作，也是学校教育的根本任务。许慎在《说文解字》中将教育解释为："教，上所施，下所效也"，"育，养子使作善也"。[1]可见，教育的本意在于教人向善，使受教者成为一个善良的、道德的人，即道德教育。在数千年的历史长河中，不管教育组织形式及教育模式如何变迁，从"庠""序""辟雍""成均"到"太学""国子寺""国子监""蒙学"后至"书馆""书院""书堂""私塾"再到今天的现代学校，道德教育作为教育的灵魂和初衷一直存在。古今中外，概莫能外。德国教育学家赫尔巴特说："教育的唯一工作与全部工作可以总结在这一概念之中——道德。道德普遍地被认为是人类的最高目的，因此也是教育的最高目的。"[2]学校教育因道德教育而变得崇高与伟大，道德教育构成了学校教育的重中之重。勇德作为一项重要的道德品质，自然构成了学校教育的重要内容。大学生勇德品质的形成与发展与学校教育密不可分。相比其他教育途径，学校教育具有规范性、系统性与专业性等优

---

[1] （汉）许慎撰：《说文解字》（附检字），中华书局1963年版，第69、310页。
[2] 张焕庭主编：《西方资产阶级教育论著选》，人民教育出版社1979年版，第259—260页。

势，理应成为当代大学生勇德培育的主要场域。作为勇德培育的主渠道，学校教育的质量与水平直接决定着当代大学生勇德培育的深度与精度，影响着勇德培育的整体效果。因此，当代大学生的勇德培育要充分发挥学校教育的主导作用。

在当代大学生勇德培育过程中，发挥学校教育的主导作用主要体现在两大方面。一是注重勇德知识教育。苏格拉底的"美德即知识"这一命题告诉我们，知识或理智是勇德的基本内涵与内在支撑，勇德知识教育是勇德培育不可或缺的一个环节。而学校作为专门化与制度化的教育组织，在知识的传递与学习方面具有其他教育形态无法比拟的优越性和高效性。对大学生开展勇德知识教育，学校教育必不可少，其作用亦无可替代。因此，学校应充分利用自身的知识教育优势，有目的、有组织、有计划地对当代大学生进行勇德知识教育，从而为其勇德品质的形成与发展提供知识基础与理智支撑。对大学生而言，他们只有掌握正确的勇德知识，明了相应的勇德标准，才能做出科学的勇德判断，从而生发出旺盛的勇德精神，并做出坚定的勇德行为。二是加强人文情怀教育。显然，在大学生勇德培育过程中，一定的勇德知识教育是必需的，但这并不意味着勇德培育就等同于或可以简化为勇德知识教育。事实上，勇德既是一种知识，也是一种情感；既是一种理性精神，也是一种激情欲望。这就决定了大学生的勇德培育不仅要注重勇德知识教育，还要加强人文情怀教育。一味地强调知识灌输与行为规劝，而缺乏对人性的合理关注以及对人的正常情欲的应有尊重，不仅无法激发大学生的勇德精神，还易使其丧失生命活力，变得消极颓丧与萎靡不振。勇德知识教育只有与人文情怀教育相配合，冰冷的、机械的勇德知识才得以与鲜活的、灵性的生命个体相融通，才能触碰到大学生的灵魂，唤醒他们心中的勇德自觉，从而培养出发自内心的、主动追求真善美的勇德之人。

（三）家庭教养是大学生勇德培育的基础环节

蔡元培曾说："家庭者，人生最初之学校也。一生之品性，所谓百变不离其宗者，大抵胚胎于家庭之中。习惯固能成性，朋友亦能染人，然较之家庭，则其感化之力远不及者。社会、国家之事业，繁矣，而成此事业之人物，孰非起于家庭中呱呱之小儿乎？虽伟人杰士，震惊一世之意见及行为，其托始于家庭中幼年所受之思想者，盖必不鲜。"①这告诉我们家庭对个体的成才成人与道德修养至关重要。家庭作为社会的基本单位，是个人开启社会化、接受启蒙、塑造性格个性、养成道德品性的最早处所。家庭是个人最初的学校，父母或其他亲属是个人的第一任教师，家庭教养是个人接受的最早的教育形式。在大学生勇德培育中，家庭教养是学校教育必不可少的补充与辅助，构成了大学生勇德培育的基础环节。尽管学校教育是勇德培育的主要场域，对大学生勇德品质的养成非常重要，但学校教育不是万能的，其作用域界主要限定在对显现的勇德知识、勇德规范的传授和学习上，而在对隐性的勇德情感、勇德意志、勇德信念的感受和体悟方面却效能有限。事实上，在人类教育历史的大多数时期，教育的主要形式并非学校教育，而是与生活实践融为一体的家庭教养与社会培育。家庭教养是一种隐性的非正式的教育方式，主要在社会生活及生产实践中通过言传身教、耳濡目染等方式潜移默化地影响着个体的勇德情感、勇德意志和勇德信念，从而为个体勇德品质的形成与发展提供基础支撑。因此，当代大学生的勇德培育要充分发挥家庭教养的基础作用。

在当代大学生勇德培育过程中，发挥家庭教养的基础作用主要体现在三个方面。一是保持勇德培育的长期性。个体勇德品质的养成并非一朝一夕、一蹴而就的，而是一个复杂的、长期的、系统的生发过程，贯穿于人生命活动及人格发展的始终。这意味着家庭对大学生开展勇德培育不能仅仅始于大学时期，而应植根于其幼儿时期，生根在童年时期，成长于少年时期，发展于青年时期，并且需要长期不懈的坚持和努力。只有打牢了前期的勇德基础，大学时期的勇德培育才能真正取得实效。二是抓住勇德培育的关键期。根据人的心理发展关键期理论可知，个体的人格形成及道德发展在不同的时期呈现出不同的特征，具有快慢、高低等明显差异，其中，发展最快、最易接受影响的时期称为

---

① 转引自张崇琛主编《中华家教宝库》，吉林人民出版社1993年版，第741页。

关键期。如若能够及时抓住这一时期并施以正确的教育引导，就能够取得事半功倍的教育效果。反之，若是错过了这一时期，则需要付出很大的努力才能弥补，抑或永远无法弥补。个体勇德品质的形成与发展亦是如此，同样具有诸多关键期。总的来看，幼儿期、童年期与少年期是勇发展的关键期，而青年期则是德发展的关键期。家庭在对大学生进行勇德培育过程中需要抓住关键期，在幼儿期、童年期与少年期时要注重开展道德引导下的勇敢教育，而在青年期时则要强调进行勇敢基础上的道德教育。三是把握勇德培育的阶段性。美国儿童发展心理学家科尔伯格把个体道德发展由低到高划分为前习俗水平、习俗水平和后习俗水平前后相连的三大阶段。处在前习俗水平（0—9岁）的个体，往往以自我为中心，常常依据行为后果同自身的利害关系来判断是非善恶，其道德观念处于自我中心阶段或前道德阶段，并开始向他律阶段转化；处在习俗水平（9—15岁）的个体，开始关注社会的期望和要求，逐渐意识到自己的社会角色和社会义务，主动遵循社会道德规范，其道德观念停留在他律阶段，并渐渐向自律阶段转化；处在后习俗水平（15岁以后）的个体，已经超出了世俗的秩序定向与传统的权威标准，获得了道德的普遍性认识，能够从整个人类的视域审视道德问题，并将其内化为自己内心的道德律令，其道德观念处于自律阶段。[1] 这三大阶段由低至高、从前向后依次展开，构成了个体道德发展的基本规律，同样也是个体勇德品质形成与发展的基本规律。大学生的勇德培育自然要遵循这一规律：在前习俗水平阶段，家庭应根据儿童自我中心的道德倾向，通过奖励、惩罚等方式进行勇德培育；在习俗水平阶段，家庭应根据少年他律的道德倾向，通过设立规则、表扬赞赏、鼓励认可等方式进行勇德培育；在后习俗水平阶段，家庭应根据青年自律的道德倾向，通过营造良好家庭环境、尊重孩子主体地位、提升生活自理能力、增加劳动实践体验、榜样示范引领等方式进行勇德培育。

---

[1] 参见［美］L.科尔伯格《道德发展心理学——道德阶段的本质与确认》，郭本禹等译，华东师范大学出版社 2004 年版，第 10—49 页。

（四）社会培育是大学生勇德培育的重要保障

马克思主义认为，社会存在决定社会意识，社会意识是对社会存在的反映；道德在本质上是一种特殊的社会意识形态，起源于人类的社会生活与社会生产，是在人们的社会实践活动及其交往关系中产生的。可见，人的思想意识、道德观念的形成、变化与发展同社会生活环境密不可分，是人内在的成熟机制与外界的社会环境共同作用的结果。

大学生的勇德成长离不开社会环境的育人作用，社会的政治制度、经济水平、文化形态、习俗风气、道德状况等直接从整体上决定与影响着大学生勇德品质的形成与发展。大学生的勇德培育始于家庭，长于学校，成于个人，行于社会。社会是勇德的试金石，是勇德培育的实践场。社会是所大学校，是个大家庭，社会培育是学校教育和家庭教养的拓展和延伸，是整个勇德培育体系的保障性环节，对大学生勇德养成起着保障作用。大学生在学校教育与家庭教养中所学到的勇德知识、勇德经验只有在社会实践中才能鲜活起来，所养成的勇德情感、勇德意志、勇德习惯只有接受了社会实践的检验才能最终得以形成稳定的勇德信念和勇德信仰。

相比学校教育与家庭教养，社会培育的优势主要表现在三个方面。一是开放性。社会对大学生开展勇德培育所遵从的是大德育观和大课堂观，即社会勇德培育没有固定的时间、地点、事件等条件限制，时时处处都有"培育课堂"，方方面面都有"培育内容"。二是灵活性。社会勇德培育的方式灵活多样，既可能有目的、有意识、有计划、有组织、有步骤地进行，也可能无目的、无意识、无秩序、潜移默化、润物无声地进行。与之相应，大学生对于社会所传递的勇德观念和勇德规范，既可以自觉地、主动地去认识、理解和掌握，也可以间接地、零散地在不知不觉、耳濡目染中接受和习得。三是实践性。勇德在根本上是一种实践性，实践性是其根本属性。而社会勇德培育恰恰立足于大学生的现实生活，从他们的实践活动及社会关系出发，通过具体场所、具体事件、具体活动来培育他们的勇德品质，这为他们在学校教育和家庭教养所学到的勇德知识与勇德经验提供了实践平台和现实支撑，有效弥补了学校教育和家庭教养在实践育人方面的不足。因此,当代大学生的勇德培育要充分发挥社会培育的保障作用。

在当代大学生勇德培育过程中,发挥社会培育的保障作用关键在于创设良好的勇德环境,它是一种有助于促进个体勇德品质生成的一切外部因素的总和。为此,应至少做到以下三点。一是塑造积极向上的精神风貌。大学生的勇德状况与社会的整体精神风貌密切相关。积极进取、迎难而上、自律自制、担当作为、共享互利的社会精神风貌对大学生勇德培育起着重要的助推作用;反之,消极颓丧、懒惰依赖、恣情纵欲、退缩逃避、自私自利的社会精神风貌对大学生勇德培育具有巨大的阻碍作用,甚至可能将他们引入歧途。大学生作为社会的一员,在从社会中吸收丰富德育资源获得自身道德发展的同时,也不可避免地受到社会负面因素的影响。当代社会中普遍流行的个人主义、享乐主义、新自由主义等多元思潮以及一系列亚文化等,对大学生产生了极大的消极影响,使他们呈现出勇性不彰、德性不显的精神面貌。所以,社会对大学生进行勇德培育首先就要塑造积极向上、充满正能量的精神风貌,用社会主流价值观引领向真、向善、向美的社会风尚,以此消解多元社会思潮及颓丧亚文化对大学生勇德品质的渗透与侵袭。二是营造崇德尚武的社会风气。社会公众积极向上的精神风貌的形成在很大程度上与整个社会自强不息、崇德尚武的风气习俗密切相关。心理学的研究表明,个体的身体素质越强壮、道德水平越高尚,其心理健康程度就越高,就越容易表现出阳光开朗、积极向上的心理倾向。崇德尚武既是勇德的基本内涵,也是实现勇德的重要方式。社会对大学生进行勇德培育还须充分利用这一方式,积极引领并营造崇德尚武的习俗风气。大学生只有置身于崇尚道德、重视体育、全民健身的社会风气中,才能真正达到毛泽东所说的"文明其精神,野蛮其体魄"的勇德目标,从而养成良好的勇德品质。三是达成协调一致的勇德共识。社会是个体勇德品质生成的实践场。个体的勇德需要以及学校教育和家庭教养所传授的勇德知识与勇德经验只有同社会的勇德要求相一致,为社会所认同,为国家所确认,才能内化为个体的勇德品质。所以,社会对大学生进行勇德培育需要与大学生、学校和家庭达成协调一致的勇德共识。这里的勇德共识是指大学生、学校、家庭与社会关于勇德的共同认识。勇德共识有助于检验大学生的勇德知识和勇德经验，强化他们的勇德需要，坚定其勇德信念，进而促进其勇德行为。

二、多个环节相互协调

诚如前述，个体的勇德品质包括勇德认知、勇德情感、勇德意志、勇德信念和勇德行为五大内部要素，个体勇德品质的生成过程正是这五大内在要素在一定外界环境的影响下辩证运动、交互作用与均衡发展的过程。所以，在内在生成维度上，当代大学生勇德培育需要从知、情、意、信、行诸要素着手，主要包括增强勇德认知、加深勇德情感、磨炼勇德意志、坚定勇德信念、促进勇德行为五大环节。这五大环节虽具有相对独立的一面，但不是孤立存在的，而是密不可分、相互作用、相互协调的，从知到行再到知，共同构成了勇德品质生成的闭环。值得注意的是，在当代大学生勇德培育过程中，培育者自身的勇德品质直接影响着培育效果，因此，这一闭环既是对大学生的要求，也是对学校教育者、家庭教养者以及广大社会公众的要求。

（一）增强勇德认知是前提

当代大学生勇德培育以增强勇德认知为前提。所谓"勇德认知"，是指人们对于勇德的理念、原则、规范的理解与认识。认知是人们行为及其行为习惯的先导，缺乏正确、科学的认知，就难以产生正确、科学的行为。对当代大学生开展勇德培育，首先就要消除大学生的道德及勇德无知，增强他们对于勇德的基本理念、根本原则和规范要求的正确理解与科学认知。大学生只有具备了正确、科学的勇德认知，拥有了何为善恶、何为对错、何为勇德的知识与经验，才有可能获得道德及勇德上的启蒙，从而做出勇德行为。具体来看，大学生正确、科学的勇德认知应至少满足以下几个方面。在基本理念上，大学生及其培育者应转变把勇德简化为单一的勇或单纯的德的传统观念，确立勇德既非充斥着流血、暴力、冲突等对立元素的勇的象征，也非内隐着固化、保守、僵硬等迎合元素的德的符号，而是德对勇的规限与勇对德的执行的内在统一的正确认识。在归属上，勇德属于道德的范畴，是道德之勇，抑或受道德约束、塑造与引领的勇，不仅不会破坏社会秩序，而且还有助于个人道德发展、社会风气改善和国家福祉增进。在根本原则上，大学生及其培育者要认识到，勇德是一种特殊的社会意识形态，实践理性或实践精神是它区别于其他社会意识形态的关键所在。这意味着大学生的勇德认知根源于社会实践，其勇德认知的正确或科学与否需要在社会实践中进行检验。此外，作为一种社会意识形态，勇德具有阶级性与时代性。这决定了大学生的勇德认知既要符合国家主流意识形态的政治要求，也要满足当代社会发展与创新勇德的时代需要。在规范要求上，大学生及其培育者要注意到，勇德品质既是勇敢品质也是道德品质，与之相应，勇德培育需要同时从勇和德两个方面着手，既要培育勇敢精神，也要培育道德行为，这两个方面不是分离的而是同时进行的，即勇德培育是道德指导下的勇敢教育和勇敢催动下的道德教育的统一。总之，当代大学生勇德品质的形成与发展离不开正确、科学、全面的勇德认知。它是把一定的勇德理念、原则与规范转化为大学生勇德行为与习惯的基本前提。

　　进一步分析，当代大学生正确的、科学的勇德认知并非源于其头脑内部固有的、与生俱来的先验知识，而是他们在后天环境中逐渐形成的经验智慧。这一经验智慧的获得途径有很多，如学校教育、家庭教养、社会生活等，其中，学校教育是最直接、最有效的途径。原因在于，相比家庭教养和社会生活对于勇德知识与经验的自然化的学习方式，学校教育采用的规范化、专门化、专业化的学习方式。这种学习方式的优势主要表现在两方面：一是它有助于大学生系统、全面地学习勇德知识，并从整体上理解、认识与建构勇德，从而促进勇德信念的形成；二是它有助于大学生对传统的勇德知识和现有的勇德经验进行总结、审视与反思，并结合时代要求和社会需要进行不断提升、发展与创新，从而为社会勇德观念与勇德规范持续注入新的活力。此外，家庭教养和社会生活所传递的勇德知识与经验往往具有混杂性，既可能传授勇德观念，对大学生勇德培育起着正向、积极的推动作用，也可能传授勇德偏见，对大学生勇德培育产生负向、消极的阻碍作用。而学校教育自带筛选机制，能够为大学生提供一种优化选择、精心编排、适当加工的勇德知识与经验，并消除存在于家庭教养和社会生活中消极的或无价值的勇德观念，由此给予大学生正向而合理的教育引导。可见，当代大学生勇德培育的前提条件是增强勇德认知，而增强勇德认知的关键在于充分发挥学校教育的主导作用。

（二）加深勇德情感是基础

当代大学生勇德培育以加深勇德情感为基础。所谓"勇德情感"，是指人们在一定的勇德认知的基础上，对现实社会生活中勇德现象和自己或他人的勇德行为所产生的主观感受与心理体验。勇德作为人的道德品性，具有合目的性，其产生之初就是以人为主体的，是服务于人自身的，这意味着勇德在本质上同人的情感密切相关、内在相联。勇德内含着合宜性，所要实现的是合理与合情的统一，合理就是要合乎事物的运动规律，即合规律性；合情就是要合乎人情的内在要求，即合目的性。根据马克思主义道德观的社会实践起源论可知，勇德如同道德，起源于社会实践中所形成的各种社会关系。从外部来看，勇德源于调整人们利益关系的需要，是一种为了公共利益或集体利益而不顾或牺牲个人利益的精神与行为。而从内部来看，勇德则源于平衡人们情感关系的需要，是一种不断否定自我、超越自我、实现自我的激情与欲望。究其根本，对利益关系的调整并非勇德的最终目的，调整利益关系是进一步为了实现公平正义、和谐有序的社会生活，并以此获得内心的情感满足。正是在这种意义上，马克思才说："激情、热情是人强烈追求自己的对象的本质力量。"[①] 可见，勇德情感是大学生勇德品质的基本构成，勇德情感培育是大学生勇德培育的基础环节。相比冷静深刻的勇德认知，勇德情感是生动活泼的，是一种非智力因素，是勇德认知转化为勇德行为的催化剂。一般而言，大学生的勇德情感

---

① ［德］马克思、恩格斯：《马克思恩格斯全集》（第四十二卷），中共中央马克思恩格斯列宁斯大林著作编译局译，人民出版社1979年版，第169页。

是伴随着其勇德认知而产生和发展的,对大学生勇德品质的形成与发展起着重要的调节和催化作用。缺少勇德情感,大学生的勇德知识与经验是冰冷的、僵硬的、缺乏温情的,将难以形成勇德信念并转化成勇德行为。在现实生活中,"知德不行"或"知德失德"的现象并非鲜见。尽管这并不能否定勇德认知的价值与意义,但至少能够说明单一的勇德认知对于勇德品质的养成具有很大的局限性。深入分析,人是一种多维的存在,具有多种多样的情感欲求,勇德只是人的众多情感欲求中的一种,如若其他情感欲求超过勇德欲求,就有可能导致"知德"而"不从",甚至"失德"现象。因此,对当代大学生开展勇德培育,不仅要培育他们的勇德情感,还要加深他们的勇德情感,以深厚的勇德情感掌控并引领他们的其他欲求。

进一步来看,深厚的勇德情感往往与强烈的勇德需要紧密相联,其内在的逻辑链条是勇德认知引发勇德需要,勇德需要产生勇德情感。在心理学上,情感是指人们对事物能否满足自身需要而产生的心理体验。所以,勇德情感与勇德需要从最初的意义上就是联系在一起的。正是这种原初的同一性,才使得在勇德培育过程中勇德情感与勇德需要的揭示及体验是互相渗透、互相促进的。当个体的勇德需要被社会认同,为国家所确认,得到合理的满足之后,就会产生积极的勇德情感,从而强化了自身的勇德行为,而这又刺激了原初勇德需要的发展。反之,如若个体的勇德需要没有得到相应的满足,就会产生某种消极的勇德情感体验,从而抑制了自身的勇德行为,而这则削弱了原初的勇德需要,甚至会诱发某种相反方向的勇德需要。因此,当代大学生勇德情感的培育及深化的关键在于合理引导与有效满足大学生的勇德需要。在引导环节上,勇德需要源于勇德认知,而这种认知在很大程度上是一种直接的认知,即由当事者本人在社会生活中直接体验到的知识与经验,所以,应注重从家庭教养和社会生活中对大学生的勇德需要进行合理引导。在满足环节上,学校、家庭和社会之间应达成勇德共识,形成彼此协调一致的勇德培育环境。大学生只有在具有勇德共识的培育环境中,才有可能获得相对一致、科学合理的勇德认知,从而产生为社会和国家所认同的勇德需要,而这种勇德需要则更容易得到满足。

（三）磨炼勇德意志是保障

当代大学生勇德培育以磨炼勇德意志为保障。所谓"勇德意志"，是指人们在承担勇德责任、履行勇德义务过程中自觉能动地排除干扰、作出抉择、克服困难的顽强力量与坚韧能力。在个体的勇德心理结构中，勇德意志是获取勇德认知，陶冶勇德情感，形成勇德信念，并调节勇德行为的精神力量，是个体勇德品质形成与发展的重要保障。是否具有自觉能动、坚毅果敢的勇德意志，是衡量人们勇德水平的重要标准。一般而言，勇德意志越强的人，就越能够按照勇德要求，克服障碍、排除困难，以丰富的勇德认知和深厚的勇德情感形成正确的勇德动机，进而自觉地确立并践行勇德目标。因此，当代大学生勇德品质的养成不仅在于勇德知识的掌握和勇德情感的深化，更在于勇德意志的培养。培养大学生的勇德意志，需要从以下内容着手。一是培养勇德自觉性。勇德意志的培养关键在于使外在的勇德要求与内心的勇德律令结合起来。一方面，大学生应把一定的道德规范、勇德要求作为自身勇德行为的准则，明了自己的责任和义务，知道并坚信自己应该做的事情；另一方面，在获取勇德理性的基础上，还要能够不以"规束"为手段，不以"奖惩"为条件，按照主观普遍的勇德法则实现勇德意志力的养成。二是培养勇德果断性。大学生勇德意志的培养重在培养他们在现象混杂冗繁、是非对错势均力敌的问题面前的果断性。这种果断性须满足中道原则，既要避免在大是大非、法则律令面前优柔寡断、迟疑不决，又要防止不假思索、不经甄别而草率决定、鲁莽行事。三是培养勇德坚持性。就是要培养大学生为了心中的"善"而自觉主动地克服挫折、战胜困难并持之以恒、锲而不舍、善始善终地践行道德的能力。勇德作为人后天形成的道德品性，可能无法实现一种完满的"善"，却要求人们不停地追求这种完满的德性，此即为求真、向善与达美的永恒过程。四是培养勇德自制性。即培养大学生克服自身的惰性和怯懦，控制自身的激情和冲动的能力，使他们学会对自身的勇德观念和勇德习惯进行自我评价、自我监督与自我控制。

培养大学生的勇德意志，增强其勇德意志的自觉性、果断性、坚持性与自制性，需要在现实的社会生活中经过长期反复的实践磨炼才能实现。通过实践磨炼，大学生的勇德理性不断彰显，勇德情感不断丰富，克己自制、战胜困难的能力不断增强，从而履行道德义务、践行道德使命的信心不断提升，勇德意志逐渐形成。实践磨炼构成了大学生勇德意志培育的根本途径。具体来看，对大学生勇德意志的培养可以从以下两方面进行。一是树立勇德敬畏之心。所谓"勇德敬畏"，是指人们基于对勇德价值的认识而产生的对勇德理念、勇德原则、勇德规范、勇德理想等的崇敬与畏惧。"任何事物或是思想观念，一旦成为敬畏的对象，其就被直接赋予一种不可轻易动摇的至上性的特征。"[1] 大学生只有把勇德作为敬畏的对象，始终对其保持一种严肃、认真、谨慎、不懈怠的心理态度，才能以更高的道德理想和道德目标严格要求自己，并在道德受到亵渎或侵犯时毫不犹豫地挺身而出，自觉主动地捍卫道德的神圣与崇高。二是强化勇德意向，端正勇德动机。大学生勇德培育的主要任务在于培育他们坚定的勇德意向与纯粹的勇德动机，这是大学生养成良好勇德品质的重要保障。在勇德培育过程中，勇德意向越坚定，勇德动机越纯粹，勇德行为就越强大，勇德品质就越高尚。对当代大学生而言，坚定的勇德意向与纯粹的勇德动机来自强烈的责任感与使命意识，而非出于兴趣爱好或其他目的。只有源自责任的意向与动机，才符合勇德的原初意蕴，才能真正形成坚强的勇德意志。

（四）坚定勇德信念是根本

当代大学生勇德培育以坚定勇德信念为根本。所谓"勇德信念"，是指人们对勇德理念、原则与规范等发自内心的确信以及对勇德行为坚定不移的执行。勇德信念处于勇德认知与勇德行为之间，是连接知与行的中心枢纽。勇德信念在本质上属于勇德认知的范畴，是一种坚定的勇德认知，是一种被个体所理解、所感悟的勇德认知，是一种被个体的情感所肯定及意志所坚守的勇德认知。勇德信念并非单纯的勇德观念，也不是纯粹理性的勇德认知，而是饱含着浓厚的情感色彩与强烈的意志成分的勇德认知，是勇德认知、勇德情感与勇德意志的高度统一，是勇德精神的最终体现和最高层次。在个体的勇德心理结构

---

[1] 汪荣有：《论道德敬畏》，《齐鲁学刊》2016 年第 1 期。

中，勇德信念是内核，是驱动与指导个体勇德行为的重要心理因素，对个体勇德品质的形成与发展起着主导作用。一定的勇德思想、观念、认识只有经过人们的理性、感性和意志的过滤转化为信念后，才能成为指导人们勇德行为的指南。对大学生而言，勇德信念是他们镶嵌在内心中的根深蒂固的勇德认知，是他们一切勇德活动的理性基础，这种理性基础使他们对某种勇德律令及规范法则的权威性心悦诚服，从而在强烈的责任感与使命感的推动下积极主动地完成某种行动。因此，培育当代大学生的勇德品质在根本上在于培育其勇德信念。

作为坚定的勇德认知，大学生勇德信念的培育重在勇德观念上。他们只有坚信自己的勇德观念是正确的，并使其融入自己的内心体验中，这种勇德观念才能根深蒂固，进而转化为勇德信念。杜威认为，道德教育的基本原理在于澄清并区分"道德观念"和"关于道德的观念"这一对极易混淆的概念范畴："道德观念"是已经被个体内化、吸收且能够"在行为中生效并改善行为"的观念，在本质上是一个德育的概念，影响并驱动着道德行为，没有道德观念就无法做出或更好地做出相应的道德行为；"关于道德的观念"是介于"道德观念"与"非道德观念"之间的关于道德的知识体系和规范要求，在本质上是一个智育的概念，主要来自他人或书本直接传授，而非源于自身的经验体悟，在道德上是惰性的、无效的，在面对道德问题时，如若缺乏其他力量驱动，则无法自动转化为行为动机。道德教育所要培养的是"道德观念"而非"关于道德的观念"，为此，直接的道德教学是低效的甚至无效的。"道德观念"的培养需要依托于学校共同体、教学方法与学科教学"三位一体"的学校整体生活，这种培养方式虽然是间接的，但却是真实的、有力的、有效的。[①] 同理，当代大学生勇德观念及勇德信念的培育要落在"勇德观念"而非"关于勇德的观念"上。而对于"勇德观念"的培养，同样不能仅仅依赖于直接的勇德教学，也需要诉诸"三位一体"的间接的生活德育方式。

---

① 参见高德胜《对杜威道德教育"根本问题"的再认识》，《教育研究》2020年第1期。

（五）促进勇德行为是关键

当代大学生勇德培育以促进勇德行为为关键。所谓"勇德行为"，是指人们在一定的勇德精神的调节与支配下积极主动地承担勇德责任与履行勇德义务。勇德行为是个体勇德品质的外在显现与综合反映，是衡量个体勇德品质优劣、高低的重要标志。值得说明的是，此处的"行为"并非人的临时的、偶然的、个别的行为，而是指人的长期的、稳定的、普遍的行为习惯。人的偶发的勇德行为往往难以综合、全面地反映他们的勇德面貌，只有在长期的生活实践中形成的勇德行为习惯才能较为客观、全面、真实地反映他们的勇德状况。勇德行为习惯与人们的勇德认知、勇德情感、勇德意志和勇德信念密切相关，是人们在认知、情感、意志、信念的支配下通过反复的实践活动逐渐形成的，也是对知、情、意、信的检验与证实。同时，勇德行为习惯形成以后，又能够进一步增强人们的勇德认知，促进其勇德情感的培养、勇德意志的磨炼以及勇德信念的养成，从而构成了人们勇德品质持续提升的良性循环。可见，良好的勇德行为习惯是当代大学生勇德品质形成与发展的关键，勇德认知的获得、勇德情感的陶冶、勇德意志的磨炼与勇德信念的养成都离不开勇德行为习惯，当代大学生勇德培育应充分抓住并有效利用这一关键环节。

在当代大学生勇德培育过程中，勇德行为的促进及良好习惯的养成在总体上要遵循以下两大思路。一是以知促行。这里所讲的"知"不仅是指人的纯粹理性的道德认知（包含勇德认知），更主要的是指饱含着人的情感色彩与意志成分的道德认知，即道德信念，也就是王阳明所说的"良知"。王阳明认为，"良知"作为"心之本体"，是心之至善的本然状态，内蕴着道德行为的必然。它既是一种认识能力（良能），也是一种道德行为；既是一种德性，也是一种德行，是知与行的合体。在王阳明看来，个人道德修为及境界提升的过程就是发现与去蔽自身"良知"的过程，即"致良知"。而"致良知"的实现途径在于"知行合一"。他说："知行原是两个字，说一个工夫""未有知而不行者，知而不行，只是未知……知是行的主意，行是知的功夫；知是行之始，行是知之成。"① 可见，在道德教育中，知中有行，行中有知，知与行是一回事，不能分为"两截"，两者互为表里，互相促进。同样，在勇德品质的心理结构中，勇德行为与勇德信念之间的联系最为紧密，勇德信念是勇德行为的起始，勇德行为是勇德信念的归宿。勇德信念作为"良知"或"真知"，对勇德行为的发生具有极大的促进作用。所以，大学生勇德行为习惯的养成，在根本上要从勇德信念着手，充分发挥勇德信念的促进作用。二是以行促行。这里所说的"行"指的是人的道德实践活动，即以具体的勇德实践活动促进勇德行为的发生。勇德实践不仅是勇德认识的来源，还是勇德行为的保障。人们只有在具体的道德生活中，通过反复的勇德实践，才能不断提高自身的勇德能力，获得勇德自信，从而更容易做出勇德行为。因此，大学生勇德行为习惯的养成虽然离不开勇德认知，但不能仅仅停留于认知层面，还要在实际的道德生活中通过直接的、大量的勇德行为实践加以强化和保障。

三、多方内容相互支撑

前已述及，在当代境遇下，大学生的勇德培育重在培育他们的共在之勇的勇德形态。它是人们为了应对当代社会所出现的生存—生活—生命新的三重危机而应当遵循的融合血气之勇、义理之勇和存在之勇的新型勇德形态。与之相应，当代大学生的勇德培育主要在于提升他们应对这种新的生存危机、生活危机与生命危机的素养及能力。为此，当代大学生的勇德培育需要从生存、生活与生命三个层面展开，其基本目标是要帮助他们树立正确的生存观、生活观与生命观的主体认知与行为过程，其基本内容应至少包括生存能力的提升、生活价值的彰显与生命意义的追求三大方面。

（一）生存能力是大学生勇德培育的基本任务

生存问题是人的基本问题。人只有首先存活下来，才能进一步创造价值和

---

① 《传习录·卷上·徐爱录》。

追求意义。存活或生存是所有人自出生之始都要面对的且不得不解决的首要问题。勇之所以在人类社会早期就被作为一项优良品质继而升至道德品质而备受推崇，正在于它对人类生存困境的关注及生存问题的解决。今天，人们同样将不怕生活中的困难与挫折，以积极阳光的心态面对生存困境，自觉主动地解决生存问题，努力、认真地活着的人，称为勇者。生存往往与能力相关，能力是良好生存的重要保障，能力强弱直接影响甚至决定着生存的可能与否和质量高低。正是生存同能力的这种密切关系，才搭起了生存与勇德之间的内在关联。从勇德的概念内涵及其发展演变来看，勇德始终都与力或能力相联，在本质上是人所具有的旺盛的生命力，是人的本质力量的充分实现。可见，生存离不开勇德，勇德是生存的精神支撑和行为保障，勇德首先体现在生存方面，生存教育构成了勇德培育的基本内容。所以，当代大学生勇德培育的基本任务或首要任务在于对他们开展普遍的、基本的生存教育，而生存教育的关键则是生存能力教育。对大学生开展生存能力教育，就是要帮助他们学习生存知识，获取生存经验，习得生存技能，磨炼生存意志，掌握生存规律，从而逐渐增强其生存自信，并不断提高他们对生存环境的适应能力、改造能力与发展能力。生存能力教育有助于大学生建构起适合自己的生存追求，选择适当的生存方式，提升自我应对挫折、克服困难的能力，从而较好地解决安身立命的问题。

　　生存同人的社会生活及未来发展息息相关，人类所面临的主要的生存困境及生存危机也会随着时代变迁而具有不同的表现形式。今天，人类主要的生存危机已不再是来自自然界的饥饿严寒、病难困苦、动物侵袭、部族入侵等物竞天择适者生存式的自然淘汰，而是侧重在源于人类不健康的生活方式与自身惰性所导致的一系列的慢性或隐性疾病，如近视、肥胖、"三高"、懒惰依赖、心理脆弱、抑郁自杀等。与之相应，今天的生存能力教育也已主要不是解决温饱、御敌等存活问题，而是重在解决人自身的惰性、纵欲等生存问题。具体来看，大学生生存能力教育主要包括以下内容。一是独立能力教育，即帮助大学生形成独立自主、不依不靠、独当一面的学习、生活能力。独立是"成人"的开始，大学德育作为"成人"的事业，自然要把独立能力的培养纳为重要的德育内容。二是自理能力教育，即锻造大学生自我照管、自我调理的能力，使他们在学习或生活中能够做到自己照顾自己、自己的事情自己做、自己的问题自己解决等。独立能力往往与自理能力紧密相联。对大学生而言，不具备自理能力，他们就无法真正实现独立，反过来缺乏独立能力，他们也无法真正做到自理。三是自律能力教育，即引导大学生养成自我约束、自我控制、自我管理、自我要求的能力。自律是自由的前提，大学生只有在自律中，通过严以律己、克己自制的勇德行为，才能走向生存自由。在现实生活中，大学生往往因缺乏学习自律而走向愚昧，因缺乏用网自律而导致近视，因缺乏饮食和运动自律而造成肥胖和"三高"，因缺乏情绪自律而变得暴躁、焦虑和抑郁，等等。自律的缺乏使大学生丧失了全面发展与身心健康，逐渐走向"畸形"。而大学生勇德及生存能力培育的目标是要培养健全的人，实现个体的自由全面发展，这就自然离不开自律能力教育。四是应急能力教育，即教导大学生掌握应对突发性危机、解决生存挫折、摆脱生存困境的能力。应急能力教育最直接、最有效的途径在于开展反复、频繁的应急能力训练。应急能力训练能够培养大学生的动手能力、适应能力、防灾能力、自救能力等应急处置能力，从而全面提高其生存能力。

（二）生活价值是大学生勇德培育的核心要义

人不仅是自然性存在，还是社会性存在；不仅要活着，还要活得有价值、有意义；不仅要解决生存问题，还要考虑生活问题。勇德作为人类特有的道德品性之所以与作为动物界普遍习性的勇相区别，在于它对社会生活价值的关注和对社会道德规范的满足。中国早在先秦、西周甚至更早时期，西方早在古希腊甚至英雄社会时期，先贤圣者们就意识到人类的勇不同于动物性的、野蛮和莽撞的，而是血性与德性的统一，不仅是一种自然习性，还是一种道德品性；不仅注重个体价值，还关注社会价值。此后，勇就被注入了道德内涵，作为人类最为主要的道德科目（如三达德或四主德）而广受赞誉，实现社会生活价值自然成为勇的核心要义。今天，人们常说的"勇敢是一种美德"正是基于勇的社会价值层面而言的，换言之，只有在这种层面上这句话才是合理的。因此，生活价值构成了当代大学生勇德培育的核心内容。当代大学生的勇德培育除了要注重个体生存（存活）的功利性价值以外，更要强调社会生活的社会性价值，关注大学生的发展完善与生活幸福，对他们实施生活价值教育。生活价值教育就是要教育大学生了解生活常识，体验生活实践，改善生活环境，理解生活价值，领悟生活意义，从而帮助他们树立正确的生活观，引导他们用正确、合法、合理的方式去追求个人利益，实现个人价值，并将个人利益和个人价值同集体利益和社会价值结合起来。通过生活价值教育，大学生方能理解生活真谛，坚定生活信念，形成立足现实、面向未来的生活价值追求，从而产生适应生活、发展生活与创造生活的勇气。

对于当代大学生勇德培育而言，生活价值教育的内容是由当代社会所面临的新的生活困境及生活危机所决定的。在当代境遇下，人类的生活危机已不再是主要由诸侯争霸、国家战争所导致的带有明显政治色彩的社会问题，而是已经转变为区域性矛盾与观念冲突。与之相应，今天的生活价值教育也已主要不是用于解决个体的生活技能或某一群体的生活观念的问题，而是要站在全人类视域树立人类命运共同体意识以及共存共荣、互利共享的生活观念，着重培养人们的爱心、感恩之心、社会责任感和人类使命感。具体来看，大学生生活价值教育主要包括以下内容。一是遵法守德教育，即对大学生开展学法遵法、习德守德的教育。相比侧重在个人层面的生存能力教育，生活价值教育是注重在社会层面的教育，强调对社会纪律、法律条文以及道德规范的遵守和践行。纪律、法律与道德作为一种主流的社会行为规范，内含着一定的价值要求，是人们社会生活的基本准则。遵法守德是对大学生的基本要求，是其一切道德行为的基本依据。二是责任意识教育，即培育大学生使命感、责任感与担当精神的教育。责任与担当作为勇德的基本内涵，自然构成了勇德培育的基本内容。从社会价值层面上看，大学生的勇德培育主要在于培养他们的责任意识与担当精神。责任意识属于社会意识的范畴，是大学生对于自身的社会角色和职责任务的自我意识及自觉程度，是一种自我觉悟、自我规束的社会价值取向。大学生只有具备社会责任意识，才能明晰自身的角色职责与社会期盼，才能以主人翁的姿态积极参加社会活动，从而追求生活价值与社会发展。三是集体主义教育，即引导大学生热爱人民、关爱群众、关心集体的教育。集体主义是调节个人与个人、集体、国家之间关系的指导原则，是衡量人们一切道德行为的基本标准。在我国，集体主义教育是思想政治教育及道德教育的基本内容。对大学生进行勇德培育，在根本上就是要培育大学生的集体意识与公共精神，教导他们要时刻把集体利益或公共利益看得高于一切，敢于为了集体利益而不惜牺牲个人利益甚至个人生命。

（三）生命意义是大学生勇德培育的目标追求

人除了是一种自然性存在和社会性存在，还是一种精神性存在；除了要解决生存问题和生活问题，还要关注生命问题。马克思主义认为，道德内含着人的生命成分，满足着人的生命需求，其本质是一种社会意识形态，其特质是一种实践精神。而勇德则是一种在实践中充分实现自我本质的生命力量，其内核是人的生命本质。作为人的生命本质的勇德，自近代以后就受到了人们的充分重视。近代知识分子对于勇德的塑造正是从批判封建社会的伦理纲常和宗法制度对人性及人的生命本质的束缚、压制与异化开始的，他们强调人的主体地位，致力于人性解放与生命自由，呼吁人们要以追求自由、做回自己、实现自我为勇。此后，勇德就被注入了生命内涵，追求生命意义并实现自我全面发展成为个体勇德培育的最高目标与最终追求。因此，大学生勇德培育不仅要注重功利性价值和社会性价值，对大学生进行生存能力教育和生活价值教育，还要强调精神性价值，对其实施生命意义教育。生命意义教育旨在帮助大学生了解生命常识，体认生命价值，感悟生命意义，把握生命规律，使其树立正确的生命观和生死观，引导他们自觉叩问生命本质，反思自我存在的社会价值和生命意义，从而促使他们积极、主动地发展自我生命，提升自我生命质量。通过生命意义教育，大学生能够深入认识生命的价值与意义，正确处理有限的生命与无限的生命意义之间的辩证关系，从而产生出不断肯定自我、创造自我、超越自我的决心与勇气。

　　生命意义同人的社会生活与时代需求密切相关，不同的时代人们面临着不同的生命困境及生命危机，生命意义教育的主要内容也就有所不同。在当代境遇下，人类的生命危机已不再是由长期的封建社会秩序所造成的因循守旧、故步自封、机械呆板、麻木迂腐等精神问题，而主要是由多元社会思潮所导致的信仰问题，这是一种深层次的精神问题。与之相应，今天的生命意义教育也已主要不是用于解决个体的解放自我、肯定自我与成为自我的生命存在的问题，而应上升为超越自我、创造自我与成就自我的生命共在的问题。具体来看，大学生生命意义教育主要包括以下内容。一是英雄主义教育，即以培养革命英雄为目的的教育。所谓"革命英雄"，是指那些拥有革命精神，时刻把革命利益放在首位，在革命斗争或革命实践中不怕苦累、不怕死伤、舍己为公、一心为民，勇于为革命真理和革命道路英勇献身、奋斗终生的人。当代大学生所面临的生命危机在很大程度上源于他们生命中英雄主义维度的丧失。所以，当代大学生的生命意义教育离不开英雄主义教育，需要激发他们内心不愿落后、不甘平庸、向往崇高、追求超越的"英雄维度"。一方面，要崇尚英雄、学习英雄、争做英雄，不恶意诋毁、刻意扭曲与片面解读英雄。正如习近平总书记指出："崇尚英雄才会产生英雄，争做英雄才能英雄辈出。"[1]另一方面，要正确认识、全面解读与合理对待英雄，不盲目崇拜英雄，不过度推崇个人英雄主义。二是理想信念教育。革命英雄是具有崇高的革命理想、坚定的革命信念和坚强革命意志的人。理想信念是革命英雄必不可少的道德品质，理想信念教育是英雄主义教育的重要内容，英雄主义教育的成败与否关键在于理想信念教育的成效如何。对当代大学生开展理想信念教育，就是要把马克思主义信仰、共产主义信念与建设中国特色社会主义的理想结合起来，引导他们为实现中华民族伟大复兴而不懈奋斗。三是爱国主义教育。英雄主义教育与理想信念教育最终统一于爱国主义教育。习近平总书记说："爱国，是人世间最深层、最持久的情

---

[1] 习近平：《崇尚英雄才会产生英雄　争做英雄才能英雄辈出》，中新网（https://www.chinanews.com/gn/2019/09-29/8968531.shtml）。

感,是一个人立德之源、立功之本。"① 大学生的勇德培育及其生命意义教育显然离不开这一"源"和"本"。对当代大学生开展爱国主义教育,就是要帮助大学生树立热爱祖国、热爱人民的思想意识,激发他们为国捐躯、为民献身的道德情怀,从而促使他们积极、主动地投身于国家发展与民族富强的伟大实践之中。

四、多种方法共同作用

由上可知,当代大学生勇德培育离不开多元主体、多个环节、多方内容的共同作用与相互配合,这就决定了与之相应的勇德培育方法也是灵活多变、多种多样的。归纳起来,较为常用的培育方法至少包括自我教育法、理论灌输法、实践锻炼法和榜样示范法四种。这四种方法不是孤立、次序存在的,而是交叉关联、交互作用的,它们各有侧重、各有所长。大学生勇德培育应从实际出发,有的放矢,依据不同的主体、不同的环节或不同的内容,采用不同的方法,从而确保大学生勇德培育方法的选择及运用合乎大学生勇德培育的规律和大学生勇德品质生成的规律,并以此来保证大学生勇德培育的科学性、合理性与有效性。

(一)自我教育法

自我教育法是指大学生在教师、父母或其他教育者的指导下,通过自我学习、自我反思、自我评价、自我矫正、自我提升等方式,自觉接受符合社会道德规范的思想意识、价值观点、勇德观念,以提高自身道德认识和勇德水平的方法。它是一种在主体上侧重于个体修为、在环节上侧重于勇德认知与勇德信念、在内容上侧重于生命意义教育的方法。在大学生勇德培育中,之所以须要大学生进行自我教育,原因在于其他教育活动对大学生而言均是

---

① 《习近平在北京大学师生座谈会上的讲话》,人民网(http://politics.people.com.cn/n1/2018/0503/c1024-29961468.html)。

一种外部活动，只有借助大学生本人积极主动的自我教育活动，外部的社会要求及道德规范才能内化为大学生的勇德品质。大学生勇德培育有无成效在很大程度上取决于大学生是否运用了自我教育法以及是否进行了自我教育。通过自我教育法，大学生的自我意识不断成熟，自我教育能力逐渐增强，而较强的自我教育能力又会增强他们的自我教育信心，从而更加积极、主动、自觉地进行自我教育。从类型上来看，大学生勇德培育的自我教育法主要分为两种：第一种是个体自修法，即大学生本人所进行的自我修养、自我激励、自我调控的方法。其具体形式主要表现为自学、自省、自评、自律、自制等。第二种是集体促进法，即大学生所在集体或群体的内部成员之间相互影响、相互激励、相互促进的方法。相比前者，它强调集体成员之间的互帮互助、相互感染、共同发展与共同成长，是一种更为广泛的自我教育法。它的具体形式主要包括体育竞技活动、道德辩论活动、英雄模范演讲活动、民主生活活动等。

　　需要说明的是，在大学生勇德培育过程中，采取自我教育法，强调大学生的自我教育，不仅不意味着教育者如教师、父母、社会公众等可以推卸责任、放任自流，还对他们提出了更高的教育要求。教育者更要发挥自己在勇德培育活动中的主导作用、基础作用或保障作用。首先，他们要充分激发大学生自我教育的动机。自我教育行为源于自我教育的需要和动机，大学生只有具备强烈的自我教育的需要和动机，才能产生坚定的自我教育的行为。所以，教育者可以从有效引导大学生的勇德需要与充分激发他们的勇德动机着手，间接地培育大学生的勇德品质。其次，他们要大力营造大学生自我教育的良好氛围。自我教育与自我教育能力密切相关，自我教育能力与自我意识紧密相联，而自我意识的觉醒及养成又以良好的自我教育氛围为基础。大学生只有在良好的自我教育氛围中，才能持续激发自我意识，不断提高自我教育能力，从而更好地进行自我教育。所以，教育者可以通过开展丰富多彩、形式多样的实践活动，如竞技活动、读书活动、游学活动等，为大学生的自我教育创造条件、营造氛围，从而潜移默化地培育他们的勇德品质。最后，他们要有机结合大学生自我教育的多种方式。大学生自我教育的方式有很多，既有个体方式也有集体方式，既有理论认知也有实践体悟，等等。教育者只有将这些方式有机结合起来，才能最多途径、最广内容、最大限度地促进大学生的自我教育。

（二）理论灌输法

理论灌输法是指教育者有目的、有计划地向大学生进行勇德理论教育，引导他们学习勇德知识，掌握勇德经验，提高勇德能力，并逐渐树立科学、合理的勇德观念的方法，其具体形式主要包括理论宣传、理论讲授、理论培训、理论研讨、理论学习等。它是一种在主体上侧重于学校教育、在环节上侧重于勇德认知与勇德信念、在内容上侧重于生活价值教育的方法。在大学生勇德培育中，之所以强调运用理论灌输法，注重对大学生进行理论教育，是因为勇德培育要以科学、正确、合理的勇德认知为基础和前提。大学生只有通过系统、全面、深入的勇德理论学习，才能转变长期以来容易存在的片面化、零散化、两极化或偏误化的勇德认识，形成全面系统、科学合理的勇德认知，从而有助于养成健康良好的勇德品质。正如列宁在批判社会民主意识的"自发论"时指出："工人本来也不可能有社会民主主义的意识。这种意识只能从外面灌输进去。"[1] 同样，对于思想观念、心智发展尚未完全成熟的大学生而言，他们大都无法科学、全面地认识勇德，要么几乎没有勇德概念，要么勇德意识被遮蔽，要么勇德认识简单化，要么勇德观念趋向两极（勇的一极或德的一极），等等，只有通过有目的、有计划的外在灌输，才能弥补他们在勇德理念上的内在不足。

值得注意的是，在大学生勇德培育过程中，运用理论灌输法，强调大学生的理论教育，必须讲求科学性与情境性，关注运用的具体条件。第一，要深入理解"灌输"的确切内涵。此处的"灌输"反映的是理论灌输法的本质特征，如理论教育、理论传授、理论学习、理论建构等，而非它的具体形式，如强塞

---

[1] 中共中央马克思恩格斯列宁斯大林著作编译局编：《列宁选集》（第一卷），人民出版社1995年版，第317页。

硬灌、机械填鸭、被动接受等。在理论学习过程中，大学生并非一个机械被动、不加取舍、任意粘贴的存储器，而是一个具有能动性、批判性、创新性的建构者，他们对自己所要学习的内容与信息能够进行自觉辨认、主动识别、自主选择和批判创新。所以，教育者运用理论灌输法对大学生开展勇德培育时，应选用一种有利于大学生学习与接受的教育方式，而不能选取强灌、硬塞、填鸭等简单、粗暴的教育形式。第二，要注意理论联系实际。勇德理论只有同人们的现实生活及具体的勇德情境发生联系时，才能产生作用并发挥其应有的价值。因此，通过传授勇德理论来培育大学生勇德品质时一定要注意联系实际。一方面，要联系社会生活实际，注意引导大学生运用社会主流价值观和社会道德规范来观察、分析与解决问题；另一方面，要联系当代大学生的思想实际，确保有的放矢、因材施教、坚持正向教育、以理服人。第三，要不断提高自身的理论素养与践行能力。教人者先自教，育人者先育己。对大学生勇德培育而言，教育者若想用正确的勇德理论武装大学生，首先就要用这一理论武装好自己。运用理论灌输法开展大学生勇德培育，对教育者有着很高的理论期待与实践要求，这不仅需要教育者精确认识与系统把握勇德理论的科学内涵和内容体系，还要求他们成为这一理论的信奉者和实践者，始终做到表里如一、言行一致。

（三）实践锻炼法

实践锻炼法是指教育者通过组织、引导大学生积极参加丰富多彩、形式多样的实践活动，不断加深他们对于勇德的认知与理解，从而逐渐训练和培养他们优良勇德品质的方法。它是一种在主体上侧重于家庭教养与学校教育，在环节上侧重于勇德情感、勇德意志与勇德行为，在内容上侧重于生存能力教育的方法。根据马克思主义认识论和实践观可知，人的认识来源于实践，实践在根本上决定着认识，是认识的目的，是认识形成与发展的动力，也是检验认识是否具有真理性的唯一标准。这告诉我们，社会实践活动是人们一切思想认识的基础，是人们形成科学的世界观、人生观、道德观的必由之路，对培养人们良好的道德品质尤为重要、不可或缺。勇德作为一项重要德目同社会实践活动密不可分，社会实践活动既是勇德的起点，也是勇德的归宿，对个体勇德品质的形成与发展起着决定性作用。所以，大学生的勇德培育要充分发挥社会实践活动的决定作用，实践锻炼法自然构成了大学生勇德培育的重要方法。一方面，实践锻炼法有助于提高大学生的勇德觉悟与认识能力。通过社会实践锻炼，可以把大学生的勇德观念、价值观点、行为规范付诸实践并加以检验，这显然有助于增强大学生认识与改造世界的能力，提高其勇德觉悟，帮助他们养成良好的勇德品质。另一方面，实践锻炼法有助于大学生养成及巩固良好的勇德行为习惯。大学生良好的勇德行为习惯只有经过反复的实践锻炼才能得以形成与巩固。通过社会实践锻炼，可以磨炼大学生的勇德意志，增强其勇德能力，从而坚定其勇德信心，促进其勇德行为，并不断向高水平发展。

值得提醒的是，在大学生勇德培育过程中运用实践锻炼法应注意三点。一是要为大学生提供尽可能多的实践锻炼机会。在大学生生活成长与学习发展过程中，父母和教师应尊重学生的主体地位，学会放手，懂得放权，鼓励他们积极参加各种社会实践活动，尝试着让学生自己独立面对生活与学习中的困难和挫折，逐渐培养他们的自觉精神和自主意识，不断提高他们的独立能力、自理能力和克难能力等。二是要根据大学生的实际状况选择适当的实践锻炼方式。在大学生勇德培育过程中，实践锻炼的方式有很多，具体选用何种方式，需要依据大学生的年龄状况、心理特征与思想实际等来确定。比如，针对大学生吃苦耐劳精神渐失、克服困挫能力较低的现状，可以采用公益劳动、勤工俭学等实践活动方式，帮助他们树立正确的劳动观念，养成自强不息、艰苦奋斗的勇德品质；针对大学生责任意识淡薄、担当精神式微的现状，可以选择社会调查、革命传统游学等实践活动形式，激发他们的勇德情操，锤炼他们的勇德意志，坚定他们的勇德信念；等等。三是要坚持不懈地开展实践锻炼活动。偶尔或临时的实践锻炼活动对大学生勇德品质的影响是有限的，只有将实践锻炼作为大学生勇德培育的经常性、反复性活动，持之以恒、锲而不舍，才能促使他们在改造客观世界中改造自我主观世界，把外在的道德规范内化为自身的勇德信念，从而形成良好的勇德行为习惯。

（四）榜样示范法

"榜样示范法也称典型示范法，是指通过具有典型意义的人或事的示范引导、警示警戒作用，引导人们提高思想认识、规范自身行为的方法。"[1] 在大学生勇德培育过程中，它是一种在主体上侧重于社会培育与家庭教养，在环节上侧重于勇德信念与勇德行为，在内容上侧重于生命意义教育的方法。美国心理学家班杜拉说："大多数人类行为是通过对榜样的观察而获得的。"[2] 对于思想观念尚未完全成熟的大学生而言，勇德榜样、英雄模范是其勇德品质形成与发展的不可或缺的重要元素。榜样示范法具有典型性、生动性、具体性等特征，能够将枯燥乏味、抽象难解的道德信条融入在具体、生动的道德事例中，从而方便受教育者接受和吸收。它是大学生勇德培育的常用方法，在激发大学生的勇德情感，坚定其勇德信念，提升其勇德境界等方面发挥着重要作用。一方面，榜样示范法为大学生的勇德形成指明了方向。大学时期是大学生身心发展的关键时期，其心理活动趋于频繁，价值观念逐渐成熟，自我意识开始觉醒，情感世界不断丰富，他们不仅彰显着积极向上、奋发图强的正能量，还隐含着消极颓丧、懒惰依赖的负能量，极易受到外部人、事、物的影响与左右。而通过树立一个正面的、积极的榜样或典范，有助于大学生形成正确的道德观，找到正确的勇德发展方向。另一方面，榜样示范法为大学生的勇德发展注入了动力。道德榜样或英雄模范身上表现出来的向善向上、积极进取、自强不息、迎难而上、越挫越勇、责任担当等强劲的生活力量，能够陶冶大学生的勇德情感，增强其勇德自信，坚定其勇德信念，从而为他们的勇德发展注入源源不断的动力。

---

[1] 陈万柏、张耀灿主编：《思想政治教育学原理》，华中师范大学出版社 2009 年版，第 186 页。
[2] ［美］A. 班杜拉：《思想和行动的社会基础——社会认知论》（上册），林颖等译，华东师范大学出版社 2001 年版，第 63 页。

需要说明的是，在大学生勇德培育过程中运用榜样示范法须遵循以下具体要求。一是必须实事求是地选用榜样。榜样贵在真实，只有真实，其榜样力量才是无穷的。"以'高大全'的标准塑造出的'榜样'，往往游离于人们现实生活世界与精神生活世界之外，难以真正得到受教育者的普遍认同，也起不到榜样教育的作用"[①]，所以，在大学生勇德培育中所树立的榜样，其事迹一定要真实可靠、客观公正，不能言过其实或随意夸大。二是应当尽可能地让榜样模范现身说法。通过榜样模范的亲临现场、以身说法，让有担当的人讲担当，有理想的人讲理想，有进取心的人讲进取，有奉献精神的人讲奉献精神，能自制的人讲自制，能共享的人讲共享，等等，才能充分发挥榜样模范的感染力、说服力和号召力，才更能深入人心，产生最佳的教育效果。三是还须运用多种方式进行榜样示范教育。在现实生活中，大学生的勇德需求是丰富多样的，他们的思想认识及勇德观念也是复杂多变的，伴随着现代社会的迅猛发展，大学生原本就多样复杂的需求与观念变得更加的多元和多变，这就要求教育者或示范者在运用榜样示范法开展勇德培育时，应主动适应这一实际，综合采用多种培育方法对其进行榜样教育，如可以综合利用电视、广播、报刊、网络等多媒体技术进行榜样的宣传推介。

第二节　当代大学生勇德培育的实践路向

由上可知，当代大学生勇德培育是一个宏大、复杂的系统工程，并不仅是大学自身的事情，也非仅为大学阶段的任务，而是贯穿于大学生学习生活与生命发展全程的永恒课题，需要遵循多元主体共同发力、多个环节相互协调、多方内容相互支撑、多种方法共同作用的基本思路。思路终究停留在宏观的、整

[①] 陈万柏、张耀灿主编：《思想政治教育学原理》，华中师范大学出版社2009年版，第187页。

体的理论认知层面，缺乏一种微观的、具体的实践行为筹划。思路只有转化为具体的计划，落实到现实的行为活动中，并在实践的检验下不断改进与完善，才是有生命力的、鲜活的和可持续的。从实践路向上看，基本思路的贯彻与执行离不开多元实践主体的相互配合与共同努力。换言之，在大学生勇德培育过程中，多个环节的相互协调、多方内容的相互支撑和多种方法的共同作用最终要聚焦并落实于多元主体的共同发力。从实践主体上看，大学生良好勇德品质的养成是个人、学校、家庭和社会四大主体共同作用的结果，其中，个人起着主体作用，学校起着主导作用，家庭起着基础作用，社会起着保障作用，四大主体紧密相联、缺一不可。为此，大学生勇德培育要构建一个包括四个圈层的生态系统（如图 5-1 所示）。在这一系统中，最内层是大学生个人系统，是大学生勇德品质生成的内部动力；中间层分别是学校系统和家庭系统，是大学生勇德品质形成与发展的中坚力量；最外层是社会系统，是大学生勇德品质发展与巩固的外部推力。各圈层以大学生为中心，环环相扣、层层叠加，形成了德育合力，共同作用于大学生的勇德培育。

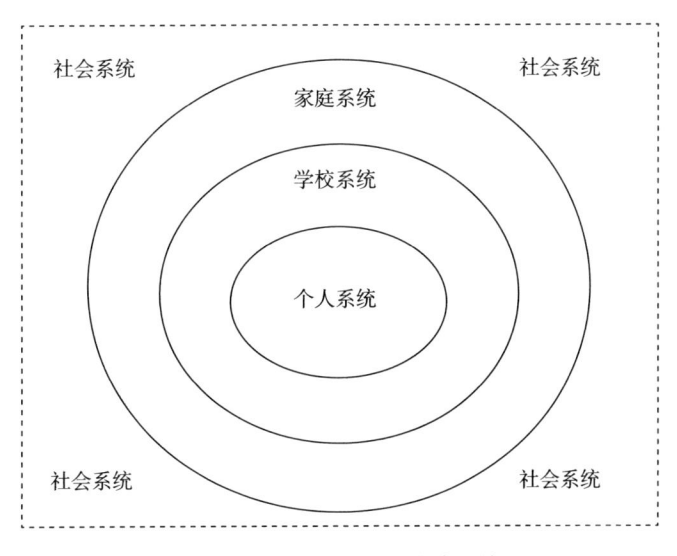

图 5-1　大学生勇德培育生态系统图

一、个人层面：生活实践体验中的勇德培育

大学生勇德培育是一个双向互动的、"启发—参与"式的过程，大学生既是勇德培育的客体，也是勇德培育的主体，大学生本人在培育过程中的自觉性与能动性直接影响着培育的效能。作为勇德培育的主体，大学生是自身勇德品质形成与发展的内因，为良好勇德品质的养成提供了源源不断的内部动力。因此，大学生勇德培育离不开大学生的自我培育。它是一种个体自我的精神交锋，即大学生将勇德的理念与价值同现实社会生活的勇德需要与勇德实践相对照，并以肯定或否定的方式坚持、放弃或调整某些勇德信念和勇德行为，最终做出相对合理的且符合社会主流价值取向的勇德选择。可见，大学生勇德品质的自我培育需要在社会生活实践中进行，只有在现实生活与社会实践中通过反复的实践锻炼与生活体验，大学生才能战胜内心怯懦、克服自我惰性、培养勇德习惯，从而养成良好的勇德品质。

（一）在实践锻炼中战胜内心怯懦

加强实践锻炼是大学生勇德自我培育的基础。勇德在本源上是人的生命力量或生命能力，所以，勇德自我培育就要根据这一本源，从激发自我生命力量与增强自我生命能力着手。然而，人性中的怯懦因子，是勇德的"天敌"，站在生命力量的反面，在很大程度上削弱或降低着人的生命能力，同时生命能力的降低又强化并加重了人的怯懦，以此循环往复，构成了勇德自我培育的现实困境。可见，怯懦是影响人自身勇德品质形成与发展的关键因素，勇德培育能否取得实效取决于有无把握住怯懦这一关键因素，勇德自我培育需要从战胜内心怯懦开始。在人的生命活动中，怯懦主要表现为胆怯和懦弱，其本质是人自身的一种心理障碍。作为一种不良的心理品质，怯懦是人的生命力量虚弱、生命能力低下、自信心缺乏的表现。人们正是由于自身实力不足、现实能力不够，在行为处事时才会缺乏自信、畏缩不前，表现出胆怯和懦弱的行为特征。因此，克服心理障碍、战胜内心怯懦终究是人自身的事情，还须从增强自我现

实能力着手。而现实能力的培养、发展与提升离不开实践活动和主观努力，社会实践活动是增强人的现实能力最直接、最有效的方式。同样，对于大学生勇德培育而言，社会实践活动也尤为重要，对大学生勇德品质的形成与发展起着至关重要的作用。大学生只有在社会实践活动中，通过大力、反复地实践锻炼，才能练就过硬本领，增强自身实力，获得行为自信，从而战胜内心怯懦，生成勇德品质。

具体来看，大学生通过实践锻炼，战胜内心怯懦，进行勇德自我培育，需要做到以下四个方面。一是在学习上大胆创新。大学生的勇德首先要体现在学习上，表现为坚持真理、追求真理、捍卫真理、勇于为真理献身的决心与勇气。大学生在学习上只有始终保持一种怀疑、批判的态度，大胆创新、勇于突破，才能不断提高自身的学习能力，增强学习自信，从而战胜对学习的怯懦，成为学习上的勇者。二是在课堂上积极互动。大学生在学习中的怯懦还表现为在课堂上不够自信，自尊心重且自卑心强，担心出丑与被嘲笑，不敢主动表现自己，害怕提问、发言，学习热情和动力下降等。克服这种类型的怯懦，不能逃避，而应正视与面对，它需要大学生努力疏通自身患得患失、虚荣自卑的心理障碍，主动为自己创造更多的课堂发言机会，积极参与师生互动，并不断提高互动能力和互动自信。三是在人际关系中主动交往。针对自身普遍存在的内向寡言、害怕沟通、不敢交往、退缩封闭等人际交往中的怯懦现象，大学生可以从澳大利亚当代著名作家穆尔豪斯提出的"克服懦弱，促进人际交往"的十大法则中获得启示：径直走向别人；盯住对方鼻梁，正视他的眼睛；开口声音要洪亮；在喧哗中学会轻声讲话；学会适时地保持沉默；提前准备话题单子；熟记演讲的首尾；多和比自己强的人交往；不断给自己出难题；不断提高自己的交往能力。[1]四是在生活中学会独立。针对自身存在的害怕吃苦、畏惧困难、惧怕挫折、担心风险等社会生活中的怯懦现象，大学生应积极主动地从社会生活中学习生存知识和生活经验，不断提高自己独立生活、独立面对一切、独立

---

[1] 参见［澳］弗兰克·穆尔豪斯《克服怯懦的法则与实践》，江晓明译，《外国文学》1984年第5期。

解决问题、独立承担责任的能力。

（二）在生活体验中克服自我惰性

积极体验生活是大学生勇德自我培育的关键。从勇德的内涵结构上看，勇德的内核是人的本质力量，外表是人的本质力量所释放出来的不惧精神和积极行为，勇德正是一种促进人的本质力量充分实现的道德品质。人的本质力量在心理学上可以称为人的潜能，即人类所特有的尚未完全开发出来的或正在开发的潜在能力。正是由于潜能的存在，人类才得以不断发现自我、发展自我与超越自我，人类历史发展的过程就是对自身潜能不断发掘的过程。对于个人而言，人的整个生命历程就是自身潜能被渐渐发掘、渐渐释放的过程，潜能发掘与释放得越多，就越接近全面发展、就越完美。然而，没有人能把自身潜能发挥无遗，普通人只用了他们全部潜能的极小部分。如美国当代著名心理学家威廉·詹姆斯断言："与我们应该成为的人相比，我们只苏醒了一半。我们的热情受到打击，我们的蓝图没能展开，我们只运用了我们头脑或自身资源中的极小一部分。"[①] 正是由于人的潜能具有无限挖掘的可能性，勇德才获得了存在的价值与意义，才具有永恒的生命力。作为一种不断发掘与释放潜能的道德品质，勇德对自身潜能发掘与释放的多少直接影响着个人成功或优秀与否。进一步分析，普通人之所以仅仅发掘与释放了自身潜能的极小部分，是因为他们没能克服或较好地抑制自身的惰性因子。惰性同怯懦一样，是隐藏在人性中的消极因子，与人的生命力量相对立，对人的生命力量的释放与发展产生着极大的消极作用。对大学生而言，惰性使他们丢失了积极劳作、开拓创新的兴趣，失却了自理自律、自强自立的脊梁，为他们的思想与行为划定了心理禁区，致使他们退缩或裹足不前，从而深深压抑并普遍低估了他们的潜能。大学生只有走出惰性，才能更大程度地感知到潜能的存在，进而更好地创造崭新的自我。潜能在本质上是与惰性相悖的，潜能的实现与勇德的养成就是对惰性的克服与战胜。而惰性的克服需要在现实的社会生活中进行，丢失了的兴趣终究要在生活

---

① 转引自张殿国《走出惰性》，上海人民出版社 1990 年版，第 89 页。

体验中重新培养，弯曲的脊梁最终也要在生活实践中重新竖直。因此，大学生在社会生活中所获得的积极体验是他们克服自身惰性的关键因素，大学生勇德自我培育离不开对自身生活体验的深化与引领。

具体来看，大学生在生活体验中克服自我惰性以培育自身勇德品质，需要做到以下三个方面。一是以对生活的深刻理解融化惰性。大学生的生活态度取决于他们对生活的理解和认知。若把生活理解为享受，他们就会追求一种舒适安逸的生活；若把生活理解为开创和责任，他们就会努力探求真理，不断开拓创新，积极投身于奉献社会、服务人民的社会活动之中。可见，深刻理解生活，把握生活的真谛，把生活看作一种奋斗、一种责任、一种创造、一种奉献，并按照这种理解去安排自己的生活和学习，是大学生克服惰性，培养勇德品质的首要步骤。二是以对使命的深刻感知鞭挞惰性。人类所生存的社会，理应由他们自己来参与创造和建设，所以，人人都是肩负着责任与使命安身于世的。这就要求他们不能懒惰，要积极主动地为社会工作，为人民服务。同样，大学生的生活目标与生活意义并不能仅仅停留于使自己的生活变得更好，而应上升为让整个社会变得更加美好，让全人类变得更加幸福。这决定了大学生必须最大限度地发挥自己的聪明才智，努力加深自己对于生活使命与生命责任的真实体验，全力为社会的发展、祖国的富强、人类的幸福做出贡献。三是以迫切的成就饥饿感抵御惰性。人在饥饿的时候，食欲就特别强，饭菜也格外香，将这一心理学上的"饥饿效应"运用到学习或事业上也同样适用，人们若对自己所做的事情具有强烈的饥饿感，那么他们做事的迫切性与积极性就会很高。可见，大学生在学习或成就上的饥饿感对自身惰性的抵御与克服起着重要作用。身体上的饥饿感是肚中的食物已被完全消化的反应，而学习或成就上的饥饿感则需要大学生自己去营造与激发。正如没有食欲不会有饥饿感一样，缺乏成就欲，也就难以产生对学习或成就的饥饿感。显然，大学生对成就饥饿感的营造与激发要从成就欲着手，即培养自己渴望把学习或事业做得更好并取得更大成绩的欲望。这就要求大学生要为自己设定一个远大的奋斗目标，不能满足于已经取得的成就，始终坚信自己能够承担更大的任务，克服更大的困难，取得更大的成就，时刻以"成就饥饿感"鞭挞自己、提醒自己，从而促进自己不断成长、不断进步。

（三）在行为自觉中培养勇德习惯

强化行为自觉是大学生勇德自我培育的保障。怯懦和惰性作为人类的劣根性，是扎根于人类自身内部的无形的且难以根除的反对自我的力量，具有潜在性、反复性、易发性、递增性等特点。这意味着，在大学生勇德培育过程中，大学生对自身怯懦和惰性的克服与战胜是一个艰巨的、长期的、持续的过程。因一时冲动而爆发出来的不惧气势，抑或因金钱、奖励等外在刺激而诱发出来的积极行为，是偶发的、短暂的、不可持续的，并非真正的勇德，也无助于养成真正的勇德品质。大学生只有能够长期地克服与战胜自身的怯懦与惰性，并将其内化为一种稳定的行为习惯，才能养成良好的勇德品质。事实上，勇德作为一种道德品质，恰恰表现为一种稳定的、可持续的、习惯性的精神品性和行为特征。勇德与习惯密切相关，良好的行为习惯不仅是勇德的组成部分与表现形式，还是推动个体勇德品质形成与发展的重要因素。在行为习惯养成之前，做一个不断否定自我、战胜自我、超越自我的勇德之人是困难的、痛苦的，而行为习惯一旦养成，人的这种否定、战胜与超越自我的行为就转化为一种重复性的、自动化的本能活动，勇德活动本身就变成了一件快乐之事，这种快乐又诱导着人们做出进一步的勇德行为。因此，大学生勇德自我培育应注重养成良好的勇德习惯。它是个体在一定勇德情境下通过反复练习而养成的相对稳定的、自动化的勇德反应倾向与行为方式。作为一种自动化的行为反应，勇德习惯的养成离不开个体的行为自觉，需要个体自我觉悟、自我约束与自我立法并积极践行。自觉是一种源于个体自身的内在驱动力。一个行为自觉的人往往内心具有做出某一行为的强烈愿望，对生活有着深刻的理解，对使命有着深刻的感知，对那些将自己导向平庸、低俗的东西有着本能的畏惧和耻辱感。在这种耻辱感的冲击下，屈辱的自尊心便会反抗，一种摆脱平庸、拒绝低俗的崇高感情便会油然而生，而这种感情则会鼓舞着人们努力战胜内心怯懦、克服自我惰性，形成奋发向上、自强不息的勇德品质。

具体来看，大学生通过行为自觉培养勇德习惯需要做到以下三个方面。一是以创造生命价值的激情促生勇德习惯。勇德习惯的养成从来都不是机械反应与被动行为的结果，而是依赖于积极主动的行为反应。积极主动的行为无法从外部力量的强加要求中获得，而是源于一种纯然内在的实现生命价值的激情。真正能够深刻感知生命价值的人，从来不会将承担责任与履行使命看成不得已的被动行为。他们坚信，生命的价值与意义在于创造，生命的激情与活力在于不断更新、不断创造。对大学生而言，他们对责任和使命的承担与履行只有完全出于生命内在的创造激情，而非由于某种功利目的或外力强加时，他们的行为才是自觉的，才能促生勇德习惯。二是以常悬于心的目标维持勇德习惯。目标作为人们行为发展的方向与导航，能够赋予人们努力进取、不懈奋斗的力量和勇气。从某种意义上说，努力的激情与奋斗的决心就产生于远大的目标之中。然而，目标尤其是远大目标往往容易被时间冲淡，进而被人们忽视。根据牛顿的"万有引力"可知，物质彼此之间的引力同他们的距离成反比，即距离越远，引力越小；距离越近，引力越大。人们在"行为场"中的时间距离同"引力场"中的空间距离相类似，耗时越长或越靠后做的事情，其吸引力往往就越小，人们通常对耗时短的、眼前的、可以直接感知的事情更有兴趣和激情。[1] 远大目标或未来目标作为一种遥远的、无法直接体验的行为导向，自然难以引发人们的心灵反应。为此，大学生在培养勇德习惯的过程中，应运用目标激励法，对自己所确立的远大目标实施目标管理，将其细化为诸多短期目标、临时目标、具体目标等，并时刻用这一目标提醒、督促和鞭策自己，驱动自己持续地做出勇德行为。三是以反复坚定的行为强化勇德习惯。大学生勇德习惯的养成离不开大学生长期的、反复的、坚定的勇德行为活动。长期反复的勇德行为能够产生一种行为上的惯性、稳定性和强制力，这使得大学生更有可能抵御不良环境的诱惑，克服种种困难和挫折，服从内心的道德律令，并按照

---

[1] 参见张殿国《走出惰性》，上海人民出版社1990年版，第184页。

自己一贯的方式回应伦理挑战，从而使勇德行为变得更加牢固和持久，勇德习惯也得以不断强化。

二、学校层面：教育教学活动中的勇德培育

当代大学生勇德培育需要内部力量与外部力量的共同参与，既依赖于大学生的自我培育，也离不开其他主体的外部影响。在诸多外部力量中，学校教育因其组织性、系统性、规范性等专业化优势而成为大学生勇德培育的主要场域。正如杜威认为，对于每个人的发展与完善，"（学校）教育不是唯一的工具，但它是第一的工具，首要的工具，最审慎的工具"①。在大学生勇德培育中，学校教育的专业化优势集中体现在其具体的教育教学活动之中，通过教育教学活动，勇德的理念、原则与规范被融入不同的课程体系，贯穿于不同的学习阶段，从而确保有组织、有计划、有步骤地实施勇德教育。显然，大学生勇德培育离不开规范的、系统的专业化学习，但这并不意味着高校就一定要开设专门的勇德课程，进行固定化、集中化的勇德学习。事实上，勇德作为一项与其他诸多德目紧密相联的道德品质，具有丰富、宽广、深厚的内涵，其培育难以标准化与模式化，而更应灵活地分散与融入在其他教育教学活动之中。归纳起来，最直接、最有效的教育教学活动，主要有思想政治教育、心理健康教育、体育教学训练三种。

（一）在思想政治教育中嵌入勇德培育

思想政治教育是高校开展勇德培育的主要渠道。所谓"思想政治教育"，"是指社会或社会群体用一定的思想观念、政治观点、道德规范，对其成员施加有目的、有计划、有组织的影响，使他们形成符合一定社会、一定阶级所需要的思想品德的社会实践活动"②，其内容主要包括思想教育、政治教育和道德

---

① ［美］约翰·杜威：《人的问题》，傅统先、邱椿译，上海人民出版社1965年版，第27页。
② 陈万柏、张耀灿主编：《思想政治教育学原理》，华中师范大学出版社2009年版，第4页。

教育三大方面。而勇德作为一项重要的道德科目，是思想观念、政治观点和道德规范的有机统一，不仅与道德相关，还与思想和政治相联。相应地，勇德培育不仅是一个道德教育的问题，还是一个思想教育和政治教育的问题。思想政治教育的很多内容本身正是勇德培育的内容，而勇德培育所须传递的知识与经验在很大程度上也是思想政治教育的任务要求。正是两者在内涵与内容上的交叉与重叠，才使得在思想政治教育中嵌入勇德培育成为可能。高校通过思想政治教育开展勇德培育，显然要满足思想政治教育的根本任务和思想政治教育课程设置的基本要求。从根本任务上来看，现阶段我国思想政治教育的根本任务是培养"有理想、有道德、有文化、有纪律"的堪当民族复兴大任的社会主义新人，这决定了我国当代大学生的勇德培育要围绕这一根本任务来展开，以培养"四有"新人为出发点和归宿点，从而满足时代发展、社会主义建设与中华民族伟大复兴的根本要求。从课程设置上来看，当前我国思想政治教育不仅注重专门的思想政治理论课教育（思政课程[①]），还提倡在各类课程中融入思想政治教育，确保学科教育与思想政治教育同向同行，形成协同效应（课程思政），这决定了我国当代大学生的勇德培育既要有效利用"思政课程"这一主渠道，还要充分发挥"课程思政"的补充与辅助作用。

具体来看，高校在思想政治教育中开展勇德培育应从以下几方面入手：

一是深化道德教育。道德教育是高校思想政治教育的重要组成部分，高校对大学生开展思想政治教育的目标之一在于帮助他们形成正确、科学的道德观念，这是大学生良好勇德品质得以养成的基本前提。勇德作为一种坚守道德与践行道德的决心、毅力和勇气，其内在力量源于一个人的道德信念。如若个人对道德价值缺乏正确、深刻的理解与认知，没有发自内心深处的敬畏与信奉，

[①] 2020年12月18日，中央宣传部与教育部联合制定了《新时代学校思想政治理论课改革创新实施方案》，对大中小学开设思想政治理论课的基本要求、目标体系、课程体系、课程内容、教材建设与组织领导作出了详细说明与具体规定。其中，大学本科阶段必修"思政课程"5门：《马克思主义基本原理概论》《毛泽东思想和中国特色社会主义理论体系概论》《中国近现代史纲要》《思想道德与法治》《形势与政策》；硕士研究生必修"思政课程"1门：《新时代中国特色社会主义理论与实践》；博士研究生必修"思政课程"1门：《中国马克思主义与当代》。该方案从2021年秋季入学的新生开始，在全国大中小学普遍实施。

那么他就不会产生为了道德或正义而奋不顾身的动力，也就不可能形成勇德品质。可见，大学生勇德培育的第一步不是直接去培育勇德品质本身，而在于培育基本的道德品质，引导大学生开展"深度道德学习"[①]，帮助他们形成正确的道德观念与坚定的道德信念。因此，为了促进大学生勇德培育，高校思想政治教育就不能仅仅停留于传递最基本、最浅显的道德知识与道德规范，而应上升为对深层次的道德观念和道德信念的发现与培育，引导大学生体验与感悟人性之善和心灵之美。比如可以在《思想道德与法治》课程中适当增加或凸显德性修养、人生境界提升方面的教学内容；在其他学科教学中融入职业道德方面的教学内容；等等。

二是强化政治教育。如前所论，勇德具有阶级性，是符合统治阶级政治意志与利益需要的道德品质。显然，勇德与政治密切相关，甚至可以说，勇德是一种政治工具，如古代社会的勇德在很大程度上特指政治方面的勇敢道德。为此，高校在思想政治教育中开展大学生勇德培育，应强化政治教育，着重培养大学生的政治意识和政治自觉，提高他们的政治站位和政治能力，其教育内容主要包括基本国情教育、爱国主义教育、形势政策教育、法制教育等。比如可以在《中国近现代史纲要》课程中穿插爱国主义、革命英雄主义的教育内容，激励大学生为民族与国家的利益而奋斗；在《毛泽东思想和中国特色社会主义理论体系概论》课程中凸显中国共产党的基本路线教育和社会主义法制教育，激励大学生在遵法守纪的基础上为实现中华民族的伟大复兴与共产主义的远大目标而奋斗。

三是内化思想教育。勇德培育的直接目标在于帮助个人树立正确、科学的勇德观。所谓"勇德观"，是指人们关于勇德的根本观点与根本看法，是人们

[①] 当前我国的道德教育虽然有专门的教材、课程、活动等，但这仅是"表面重视"，学生得到的也只是"浅表性的道德学习"，其原因在于"当下我国教育运行的基本逻辑是应试化的竞争，传递的是竞争的价值，而竞争以人人为己为逻辑，那么被竞争附体的教育传递的就是人人为己的价值观"，而非利他、奉献、共享的道德观。就此而言，我国道德教育的问题不仅仅是缺乏"深度道德学习"的发生，而是反方向的道德学习即"逆道德学习"一直在进行。参见高德胜《"道德的勇敢"与道德勇气——兼论道德勇气的培育》，《教育研究与实验》2020年第1期。

关于勇与德的一系列的思想观念和思想意识。关于勇德的思想意识，尤其是其高级形态的勇德信念一旦形成，就会成为推动人们积极进取、不懈奋斗的精神动力。勇德与思想密切相关，勇德同道德、政治的关系只有内化为同思想的关系才具有现实意义，换言之，道德与政治只有内化为人们的思想观念和思想意识才能与勇德相关联。可见，在大学生勇德培育中，道德教育与政治教育均离不开思想教育，并最终要通过思想教育起作用。为此，高校在思想政治教育中开展大学生勇德培育，还需内化思想教育，要把外在的道德规范和政治观点内化为大学生自身的思想观念和理想信念，其教育内容主要包括理想信念教育、人生价值观教育、生命价值观教育、艰苦奋斗精神教育等。比如可以在《马克思主义基本原理》课程中强调历史唯物主义教育，引导大学生树立科学的世界观、人生观与价值观，正确对待生命与死亡、奋斗与虚无等思想问题；在其他学科教学中开展理想信念教育和专业精神教育；等等。

（二）在心理健康教育中植入勇德培育

心理健康教育是高校开展勇德培育的关键环节。勇德作为一种积极的人格特质，是个体人格健全与心理健康的内在支撑和外部表现，勇德培育同心理健康教育密切相关。从目标与价值上来看，勇德培育与心理健康教育高度关联、内在一致。双方均着力于培养个体和谐一致、健全完善的人格，引导他们正确看待并妥善处理人与自己、人与自然、人与社会的关系，从而追求一种积极向上、充满意义、幸福美好的生活。勇德在内涵上是处于理智支配下的人自身的欲望、激情、血气等非理智因素的自然显现与积极表达，其实现依赖于人的灵魂中的理性因素与感性因素的共同作用，是理智与情感的内在统一，这同样也是个体心理健康的内在规定与根本要求。心理健康是指心理上的适宜状态，其本质是心理各方面的健全完善与和谐一致，既包括理性方面，也包括感性方面。所以，个体心理健康的实现在一定程度上也意味着其勇德品质的养成。从功能与成效上来看，勇德培育与心理健康教育相互补充、相互促进。一方面，通过勇德培育，有助于个体养成积极的人格特质，从而促使其形成积极向上、阳光活泼、健康开朗的心理品质；另一方面，通过心理健康教育，有助于个体的认知、情感、意志、信念、行为等心理诸要素的协调一致与健全发展，从而促使其养成良好的勇德品质。通常而言，一个人的心理越健康、越积极，就越可能拥有勇德品质，越容易引发勇德行为。正是勇德培育与心理健康教育在目标与功能上的一致性和互补性，才使得在心理健康教育中进行勇德培育成为可能。然而，当下的大学生心理健康教育往往秉持着"价值中立"原则，把大学生的心理健康问题看成一种病态如心理疾病、精神疾病等，而对其生命价值与生活意义的引导不够重视。事实上，大学生的多数心理健康问题并不是一种心理疾病，甚至不是一个单纯的心理问题，而在很大程度上是一种心灵困顿或精神困境，在本质上是价值或意义的问题。为此，高校心理健康教育不仅要注重单纯的心理疾病治疗或心理健康疏导，还要植入勇德培育，强调从积极心理与价值意义方面对大学生进行精神引领与人格培育，这是一种深层次的心理健康教育。

具体来看，高校在心理健康教育中开展勇德培育应着重从以下两方面入手。

一是充分利用积极心理学关于积极人格培育的理念与方法。在大学生勇德培育中，积极心理学所倡导的通过培育个体积极的心理品质以促进其心理和谐、健康发展的理念及方法非常有效。积极心理学改变了长期以来传统心理学对于人的"心理问题"或"心理疾病"的过分关注，转向了对人的诸如同情、感恩、仁爱、热情、宽容、担当、自律、审慎、谦虚、好奇、进取、创造等积极体验与积极品质的深入探讨，强调积极心理品质在抵制消极负面心理因素并促进心理健康和心灵纯净方面的重要作用。通过积极心理学的教育方法，高校能够将传统心理学所关注的"问题模式"和道德教育所强调的"价值模式"有效地结合起来，引导大学生从学习和生活中体验积极心理，领悟人生价值，从而勇敢、乐观、认真地生活，努力追求生命的意义。

二是有效发挥音乐心理学对于人的灵魂的净化与陶冶作用。音乐心理学是20世纪初期从实验心理学流派中分离出来的现代心理学，是一门探讨音乐与感情的关系、音乐对心理的刺激及其效果、音乐对疾病的作用、音乐对创造力的影响等问题的科学。在音乐心理学看来，音乐能够净化人的灵魂，陶冶人的情感，维护人的心理健康，进而激发人的道德品性。柏拉图认为，音乐是培育及提升人的勇敢品质的重要方法，不仅能够激发人的欲望和激情，还能够涵养这一欲望和激情并使之走向理性与崇高，从而产生出为了"逻格斯"、美善与正义而克服恐惧、最大限度地忍受痛苦的勇敢品质。因此，在心理健康教育中开展大学生勇德培育，还应充分发挥音乐教育的作用，尝试建立勇德培育引领下的音乐教育心理健康课程，采用音乐心理疗法，用音乐刺激人的情欲，滋养人的理性，努力实现人的心灵秩序的和谐统一。

（三）在体育教学训练中融入勇德培育

体育教学训练是高校开展勇德培育的重要保障。体育与德育虽然分属于两个不同的教育领域，但两者在教育活动中从来都是相互渗透、相互影响的，体育具有德育功能，德育对体育起着指导作用。体育与德育之间的关联缘于身体与道德之间的密切关系。对于身体与道德关系的探讨由来已久，早在两千多年前的儒家经典《礼记·大学》所提到的"正心、修身、齐家、治国、平天下"这一知识分子所应遵守的道德信条中，就暗含着道德修养与身体发展之间的密切关系。毛泽东同志在《体育之研究》一文中指出："德智皆寄于体，无体是无德智也……体者，为知识之载而道德之寓者也""善其身无过于体育，体育于吾人实占第一之位置，体强壮而后学问道德之进修勇而收效远""苟野蛮其体魄矣，则文明之精神随之"。[1] 法国哲学家梅洛·庞蒂认为，"道德发端于身体之中，身体就是道德的本源"[2]。心理学中的具身认知理论认为，人的生理和心理之间具有强烈的联系，身体的解剖学结构、活动方式、感觉与体验直接决定着人们对世界的理解和认知。[3] 这一理论最早被国外学者运用于道德研究，

---

[1] 中共中央文献研究室、中共湖南省委《毛泽东早期文稿》编辑组编：《毛泽东早期文稿》，湖南出版社 1990 年版，第 66、67、71 页。

[2] 转引自江小春《简论体育的"具身德育"功能》，《中国特殊教育》2017 年第 8 期。

[3] 参见叶浩生《具身认知：认知心理学的新取向》，《心理科学进展》2010 年第 5 期。

从生理学与心理学交叉的视域探讨道德的具身性，开辟了"具身道德"的新领域。[1] 我国学者孟万金在此基础上率先提出了"具身德育"新理念，认为当代道德教育应摆脱基于"离身"认知观的传统德育的"知行分离"模式，"将道德融入身体、心灵深处，成为身、心的有机成分"[2]，充分发挥身体劳动在道德教育中的重要作用。勇德作为道德的重要组成部分，自然也与身体密切相关。事实上，勇德源于强壮、威猛的身体（如"阳具图腾"崇拜），最早作为一种身体（自然力量）德性，是道德组成中与身体联系最为紧密的部分。作为身体方面的教育，体育自然就成为勇德培育的重要途径。柏拉图提出，体育可以涵养人的高昂的血气。[3] 亚里士多德认为，体操可以锻炼筋骨、强身健体，能够增强人的健康与战斗力。[4] 在当代社会，体育不仅增强了人的体力，提高了人的运动能力，还磨炼了人的意志，凝聚了人的精神，强化了其向善、为善的精神与行为。因此，高校勇德培育应充分发挥体育教学训练在大学生勇德品质形成与发展中的促进与保障作用。

具体来看，高校通过体育教学训练培育大学生的勇德品质需要做到以下三个方面。

一是激发血气体魄。从内涵要素上来看，勇德是由灵魂和血气共同构成的道德品性。相应地，勇德培育既要培育灵魂，也要培育血气。在高校勇德培育中，相比思想政治教育与心理健康教育注重对大学生灵魂的涵养，体育教学训练则重在激发其血气与野蛮其体魄。血气是由身体内的血和气交互而成的生命状态，是勇敢的基础与源泉。血气往往与身体及体魄相关，一般而言，身体越强壮，体魄越强健，血气就越旺盛。所以，大学生的血气激发及勇德培育可以通过强壮、健康的身体来实现，高校在体育教学训练中要加强对大学生的身体

---

[1] B.Huebner, S.Dwyer, M.Hauser, "The role of emotion in moral psychology", *Trends in cognitive sciences*, 2009（1）, pp.1—6.
[2] 张冲：《正心立德劳动树人：破解立德树人难题——孟万金教授创立"具身德育"新体系》，《中国特殊教育》2016年第6期。
[3] 参见［古希腊］亚里士多德《政治学》，吴寿彭译，商务印书馆1965年版，第411页。
[4] 参见［古希腊］柏拉图《理想国》，郭斌和、张竹明译，商务印书馆1986年版，第122页。

及体魄的锻炼与养护。正如毛泽东同志所说:"体不坚实,则见兵而畏之。"[①] 此外,大学生的血气激发还可以通过耐寒训练的方式进行。亚里士多德发现,自然环境是影响人的血气的重要因素,寒冷地区的克尔特人往往比温暖地区的亚细亚人更有血气,对地震、巨涛等自然灾害表现得更为不惧[②]。毛泽东同志指出:"冷水浴足以练习猛烈与不畏,又足以练习敢为。"[③] 因此,在高校体育教学中适当加入耐寒训练对大学生的身体强健及勇德培育是非常有益和有效的。

二是凝练体育精神。勇德之人都是有血气的,但有其血气并不一定是勇德之人。血气只是勇德的一个要素,是构成勇德的必要非充分条件。勇德不仅要具有激情和血气,还需要理智和高尚。血气属于人性中的非理性部分,除了具有追求卓越、向往崇高的优良特质外,还隐含着残暴血腥、冷酷野蛮等不良的特质。所以,高校在体育教学训练中开展勇德培育,不仅要注重激发大学生的血气体魄,还要注意将其引向理智和高尚,凝练大学生的体育精神。"体育精神是一种文化意识形态,是通过体育运动而形成并集中体现出人类的力量、智慧与进取心理等最积极意识的总和。"[④] 具体而言,高校凝练大学生的体育精神,就是要培育他们的顽强拼搏精神、冒险进取精神、团队协作精神、公平竞争精神、探索创新精神等,增强他们的独立自主能力、吃苦耐劳能力、严以律己能力、灵活创造能力等,从而帮助他们走出教育模式的"温柔陷阱"。大学生体育精神的培养需要在他们的体育教学与体育实践中进行,除了要充分发挥体育理论教学、体育技能训练等第一课堂的教学作用,还要有效利用诸如体育运动、体育训练、体育竞赛等第二课堂的实践功能。

三是训练身体技能。从词源上来看,勇是一种力量,是一种能力。换言之,勇源于力量或能力,抑或力量或能力生成了勇。同样,勇德也要以力量或

[①] 中共中央文献研究室、中共湖南省委《毛泽东早期文稿》编辑组编:《毛泽东早期文稿》,湖南出版社1990年版,第56页。
[②] 参见王果、李建华《亚里士多德论勇敢及其培育——基于血气和灵魂的视角》,《现代大学教育》2020年第2期。
[③] 中共中央文献研究室、中共湖南省委《毛泽东早期文稿》编辑组编:《毛泽东早期文稿》,湖南出版社1990年版,第71页。
[④] 李可兴、黄晓丽:《高校体育精神的特质与培育》,《北京体育大学学报》2006年第9期。

能力为基础和前提，一个人的能力越大或实力越强，在遇到不道德的现象或行为时就越可能挺身而出、见义勇为。所以，大学生的勇德培育不仅要培育他们的勇德精神，还要提升他们的勇德能力。勇德能力是勇德精神转化为勇德行为的重要保障。在体育教学中，大学生勇德能力的提升可以通过训练并增强他们的身体技能来实现。所谓"身体技能"，是指运用身体方面的知识与经验执行一定活动的能力。身体技能通常由身体能力和运动技术两部分组成，相应地，训练身体技能也分为增强身体能力和熟练运动技术两大方面。前者在于增强体质，即强身健体，如体能训练、抗击训练、耐力或意志力训练等，这是提升勇德能力的基础。后者强调身体动作的灵活性和策略性，如武术、格斗术等，这是提升勇德能力的保障。而对于如何开展身体技能训练，青年时期的毛泽东提出了三大原则："有恒，一也；注全力，二也；蛮拙，三也。"[①] 这同样也是大学生增强身体技能、培育勇德品质所应遵循的基本原则。

三、家庭层面：家风家训滋养中的勇德培育

家庭作为社会文明教养与家风传承的第一站，是培育道德、培养人格的重要途径。习近平总书记强调"不论时代发生多大变化，不论生活格局发生多大变化，我们都要重视家庭建设，注重家庭、注重家教、注重家风建设，紧密结合培育和弘扬社会主义核心价值观……使千千万万个家庭成为国家发展、民族进步、社会和谐的重要基点。"[②] 同时，他又指出："家庭教育涉及很多方面，但最重要的是品德教育，是如何做人的教育。"[③] 在当代大学生勇德培育过程中，优秀的家风家训对于大学生正确价值观的形成与良好勇德品质的养成具有独特且不可替代的作用。因此，当代大学生的勇德培育不仅要注重个人修养和学校教育，还要充分发挥家庭原生场域优势，将勇德培育融入日常家庭生活和交往中，

---

① 中共中央文献研究室、中共湖南省委《毛泽东早期文稿》编辑组编：《毛泽东早期文稿》，湖南出版社1990年版，第76页。
② 习近平：《在2015年春节团拜会上的讲话》，《人民日报》2015年2月18日。
③ 习近平：《在会见第一届全国文明家庭代表时的讲话》，《人民日报》2016年12月16日。

用优秀的家风家训滋养大学生的勇德品质。为此，需要努力做到以下三个方面。

（一）以优秀传统家风家训传承勇德思想

中华文明的数千年发展形成了系统、成熟的家风家训，如《孔子家语》《诫子书》《家范》《颜氏家训》《袁氏世范》《朱子家训》《弟子规》等，这些优秀传统家风家训中蕴含着丰富的勇德思想，如"修齐治平""慈孝忠信""横渠四句"等。而作为凝聚着中华优秀传统勇德思想的家风家训，既是社会美德的基本要求，也是社会美德的重要表现。它通过长效持续的、耳濡目染的家庭教养方式，潜移默化地将仁爱慈善、团结和睦、修身立节、自立自强、志存高远、勤勉好学、励志竭精等中华优秀传统勇德精神融入个人日常生活与成长发展之中，内化成个人的精神意识和思想观念，从而规约着个人的行为选择。回顾数千年中华文明的历史发展与文化形成，不难发现，优秀传统勇德思想正是在家风家训的世代相传中才得以不断传承与发扬光大，家风家训是勇德思想转化为每个社会成员的勇德品质的有效途径和重要媒介。当下，注重中华优秀传统文化资源，深入挖掘家风家训中的优秀成果，可以为大学生勇德培育提供丰富的经验借鉴。因此，在当代大学生勇德培育过程中，家庭应充分发挥优秀传统家风家训的育化功能，使其作为大学生品性培育与气质涵养的基本准则。

受儒家思想文化影响，中国传统家风家训主要表现在"修身""齐家""忠孝"三大方面，相应地，家庭对大学生的勇德培育也须围绕着这三大方面来展开。一是传承"修身"思想。在传统家风家训中，教子修身是家庭教养的首要环节，也是个体道德品质及勇德人格得以形成与发展的基础和前提，主要包括立志、读书、侍人三大要求。立志，即树立崇高理想和远大志向，如《诫子书》指出"非学无以广才，非志无以成学"，强调志向对于成学、成才的重要作用，这要求在家庭中要加强大学生的志向教育，帮助他们树立远大的志向，确立正确的发展目标，找到明确的努力方向，从而促使他们围绕着志向与目标不懈努力、不懈奋斗。读书，即研读圣贤之书，学习圣贤之道，如《颜氏家训》提到"夫所以读书学问，本欲开心明目，利于行耳"，强调读书对于健全心智、增强认知、提升实践能力的重要作用，这要求在家庭中要督促大学生读书学习，培养他们读书学习的兴趣，勉励他们勤读书、多读书与读好书。侍人，即学习为人处世之道，提升待人接物能力，如《弟子规》有言"凡出言，信为先，诈与妄，奚可焉""将加人，先问己。己不欲，即速已"等，强调侍人应以诚信为先，能够换位思考，这要求在家庭中要注重训练大学生的人际交往能力，鼓励他们在学习之余积极参加社会交往活动，避免走入"御宅"与"佛系"误区，不断提升他们的沟通能力和交际水平。二是传承"齐家"思想。对圣贤或君子而言，"齐家"是建立在"修身"之上的进一步的道德要求。齐家，即和睦家庭、端正门风、垂范后代，也就是《颜氏家训》所说的"整齐门内，提斯子孙"。这要求家庭要为大学生创设和睦慈孝、友爱恭敬、严爱相济的环境氛围。只有在孝悌和顺、相亲相爱、充满关怀、洋溢幸福的家庭环境中，才能激起大学生对"爱"的渴望和对"善"的向往，从而养成仁爱慈善、见义勇为的道德品质。值得注意的是，创设和睦的家庭环境，并非要对大学生过度溺爱、一味仁慈或随意放任，而是要遵循有威有慈、慈训并重、爱教结合的教养原则，既要关爱他们，也要严格要求他们。三是传承"忠孝"思想。中国传统文化追求的是"家国一体"或"家国同构"社会形态，家庭是小家，国家是大家，家庭是国家的基础，国家是家庭的保障，家庭要受命于国家，小家要服从于大家，由此而产生了"忠孝"思想。孝是忠的基础和前提，忠是孝的延伸和升华。对父母（家庭）要孝，对帝君（国家）要忠，忠孝两全是君子人格的理想样态，而当忠孝难以两全时，孝要让位于忠，正如"母亲叫儿打东洋，妻子送郎上战场"。这就要求家庭要注重培育大学生的家国情怀，增强他们对于家庭、社会与国家的责任意识和担当精神，引导他们将个人利益与集体利益、国家利益结合起来，为家庭的幸福安康、社会的和谐稳定、国家的繁荣富强及中华民族的伟大复兴而勇敢拼搏、努力奋斗。

（二）以现代家庭教养方式更新勇德观念

尽管优秀传统家风家训所蕴含的道德精神及教养方法依然对当代大学生的

勇德培育具有重要的参考价值，但随着时代的发展，它也表现出不合时宜的一面。马克思指出："一切划时代的体系的真正的内容都是由于产生这些体系的那个时期的需要而形成起来的。"[①] 当代社会的转型变迁及政治、经济的发展变革，使得中华传统文化与家风家训得以存在的现实根基发生了巨大改变，由此中华传统勇德思想及其教养模式也应时而变。从勇德思想上来看，传统的道德之勇由于对人性的束缚和对思想的禁锢，越来越无法适应当代社会对民主自由、解放思想、解放生产力的时代需求，须要注入民主、自由、法制、公平、正义、博爱、共享等时代内涵，转向存在之勇及共在之勇的新型勇德形态。从家庭教养上来看，传统的以宗亲血缘为纽带、父子轴心、等级秩序的大家庭模式已经转变为小型化、核心化、婚姻主位、夫妻轴心、权力平等的现代家庭模式，教养方式也由孩子对父母耳提面命、绝对服从的权威式、专制式转变为开放合作、平等对话、交心谈心的参与式、民主式。家庭教养方式的现代转化，不仅需要创设同新的家庭模式相兼容的家风家训，还应有效满足时代需求，使家风家训更好地传承新的勇德思想和勇德观念。总的来看，按照现代家庭教养方式的要求，家庭（家长）在大学生勇德培育中应充分发挥大学生的主体作用，尊重他们的主体地位，听取大学生本人的意见，以一种自由平等、沟通协商、动情晓理的方式，让他们积极主动地参与到自己的成长与发展之中。

具体而言，现代家庭教养方式需要家长从以下方面来培育与提升大学生的勇德品质。一是转变家庭传统教养观念。当前，我国家庭普遍遵循着读好书—上大学—谋得体面工作—获得可观收入的教养逻辑与成才逻辑，为此，家庭把所有的精力、财力与关爱都用到了孩子的读书成才上，参加各种各样的培训班，学习多种多样的知识，考取各式各样的证书等，甚至还将这种关爱与亲情无限地、"绑架式"地延伸到孩子的各个方面，如包办衣食住行、安排工作婚姻等，而对孩子的灵魂精神、血气体魄、道德品性、人格健全等方面的培育则不够关注，从而导致他们存在人格失谐、独立自主意识不强、懒惰依赖思

---

① ［德］马克思、恩格斯：《马克思恩格斯全集》(第三卷)，中共中央马克思恩格斯列宁斯大林著作编译局译，人民出版社1960年版，第544页。

想严重、生活自理能力较差等诸多缺陷。在当代境遇下，家长应转变这种重智轻德、重文轻武的传统教养观念，扭转"唯知识"的成才误区，提升对道德、体育、心灵的重要性认识，关注大学生的身心健康、道德发展与人格完善，帮助他们形成适应现代社会发展的勇德观念。二是创设良好的家庭教养环境。在大学生勇德培育中，创设良好的家庭教养环境的关键在于，家长要成为大学生勇德品质的"心意相通者"与"积极鼓励者"。作为心智尚未完全成熟的成年人，大学生既需要拥有成人独立的地位与权力，又希望能够获得他人的理解包容与支持鼓励。所以，家长要切实尊重大学生的主体地位，走出"亲情绑架"误区，采用民主协商、平等对话、合作交流的方式对他们进行教育培养，给予他们更多的关心、体谅与支持，鼓励他们积极从事一些对整个社会、民族与国家有益的事业，并为他们分担或解除后顾之忧。三是培养大学生的责任意识和独立能力。责任意识与担当精神是当代社会最为重要的道德要求，也是大学生勇德培育的重要内容。为此，家庭对大学生的勇德培育应做到学校教育与生活劳动相结合，在学习之余要求他们承担家庭义务，参加家庭劳动，如打扫卫生、洗衣做饭、照顾长辈等，增加他们在家庭生活中的责任感体验，从而强化他们的责任担当意识。此外，每个家庭在社会生活中都难免遇到这样或那样的困难，如经济困难、突发疾病、天灾人祸、失业窘境、琐事烦心等。此时，家长要向大学生坦诚这些困境，鼓励他们共同协商对策，让他们分担一部分家庭任务，这在一定程度上能够增强他们的主体意识和自主意识，提升其独立自主能力。

（三）以家庭成员榜样示范强化勇德意识

家风家训对大学生勇德品质的滋养与培育，大都是通过润物无声、潜移默化的方式进行的，而在这一过程中家庭成员（尤其是父母或家长）的言传身教与榜样示范发挥着关键作用。相比教师、教材、教室三位一体且组织化、专业化、系统化的学校教育，家庭教养主要是借助日常生活中家庭成员彼此之间的交互作用、相互感染、示范引导等形式来展开，呈现出随意性、灵活性、分散性、潜在性、广泛性等特征。在家庭教养中，父母或家长是大学生人际交往、社会认知与道德发展的第一任教师，大学生往往对父母或家长具有绝对的信任，父母或家长的道德教化及勇德示范对大学生勇德意识的促生与强化以及勇德品质的形成与发展具有至关重要的作用。吉登斯认为，父母在教养孩子的过程中构筑着孩子对自己的认同感与信任感，所以"做父母的，不能只用一些禁止与允许的方式来引导孩子；他们必须也能对孩子展现出一种更深层的、一种几乎是身体力行的说服力，从而展现出他们所做的事情是有意义的"[1]。高德胜认为，道德勇气培育所应遵循的基本原理是"以勇气育勇气"，即培育者"以自身的勇气去培育学生的道德勇气"，这首先体现为一种"示范机制"。培育者自身所展现出来的道德勇气及其对道德立场的坚守和对道德价值的捍卫，对学生做出了很好的示范，为他们提供了一种无法估量的"示范力量"[2]。同样，在当代大学生勇德培育中，父母及其他家庭成员所表现出来的人格形象与勇德榜样，是大学生健康成长、积极发展以及良好勇德品质养成的价值参照和精神动力。因此，家庭对大学生的勇德培育应充分发挥家庭成员言传身教、知行合一的榜样示范作用。

父母及其他家庭成员通过榜样示范来培育大学生的勇德品质应做到以下三个方面：一是父母要以身作则。孔子曰："其身正，不令而行；其身不正，虽令不从。"[3] 父母在大学生勇德培育中要以身作则，树立权威，不能仅仅只对孩子提出要求，而不注意自己能否做到。一方面，父母要不断提升自己的道德修养及勇德品质，在日常生活中严格要求自己，规范自己的言行，做到率先垂范、以身示范，能够以己正人、以行正言；另一方面，父母还要树立正确而坚定的人生信念与充满活力、积极上进的精神追求，秉持知法守法、爱岗敬业、勤劳勇敢、急公好义、乐善好施等正向的、利他的处世准则，确立不惧艰险、不怕困难、顽强拼搏、开拓进取、自觉创新等主动的、积极的行动指南，等等。二是

---

[1] ［英］安东尼·吉登斯：《现代性的后果》，田禾译，译林出版社2000年版，第83页。
[2] 参见高德胜《"道德的勇敢"与道德勇气——兼论道德勇气的培育》，《教育研究与实验》2020年第1期。
[3] 《论语·子路》。

父母要积极担责。孩子的品性及行为在很大程度上是对父母的模仿，父母的责任意识及担当行为直接影响着孩子的责任担当，而这则是其勇德品质的关键。可见，父母要想培育大学生的责任担当及勇德品质，首先自己要能够积极担责与践行道德。一方面，父母在日常生活中不能故步自封、封闭保守，而应积极交往、乐于共处，为大学生创造更多的社会实践活动机会，营造更好的人际交往环境；另一方面，父母要积极主动、勇敢无畏地承担起家庭责任、社会责任和国家责任，通过良好的自我形象，为大学生树立起责任担当的模仿榜样。在家庭责任方面，要创设和谐、幸福、美满的家庭环境，做到民主平等、夫妻和睦、敬老爱幼、相濡以沫等；在社会责任方面，要积极履行社会义务，做到心存正义、真诚待人、讲究诚信、和谐邻里、安稳社会等；在国家责任方面，要饱含浓厚的爱国情怀，做到热爱祖国、奉献祖国、忠于人民、服务人民等。三是父母要适时引领。"身教"只有同"言传"相结合，才能发挥更大的功效。在大学生勇德培育中，父母不仅要以身作则、以行示范，还要适时地加以言语点拨、理念引领，这样才能深化大学生的勇德情感，强化他们的勇德意识。

四、社会层面：文化环境育人中的勇德培育

在整个学校教育阶段中，大学与社会的联系最为紧密、最为直接。相比中小学生，大学生参与社会活动的机会更多、范围更广、意愿更强、能力更高，相应地，社会对大学生人格品性与道德修养的影响更大、更深。社会对大学生的影响主要以环境为载体，以潜移默化、耳濡目染的方式进行。马克思指出："人创造环境，同样，环境也创造人。"[①] 杜威认为："成人有意识地控制未成熟者所受教育的唯一方法，是控制他们的环境。"[②] 社会环境是一个宏大的范畴，包括政治环境、经济环境、文化环境、心理环境等，其中，文化环境与人的道

---

① ［德］马克思、恩格斯：《马克思恩格斯选集》(第一卷)，中共中央马克思恩格斯列宁斯大林著作编译局译，人民出版社 2012 年版，第 172—173 页。
② ［美］约翰·杜威：《民主主义与教育》，王承绪译，人民教育出版社 1990 年版，第 21 页。

德品质的形成与发展直接相关、紧密相联。正如前文所述，当代大学生在社会层面上的勇德缺憾在于多元社会思潮对主流价值观念的消解与抵牾，而多元社会思潮则直接归属于思想文化的范畴。因此，当代大学生勇德培育要想取得更好的效果，还须充分发挥社会文化环境的育人作用，营造有利于社会主流价值观念传播与弘扬的文化氛围。

（一）以良好的舆论环境涵养勇德精神

大学生个人的勇德需要只有上升为社会大众的勇德需要，得到社会大众的普遍理解与认同，为他们所支持与鼓励，才有可能凝练成勇德精神，并做出相应的勇德行为。社会认同往往以社会舆论为载体，通过社会舆论，社会大众既可能表现出对某种道德品性的认同或赞赏态度，也可能表现出不认同或贬斥态度。所谓"社会舆论"，是指社会大众通过各种途径和方式所表达出来的意见、态度、情绪、要求等意向的集合。社会舆论是一定范围内的大多数人通过交流、碰撞、感染、整合而逐渐形成的集合意识，具有非正式性、广泛性、外在约束性等特点。它往往承载着一定的社会道德价值取向，通常内含着对某一事物、现象或行为的认同、赞赏抑或不认同、贬斥的情感与态度，从而影响着人们的道德意向和行为选择。对于勇德培育而言，认同或赞赏的社会舆论有助于增强人们的勇德自信，从而激发出源源不断的勇德精神。反之，不认同或贬斥的社会舆论则削弱着人们的勇德自信，促使他们重新审视、反思自己的勇德精神，并对其做出矫正、调整。可见，正面的、良好的社会舆论环境对大学生勇德精神的激发及培育至关重要。因此，大学生勇德培育须注重营造良好的社会舆论环境，充分发挥社会舆论的引导作用，通过对积极进取、迎难而上、律己自制、责任担当、共享共荣等符合社会主流价值观的道德品质进行表扬和赞赏，对消极颓丧、畏缩不前、恣情纵欲、推卸责任、自私自利等违背社会主流价值观的道德品质进行批评和贬斥，精确地引导社会舆论，从而为大学生良好勇德品质的养成提供强大的精神动力。

在大学生勇德培育中，发挥社会舆论环境的引导作用，需要做到以下两大方面。一是强调正面舆论引导。社会舆论是把双刃剑，正面的、积极的社会舆论能够释放与激发大学生的勇德精神，而负面的、消极的社会舆论则压抑与消解着大学生的勇德精神。所以，社会通过舆论环境进行大学生勇德培育，应强调舆论的正面引导，明确正确的思想导向，引导他们认清自己的社会责任和道德义务，帮助他们把积极的心理暗示转化为坚定的实践行动，从而在耳濡目染中不经意间养成良好的勇德品质。此外，正面的舆论引导还要对大学生的勇德行为具有一定的包容态度。大学生年轻气盛、冲动易躁，在践行道德的过程中难免会出现一些道德失范行为。对此，社会舆论不要一边倒地过分夸大、过度指责，打击他们履行道德义务的积极性，而应秉持"惩前毖后，治病救人"的原则，保持宽容、乐观的态度，为他们指出正确的行动方向。唯有如此，正面的社会舆论才能入耳入脑入心，并外化为大学生的自觉行动。二是加强媒体舆论引导。当代社会的舆论环境是由人工智能与新媒体交织而成的信息化、开放化的环境系统，媒体在社会舆论中的作用越来越凸显，引导着甚至主导着整个社会舆论的走向。"媒体不仅是社会意识形态的主要传播载体，也是社会大众接受价值熏陶的重要平台"[1]，对大学生勇德培育起着至关重要的作用。因此，大学生勇德培育应充分发挥媒体舆论的引导作用，借助报刊、电视节目、网络新闻以及抖音、快手、微博、微信等新媒介扩大社会舆论的影响范围，传播符合社会主流价值观的、充满正能量的思想内容，弘扬时代的主旋律，从而在绿色、健康、积极的媒体舆论环境中涵养大学生的勇德精神。在当代境遇下，运用媒体舆论培育勇德品质，需要警惕媒体舆论中的功利化、物质化、虚无化、"佛系"化、颓丧化等负面因素对大学生思想观念的侵蚀及勇德精神的抵牾。

（二）以健全的制度环境助推勇德行为

邓小平同志指出："制度好可以使坏人无法任意横行，制度不好可以使好人无法充分做好事，甚至会走向反面。"[2] 可见，制度对个体的人格塑造及道德

---

[1] 李贵彬：《当代大学生社会责任感培育研究》，博士学位论文，哈尔滨师范大学，2017年。
[2] 邓小平：《邓小平文选》（第二卷），人民出版社1994年版，第333页。

修养具有巨大的影响。对大学生勇德培育而言，大学生个人的勇德需要经由社会认同所激发出来的勇德精神进一步得到社会或国家的制度确认，才能真正转化为坚定的勇德行为。如大学生看到"老人倒地"，大都会产生一种想要"扶起"的道德冲动，甚至会上升为一种强烈的勇德精神，但这种勇德精神能否外化为具体的实践行动还受制于一些外在因素，如是否为他人所默许、是否获得他人的赞赏、是否被老人讹诈等。而健全相关的社会制度则能够解决大学生的这些后顾之忧，为他们的勇德行为提供重要保障，从而有助于推动其勇德精神转化为勇德行为。进一步分析，社会制度之所以能够助推勇德行为，根源于制度与道德之间的相互联系与相互作用。有研究提出了"制度德育论"的命题，指出"道德良心起源于社会控制，道德既是自律的，也是他律的"，而道德他律的关键在于完善的制度，"制度不仅影响人的外在行为，代替人们做出重大决定，而且影响人的内在心理，制度伦理优先于个体道德，并对个体道德具有决定性的影响"，因而"制度可以育德"。[①] 勇德作为一项重要的道德品质，显然与社会制度密不可分，制度环境的优劣与否在很大程度上影响着个体能否养成良好的勇德品质。因此，大学生勇德培育还须发挥社会制度的保障与助推作用，用健全的社会制度规范社会秩序和道德伦理，营造风清气正的勇德环境。

以健全的制度环境助推大学生的勇德行为，需要从以下三个方面着手：一是逐渐完善道德制度。这里的道德制度是指合乎人性要求、满足道德规范的制度。在大学生勇德培育中，制度只有建立在合乎人性要求与满足道德规范的基础之上，才能被大学生理解、认可与拥护，进而内化为他们的勇德理念和勇德精神，成为指引他们勇德行为的重要尺度。因此，培育大学生的勇德品质，需要加强合乎人性的制度供给，不断完善道德制度，通过完善的道德制度来教化、培育符合道德规范及勇德要求的人。二是大力强化奖惩制度。长期以来，人们往往把道德看成一种由内在的良心、律令或意志支配的自律、自觉的精神品性与行为规范，而非受外在因素驱使的强加意志或强制行为，不会或很少将其与奖惩挂钩。比如我们在现实生活中很少看到某人因做出了道德行为而受到

[①] 杜时忠、张添翼：《三论制度何以育德》，《教育学报》2020年第4期。

奖励，或者因没有承担道德责任而受到惩罚。事实上，道德具有他律性，外在的奖励与惩罚对个体道德品质的形成与发展起着至关重要的作用。大学生勇德培育应大力强化奖惩制度，真正做到对那些做出勇德行为的大学生进行赞许、表扬与奖励，而对那些有能力承担而没有承担勇德责任或有能力履行而没有履行勇德义务的大学生表示谴责、批评与惩罚。唯有如此，才能给大学生造成强大的心理压力，并使之转化为荣誉感或是羞恶感，从而促使他们做出符合社会公众舆论要求的勇德行为。三是有效利用非正式制度。在大学生群体中存在一种约定俗成的、共同恪守的勇德准则，包括勇德意识、勇德信念、勇德习惯等。它是大学生在长期的社会交往过程中，通过彼此之间的相关感染、相互激励、相互监督等，而逐渐形成的非正式的勇德规则。相比正式的、权威的勇德规范，这种关于勇德的非正式的、自由的制度或规范更容易被大学生理解和接受，因而在某种程度上具有更为普遍、更为强大的约束力。因此，社会在大学生勇德培育中除了要构筑正式的制度环境，还要营造非正式的制度环境，用一种大学生喜欢与欢迎的方式来培育他们的勇德品质。

（三）以完善的监督环境催生勇德品质

社会对大学生勇德品质的培育不仅需要舆论支持与制度保障，还需要广泛的社会监督。只有通过社会监督，良好的社会舆论和健全的社会制度才能得以营造、构建并切实地发挥作用，大学生的勇德精神和勇德行为才能紧密地结合起来，实现知中有行、知行合一，最终凝聚为他们的勇德品质。对大学生勇德培育而言，社会监督是指由用人单位、社会组织和公民大众对大学生的道德品性及勇德行为所进行的监察与督促。社会监督具有广泛性、普遍性和启动性等特征，虽然不具备强制的法律效力，却能在一定程度上引发与启动国家监督机制的运行，促成带有权威性、正式性的国家监督手段的运用，对大学生的品行产生着广泛的、普遍的、深远的影响。因此，大学生勇德培育离不开社会大众的广泛监督，完善的监督环境有助于大学生良好勇德品质的养成。

在大学生勇德培育中，完善监督环境，发挥社会的监督作用，至少需要从以下两大方面来展开。一是监察勇德行为是否符合勇德精神。勇德行为与勇德精神密切相关、双向互动，勇德精神可以引发勇德行为，勇德行为的体验反过来强化着勇德精神。缺乏勇德精神的道德行为称不上勇德行为，换言之，某一道德行为只有符合勇德精神的内在规定，由勇德精神所激发、驱动，才能上升为勇德行为。勇德归根结底是主体的自愿、自觉的行为选择，由他人所"馈赠"或受外在功名利禄所支配、驱使的勇敢行为，并非真正的勇德。社会监督就是要对诸多道德行为进行监察与研判，筛选出符合勇德精神的真正的勇德行为，然后给予表扬与奖励，从而净化勇德环境。二是督促勇德精神转化为勇德行为。勇德作为一项重要的德目，终究是一种行为品质。在诸多道德科目中，勇德的特殊性和优势在于，它是一种强大的意志力和坚定的执行力，是其他德目由知到行的推动力量。勇德精神只有转化为勇德行为，才具有现实的道德意义，才是一种真正的勇德品质。大学生勇德培育不仅要培育大学生的勇德精神，还要培育他们的勇德行为。"勇德行为具有传染性，在很多情况下，不少人内心虽然有捍卫道德的冲动，但摄于外在压力而不能释放，这时候一个人的勇德就能将诸多被压抑的道德勇气激发出来。"[①]在大学生勇德培育中，社会的监督环境作为背景性、诱导性的存在，其价值与意义恰恰在于督促大学生在个人修为、学校教育和家庭教养中养成的勇德精神真正落实为具体的勇德行为，接受实践检验，并在实践检验中深化勇德体验、强化勇德精神与矫正勇德习惯，在完善自身勇德品质的同时，带动社会整体勇德水平的提升。

综上可知，当代大学生勇德培育是学校、家庭与社会对大学生的系统性影响，大学生同这些环境系统交互作用、相互影响的效能决定了大学生勇德培育的实效。在大学生勇德培育中，个人、学校、家庭与社会四大系统之间不是一种替代关系，而是合作关系。个人修为、学校教育、家庭教养和社会培育各有特色、各有所长，很难相互替代，只有将各方力量紧密地联合起来，取长补短、协调一致，有机地形成德育合力，才能取得最佳的勇德培育效果。

[①] 高德胜：《"道德的勇敢"与道德勇气——兼论道德勇气的培育》，《教育研究与实验》2020年第1期。

结　语

习近平总书记指出:"人无德不立,育人的根本在于立德""高校立身之本在于立德树人""要把立德树人的成效作为检验学校一切工作的根本标准,真正做到以文化人、以德育人,不断提高学生思想水平、政治觉悟、道德品质、文化素养,做到明大德、守公德、严私德。"[①] 新时代,切实提高大学德育实效,落实立德树人的根本任务,关键在于抓住人之根本与德之本质,解决好"立什么德"与"树什么人"这一根本问题。根据马克思主义人学理论可知,人与德相统一,人以德而立,德以人而在,人之根本在于德,德之本质在于人。从现实性上看,德(道德规范)在本质上是一种社会意识形态;从人性上看,德(德性或美德)的本质是一种力量,即一种使人的本质得以充分发挥的力量。作为社会意识形态,道德具有时代性、阶级性,是可变的、可塑的,而作为人的本质力量,德性具有稳定性、继承性,为道德的发展变化与塑造培养提供了内在支撑与评判标准。是否具有生命活力以及是否有助于人的本质的充分实现,是评判某一道德优劣与否的永恒标准。无论时代如何变迁,统治阶级如何更替,道德的这一评判标准是不变的,道德的塑造与培养须从人的生命本质出发,满足人之为人的内在规定。马克思正是在这个层面上对压制人性、诱发人欲、异化人的本质的资本主义道德观进行了批判与革命,追求一种有助于人性解放以及人的自由全面发展的社会主义道德观。在新的时代境遇下,大学德育中的"立德"任务既要满足社会主流意识形态的现实要求,学习顺应时代发展的社会道德规范,也要符合内在的人性规定,注重激发人的生命活力与发

---

① 参见《习近平总书记教育重要论述讲义》编写组《习近平总书记教育重要论述讲义》,高等教育出版社2020年版,第45—50页。

挥人的本质力量，遵循德性生成的基本规律。然而长期以来，我国大学德育大都基于"认知论"的灌输模式，注重对道德知识和道德经验的学习与领悟，而较少采用"实践论"的生成模式，缺乏对人的生命活力和精神意志的激发与磨炼，这在很大程度上造成了大学生言行不一、知行分离的道德症结与萎靡不振、消极颓丧的精神困境，导致了大学德育长期低效或失效的问题。勇德作为一项重要的道德品质，在本源上是一种"向善"的精神与"为善"的力量，即一种使人的本质力量得以充分实现的力量。它关注人的本质力量，强调人的生命活力，是一种推动道德认知转化为道德行为的实践力量。作为一种实践力量，勇德不仅要在实践中生成，还要在实践中发展与完善。正是在丰富多样的实践体验中，才会有原初性情的不断涌现和理智精神的持续凝练，从而产生更加坚定、更为强大的勇德力量。勇德对人性的关注及对实践的强调，兼顾了人的情与理，结合了德的知与行，实现了人与德的有机统一，在"立德"的基础上"树人"，在"树人"的引领下"立德"，是提升德育实效的有效切入点与突破口。本书以"大学生勇德培育"为论题，对于破解当下大学的德育困局及大学生的精神困境，具有重要的理论意义与实践价值。

一、可以归纳概括的基本结论

研究至此，本书主要形成以下基本结论：

其一，勇和德是两个有着共同内涵且相互独立的概念。从独立性上看，勇在本质上是"好"的习性，作为动物界的普遍习性，归于自然属性的范畴，在道德上是中立的，既包含道德成分，也包含非道德成分；既可能从善，亦可能为恶。而德在本质上是"善"的品性，作为人类的特有品性，归于社会属性的范畴，是一种向善与为善的精神和行为。从共同性上看，勇与德在本源上均是一种由心而生的心灵习性，蕴含着强劲的生命力。勇中含有德的意蕴，德中亦具有勇的成分。在人类社会早期，德的内涵比较单一，原始族群通常用勇来诠释德，把德看作强壮、勇猛的图腾，勇在范围上大于或等于德。随着社会的发展进步，德的内涵不断丰富，自原始社会中后期之后，德不仅指涉动物界中"好"的自然习性，还被逐渐注入了一些人类特有的"善"的社会品性，如社会道德。勇（整体的勇）仅是德的一个部分，在范围上小于或等于德。在奴隶社会后期，人们更加意识到勇与德之间的冲突和失谐，开始了德对勇的规限与塑造，为道德所限定的勇（部分的勇）作为一项重要德目，在范围上小于德。

其二，勇德是一个具有独立地位且拥有特定内涵的合义词。勇德是"勇"的内涵与"德"的内涵的有机融合，是德对勇的规限与勇向德的升华，是介于德与勇的公共空间。而作为一个合义词，勇德却拥有独立的内涵，而非"勇"的内涵与"德"的内涵的简单合成与机械加总。从构成要素上看，勇德是由目的、不惧与行动三大要素共同构成的。在三大要素中，目的是行动的性质规定，只有目的满足善的要求，行动才是勇德的；不惧是行动的内在支撑，行动只有是在不惧的支撑下作出的，才符合勇德；行动是对目的的践行，是不惧的外在表现，善的主观意志与不惧的内在精神只有转化为具体的外部行动，才能上升为勇德。从内涵结构上看，勇德由内向外依次包含人的本质力量、不惧精神和积极行为三个层次。在三个层次中，人的本质力量是植根于人性中的积极向上、追求创造、不断超越的生命活力，是人产生不惧精神及作出积极行为的原动力；不惧精神是人的本质力量的外在显现，构成了勇德的内在要求和首要标识；积极行为是建立在不惧精神之上的主动作为与自觉担当，构成了勇德的外在表现和实践要求。

其三，勇德是一项重要的道德品质。基于思想政治教育学科，将勇德界定为人类为了善的目的而呈现的不惧且积极的实践精神和道德行为。在这里，"不惧"是一种理性的精神气质，是人为了道义所表现出来的不怕困难、不惧风险、不吝牺牲的精神品性。"积极"是一种积极的人格特质，是人所具有的一种不甘平庸、不甘屈从、不甘得过且过的血性与气节。从本源上看，勇德是人的不惧且积极的生命力量。从本质上看，勇德是一种特殊的社会意识形态。从现象上看，勇德既是道德之勇，也是勇敢道德；既是德对勇的限定和塑造，也是勇对德的执行和坚守；既是一种道德意志力，也是一种道德执行力；既是行为所应遵循的道德规范，也是行为者长期遵循道德规范而形成的稳定的道德品质。作为一项重要德目，勇德自然要符合道德的内在规定，呈现出历史性、阶级性和时代性等特点，在不同的时代背景下具有不同的德性内涵。新时代，勇德理应注入新的时代元素，亟须再塑！

其四，勇德品质的生成是个体生成与历史生成的统一。从个体生成上看，个体勇德品质的生成是一个由多元主客体交互作用的、内化于心外化于行的、非线性复杂系统的生发过程，是主观的个体内在心理结构与客观的外界社会环境相互耦合的结果。一方面，勇德品质的生成是勇德主体自觉自为的结果，需经历由认知的撷取、情感的投入到意志的抉择、信念的坚守，再到行为的考验首尾相连、循环交替的五大环节；另一方面，勇德品质的生成不仅与个体的内在心理相连，还与个体所处的外界环境相关，它源于个体对勇德的内在需要，植根于社会对勇德的普遍认同，成长于国家对勇德的合法确认。从历史生成上看，社会勇德品质的生成是一个历史塑造的过程，随着历史条件及人们存在方式的改变而不断发展，并表现出不同的形态特征。回溯历史，中华民族先后塑造了血气之勇、义理之勇和存在之勇三种勇德形态，分别应对着人类社会在不同历史时期所面临的生存危机、生活危机和生命危机三重存在危机，遵循着实力取向、秩序取向和自由取向三大社会哲学基础。时至今日，人类社会同时面临着具有新的时代特点的生存、生活与生命的三重危机，亟须一种遵循实力—秩序—自由并重取向，融合血气之勇、义理之勇和存在之勇的新型勇德形态，即共在之勇。共在之勇不是对前三种勇德形态的简单加总，而是对它们的批判、超越和创新，其核心要义是以合为勇，即以合作共赢、合和共生等共在特质为勇。它要求人们以把握人类的共同命运为己任，克制私欲、规限私利，勇于共在，着力解决人类社会面临的共同问题。它是一种大情怀、大心胸、大格局、大视野、大境界、大智慧的勇德形态。

其五，大学生勇德品质是共性与个性、继承与发展的统一。大学生的勇德品质既要体现其他群体勇德的共性特质，满足一切勇德品质的基本要求，更要体现一系列个性特质，遵循大学生特有的内在规定。从共性特质上看，个体的勇德品质具体体现在"求"的过程之中，是个体为了公共利益不断追求、上下求索而不顾的精神与行为。从个性特质上看，大学生的勇德品质主要表现为他们对真、善、美这一人类永恒目标锲而不舍、持之以恒地向往与追求，满足着批判性、合宜性和超越性三大内在规定性。在当代社会，面对新的时代境遇，大学生的勇德品质既要继承与坚守我国传统知识分子"为天地立心、为生民立命、为往圣继绝学、为万世开太平"的政治理想和道德人格，还要根据时代要求与现实需要，吸纳新的时代元素，注入新的时代内涵，不断发展与彰显个体生命的无畏精神和积极特质，表现为进取、克难、自制、担当与共享等共在品质。

其六，当代大学生的勇德品质存在着不稳定性和不平衡性的现实缺憾。从不稳定性上看，当代大学生的勇德品质在时间维度上呈现出反复不定、忽高忽低的发展特点，其勇德品质有时较高，表现为积极进取、自强自立、克己自制、主动担当与自我超越的行为特征，而有时较低，呈现出消极颓丧、懒惰依赖、恣情纵欲、被动作为与以自我为中心的精神面貌。他们时常处于进取与颓丧、自立与依赖、自制与放纵、担当与塞责、超越与闭锁之间，并在各种因素的交互作用下左右摇摆、犹豫不定，内心充满踌躇、矛盾与纠结。从不平衡性上看，当代大学生的勇德品质在内涵结构上呈现出两极化、失调化的发展特点。对于部分大学生而言，他们要么偏向于勇的一极，成为莽撞野蛮、性情冲动、暴躁易怒的莽夫；要么偏向于德的一极，成为"死读书""读死书"并固守于某一理论或教条而不知变通、顽固不化、缺乏活力的"书呆子"。

其七，当代大学生的勇德缺憾是个人、学校、家庭与社会等多方因素共同作用的结果。在个人方面，大学生的勇德缺憾缘于人性中的怯懦与惰性因子，它们是隐藏在生命中的与血性、活力相对抗的负能量，是一种阻碍人进步的力量。在学校方面，大学生在不知不觉中坠入了由"应试化""功利化"的教育模式所营造的"温柔陷阱"，渐渐呈现阳气虚弱、血性不足、活力缺乏、激情不再、颓丧虚无的精神面相。在家庭方面，大学生的勇德缺憾缘于教养方式的"亲情绑架"及其所引致的教养特性的"适从性抽离"，这使得他们在"好孩子"的价值取向与"听安排"的行为取向下,从独特的自我走向平均的他者,从个性走向潮流,最终走向平庸。在社会方面,当代社会普遍存在的新自由主义、个人主义、享乐主义、消费主义、拜金主义、虚无主义、道德相对主义等思潮,削弱了大学生的道德认知,诱发了他们的心理矛盾,导致了他们的价值偏差,淡化了他们的理想信念,从而全面解构了其追求卓越、向往崇高、超越自我的勇德意识。

其八,当代大学生勇德培育是一项宏大、复杂的系统工程。它并不仅是大学自身的事情,也非仅为大学阶段的任务,而是贯穿于大学生学习生活与生命发展全程的永恒课题,需要遵循多元主体共同发力、多个环节相互协调、多方内容相互支撑、多种方法共同作用的基本思路。从实践主体上看,大学生良好勇德品质的养成主要是个人、学校、家庭和社会四大主体共同作用的结果,其中,个人起着主体作用,学校起着主导作用,家庭起着基础作用,社会起着保障作用,四大主体紧密相联、缺一不可。为此,大学生勇德培育要构建一个由内向外包括个人修为、学校教育、家庭教养与社会培育四个圈层的生态系统,各圈层以大学生为中心,环环相扣、层层叠加,形成德育合力,共同作用于大学生的勇德培育。

二、尚需深入探讨的几点余论

勇德是人类共同的、永恒的美德,勇德培育是一项复杂的、系统的工程,勇德研究是一个古老而常青的课题。本书立足新的时代境遇,聚焦大学生这一特殊群体,从思想政治教育的学科视域对他们的勇德品质及培育策略进行初步探究,重启了这一被长期处于和平稳定、安逸舒适的生活之中的人们逐渐遗忘或忽略的德育课题。显然,本书既非勇德研究的起点,更非终点,勇德研究及大学生勇德培育有待于更多学者的持续关注和深入挖掘。进一步探究,"当代大学生勇德及培育"尚隐藏着一些更为深入的问题,如大学生勇德内涵的完善问题、大中小幼学生勇德培育的一体化问题、勇德培育机制的建立与推进问题、勇德培育经验的批判与借鉴问题等，这为笔者和相关学者指明了后续的努力方向。

其一，大学生勇德品质的时代内涵有待完善。勇德作为一项重要的道德品质，具有鲜明的时代特征。随着时代的变迁与发展，勇德内涵在不断地丰富与完善。在新的时代背景下，勇德理应根据时代要求与现实需要，吸纳新的时代元素，注入新的时代内涵。本书基于113名学生的勇德词频分析，将当代大学生勇德品质的时代元素归纳为进取、克难、自制、担当与共享五大诉求，显然具有一定的局限性。这有待笔者和相关学者进一步探讨勇德的时代元素，完善大学生勇德品质的时代内涵，至少需要做到以下两点。一是增加样本量。为了增强实证研究的有效性，提高研究结论的普适性，研究范围可扩展到全国各区域，研究样本可选取各层次、各阶段的大学生，从而对勇德进行全方位、多层次的词频分析。二是扩大受访范围。关于勇德的词频分析，除了要注重大学生的勇德观点，还可以有针对性地收集大学教师、父母、社会大众对勇德的看法。如若条件允许，还可以对大学生、教师、父母等实施跟踪研究，了解他们在不同时间、不同阶段与不同情境关于勇德的动态看法。

其二，大学生勇德品质的培育机制尚需探讨。大学生勇德培育作为一项宏大的系统工程，绝非仅凭学校的一己之力就可完成的简单任务，其实现离不开大学生自身、大学生教师、父母和社会大众的交互作用与共同努力。本书虽然提出了个人—学校—家庭—社会"四位一体"大学生勇德培育的基本思路，并构建了一个由内向外包括个人修为、学校教育、家庭教养与社会培育四个圈层的生态系统，但对他们之间的深度合作与有效运行的机制缺乏足够的关注和细致性的思考，加之家庭和社会在培育方面存在缺位与推诿问题，使得全员性的培育系统容易停留在学术理论研究认同层面，而难以在个人、学校、家庭和社会之间真正普遍实行与实质推进。事实上，在大学生勇德培育过程中，四大培育主体之间既有协调一致、积极促进的一面，也有相互掣肘、消极被动的一面。探讨四大培育主体之间的合作与运行机制，对于抑制培育中的消极方面，彰显其积极方面，形成德育合力，至关重要！

其三，大中小幼学生勇德培育的一体化模式亟须建立。大学生良好勇德品质的养成同他们长期以来所接受的学校教育密不可分，包括幼儿园教育、小学教育、中学教育与大学教育。心理学的研究认为，人们在早期教育中所养成的品性与习惯往往根深蒂固、不易改变，甚至会影响他们的终生。所以，大学生勇德培育不仅要注重大学时期的勇德教育，还要充分发挥早期勇德教育的重要作用。在个体勇德品质的形成与发展过程中，幼儿园与小学阶段是个体的血气与激情得以激发与形成的关键时期，而中学与大学阶段是个体的理智与信念趋向完善与稳定的关键时期。勇德作为兼具血性与理智的道德品质，其培育自然贯穿于个体的全部教育阶段，需要幼儿园、小学、中学和大学的密切配合。因此，大学生勇德培育亟须建立大中小幼学校一体化的培育模式。

其四，大学生勇德培育的国外经验可以借鉴。勇德作为社会存在的共有现象与人类的共同美德，因其所具有的重要功能和价值，历来为各个民族、各个国家所重视。各民族、国家根据自身的政治价值、文化传统与社会条件等而逐渐形成了各自的勇德观念，如俄罗斯的血性气质、美国的冒险主义、日本的武士道文化、英国的骑士精神、德国的铁血意志等。尽管各国关于勇德培育的模式、思路、形式、方法等有着差别，但他们在勇德培育理论和实践方面有着极其丰富的经验或成果，若能为我国大学生勇德培育所用，将大有裨益。为此，后续学者可以加强国外大学生勇德培育研究，采用比较研究法，在中外勇德思想及培育实践的横向对比中，找到提升我国大学生勇德品质的有效策略。当然，国外的勇德观念及其培育策略也有很多不完善抑或需要改正之处，如"二战"时期德国的纳粹主义和日本的军国主义等，这些勇德误区给人类历史带来了巨大灾难。因此，在我国当代大学生勇德培育中，对于国外的勇德经验，我们应该辩证地看待，取其精华，去其糟粕，进行合理借鉴与批判吸收。

附录1　关于大学生勇德状况的调查问卷

亲爱的同学：

您好！我是×××大学×××学院的博士研究生，为完成学业论文，特自编该学术问卷，旨在了解大学生勇德的现状和问题，恳请您的协助。

我承诺：本调查严格遵守《中华人民共和国统计法》的相关规定，对个人信息严格保密，所得数据仅做综合分析，不做个人之间的比较，请勿顾虑。请您按照自己的实际情况在合适的选项处打"√"（每题只选一个选项）。衷心地感谢您！

×××大学×××学院
2020年8月

勇德：道德科目中的勇，或符合道德要求的勇，是不惧的道德品性与积极的人格特质的统一，主要包括"进取""克难""自制""担当""共享"等品质。

一、基本情况

1. 您的性别：①男　　②女
2. 您的年级：①大一　②大二　③大三　④大四　⑤研一　⑥研二　⑦研三
3. 您的学科：①文史类　②理工类　③艺体类

二、调查内容

请依据您的实际表现与相应问题的符合程度，在后面空格处打"√"。

大学生的勇德表现	非常符合	比较符合	一般	不太符合	很不符合
1.我认为"好好学习，天天向上"是一项重要的道德品质？					
2.我更喜欢积极进取、不懈奋斗的自己？					
3.大多时候，我能够积极进取、不懈奋斗？					
4.我坚信我定会成为积极进取与不懈奋斗者？					
5.我在学习或社会实践中常常奋勇争先？					
6.我认为"愚公移山""精卫填海"体现了一种不怕困难、敢于斗争的道德品质？					
7.我更喜欢迎难而上、坚韧不拔的自己？					
8.面对困难，我能够迎难而上、坚韧不拔？					
9.我坚信我可以战胜学习中的困难与挫折？					
10.我经常主动做一些具有挑战性的事情？					
11.我认为"克服恶欲，控制自我，战胜自我"是一项重要的道德品质？					
12.我更喜欢自律、自控的自己？					
13.面对干扰，我能够保持定力、专心致志？					
14.我坚信我能抵制一切与学习无关的诱惑？					
15.我在学习中常常自我反省并严以律己？					
16.我认为"敢为人先，勇于担当，无私奉献"是一项重要的道德品质？					
17.我更喜欢有使命感、有责任心的自己？					

（续表）

大学生的勇德表现	非常符合	比较符合	一般	不太符合	很不符合
18. 即使面对威胁或压力，我也能够坚定不移地捍卫真理或追求正义？					
19. 我坚信我定会成为一个有担当的人？					
20. 我在学习或生活中常常见义勇为？					
21. 我认为"同甘共苦，患难与共，相濡以沫"是一项重要的道德品质？					
22. 我喜欢同大家共享成果与共担义务？					
23. 即使很宝贵的学习资料或研究成果，我也愿意与同学（团队成员）分享？					
24. 我坚信我能从成果分享中获得幸福快乐？					
25. 我时常与同学分享我的学习或研究成果？					

再次感谢您的配合与支持！

附录2　大学生勇德品质的自我评估访谈提纲

1. 您认为勇（勇敢或勇气）是美德吗？为什么？
2. 您认为勇或符合道德的勇包括哪些要素？具体表现为哪些品质？
3. 您觉得您自身的进取品质（精神或行为）如何？表现如何？影响因素有哪些？
4. 您觉得您自身的克难品质（精神或行为）如何？表现如何？影响因素有哪些？
5. 您觉得您自身的自制品质（精神或行为）如何？表现如何？影响因素有哪些？
6. 您觉得您自身的担当品质（精神或行为）如何？表现如何？影响因素有哪些？
7. 您觉得您自身的共享品质（精神或行为）如何？表现如何？影响因素有哪些？
8. 您觉得您还具有其他哪些勇德品质？请作出具体阐释。

附录3　大学生勇德形象的他者观察访谈提纲
（适用于大学教师、社会大众与用人单位）

1. 您认为勇（勇敢或勇气）是美德吗？为什么？
2. 您认为勇或符合道德的勇包括哪些要素？具体表现为哪些品质？
3. 您觉得大学生的勇德（符合道德的勇）面貌或状况如何？为什么？

　　（提示：可从进取、克难、自制、担当与共享等方面思考）

　　（建议：用人单位结合新录用大学生的实际表现进行回答）

4. 您希望您的学生或您的孩子或您的员工拥有勇德品质吗？为什么？
5. 您觉得影响大学生勇德品质的因素有哪些？请作出具体阐释。
6. 您觉得应该如何培育或进一步提高大学生的勇德品质？

附录4　大学生勇德状况访谈对象一览表

编码	称谓	性别	学历	职业	单位或学校	访谈方式
X0	临时访谈小组	男9人女6人	本科	在读	曲靖师范学院	会议室座谈
X1	张同学	女	硕士	在读	云南大学	图书馆约谈
X2	王同学	男	硕士	在读	云南大学	校园球场随谈
X3	李同学	男	硕士	在读	云南大学	校园球场随谈
X4	钟同学	男	硕士	在读	郑州大学	学术会间约谈
X5	杨同学	女	硕士	在读	北京理工大学	学术会间约谈
J1	李老师	男	博士	大学教师	云南大学	课间交流
J2	肖老师	女	博士	大学教师	云南大学	专门访谈
J3	刘老师	男	硕士	大学教师	云南师范大学	专门访谈
J4	王老师	女	博士	大学教师	云南师范大学	专门访谈
J5	方老师	男	博士	大学教师	郑州大学	学术会间交流
J6	蒋老师	男	博士	大学教师	贵州财经大学	学术餐间交流
J7	张老师	男	博士	大学教师	重庆文理学院	学术餐间交流
J8	蔡老师	男	硕士	大学教师	南京晓庄学院	学术会间交流
J9	杜老师	男	博士	大学教师	曲靖师范学院	专门访谈
S1	李老板	女	不详	自由职业	校园超市老板	交流式访谈
S2	王师傅	男	不详	自由职业	校园理发店理发师	交流式访谈

（续表）

编码	称谓	性别	学历	职业	单位或学校	访谈方式
S3	万老板	男	不详	自由职业	校园附近小吃店老板	交流式访谈
S4	赵师傅	男	不详	自由职业	校园附近出租车司机	交流式访谈
Y1	李老师	女	本科	人事副校长	某市级第二小学	专门访谈
Y2	李老师	男	本科	人事副校长	某市级第二中学	交流式访谈
Y3	陶医生	男	硕士	主任医师	某市级第一人民医院康复科	专门访谈
Y4	李科长	女	本科	人事副科长	云南省第四监狱	专门访谈

参考文献

一、马克思主义经典著作

[1][德]马克思、恩格斯:《马克思恩格斯全集》(第一、三、二十、三十七、四十、四十二、四十六卷),中共中央马克思恩格斯列宁斯大林著作编译局译,人民出版社1960、1971、1974、1979、1982年版。

[2][德]马克思、恩格斯:《马克思恩格斯全集》(第二十五、三十卷),中共中央马克思恩格斯列宁斯大林著作编译局译,人民出版社2001、1995年版。

[3][德]马克思、恩格斯:《马克思恩格斯文集》(第一、二、八、九卷),中共中央马克思恩格斯列宁斯大林著作编译局编译,人民出版社2009年版。

[4][德]马克思:《1844年经济学哲学手稿》,中共中央马克思恩格斯列宁斯大林著作编译局译,人民出版社2000年版。

[5][德]恩格斯:《家庭、私有制和国家的起源》,中共中央马克思恩格斯列宁斯大林著作编译局译,人民出版社1997年版。

[6][德]恩格斯:《路德维希·费尔巴哈和德国古典哲学的终结》,中共中央马克思恩格斯列宁斯大林著作编译局译,人民出版社2014年版。

[7][苏]列宁:《国家与革命》,中共中央马克思恩格斯列宁斯大林著作编译局译,人民出版社1960年版。

[8]中共中央马克思恩格斯列宁斯大林著作编译局编:《列宁选集》(第一卷),人民出版社1995年版。

［9］毛泽东：《毛泽东选集》（第一卷），人民出版社 1991 年版。

［10］中共中央文献研究室编：《毛泽东文集》（第七卷），人民出版社 1999 年版。

［11］中共中央文献研究室、中共湖南省委《毛泽东早期文稿》编辑组编：《毛泽东早期文稿》，湖南出版社 1990 年版。

［12］邓小平：《邓小平文选》（第二卷），人民出版社 1994 年版。

［13］江泽民：《江泽民文选》（第三卷），人民出版社 2006 年版。

［14］胡锦涛：《胡锦涛文选》（第二卷），人民出版社 2016 年版。

［15］习近平：《习近平谈治国理政》（第一、二、三卷），外文出版社 2014、2017、2020 年版。

［16］中共中央文献研究室编：《习近平关于青少年和共青团工作论述摘编》，中央文献出版社 2017 年版。

［17］《习近平总书记教育重要论述讲义》编写组：《习近平总书记教育重要论述讲义》，高等教育出版社 2020 年版。

二、中华传统文化典籍

［18］郭彧译注：《周易》，中华书局 2006 年版。

［19］陈国庆注译：《论语》，陕西人民出版社 1996 年版。

［20］何晓明、周春健注说：《孟子》，河南大学出版社 2008 年版。

［21］孙安邦、马银华译注：《荀子》，山西古籍出版社 2003 年版。

［22］陈国庆、张爱东注译：《道德经》，三秦出版社 1995 年版。

［23］曹础基注说：《庄子》，河南大学出版社 2008 年版。

［24］诚举等译注：《墨子》，云南大学出版社 2003 年版。

［25］高华平等译注：《韩非子》，中华书局 2010 年版。

［26］郭丹译注：《左传》，中华书局 2012 年版。

［27］王芳译注：《国语》，三晋出版社 2012 年版。

[28]（汉）许慎撰：《说文解字》(附检字)，中华书局1963年版。

[29]文天译注：《史记》，中华书局2016年版。

[30]陈广忠译注：《淮南子》，中华书局2012年版。

[31]（东汉）王充：《论衡》，上海人民出版社1974年版。

[32]（宋）程颢、程颐：《河南程氏外书》，中华书局1981年版。

[33]（宋）陆九渊：《陆象山全集》，中国书店1992年版。

[34]（宋）朱熹：《四书章句集注》，中华书局1983年版。

[35]（宋）张载著，章锡琛点校：《张载集》，中华书局2006年版。

[36]（明）王守仁撰，吴光等编校：《王阳明全集》，上海古籍出版社1992年版。

[37]（明）王阳明撰，于自力等注译：《传习录》，中州古籍出版社2008年版。

[38]（清）焦循撰，沈文倬点校：《孟子正义》，中华书局1987年版。

[39]（汉）许慎撰，（清）段玉裁注：《说文解字注》，上海古籍出版社1988年版。

[40]杨伯峻译注：《论语译注》，中华书局1980年版。

[41]程树德撰，程俊英、蒋见元点校：《论语集释》，中华书局1990年版。

[42]刘鄂培：《孟子大传》，清华大学出版社1998年版。

[43]（清）王先谦：《荀子集解》，中华书局1988年版。

[44]（清）孙希旦：《礼记集解》，中华书局2007年版。

[45]何建章注释：《战国策注释》，中华书局2018年版。

三、中文著作

[46]袁贵仁主编：《马克思主义哲学原理》，北京出版社1999年版。

[47]万光侠等：《思想政治教育的人学基础》，人民出版社2006年版。

[48]陈万柏、张耀灿主编：《思想政治教育学原理》，华中师范大学出版社2009年版。

[49] 梁启超：《新评中国之武士道》，吉林出版集团有限责任公司 2008 年版。

[50] 梁启超：《梁启超全集》(全 10 册)，北京出版社 1999 年版。

[51] 孙中山：《孙中山全集》(第六卷)，中华书局 1985 年版。

[52] 虞万里校点：《马一浮集》(第一册)，浙江古籍出版社 1996 年版。

[53] 马一浮：《马一浮集》(第三册)，马镜泉等校点，浙江古籍出版社 1996 年版。

[54] 徐复观：《中国人性论史　先秦篇》，上海三联书店 2001 年版。

[55] 李玄伯：《中国古代社会新研》，开明书店 1948 年版。

[56] 冯友兰：《中国哲学简史》，涂又光译，北京大学出版社 1985 年版。

[57] 冯友兰：《贞元六书》(下册)，华东师范大学出版社 1996 年版。

[58] 钱穆：《钱宾四先生全集》，台湾联经出版社 1994 年版。

[59] 南怀瑾：《话说中庸》，东方出版社 2015 年版。

[60] 苗力田编：《亚里士多德选集·伦理学卷》，中国人民大学出版社 1999 年版。

[61] 苗力田主编：《亚里士多德全集》(第八卷)，中国人民大学出版社 1997 年版。

[62] 周辅成编：《西方伦理学名著选辑》(上卷)，商务印书馆 1987 年版。

[63] 张焕庭：《西方资产阶级教育论著选》，人民教育出版社 1979 年版。

[64] 朱芾煌：《法相辞典》(九十八卷)，台湾商务印书馆 1972 年版。

[65] 刘谧：《三教平心论》(卷上)，中华书局第 1989 年版。

[66] 张崇琛主编：《中华家教宝库》，吉林人民出版社 1993 年版。

[67] 宋镇豪：《夏商社会生活史》，中国社会科学出版社 1994 年版。

[68] 张军：《价值与存在》，中国社会科学出版社 2004 年版。

[69] 刘象愚等主编：《从现代主义到后现代主义》，高等教育出版社 2002 年版。

[70] 顾智明、尚伟编：《当代外国军事伦理》，解放军出版社 2010 年版。

[71] 刘翔：《中国传统价值观诠释学》，生活·读书·新知上海三联书店 1996

年版。

［72］程正方等编著：《心理学》（第 4 版），北京师范大学出版社 2009 年版。

［73］陈来：《古代宗教与伦理：儒家思想的根源》，生活·读书·新知三联书店 2009 年版。

［74］卢善庆：《美学基本理论》，科学出版社 1999 年版。

［75］黎启全：《美是自由生命的表现》，广西师范大学出版社 1999 年版。

［76］张曼华主编：《大学生心理健康教育》（第 2 版），江苏凤凰科学技术出版社 2018 年版。

［77］鲁洁：《道德教育的当代论域》，人民出版社 2005 年版。

［78］张殿国：《走出惰性》，上海人民出版社 1990 年版。

［79］孟宪武：《人类死亡学论纲》，陕西人民教育出版社 2000 年版。

［80］武志红：《巨婴国》，浙江人民出版社 2016 年版。

［81］程万军：《血性——时代缺失的隐痛》，金城出版社 2008 年版。

［82］王联斌：《中华武德通史》，解放军出版社 1998 年版。

四、中文译著

［83］［古希腊］柏拉图：《理想国》，郭斌和、张竹明译，商务印书馆 1986 年版。

［84］［古希腊］亚里士多德：《尼各马可伦理学》，廖申白译注，商务印书馆 2003 年版。

［85］［古希腊］亚里士多德：《政治学》，吴寿彭译，商务印书馆 1965 年版。

［86］［德］康德：《实用人类学》，邓晓芒译，重庆出版社 1987 年版。

［87］［德］康德：《单纯理性限度内的宗教》，李秋零译，商务印书馆 2012 年版。

［88］［德］康德：《道德形而上学（注释）》，张荣、李秋零译注，中国人民大学出版社 2013 年版。

［89］［德］康德：《历史理性批判文集》，何兆武译，商务印书馆1990年版。

［90］［德］费希特：《伦理学体系》，梁志学、李理译，商务印书馆2010年版。

［91］［德］路德维希·费尔巴哈：《费尔巴哈哲学著作选集·下卷》，宋震华等译，商务印书馆1984年版。

［92］［德］黑格尔：《精神现象学》（上卷），贺麟等译，商务印书馆1962年版。

［93］［德］尼采：《权力意志》（下卷），孙周兴译，商务印书馆2007年版。

［94］［德］尼采：《反基督》，陈君华译，河北教育出版社2003年版。

［95］［德］包尔生：《伦理学体系》，何怀宏等译，中国社会科学出版社1988年版。

［96］［德］韦伯：《社会科学方法论》，杨富斌译，华夏出版社1999年版。

［97］［德］克劳塞维茨：《战争论》，王小军译，陕西师范大学出版社2008年版。

［98］［加］查尔斯·泰勒：《现代性之隐忧》，程炼译，中央编译出版社2001年版。

［99］［德］德肯：《生与死的教育》，王珍妮译，台湾心理出版社2002年版。

［100］［德］弗兰茨·贝克勒：《誓言集：向死而生》，张念东、袭揑红译，生活·读书·新知三联书店2003年版。

［101］［奥］弗洛伊德：《创造力与无意识》，孙恺祥译，中国展望出版社1986年版。

［102］［英］亚当·斯密：《道德情操论》，蒋自强等译，商务印书馆1997年版。

［103］［英］汤因比：《历史研究》（上），曹未风等译，上海人民出版社1966年版。

［104］［英］亨利·西季威克：《伦理学方法》，廖申白译，中国社会科学出版社1993年版。

［105］［英］安东尼·吉登斯：《现代性的后果》，田禾译，译林出版社2000年版。

[106][法]爱弥尔·涂尔干:《教育思想的演进》,李康译,上海人民出版社2003年版。

[107][法]让-保罗·萨特:《存在与虚无》,陈宣良等译,生活·读书·新知三联书店1987年版。

[108][法]让-保罗·萨特:《存在主义是一种人道主义》,周煦良等译,上海译文出版社1988年版。

[109][法]让·波德里亚:《象征交换与死亡》,车槿山译,译林出版社2012年版。

[110][荷兰]斯宾诺莎:《伦理学》,贺麟译,商务印书馆1997年版。

[111][苏]海通:《图腾崇拜》,何星亮译,广西师范大学出版社2004年版。

[112][日]田口佳史:《示弱的勇气》,卓惠娟译,辽宁人民出版社2018年版。

[113][美]L.科尔伯格:《道德发展心理学——道德阶段的本质与确认》,郭本禹等译,华东师范大学出版社2004年版。

[114][美]A.班杜拉:《思想和行动的社会基础——社会认知论》(上册),林颖等译,华东师范大学出版社2001年版。

[115][美]卡尔·R.罗杰斯:《个人形成论:我的心理治疗观》,杨广学等译,中国人民大学出版社2004年版。

[116][美]约翰·布鲁贝克:《高等教育哲学》,王承绪等译,浙江教育出版社2001年版。

[117][美]赫伯特·马尔库塞:《单向度的人:发达工业社会意识形态研究》,刘继译,上海译文出版社2008年版。

[118][美]拉尔夫·瓦尔多·爱默生:《自立·成功·勇气》,王颖冲、程悦译,长江文艺出版社2009年版。

[119][美]C.R.斯奈德、沙恩·洛佩斯:《积极心理学:探索人类优势的科学与实践》,王彦等译,人民邮电出版社2013年版。

[120][美]约翰·杜威:《民主主义与教育》,王承绪译,人民教育出版社

2001年版。

［121］［美］约翰·杜威：《人的问题》，傅统先、邱椿译，上海人民出版社1965年版。

［122］［美］迈克尔·哈特、［意］安东尼奥·奈格里：《大同世界》，王行坤译，中国人民大学出版社2016年版。

［123］［美］托马斯·弗里德曼：《世界是平的——21世纪简史（3.0版）》，何帆等译，湖南科学技术出版社2008年版。

［124］［美］罗洛·梅：《人的自我寻求》，郭本禹、方红译，中国人民大学出版社2013年版。

［125］［美］埃利希·弗洛姆：《健全的社会》，欧阳谦译，中国文联出版社1988年版。

［126］［美］P.蒂利希：《存在的勇气》，成穷、王作虹译，贵州人民出版社2009年版。

五、中文期刊

［127］张再林：《论勇德》，《中州学刊》2020年第5期。

［128］杜时忠、张添翼：《三论制度何以育德》，《教育学报》2020年第4期。

［129］马永翔：《美德的伦理化及其后果》，《道德与文明》2020年第2期。

［130］盛传捷：《柏拉图论美德》，《伦理学研究》2020年第2期。

［131］高德胜：《对杜威道德教育"根本问题"的再认识》，《教育研究》2020年第1期。

［132］高德胜：《"道德的勇敢"与道德勇气——兼论道德勇气的培育》，《教育研究与实验》2020年第1期。

［133］张晓杰：《论蒲松龄〈聊斋志异〉的勇德观》，《长春师范大学学报》2020年第5期。

［134］王晶：《"道义之勇"到"为己之勇"：程朱对儒家勇观念的创造性诠

释》,《济宁学院学报》2020年第4期。

[135] 王果、李建华:《亚里士多德论勇敢及其培育——基于血气和灵魂的视角》,《现代大学教育》2020年第2期。

[136] 兰久富、周竹莉:《马克思的完善论思想》,《北京师范大学学报（社会科学版）》2020年第2期。

[137] 杨志城:《苏格拉底的自制教育：基于色诺芬〈回忆苏格拉底〉的分析》,《全球教育展望》2020年第8期。

[138] 项久雨、潘一坡:《论马克思主义对共享的根本解答》,《马克思主义与现实》2020年第4期。

[139] 袁璠等:《人工智能技术在抑郁及自杀管理中的应用》,《中国全科医学》2020年第26期。

[140] 王颖:《艾伦·伍德论马克思与非道德的善》,《国外理论动态》2019年第2期。

[141] 董云川、李保玉:《研究生教育的品相》,《研究生教育研究》2019年第2期。

[142] 陈明霞:《大学生"巨婴"现象的成因分析与教育思考》,《思想理论教育导刊》2019年第11期。

[143] 袁文华:《"佛系青年"社会心态的现实表征与培育路径》,《当代青年研究》2019年第2期。

[144] 陶志欢:《"佛系"青年的生成机理与引导路径——以当代大学生为考察对象》,《中国青年社会科学》2019年第1期。

[145] 黄婷:《再思马克思人的本质思想：逻辑维度、实践意涵、新时代价值》,《贵州社会科学》2019年第2期。

[146] 伍廉松、万美容:《冲击与引领：多元社会思潮与青年精神生活发展论析》,《思想教育研究》2019年第3期。

[147] 杨传召、赵敏俐:《孟子武德思想及其现代价值》,《齐鲁学刊》2018年第6期。

[148] 刘启超、戴国斌、段丽梅：《近代中国"武侠"再造与"武德"型塑之研究》，《体育科学》2018 年第 5 期。

[149] 马佩等：《衰微与重塑：论古今之尚武精神》，《体育文化导刊》2018 年第 3 期。

[150] 李保玉：《死亡教育：大学生生命教育的反面路向》，《现代教育科学》2019 年第 10 期。

[151] 董云川、李保玉：《仿真学术：一流大学内涵式发展的陷阱》，《江苏高教》2018 年第 8 期。

[152] 刘雅静：《"葛优躺"背后的退缩型主体——"丧文化"解读及其对策》，《中国青年研究》2018 年第 4 期。

[153] 陈龙：《区隔、生产、现代性症候："佛系"文化的三种维度》，《探索与争鸣》2018 年第 4 期。

[154] 马万东：《何谓美德？——从苏格拉底到亚里士多德的思维图式》，《哲学动态》2018 年第 5 期。

[155] 江畅：《核心价值观的合理性与道义性社会认同》，《中国社会科学》2018 年第 4 期。

[156] 艾伦·W. 伍德、王颖：《马克思与道德》，《马克思主义与现实》2018 年第 1 期。

[157] 续晓琼：《"横渠四句"源流考》，《宋史研究论丛》2018 年第 2 期。

[158] 赵永刚：《勇德培养的三个基本问题》，《中国德育》2017 年第 16 期。

[159] 赵永刚、张亚文：《勇的三重意蕴及其当代价值》，《齐鲁学刊》2017 年第 6 期。

[160] 涂可国：《儒家勇论与血性人格》，《理论学刊》2017 年第 4 期。

[161] 江小春：《简论体育的"具身德育"功能》，《中国特殊教育》2017 年第 8 期。

[162] 徐锋、徐俊：《中国传统武德文化的当代价值》，《体育文化导刊》2017 年第 11 期。

[163] 赵向阳：《康德："要有勇气运用你自己的理智"》，《管理学报》2017年第1期。

[164] 唐俊：《当代国内学界"勇敢"美德研究进展及问题》，《成都理工大学学报（社会科学版）》2017年第1期。

[165] 王占涛：《承继与规训：论传统武德的二元构架》，《管子学刊》2016年第1期。

[166] 程翠萍、黄希庭：《我国古籍中"勇"的心理学探析》，《心理科学》2016年第1期。

[167] 程翠萍、黄希庭：《中国人勇气量表的建构》，《西南大学学报（社会科学版）》2016年第1期。

[168] 贾新奇：《论先秦儒家的勇德重塑及其社会哲学基础》，《当代中国价值观研究》2016年第6期。

[169] 余小波：《唤醒人内心的道德自觉》，《中国德育》2016年第20期。

[170] 汪荣有：《论道德敬畏》，《齐鲁学刊》2016年第1期。

[171] 卢家楣等：《当代大学生道德情感现状调查研究》，《教育研究》2016年第12期。

[172] 刘兴华：《大学生核心价值观生成机理与培育机制探究》，《思想政治教育研究》2016年第6期。

[173] 张冲：《正心立德劳动树人：破解立德树人难题——孟万金教授创立"具身德育"新体系》，《中国特殊教育》2016年第6期。

[174] 孙海霞：《从道德勇气看道德冷漠现象》，《河北学刊》2015年第1期。

[175] 丁雪枫：《论戚继光的武德思想》，《伦理学研究》2015年第4期。

[176] 屈国锋等：《试论武德教育误区》，《体育文化导刊》2015年第4期。

[177] 左高山、唐俊：《当代英美学界"勇敢"美德研究进展及问题》，《道德与文明》2015年第4期。

[178] 郑旭旭、周永盛：《武术精神的当代价值》，《中华武术（研究）》2015年第Z1期。

[179] 程翠萍、黄希庭:《勇气：理论、测量及影响因素》,《心理科学进展》2014年第7期。

[180] 董波:《勇敢与知识：对柏拉图对话〈拉克斯〉的解读》,《现代哲学》2014年第4期。

[181] 王新春:《"横渠四句"的生命自觉意识与易学"三才"之道》,《哲学研究》2014年第5期。

[182] 张宏杰:《从春秋到明清：国民性的"大退步"》,《国学》2014年第3期。

[183] 谢永鑫:《中西比较视域中的孟子勇论及其当代价值》,《江汉学术》2013年第3期。

[184] 王薨:《"御宅"词源释义及宅文化之演进》,《武汉理工大学学报（社会科学版）》2013年第3期。

[185] 乔芳、丁道勇:《何种勇气——小学德育教科书中勇气概念的错位》,《上海教育科研》2013年第10期。

[186] 郭之恩:《勇气与创新》,《新闻与写作》2013年第3期。

[187] 龚正伟、石华毕:《中华武术武德的源起及基本精神》,《伦理学研究》2013年第6期。

[188] 冯鑫、尹碧昌:《传统武德的人性基础及其伦理意蕴》,《武汉体育学院学报》2013年第9期。

[189] 高德胜:《"文明的勇敢"与教育的勇气》,《全球教育展望》2012年第1期。

[190] 谢文郁:《善的问题：柏拉图和孟子》,《哲学研究》2012年第11期。

[191] 万绪珍:《论孔子思想中的"勇"》,《学理论》2011年第19期。

[192] 丁素文、冯蕾:《学校体育中勇德培育的思考》,《北京体育大学学报》2011年第1期。

[193] 黄建跃:《"好勇过义"试释——兼论〈论语〉中的"勇"及其限度》,《孔子研究》2011年第5期。

[194] 冉学东:《传统文化视野下高校武德教育的传承与推广》,《中华武术（研究）》2011年第1期。

[195] 张宏杰:《从上游、中游到下游——中国人的性格历史》,《同舟共进》2010年第2期。

[196] 吕耀怀:《"勇"德的中西异同及其扬弃》,《上海师范大学学报（哲学社会科学版）》2010年第2期。

[197] 晁乐红:《论作为美德的勇敢——先秦儒家与亚里士多德之比较》,《伦理学研究》2010年第2期。

[198] 叶浩生:《具身认知:认知心理学的新取向》,《心理科学进展》2010年第5期。

[199] 萧仕平:《勇:从形式之德到内容之德——孔子论"勇"及其现代启示》,《道德与文明》2009年第6期。

[200] 丁素文等:《论体育运动中的勇德》,《北京体育大学学报》2009年第7期。

[201] 赵汀阳:《共在存在论:人际与心际》,《哲学研究》2009年第8期。

[202] 杨乃虹、施炜:《透析德育历史价值始点 回归家庭伦理本位》,《徐州师范大学学报（哲学社会科学版）》2009年第4期。

[203] 李杰:《大学生的精神困境与理想人格的确立》,《湖北社会科学》2008年第12期。

[204] 陈立胜:《〈论语〉中的勇:历史建构与现代启示》,《中山大学学报（社会科学版）》2008年第4期。

[205] 鲁洁:《道德教育的期待:人之自我超越》,《高等教育研究》2008年第9期。

[206] 林贵长:《论勇德》,《齐鲁学刊》2007年第1期。

[207] 潘小慧:《儒家哲学中的"勇德"思想》,《哲学与文化》2007年第1期。

[208] 卢德平:《当代大学生公众形象调查报告》,《中国青年政治学院学报》2006年第1期。

[209] 李可兴、黄晓丽:《高校体育精神的特质与培育》,《北京体育大学学报》2006年第9期。

[210] 晁福林:《先秦时期"德"观念的起源及其发展》,《中国社会科学》2005年第4期。

[211] 邹顺康:《论道德行为的社会支持》,《西南师范大学学报(人文社会科学版)》2004年第3期。

[212] 高兆明:《"道德"探幽》,《伦理学研究》2002年第2期。

[213] 汪圣云:《斯巴达军事教育制度述论》,《历史教学》2002年第5期。

[214] 黄希庭、李媛:《大学生自立意识探索性研究》,《心理科学》2001年第4期。

[215] 王成:《传统勇毅思想与当代道德建设论要》,《山东大学学报(哲学社会科学版)》2001年第1期。

[216] 谢建平:《要不要提倡武德?——兼与程大力同志商榷》,《体育文史》2001年第3期。

[217] 程大力:《"武德"是一个历史范畴——兼论"武德"在现代武术界提倡之不合时宜》,《体育文史》2000年第3期。

[218] 丁雪枫:《孔子勇德思想评介》,《军事历史研究》1999年第4期。

[219] 游建军:《对"永必求真,今应重善"的思考》,《电子科技大学学报(社会科学版)》1999年第3期。

[220] 张岱年:《试谈"横渠四句"》,《中国文化研究》1997年第1期。

[221] 弗兰克·穆尔豪斯、江晓明:《克服怯懦的法则与实践》,《外国文学》1984年第5期。

六、学位论文

[222] 李成超:《新时代大学生尚武精神培育研究》,博士学位论文,中国地质大学,2019年。

［223］李贵彬：《当代大学生社会责任感培育研究》，博士学位论文，哈尔滨师范大学，2017年。

［224］黎松：《德性的"精神"气质》，博士学位论文，东南大学，2017年。

［225］吴冰：《社会转型时期大学生励志教育研究》，博士学位论文，中国地质大学，2014年。

［226］孔令新：《古今之争背景下的血气与教育》，博士学位论文，南京师范大学，2013年。

［227］杨芳：《儒家德性理论研究》，博士学位论文，南京大学，2012年。

［228］李高峰：《生命与死亡的双重变奏：国际视野下的生命教育》，博士学位论文，华东师范大学，2010年。

［229］宋美玉：《道德勇气研究》，硕士学位论文，湖南师范大学，2020年。

［230］赵明明：《先秦儒家"勇"观念研究》，硕士学位论文，郑州大学，2020年。

［231］彭曦葶：《论〈尼各马可伦理学〉中的勇德》，硕士学位论文，吉首大学，2020年。

［232］武楠：《医学生勇德培育研究》，硕士学位论文，山西医科大学，2020年。

［233］刘婷婷：《先秦儒家"勇"德研究》，硕士学位论文，湖北大学，2018年。

［234］胡爱玲：《大学生勇敢品质及其培育研究》，硕士学位论文，安徽师范大学，2017年。

［235］马琴：《中国传统勇德思想的历史嬗变及其当代启示》，硕士学位论文，新疆师范大学，2015年。

［236］尹春光：《先秦儒家勇德研究》，硕士学位论文，曲阜师范大学，2014年。

［237］杨青才：《先秦儒家勇德思想研究》，硕士学位论文，山东师范大学，2013年。

[238] 冯蕾:《学校体育伦理教育研究——勇德培育》, 硕士学位论文, 河北师范大学, 2010年。

[239] 王群立:《国防教育视野下的大学生勇德培养研究》, 硕士学位论文, 中南大学, 2010年。

七、外文文献

[240] Craig Gruber, "The Psychology of Courage: Modern Research on an Ancient Virtue", *Integrative Psychological and Behavioral Science*, 2011.

[241] Geoffrey Scarre, *On Courage*, New York: Routled press, 2010.

[242] B. Huebner, S. Dwyer, M. Hauser, "The role of emotion in moral psychology", *Trends in cognitive sciences*, 2009.

[243] Cynthia Pury, "The Construct of Courage: Categorization and Measurement", *Consulting Psychology Journal: Practice and Research*, 2007.

[244] Philip-Ivanhoe, "Meng-Conception of Courage", *A Journal of Philosophy*, 2006.

[245] George Kateb, "Courage as a Virtue", *Social Research*, 2004.

[246] David Pears, "The Anatomy of Courage", *Social Research*, 2004.

[247] Cooper R.Woodard, "Hardiness and the Concept of Courage", *Consulting Psychology Journal: Practice and Research*, 2004.

[248] S.J.Lopez, "Positive Psychological Assessment: A Handbook of Model sand Measures", *American Psychological Association*, 2003.

[249] Per Bauhn, *The Value of Courage*, Lisa Lund: Nordic Academic Press, 2003.

[250] Miller W., *The Mystery of Courage*, Boston: Harvard University Press, 2002.

[251] Moran B., *The Anatomy of Courage*, New York: Avery Publishing Press,

1987.

[252] Douglas N. Walton, "The Virtue of Courage", *The World and I*, 1987.

[253] Dennis W. Courage: *A Philosophical Investigation*, Berkeley: University of California Press, 1986.

[254] H.Tajfel, J.C.Turner, *The Social Identity Theory of Inter-group Behaviour*, Chicago: Nelson Hall Press, 1986.

[255] Paul Tillich, *The Courage to Be*, New Haven: Yale University Press, 1952.

八、报刊文献

[256] 习近平:《在北京大学师生座谈会上的讲话》,《人民日报》2018 年 5 月 3 日。

[257] 习近平:《决胜全面建成小康社会　夺取新时代中国特色社会主义伟大胜利》,《人民日报》2017 年 10 月 28 日。

[258] 习近平:《在会见第一届全国文明家庭代表时的讲话》,《人民日报》2016 年 12 月 16 日。

[259] 习近平:《坚持党校姓党根本工作原则　切实做好新形势下党校工作》,《人民日报》2015 年 12 月 13 日。

[260] 习近平:《在 2015 年春节团拜会上的讲话》,《人民日报》2015 年 2 月 18 日。

[261] 习近平:《以更大的政治勇气和智慧深化改革　朝着十八大指引的改革开放方向前进》,《人民日报》2013 年 1 月 2 日。

[262] 习近平:《在同各界优秀青年代表座谈时的讲话》,人民日报 2013 年 5 月 5 日。

[263] 孙宏艳、张旭东:《网络时代你和孩子关系紧张吗?》,《光明日报》2018 年 10 月 27 日。

[264] 谢湘、堵力:《北大清华再争状元就没有希望》,《中国青年报》2012 年

5月3日。

[265]王联斌:《传统武德文化与当代革命军人核心价值观培育》,《解放军日报》2009年2月10日。

九、其他

[266]朱贻庭主编:《伦理学小辞典》,上海辞书出版社2004年版。

[267]林崇德等主编:《心理学大辞典》,上海教育出版社2003年版。

[268]习近平:《崇尚英雄才会产生英雄 争做英雄才能英雄辈出》,中新网(https://www.chinanews.com/gn/2019/09-29/8968531.shtml)。

[269]习近平:《在哲学社会科学工作座谈会上的讲话》,新华网(http://www.xinhuanet.com/politics/2016-05/18/c_1118891128.htm)。

[270]《习近平在中共中央政治局第十三次集体学习时的讲话》,中央政府门户网站(http://www.gov.cn/ldhd/2014-02/25/content_2621669.htm)。

[271]中国疾病预防控制中心:《全球195个国家18亿青少年健康调查》,http://www.chinacdc.cn/gwxx/201903/t20190321_200251.html。

[272]《中国式教育只培养出了一群懦夫和寄生虫!》,搜狐网(https://www.sohu.com/a/4683877_100956)。

[273]刘瑜:《我的女儿正势不可挡地成为一个普通人》,搜狐网(https://www.sohu.com/a/434765262_444261)。